GEORGES
BATAILLE
Sobre Nietzsche:
vontade de chance

SEGUIDO DE
Memorandum; A risada de
Nietzsche; Discussão sobre
o pecado; Zaratustra e o
encantamento do jogo

Suma ateológica – vol. III

OUTROS LIVROS DA **FILÔ**

FILÔ

A alma e as formas
Ensaios
Georg Lukács

A aventura da filosofia francesa no século XX
Alain Badiou

Ciência, um Monstro
Lições trentinas
Paul K. Feyerabend

Em busca do real perdido
Alain Badiou

Do espírito geométrico e da arte de persuadir
e outros escritos de ciência, política e fé
Blaise Pascal

A ideologia e a utopia
Paul Ricœur

O primado da percepção e suas consequências filosóficas
Maurice Merleau-Ponty

A sabedoria trágica
Sobre o bom uso de Nietzsche
Michel Onfray

Se Parmênides
O tratado anônimo De Melisso Xenophane Gorgia
Barbara Cassin

A teoria dos incorporais no estoicismo antigo
Émile Bréhier

A união da alma e do corpo em Malebranche, Biran e Bergson
Maurice Merleau-Ponty

Relatar a si mesmo
Crítica da violência ética
Judith Butler

FILÔAGAMBEN

Bartleby, ou da contingência
Giorgio Agamben
seguido de Bartleby, o escrevente
Herman Melville

A comunidade que vem
Giorgio Agamben

O homem sem conteúdo
Giorgio Agamben

Ideia da prosa
Giorgio Agamben

Introdução a Giorgio Agamben
Uma arqueologia da potência
Edgardo Castro

Meios sem fim
Notas sobre a política
Giorgio Agamben

Nudez
Giorgio Agamben

A potência do pensamento
Ensaios e conferências
Giorgio Agamben

O tempo que resta
Um comentário à Carta aos Romanos
Giorgio Agamben

Gosto
Giorgio Agamben

FILÔBATAILLE

O culpado
Seguido de A aleluia
Georges Bataille

O erotismo
Georges Bataille

A experiência interior
Seguida de Método de meditação e Postscriptum 1953
Georges Bataille

A literatura e o mal
Georges Bataille

A parte maldita
Precedida de A noção de dispêndio
Georges Bataille

Teoria da religião
Seguida de Esquema de uma história das religiões
Georges Bataille

FILÔBENJAMIN

O anjo da história
Walter Benjamin

Baudelaire e a modernidade
Walter Benjamin

Estética e sociologia da arte
Walter Benjamin

**Imagens de pensamento
Sobre o haxixe e outras drogas**
Walter Benjamin

Origem do drama trágico alemão
Walter Benjamin

**Rua de mão única
Infância berlinense: 1900**
Walter Benjamin

Walter Benjamin
Uma biografia
Bernd Witte

FILÔESPINOSA

Breve tratado de Deus, do homem e do seu bem-estar
Espinosa

Espinosa subversivo e outros escritos
Antonio Negri

Princípios da filosofia cartesiana e Pensamentos metafísicos
Espinosa

A unidade do corpo e da mente
Afetos, ações e paixões em Espinosa
Chantal Jaquet

FILÔESTÉTICA

O belo autônomo
Textos clássicos de estética
Rodrigo Duarte (Org.)

O descredenciamento filosófico da arte
Arthur C. Danto

Do sublime ao trágico
Friedrich Schiller

Íon
Platão

Pensar a imagem
Emmanuel Alloa (Org.)

FILÔMARGENS

O amor impiedoso
(ou: Sobre a crença)
Slavoj Žižek

Estilo e verdade em Jacques Lacan
Gilson Iannini

Interrogando o real
Slavoj Žižek

Introdução a Foucault
Edgardo Castro

Introdução a Jacques Lacan
Vladimir Safatle

Kafka
Por uma literatura menor
Gilles Deleuze
Félix Guattari

Lacan, o escrito, a imagem
Jacques Aubert, François Cheng, Jean-Claude Milner, François Regnault, Gérard Wajcman

O sofrimento de Deus
Inversões do Apocalipse
Boris Gunjević
Slavoj Žižek

Psicanálise sem Édipo?
Uma antropologia clínica da histeria em Freud e Lacan
Philippe Van Haute
Tomas Geyskens

ANTIFILÔ

A Razão
Pascal Quignard

FILŌBATAILLE

autêntica

GEORGES
BATAILLE
Sobre Nietzsche:
vontade de chance

SEGUIDO DE

Memorandum; A risada de
Nietzsche; Discussão sobre
o pecado; Zaratustra e o
encantamento do jogo

Suma ateológica – vol. III
1ª REIMPRESSÃO

TRADUÇÃO, APRESENTAÇÃO E ORGANIZAÇÃO Fernando Scheibe

Copyright © Éditions Gallimard, 1945
Copyright para "*Memorandum*", "Discussão sobre o pecado" e "A risada de Nietzsche", retirados de *Œuvres complètes*, volume VI © Éditions Gallimard, 1973
Copyright para "Zaratustra e o encantamento do jogo", retirado de *Œuvres complètes*, volume XII © Éditions Gallimard, 1988
Copyright © 2017 Autêntica Editora

Títulos originais: *Sur Nietzsche – Volonté de chance; Memorandum; Discussion sur le péché; Le rire de Nietzsche; Zarathoustra et l'enchantement du jeu*

Todos os direitos reservados pela Autêntica Editora. Nenhuma parte desta publicação poderá ser reproduzida, seja por meios mecânicos, eletrônicos, seja via cópia xerográfica, sem a autorização prévia da Editora.

Cet ouvrage, publié dans le cadre du Programme d'Aide à la Publication 2016 Carlos Drummond de Andrade de l'Institut Français du Brésil, bénéficie du soutien du ministère des affaires étrangères et du développement international.

Este livro, publicado no âmbito do Programa de Apoio à Publicação 2016 Carlos Drummond de Andrade do Instituto Francês do Brasil, contou com o apoio do Ministério francês das relações exteriores e do desenvolvimento internacional.

COORDENADOR DA COLEÇÃO FILÔ
Gilson Iannini

CONSELHO EDITORIAL
Gilson Iannini (UFOP); Barbara Cassin (Paris); Carla Rodrigues (UFRJ); Cláudio Oliveira (UFF); Danilo Marcondes (PUC-Rio); Ernani Chaves (UFPA); Guilherme Castelo Branco (UFRJ); João Carlos Salles (UFBA); Monique David-Ménard (Paris); Olimpio Pimenta (UFOP); Pedro Süssekind (UFF); Rogério Lopes (UFMG); Rodrigo Duarte (UFMG); Romero Alves Freitas (UFOP); Slavoj Žižek (Liubliana); Vladimir Safatle (USP)

EDITORA RESPONSÁVEL
Rejane Dias

EDITORA ASSISTENTE
Cecília Martins

REVISÃO
Aline Sobreira

CAPA
Alberto Bittencourt
(sobre Imagem de Amarelo-Vermelho-Azul, de Wassily Kandinsky, 1925)

DIAGRAMAÇÃO
Guilherme Fagundes

Dados Internacionais de Catalogação na Publicação (CIP)
(Câmara Brasileira do Livro, SP, Brasil)

Bataille, Georges, 1897-1962.
    Sobre Nietzsche : vontade de chance : seguido de *Memorandum* ; A risada de Nietzsche ; Discussão sobre o pecado ; Zaratustra e o encantamento do jogo : Suma Ateológica, volume III / Georges Bataille ; tradução Fernando Scheibe. -- 1. ed. 1. reimp. -- Belo Horizonte : Autêntica Editora, 2017.

    Títulos originais: Sur Nietzsche – Volonté de chance ; *Memorandum* ; Discussion sur le péché ; Le rire de Nietzsche ; Zarathoustra et l'enchantement du jeu
    ISBN 978-85-8217-389-3

    1. Nietzsche, Friedrich Wilhelm, 1844-1900 2. Nietzsche, Friedrich Wilhelm, 1844-1900 - Crítica e interpretação 3. Nietzsche, Friedrich Wilhelm, 1844-1900 - Filosofia I. Título.

16-00626   CDD-111

Índices para catálogo sistemático:
1. Nietzsche : Filosofia 111

Belo Horizonte
Rua Carlos Turner, 420
Silveira . 31140-520
Belo Horizonte . MG
Tel.: (55 31) 3465 4500

Rio de Janeiro
Rua Debret, 23, sala 401
Centro . 20030-080
Rio de Janeiro . RJ
Tel.: (55 21) 3179 1975

São Paulo
Av. Paulista, 2.073,
Conjunto Nacional, Horsa I
23º andar . Conj. 2310-2312 .
Cerqueira César . 01311-940
São Paulo . SP
Tel.: (55 11) 3034 4468

www.grupoautentica.com.br

7. "Por trás do universo não há nada"

13. Super-Nietzsche

17. SOBRE NIETZSCHE: VONTADE DE CHANCE

21. Prefácio

35. Primeira parte: O Sr. Nietzsche

51. Segunda parte: O ápice e o declínio

79. Terceira parte: Diário – Fevereiro-agosto de 1944
- 81 Fevereiro-abril de 1944. A "xícara de chá", o "zen" e o ser amado
- 109 Abril-junho de 1944. A posição da chance
- 157 Junho-julho de 1944. O tempo
- 193 Agosto de 1944. Epílogo

205. Apêndices
- 207 I. Nietzsche e o nacional-socialismo
- 211 II. A experiência interior de Nietzsche
- 215 III. A experiência interior e a Seita Zen
- 217 IV. Resposta a Jean-Paul Sartre (Defesa de *A experiência interior*)
- 225 V. Nada, transcendência, imanência
- 227 VI. Surrealismo e transcendência

229. *MEMORANDUM*

231. Introduções
- 235. I. [Traços essenciais]
- 239. II. [Moral (morte de Deus e valor do instante perecível)]
- 275. III. [Política]
- 281. IV. [Estados místicos]
291. Referências

301. ANEXOS

303. A risada de Nietzsche

311. Discussão sobre o pecado

361. Zaratustra e o encantamento do jogo

365. NOTAS DA EDIÇÃO FRANCESA DAS OBRAS COMPLETAS DE GEORGES BATAILLE

"Por trás do universo não há nada"

Fernando Scheibe

Não, Bataille se defende muito bem sozinho.

Georges Didi-Huberman

A *Suma ateológica** não existe. Bataille nunca concluiu seu projeto. Além dos livros que compõem estes três volumes, chegou a incluir em seus planos diversos outros, alguns já então escritos, como *Teoria da religião*, alguns apenas imaginados, como *História de uma sociedade secreta* e *Maurice Blanchot*. Mas também não estou querendo dizer que esta edição seja uma mistificação! Podemos afirmar, de fato, que *A experiência interior* seguida de *Método de meditação* e do *Postscriptum 1953*, *O culpado* seguido de *A aleluia* e *Sobre Nietzsche* seguido de *Memorandum* formavam o "núcleo duro" da *Suma*, e os dois primeiros chegaram a ser publicados, em 1954 e em 1961, como volume I e II desta.

O *a* privativo de *ateológica* deixa claro, a suma é um trabalho de luto, do luto de Deus. Mas não só. Há pelo menos dois outros grandes lutos sendo elaborados aí: o de Laure (Colette Peignot, a "santa do abismo", morta, em 7 de novembro de 1938, na casa onde morava com

---

* Assim como o não-saber bataillano é a paródia e a transgressão – o *pas au-delà* – do saber absoluto hegeliano, é evidente que a *Suma ateológica* é a paródia da *Suma teológica* de São Tomás de Aquino, mas também sua transgressão, já que "A ausência de Deus não é mais o fechamento: é a abertura do infinito. A ausência de Deus é maior, é mais divina do que Deus" (BATAILLE, Georges. L'absence de mythe (1947). In: *Œuvres complètes*, t. XI. Paris: Gallimard, 1988, p. 236).

Bataille); e o da "comunidade" *Acéphale*, cujo fim desencadeia a redação do estranho diário que se tornará *O culpado*:

> A data em que começo a escrever (5 de setembro de 1939) não é uma coincidência. Começo em razão dos acontecimentos, mas não é para falar deles.

Embora a data praticamente coincida com o início da Segunda Guerra, os acontecimentos a que Bataille alude são, também, outros: ele tinha acabado de romper "definitivamente" com seus companheiros de *Acéphale*; vale dizer, com o *projeto* (por mais acéfalo que fosse) de buscar o sagrado através de algum tipo de *ação*, no seio de uma comunidade de alguma maneira ainda *positiva*.

Como afirmará numa "Nota autobiográfica" escrita por volta de 1958:

> Da "sociedade secreta" propriamente dita é difícil falar, mas parece que ao menos alguns de seus membros guardaram uma impressão de "saída fora do mundo". Momentânea, decerto, evidentemente inviável: em setembro de 1939, todos os seus membros renunciaram. Sobreveio um desacordo entre Bataille e o conjunto dos membros, absorvidos mais do que ele pela preocupação imediata com a guerra. Bataille, de fato, dedicou-se desde 1938 a exercícios de *yoga*, na verdade sem seguir de perto os preceitos da disciplina tradicional, em grande desordem e num tumulto de espírito levado ao extremo. Uma morte o dilacerou em 1938. É num estado de solidão completa que começa a escrever, nos primeiros dias da guerra, *O culpado*, em que descreve, à medida que a descobre, ao mesmo tempo, uma experiência mística heterodoxa e algumas de suas reações diante dos acontecimentos. Encontra Maurice Blanchot no fim de 1940, a quem logo o ligam a admiração e o acordo. Antes de ter terminado *O culpado*, resolve, no fim de 1941, escrever *A experiência interior*, concluindo-a antes do final do ano seguinte.[*]

Até certo ponto, a *Suma* representa a entrada de Bataille na escrita, a passagem da ação à inoperância, da comunidade positiva à negativa, da comunhão à comunicação.[**] Mas isso tem de ser nuançado: seja porque

---

[*] BATAILLE, Georges. Notice autobiographique. In: *Œuvres complètes*, t. VII. Paris: Gallimard, 1976, p. 461-462.

[**] Tanto – e de maneira tão paradoxal – quanto a de *experiência interior*, a noção de *comunicação* ocupa uma posição crucial na *Suma*. Vale citar o que Jean-Luc Nancy diz a esse

Bataille já era então um escritor (por mais que se refira a *A experiência interior* como seu "primeiro livro", ele já tinha escrito então *A história do olho*, publicado sob pseudônimo, e *O azul do céu*, só publicado posteriormente, em 1957, além de inúmeros artigos); seja porque a negatividade já atravessava, decerto, suas tentativas/tentações comunitárias, e a inoperância, suas ações; seja ainda porque a *hantise* (a obsessão, a assombração, a frequentação...) de uma realização da comunidade nunca o abandonará:

Orléans, 28 de outubro de [19]60

Querido Michel,

Estou ficando tão desajeitado, tão vago, tão cansado, que fui incapaz de telefonar para você a tempo quando de minha última passagem por Paris. Contudo, queria muito ver você. Queria de qualquer jeito, mesmo que não tivesse esta razão especial: a volta da China de um de meus amigos (talvez tenha ouvido falar de Jacques Pimpaneau) me leva a considerar ao menos as consequências longínquas da absurda tentativa ligada ao nome de *Acéphale*; ora, você é uma das pessoas que me sinto *intimado* a manter a par, pelo menos no que tange ao essencial. Não cogito de modo algum recomeçar, mas sou obrigado a me aperceber de que, no fundo, havia nessa empreitada delirante algo que não pôde morrer, apesar do afastamento que eu mesmo senti. Esse longo afastamento permanece no sentimento de angústia e de horror diante da ideia de voltar ao que pude admitir de miserável, mas sem considerar nem por um instante a possibilidade

---

respeito: "Uso o termo 'comunicação' tal como Bataille o emprega, ou seja, segundo o regime de uma violência feita à significação da palavra, tanto na medida em que ela indica a subjetividade ou a intersubjetividade como na medida em que denota a transmissão de uma mensagem ou de um sentido. No limite, essa palavra é insustentável. Conservo-a porque ressoa com a 'comunidade'; mas superponho-lhe (o que às vezes significa substituí-la) a palavra 'partilha'. A violência que Bataille infligia ao conceito de 'comunicação' era consciente de sua insuficiência: '*Ser isolado, comunicação* têm uma única realidade. Em nenhuma parte há 'seres isolados' que não comuniquem, nem há 'comunicação' independente dos pontos de isolamento. Tenha-se a precaução de separar dois conceitos mal feitos, resíduos de crenças pueris; a esse preço o problema mais intrincado será cortado'" (VII, 553). Solicitava-se assim, em suma, a desconstrução desse conceito, tal como Derrida a empreendeu ('Signature événement contexte'. In: *Marges*. Paris: Minuit, 1972), e tal como, de outra maneira, ela se prolonga em Deleuze e Guattari ('Postulats de la linguistique'. In: *Mille Plateaux*. Paris: Minuit, 1980). Essas operações acarretam necessariamente uma reavaliação geral da comunicação na comunidade e *da* comunidade (da fala, da literatura, do intercâmbio, da imagem, etc.), em relação à qual o uso do termo 'comunicação' só pode ser preliminar e provisório" (*La communauté désœuvrée*. Paris: Christian Bourgois, 1983, p. 51, nota 11).

de voltar ao passado, parece-me valer para outros além de mim e eu não poderia postulá-la sem falar disso com você.* Acho que minha angústia e meu horror significam isto: que nada poderia se apresentar – para ninguém – do que afastou você de mim outrora.

Não pense que estou desatinando, mas se estou tão longe de tomar uma verdadeira iniciação,** reconheça que também não posso me esquivar.

Aliás, trata-se apenas de falar. Por maior que seja a seriedade com que isso pode ser vislumbrado.

[...]

Sinto-me cansado, envelheço, mas o passado, se penso naquilo que nos une, o passado profundo não envelheceu em mim.

Georges***

*

Até onde sei, esta é a primeira edição "completa"**** da *Suma ateológica*. Salvo, é claro, a que consta dos tomos V e VI das *Œuvres complètes* de Georges Bataille, que serviram de base para esta tradução. Mas ali ela se dilui na massa dos 12 volumes gallimardescos...

Além dos livros propriamente ditos, o leitor encontrará aqui as notas das *O.C.*, compostas em substância pelo que Bataille escreveu para os referidos livros porém decidiu não publicar: como sói acontecer, algumas de suas mais belas páginas. Além de desenvolverem, de maneira

---

* Período truncado no original: "*Ce long éloignement demeure dans le sentiment d'angoisse et d'horreur à l'idée de revenir à ce que j'ai pu admettre de misérable, mais sans envisager un instant d'en revenir au passé, me paraît valoir pour d'autres que moi et je ne pourrais la poser sans t'en parler.*"

** Assim como em português, seria de se esperar aqui a palavra *initiative* (iniciativa) e não *initiation* (iniciação). Mas, dado o assunto da carta, esse deslize, voluntário ou não, parece muito significativo.

*** Carta de Georges Bataille a Michel Leiris citada em *L'apprenti sorcier – textes, lettres et documents (1932-1939). Rassemblés, présentés e annotés par Marina Galletti*. Paris: Éditions de la Différence, 1999, p. 575-576.

****Silvio Mattoni está envolvido na mesma empreitada: os volumes I e II da *Suma* em castelhano (excelentemente traduzidos, como tive a *chance* de constatar, e também com as notas e tudo mais) foram recentemente publicados na Argentina pela editora El Cuenco de Plata. O espanhol Fernando Savater já havia traduzido os três livros nos anos 1970, mas sem as notas e, exceto no caso de *La experiencia interior*, sem os textos complementares. No Brasil, apenas *A experiência interior* havia sido traduzido (por Celso Libânio Coutinho, Magali Montagné e Antonio Ceschin. São Paulo: Ática, 1992.)

por vezes ainda meio borrada, mas sempre vigorosa, aspectos conceptuais e sensíveis (Bataille insistia nisto: "[...] minha filosofia não poderia de modo algum se expressar sob uma forma que não fosse sensível: não sobraria absolutamente nada."*), essas "notas" permitem mapear os périplos do bibliotecário na França ocupada. Falam também, naturalmente, de questões mais pessoais e de pessoas, o que não deixa de colocar uma questão ética: com que direito os editores das obras completas (e nós na esteira deles) expuseram aquilo que o autor achou por bem não publicar? O próprio Bataille, referindo-se à edição póstuma de *Jean Santeuil*, de Marcel Proust, pulveriza esses escrúpulos:

> Há na morte um abandono total, para além do qual uma espécie de acaso faz com que aquilo que subsiste do domínio privado passe ao domínio comum. [...] Aquilo de privado que um escritor – homem público – não soube ele próprio furtar à curiosidade da multidão pertence à multidão. A *humanidade* inteira reencontra na morte um direito de olhar que ela abandona durante a vida, mas provisoriamente, e sem jamais esquecer que tudo o que é humano, mesmo privado, é de sua alçada.**

★

A extensão temporal da *Suma* – o texto mais antigo retomado em *A experiência interior* data de 1926, a "Introdução" de *O culpado* foi redigida por volta de 1960 – parece confirmar a afirmação de Roland Barthes: "na verdade, Bataille escreveu textos, ou mesmo, talvez, sempre um só e mesmo texto".*** E é fascinante ver surgirem nela temas como o do *dispêndio* (já reivindicado no artigo "A noção de dispêndio", de 1933, e que se tornará o mote desta outra suma que deveria ser *A parte maldita*****) ou o do *continuum* (mote de *O Erotismo*).

★

---

* Excerto da fala de Bataille no programa de rádio *La vie des Lettres* transmitido em 17 de julho de 1954.

** BATAILLE, Georges. *A literatura e o mal*. Belo Horizonte: Autêntica, 2015, p. 137-138.

***BARTHES, Roland. De l'œuvre au texte. In: *Le bruissement de la langue*. Paris: Seuil, 1984, p. 69-77 (publicado originalmente em 1971 na *Revue d'Esthétique*).

****Nos planos de Bataille, o livro publicado com esse nome seria apenas o primeiro tomo – "A consumação" – de uma trilogia que compreenderia também os inacabados *História do erotismo* e *A soberania*.

Ao longo de todo o processo de tradução, contei com a cumplicidade sagaz, meticulosa e generosa de meu "irmão francês" Dominique Nédellec. Também debati alguns pontos com Michel Surya, profundo conhecedor da obra de Bataille. Além disso, devo muito a essa excelente revisora que é Aline Sobreira.

Duas escolhas (de minha inteira responsabilidade) merecem ser justificadas. A de traduzir *chance* por "chance" (e *malchance* por "má-chance") e a de usar "Nada", com N maiúsculo, para a palavra *Néant. Chance* normalmente se deixa traduzir por "sorte" (*Bonne chance!*/Boa sorte!). Mas, no texto de Bataille, *chance* é uma noção muito pregnante, ligada mais ao acaso (à "maneira como os dados caem") do que à sorte propriamente dita. A "vontade de chance", subtítulo de *Sobre Nietzsche*, precisamente na medida em que se contrapõe à "vontade de potência", é uma vontade de se colocar inteiramente em jogo, não de (ter sorte para) ganhá-lo. Quanto a "Nada": em francês, existem duas palavras para dizer "nada", *rien* e *néant*. *Grosso modo*, pode-se afirmar que a segunda, *néant*, tende a ter um uso mais "substantivo": *le néant*, o nada (pense-se em Sartre, por exemplo: *O ser e o nada/L'être et le néant*). Como Bataille faz um uso distintivo de ambas, decidi traduzir *rien* por "nada" e *néant* por "Nada". Nesta nota de *A soberania* Bataille deixa mais explícita essa distinção:

> Inútil dizer que esse RIEN tem pouca coisa a ver com o *néant*. A metafísica lida com o *néant*. O RIEN de que falo é dado de experiência, não é visado senão na medida em que a experiência o implica. Decerto, o metafísico pode dizer que esse RIEN é o que ele visa quando fala do *néant*. Mas todo o movimento de meu pensamento se opõe a sua pretensão e a reduz a RIEN. Esse mesmo movimento exige que, no instante em que esse RIEN se torna seu objeto, ele pare, cesse de ser, deixando lugar ao incognoscível do instante. Claro, confesso que esse RIEN, eu o valorizo, mas, valorizando-o, não faço RIEN dele. É verdade que lhe confiro, com uma inegável solenidade (mas tão profundamente cômica), a prerrogativa *soberana*. Mas *soberano* seria aquilo que a massa imagina? *Soberano?* você e eu o somos. Com uma condição: esquecer, tudo esquecer... Falar de RIEN não é no fundo senão negar a subordinação, reduzi-la ao que ela é (ela é útil), não é, em definitivo, mais que negar o valor não prático do pensamento, reduzi-lo, para além do útil, à insignificância, à honesta simplicidade do que falha, do que morre e desfalece.[*]

---

[*] BATAILLE, Georges. La Souveraineté. In: *Œuvres complètes*. Paris: Gallimard, 1976. t. VIII. p. 259 [nota]. As maiúsculas são do original.

Super-Nietzsche

Sobre Nietzsche: vontade de chance, publicado em 1945, é a continuação dos diários de guerra de Bataille. Mas também o fruto de uma decisão: escrever um livro sobre Nietzsche comemorando seu centenário (15/10/1944 – o livro atrasou um pouco).

Aqui mais uma vez não é difícil enxergar o prolongamento de *Acéphale*, revista que foi em grande parte dedicada a uma "reparação a Nietzsche" (justo no momento em que muitos, de ambos os lados, viam nele um precursor do nazismo). Quanto à comunidade *Acéphale*, um de seus ritos consistia na ruminação de citações de Nietzsche, ou seja, de um *Memorandum*.

★

Também é fácil jogar com as palavras: *surhomme* [*Übermensch*, super-homem], *surNietzsche*. Mais do que simplesmente escrever sobre Nietzsche, Bataille se coloca como um super-Nietzsche: alguém – o único (?!) – que levou ainda mais adiante a experiência *para lá de filosófica* do pensador dionisíaco.

★

As "notas" deste livro, cujo epílogo foi redigido no momento em que a França já estava sendo desocupada, permitem continuar mapeando os deslocamentos e as deslocações do bibliotecário. A grande figura feminina que irrompe aí é K., Diane Kotchoubey, que se tornará Diane Bataille em 1951.

★

Embora não tenha voltado a ser publicado durante a vida de Bataille, *Sobre Nietzsche* seguido de *Memorandum* chegou a ser anunciado, em 1954, na reedição de *A experiência interior*, como volume III da *Suma ateológica*.

Além desses dois textos e das notas, inserimos nesta edição dois artigos e uma "discussão": "A risada de Nietzsche", publicado em 1942 no polêmico número *Exercice du silence* da revista *Messages*; "Zaratustra e o encantamento do jogo" (1959, *Bulletin du Club du Meilleur Livre*); e a "Discussão sobre o pecado" que se seguiu a uma conferência de Bataille cujo texto era praticamente o mesmo que constitui a segunda parte do livro: "O ápice e o declínio" (sugiro ao leitor dar agora mesmo uma espiadinha na página 312 para saber quem estava presente nessa discussão).

★

Volto à questão da palavra *chance*. Relendo trechos de *A sobrevivência dos vaga-lumes* para rememorar o lugar que Bataille ocupa ali, chamou minha atenção a escolha das tradutoras Vera Casa Nova e Márcia Arbex: "No original 'volonté de chance', que traduzimos por 'vontade de acaso' no sentido mallarmaico no qual Bataille se baseia".* De fato, *chance* e *hasard* (o acaso que um lance de dados jamais abolirá) podem ser vistas, etimologicamente, como palavras ao mesmo tempo distantes e muito próximas, já que, segundo o *Grand Robert*, *chance* vem do latim popular *cadentia* e designa inicialmente a "maneira como os dados caem", enquanto *hasard* vem do "árabe *ăz-zăhr*, 'dado, jogo de dados', por intermédio do espanhol *azar*; a origem da palavra árabe é controversa, vindo seja de *yasara*, 'jogar dados', seja de *zahr*, 'flor' [...], porque os dados tinham uma flor pintada em uma face". Resta que, se Bataille tivesse desejado usar a palavra *hasard*, estava livre para fazê-lo.

Outra questão complexa foi a das citações de Nietzsche. Vou logo dizendo: tornei-me *coupable* de retradução. O problema não foi localizar

---

* DIDI-HUBERMAN, Georges. *Sobrevivência dos vaga-lumes*. Belo Horizonte: UFMG, 2011, p. 139, nota 216.

os originais: Gerd Bergfleth já prestou esse serviço à humanidade.[*] Mas o fato é que, ao longo do processo de tradução, fui me convencendo cada vez mais de que o importante aqui era trazer para o português o que Bataille fez Nietzsche dizer (em francês). Embora utilizasse as traduções disponíveis na época – como as de Alexandre Vialatte, Geneviève Bianquis, Maurice Betz e Henri Albert –, Bataille, que tinha no mínimo uma boa noção de alemão, costumava intervir ativamente nessas. Isso ficou evidente para mim ao perceber as variações existentes nas citações que ocorrem mais de uma vez. Por exemplo: o mesmo parágrafo 322 de *A gaia ciência*:

> *Gleichniss. — Jene Denker, in denen alle Sterne sich in kyklischen Bahnen bewegen, sind nicht die tiefsten; wer in sich wie in einen ungeheuren Weltraum hineinsieht und Milchstrassen in sich trägt, der weiss auch, wie unregelmässig alle Milchstrassen sind; sie führen bis in's Chaos und Labyrinth des Daseins hinein.*[**]

é citado em *Sobre Nietzsche* (p. 40) na tradução de Henri Albert[***] (embora Bataille não o diga):

> *Les penseurs dont les étoiles suivent des routes cycliques ne sont pas les plus profonds ; celui qui voit en lui comme dans un univers immense et qui porte en lui des voies lactées sait aussi combien toutes les voies lactées sont irrégulières ; elles conduisent jusque dans le chaos et le labyrinthe de l'existence.*

Já no *Memorandum* (p. 263, fragmento 134), nos deparamos com a seguinte versão (que não consegui localizar em lugar algum; ou seja, que deve ser fruto da intervenção de Bataille):

> *Les penseurs dont les étoiles décrivent des cycles ne sont pas les plus profonds ; qui découvre en lui-même une sorte d'univers immense et porte en lui des voies lactées, celui-là sait encore à quel point les voies lactées sont irrégulières. Elles mènent à l'intérieur du chaos et du labyrinthe de l'être.*

---

[*] BATAILLE, Georges. *Wiedergutmachung an Nietzsche. Das Nietzsche-Memorandum und andere Texte*. München: Matthes & Seitz, 1999.

[**] Cito o parágrafo conforme os *Digitale Kritische Gesamtausgabe Werke und Briefe,* que seguem a edição estabelecida por Colli e Montinari. Disponível no site: <http://www.nietzschesource.org/>.

[***] NIETZSCHE, Friedrich. *Le Gai Savoir*. Paris: Société du Mercure de France, 1901.

O leitor há de concordar que não me restava outra saída senão manter essa diferença em português. Poderíamos, por exemplo, aventar que, ao preferir *"labyrinthe de l'être"* a *"labyrinthe de l'existence"* para traduzir *"Labyrinth des Daseins"*, Bataille afirma sua distância para com o existencialismo...

Pela mesma razão descartei a possibilidade de citar os trechos conforme as traduções já existentes em português.

Sobre Nietzsche:
vontade de chance

Entra GIOVANNI *com um coração*
na ponta de seu punhal

....

GIOVANNI – *Não se espantem se seus corações cheios de apreensões se crisparem diante dessa vã visão. De que pálido pavor, de que covarde cólera seus sentidos não seriam tomados se tivessem sido testemunhas do roubo de vida e de beleza que pratiquei! Minha irmã! oh! minha irmã!*
FLORIO – *O que houve?*
GIOVANNI – *A glória de meu ato extinguiu o sol do meio-dia e fez do meio-dia noite...*

FORD, *Pena que ela seja uma puta*

Prefácio

1

Vocês querem se aquecer junto a mim? Não se
aproximem demais, é o meu conselho: senão podem
chamuscar as mãos. Pois vejam, sou ardente demais.
É com grande dificuldade que impeço a chama de
fulgurar fora do meu corpo.

1881-1886[*]

O que me obriga a escrever, imagino, é o medo de ficar louco.

Padeço uma aspiração ardente, dolorosa, que dura em mim como um desejo insaciado.

Minha tensão se assemelha, em certo sentido, a uma louca vontade de rir; difere pouco das paixões com que queimam os heróis de Sade e, no entanto, está próxima da dos mártires e dos santos...

Não posso duvidar: esse delírio acusa em mim o caráter humano. Mas, é preciso dizer: ele arrasta ao desequilíbrio e me priva penosamente de repouso. Queimo e me desoriento — e permaneço vazio no final. Posso me propor grandes e necessárias ações, mas nenhuma corresponde a minha febre. Falo de um anseio moral, da busca de um objeto cujo valor o eleva acima dos outros!

---

[*] As citações de Nietzsche são feitas sem nome de autor; as indicações de data remetem a suas notas póstumas.

Comparado aos fins morais que são propostos habitualmente, esse objeto é incomensurável aos meus olhos: esses fins parecem mornos e mentirosos. Mas, precisamente, são eles que eu poderia traduzir em atos (afinal, eles não são determinados como uma exigência de atos definidos?).

É verdade: o anseio por um bem limitado conduz às vezes ao ápice que busco. Mas só através de um desvio. O fim moral é então distinto do excesso que ocasiona. Os estados de glória, os momentos sagrados, que desvelam o incomensurável, excedem os resultados visados. A moral comum situa esses resultados no mesmo plano que os fins do sacrifício. Um sacrifício explora o fundo dos mundos, e a destruição que o assegura revela o dilaceramento deste. Mas ele é celebrado para um fim banal. Uma moral sempre tem em vista o bem dos seres.

(As coisas mudaram, em aparência, no dia em que Deus foi representado como único fim verdadeiro. Sei que dirão do incomensurável de que falo que ele não é mais, em suma, que a transcendência de Deus. Todavia, considero essa transcendência a fuga de meu objeto. Nada muda no fundo se visamos à satisfação do Ser celeste em vez da de seres humanos! A pessoa de Deus desloca mas não suprime o problema. Apenas introduz a confusão: à vontade, quando necessário, o ser, sob a espécie de Deus, atribui a si mesmo uma essência incomensurável. Não importa: servimos a Deus, agimos por sua conta: ele é portanto redutível aos fins ordinários da ação. Se ele se situasse além, nada poderíamos fazer em seu proveito.)

2

A aspiração extrema, incondicional, do homem foi expressa pela primeira vez por Nietzsche independentemente de uma finalidade moral e do serviço a um Deus.

Nietzsche não pode defini-la precisamente, mas ela o anima, ele a assume de ponta a ponta. Queimar sem responder a qualquer obrigação moral expressa em tom de drama é decerto um paradoxo. É impossível, a partir de então, pregar ou agir. O resultado é desconcertante. Se deixamos de fazer de um estado ardente a condição de um outro, ulterior e postulado como um bem apreensível, o estado proposto parece uma fulguração em estado puro, uma consumação vazia. Não podendo ser remetida a qualquer enriquecimento, como a força e o esplendor de uma cidade (ou de um Deus, de uma Igreja, de um partido), essa consumação nem sequer é inteligível. O valor positivo da perda aparentemente só pode ser apresentado em termos de proveito.

Dessa dificuldade, Nietzsche não teve consciência clara. Foi obrigado a constatar seu fracasso: soube no fim que falara ao deserto. Ao suprimir a obrigação, o bem, *ao denunciar o vazio e a mentira da moral, ele arruinava o valor eficaz da linguagem. O renome tardou, e, quando veio, foi-lhe preciso derrubar a escada: ninguém correspondia à sua expectativa.*

Parece-me hoje que devo dizer: aqueles que o leem ou o admiram o ultrajam (ele o soube, ele o disse*). A não ser eu? *(simplifico). Mas tentar segui-lo, como ele exigia, é abandonar-se à mesma provação, ao mesmo desvario que ele.*

Essa total liberação do possível humano que ele definiu, de todos os possíveis é decerto o único que não foi tentado (repito-me: simplificando, a não ser por mim (?)). No momento atual da história, imagino a propósito de cada uma das doutrinas concebíveis que já foi pregada, que, em alguma medida, seu ensinamento teve efeito. Nietzsche, por sua vez, concebeu e pregou uma doutrina nova, buscou discípulos, sonhava fundar uma ordem: odiava o que obteve... vulgares elogios!

Hoje acho bom afirmar meu desconcerto: tentei extrair de mim mesmo as consequências de uma doutrina lúcida, que me atraía como a luz: colhi a angústia e, o mais das vezes, a impressão de sucumbir.

3

Não abandonaria de modo algum, ao sucumbir, a aspiração de que falei. Ou, antes, essa aspiração não me deixaria: se morresse, nem por isso me calaria (ao menos é o que imagino): desejaria àqueles que amo que também tivessem de aguentar, ou sucumbissem por sua vez.

Há na essência do homem um movimento violento que quer a autonomia, a liberdade do ser. A liberdade, *decerto, pode ser entendida de diversos modos, mas quem se espantaria hoje de que se morra por ela? As dificuldades que Nietzsche encontrou – abandonando Deus e abandonando o bem, queimando todavia com o mesmo ardor que aqueles que se fizeram matar em nome do bem ou de Deus –, encontrei-as por minha vez. A solidão desencorajadora que ele descreveu me abate. Mas a ruptura com as entidades morais confere ao ar respirado uma verdade tão grande que eu preferiria viver como um inválido ou morrer a recair na servidão.*

4

Admito no momento em que escrevo que uma busca moral que situa seu objeto para além do bem resulta inicialmente no desvario. Nada me assegura até

---

* Ver mais adiante, p. 45.

aqui que se possa superar a prova. Essa confissão, fundada numa experiência penosa, autoriza-me a rir de quem, atacando-a ou utilizando-a, confunde a posição de Nietzsche com a de Hitler.

"Em que altura fica minha morada? Nunca contei, ao subir, os degraus que conduzem até mim; lá onde cessam todos os degraus tenho meu teto e minha morada."*

Assim se exprime uma exigência que não visa a nenhum bem apreensível e consome, portanto, aquele que a vive.

Quero acabar com este equívoco vulgar. Dá nojo ver reduzido ao nível das propagandas um pensamento que permaneceu comicamente sem emprego e que só abre o vazio a quem se inspira nele. Para alguns, Nietzsche teria tido a maior influência sobre nosso tempo. É duvidoso: ninguém esperou por ele para zombar das leis morais, e, sobretudo, ele nunca teve uma atitude política: solicitado, recusava optar por qualquer partido, irritando-se quando o consideravam de direita ou de esquerda. Tinha horror à ideia de que subordinassem seu pensamento a alguma causa.

Seus sentimentos decididos a respeito da política datam de seu afastamento de Wagner, da desilusão que teve no dia em que Wagner expôs diante dele a grosseria alemã: Wagner socialista, galófobo, antissemita... O espírito do Segundo Reich, sobretudo em suas tendências pré-hitlerianas, cujo emblema é o antissemitismo, foi aquilo que mais desprezou. A propaganda pangermanista o enojava.

"Adoro fazer tábula rasa", escreve ele. "É mesmo uma de minhas ambições passar pelo depreciador por excelência dos alemães. Já exprimi, aos 26 anos, a desconfiança que me inspirava seu caráter (terceira Intempestiva, p. 71): os *alemães são para mim algo impossível, quando tento imaginar uma espécie de homem que repugna a todos os meus instintos é sempre um alemão que acabo por imaginar"* (Ecce homo, trad. *Vialatte, p. 157). Pensando bem, no plano político* Nietzsche foi o profeta, o anunciador da grosseira fatalidade alemã. *Foi o primeiro a denunciá-la. Execrou a loucura fechada, odiosa, beata que, depois de 1870, apoderou-se dos espíritos alemães e que se esgota hoje na fúria hitleriana.[1] Nunca erro mais mortal desviou um povo inteiro, destinou-o tão cruelmente ao abismo. Mas, dessa massa de antemão condenada, ele se separou, recusando-se a participar da orgia do "contentamento de si". Sua dureza teve consequências. A Alemanha decidiu ignorar um gênio que não a bajulava. Só a notoriedade no exterior atraiu tardiamente a atenção dos seus... Não sei se*

---

* 1882-1884; citado em *Volonté de puissance*, Edição Wurzbach, II, p. 388.

existe melhor exemplo de um homem e de um país virados de costas um para o outro: uma nação inteira, durante 15 anos, permanecendo surda a essa voz não é algo sério? Hoje, assistindo à ruína, devemos admirar o fato de que, no momento em que a Alemanha enveredou pelas vias que levavam ao pior, o mais sábio e o mais ardente dos alemães se desviou dela: ficou horrorizado e não pôde dominar seu sentimento. De um lado como do outro, todavia, na tentativa de lhe escapar não menos do que na aberração, é preciso reconhecer, a posteriori, a ausência de saída: não é desconcertante?

Nietzsche e a Alemanha, opostos um ao outro, terão tido a mesma sorte no final: ambos foram agitados por esperanças insensatas, mas em vão. Fora dessa trágica inutilidade da agitação, tudo entre eles se dilacera e se odeia. As similaridades são insignificantes. Se não fosse o costume de ultrajar Nietzsche, de fazer aquilo que mais o deprimia: uma leitura rápida, um uso cômodo – sem sequer abandonar posições de que ele é inimigo –, sua doutrina seria tomada pelo que é: o mais violento dos solventes. Fazer dela um auxiliar das causas que desvaloriza não é apenas injuriá-la, é espezinhá-la, provar que se a ignora quando se finge amá-la. Quem tentasse, como fiz, ir ao limite do possível que ela evoca se tornaria, por sua vez, o campo de contradições infinitas. Na medida em que seguisse esse ensinamento do paradoxo, veria que abraçar uma das causas já dadas não é mais possível para ele, que sua solidão é total.

5

Neste livro, escrito em meio à confusão, não desenvolvi esse ponto de vista teoricamente. Acho mesmo que um esforço desse tipo seria inutilmente pesado. Nietzsche escreveu "com seu sangue": quem o critica, ou melhor, sente-o na carne, só pode fazê-lo sangrando por sua vez.

Escrevi desejando que meu livro fosse publicado, se possível, no centenário de seu nascimento (15 de outubro de 1844). Escrevi-o de fevereiro a agosto, esperando que a fuga dos alemães tornasse sua publicação possível. Comecei-o situando teoricamente o problema (é a segunda parte, p. 51), mas essa curta exposição no fundo não passa de um relato de experiência vivida: de uma experiência de vinte anos, carregada, com o tempo, de terror. A esse respeito, julgo útil dissipar um equívoco: Nietzsche seria o filósofo da "vontade de poder"? Ele se apresentava assim – e costuma ser recebido assim. Acredito que ele é antes o filósofo do mal. Foi a atração, o valor do mal que, me parece, deram a seus olhos sentido ao que ele queria quando falava de poder. Se não fosse assim, como explicar esta passagem?

"O ESTRAGA-PRAZER. – A.: "Você é um estraga-prazer, é o que todos dizem! – B.: Certamente! Estrago em cada um o prazer que tem em seguir seu partido – é o que nenhum partido me perdoa" (A gaia ciência, 172).

Essa reflexão, entre muitas outras, é completamente inconciliável com as condutas práticas, políticas, extraídas do princípio da "vontade de poder". Nietzsche teve aversão por aquilo que, durante sua vida, ordenou-se no sentido dessa vontade. Se não tivesse sentido o gosto – a necessidade mesmo – de espezinhar a moral recebida, estou certo de que mesmo assim teria cedido ao asco que os métodos de opressão (a polícia) inspiram. Seu ódio pelo bem é justificado por ele como a condição sine qua non da liberdade. Pessoalmente, sem ilusão sobre o alcance de minha atitude, sinto-me oposto, oponho-me a qualquer forma de obrigação: nem por isso deixo de fazer do mal o objeto de uma busca moral extrema. É que o mal é o contrário da obrigação, que se exerce, ela, em princípio, visando a um bem. O mal não é decerto o que uma série de mal-entendidos quis fazer dele: no fundo, ele não é uma liberdade concreta, a obscura ruptura de um tabu?

O anarquismo me irrita. Sobretudo as doutrinas vulgares que fazem a apologia dos criminosos de direito comum. As práticas da Gestapo, que acabam de ser reveladas, mostram a afinidade profunda existente entre a ralé e a polícia: ninguém mais inclinado a torturar, a servir cruelmente o aparelho de coerção do que homens sem fé nem lei. Odeio também esses fracos de espírito confuso que exigem todos os direitos para o indivíduo: o limite de um indivíduo não é dado apenas pelos direitos de outro, ele o é ainda mais duramente pelos do povo. Cada homem é solidário do povo, compartilha seus sofrimentos ou suas conquistas, suas fibras fazem parte de uma massa viva (nem por isso ele está menos só nos momentos pesados).

Essas dificuldades maiores da oposição do indivíduo à coletividade ou do bem ao mal e, em geral, essas contradições loucas de que não saímos normalmente senão negando-as, pareceu-me que só um lance de chance* – dado na audácia do jogo – poderia livremente triunfar sobre elas. Esse atolamento em que sucumbe a vida avançada até os limites do possível não poderia excluir uma chance de passar. Aquilo que uma sabedoria lógica não pode resolver, uma temeridade sem medida, não recuando mais e não olhando para trás, correria o risco de levar a cabo. Por essa razão, só podia escrever com minha vida esse livro projetado sobre Nietzsche, em que queria colocar e, se pudesse, resolver o problema íntimo da moral.

---

* Como explicado na Apresentação, por se tratar do conceito-chave do livro, optei por traduzir a palavra *chance* sempre pela palavra "chance": a maneira como os dados caem. (N.T.)

Só minha vida e seus irrisórios recursos podiam prosseguir em mim a busca do Graal que é a chance. Percebi que esta respondia mais exatamente do que o poder às intenções de Nietzsche. Só um "jogo" tinha a virtude de explorar muito adiante o possível, não prejulgando resultados, dando apenas ao porvir, *ao seu livre calhar, o poder que se costuma dar ao* parti pris, *que não é mais do que uma forma do passado. Meu livro é, por um lado, escrito ao fio dos dias, um relato de lances de dados, jogados, devo dizer, com meios muito pobres. Peço desculpas pelo lado, este ano, verdadeiramente cômico dos interesses de vida privada que minhas páginas de diário colocam em jogo: não sofro com isso, adoro rir de mim mesmo e não conheço melhor meio de me perder na imanência.*

6

O gosto que tenho por me saber e por ser risível não pode, entretanto, ir tão longe que me leve a extraviar quem me lê. O problema essencial agitado neste livro desordenado (que devia sê-lo) é aquele que Nietzsche viveu, que sua obra intentou resolver: o problema do homem inteiro.

"A maior parte dos homens", escreve ele, "oferece uma imagem fragmentária e exclusiva do homem; é preciso adicioná-los para obter um homem. Épocas inteiras, povos inteiros têm, nesse sentido, algo de fragmentário; é talvez necessário ao crescimento do homem que ele só se desenvolva pedaço a pedaço. Assim, é preciso ter em conta que se trata sempre, no fundo, de produzir o homem sintético; que os homens inferiores, a imensa maioria, são apenas os prelúdios e os exercícios preliminares cujo jogo concertado pode fazer surgir aqui e ali o homem total, *semelhante a um marco quilométrico que indica até onde a humanidade chegou"* (1887-1888; citado em Volonté de puissance, II, p. 347).

Mas o que significa essa fragmentação, ou melhor, qual é sua causa? senão a necessidade de agir *que especializa e limita ao horizonte de uma atividade determinada? Mesmo sendo de interesse geral, o que não costuma ser o caso, a atividade que subordina cada um de nossos instantes a um resultado preciso apaga o caráter total do ser. Quem age substitui essa razão de ser que ele próprio é como totalidade por tal fim particular; nos casos menos especiais, a grandeza de um Estado, o triunfo de um partido. Toda ação especializa, já que toda ação é limitada. Uma planta normalmente não age, não é especializada: especializa-se quando engole moscas!*

Só posso existir totalmente *superando de alguma maneira o estágio da ação. Senão, serei soldado, revolucionário profissional, erudito, não "o homem inteiro".[2] O estado fragmentário do homem é, no fundo, a mesma coisa que a escolha de um* objeto. *A partir do momento em que um homem limita seus desejos, por exemplo, à posse do poder no Estado, ele age, sabe o que deve fazer. Pouco importa que fracasse: desde o início, insere vantajosamente seu ser no tempo. Cada um de seus momentos se torna útil. Tem a possibilidade, a cada instante, de avançar em direção à meta escolhida: seu tempo se torna uma marcha para essa meta (é o que se costuma chamar de viver). O mesmo se dá se tem por objeto sua salvação. Toda ação faz de um homem um ser fragmentário. Só posso manter em mim o caráter total recusando-me a agir, ou pelo menos negando a eminência do tempo reservado à ação.*

A vida só permanece inteira se não for subordinada a tal objeto preciso que a ultrapasse. A totalidade tem, nesse sentido, a liberdade por essência. Contudo, não posso querer me tornar um homem inteiro pelo simples fato de lutar pela liberdade. Mesmo que lutar assim seja a atividade que mais me agrada, não poderia confundir em mim o estado de integridade e minha luta. Foi o exercício positivo da liberdade e não a luta negativa contra uma opressão particular que me elevou acima da existência mutilada. Cada um de nós aprende amargamente que lutar por sua liberdade é, em primeiro lugar, aliená-la.

Já disse, o exercício da liberdade se situa do lado do mal, ao passo que a luta pela liberdade é a conquista de um bem. Se a vida está inteira em mim, não posso, sem despedaçá-la, colocá-la a serviço de um bem, seja o de um outro, seja o de Deus, seja meu próprio bem. Não posso adquirir, apenas dar, e dar sem contar, sem que um dom jamais tenha por objeto o interesse de outra pessoa. (Considero, sob esse aspecto, o bem de outra pessoa como um engodo, pois se quero o bem de alguém é para encontrar o meu, a menos que o identifique ao meu. A totalidade é em mim esta exuberância: uma aspiração vazia, um desejo infeliz de se consumir sem outra razão além do próprio desejo – que ela é inteiramente – de queimar. É por isso que ela é a vontade de rir de que falei, esse prurido de prazer, de santidade, de morte... Ela não tem mais nenhuma tarefa para cumprir.)

7

Um problema tão estranho só é concebível vivido. É fácil contestar seu sentido dizendo: quantas tarefas infinitas se impõem a nós! Justamente no tempo presente. Ninguém cogita em negar a evidência. Não é menos verdadeiro que a totalidade do homem – como termo inevitável – surge neste momento por duas razões. A primeira, negativa: a especialização, por todos os lados, acentua-se ao ponto de alarmar. A segunda: tarefas extenuantes aparecem contudo, hoje em dia, em seus exatos limites.

O horizonte era outrora obscuro. O objetivo mais sério era inicialmente o bem de uma cidade, mas a cidade se confundia com os deuses. A seguir, o objetivo tornou-se a salvação da alma. Nos dois casos, a ação visava, por um lado, a algum fim limitado, apreensível; por outro, a uma totalidade definida como inacessível aqui embaixo (transcendente). A ação, nas condições modernas, tem fins precisos, inteiramente adequados ao possível: a totalidade do homem não tem mais um caráter mítico. Evidentemente acessível, ela é remetida à conclusão das tarefas dadas e definidas materialmente. É longínqua: essas tarefas que subordinam os espíritos os fragmentam. Não deixa por isso de ser discernível.

Essa totalidade que o trabalho necessário aborta em nós não deixa de ser dada nesse trabalho. Não como uma meta – a meta é a mudança do mundo, transformá-lo à medida do homem –, mas como um resultado inelutável. Ao final da mudança, o homem-preso-à-tarefa-de-mudar-o-mundo, que não é mais do que um aspecto fragmentário do homem, será transformado ele próprio em homem-inteiro. Esse resultado parece longínquo no que tange à humanidade, mas a tarefa definida o descreve: ele não nos transcende como os deuses (a cidade sagrada) nem como a sobrevida da alma; ele está na imanência do homem-preso... Podemos deixar para cogitar nele mais tarde: mesmo assim ele é contíguo a nós; se os homens não podem em sua existência comum ter já uma consciência clara dele, o que os separa dessa noção não é nem o fato de serem homens (e não deuses) nem o de não estarem mortos: é uma obrigação momentânea.

Da mesma forma, um homem em combate deve (provisoriamente) pensar apenas em destruir o inimigo. Decerto, praticamente não há combate violento que não deixe se introduzirem, nos momentos de acalmia, preocupações do tempo de paz. Mas, na hora da guerra, essas preocupações parecem menores. Os espíritos mais duros reconhecem a importância desses momentos de descontração e se esforçam por torná-los menos sérios. Enganam-se em certo sentido: o verdadeiramente sério não é, no fundo, a razão pela qual o sangue corre? Mas não adianta: é preciso que o sério seja o sangue; é preciso que a vida livre, sem combate, liberada das necessidades da ação e não fragmentada, apareça sob a luz das frivolidades: num mundo liberado dos deuses, do anseio pela salvação, mesmo a "tragédia" não é mais do que uma diversão – do que uma descontração subordinada a fins a que só uma atividade pode visar.

Esse modo de entrada – pela porta dos fundos – da razão de ser dos homens possui mais de uma vantagem. O homem inteiro, dessa forma, revela-se primeiramente na imanência, no nível de uma vida frívola. Devemos rir dele, por mais profundamente trágico que seja. Aí está uma perspectiva que libera: a pior simplicidade, a nudez é obtida para ele. Sou reconhecido – sem comédia – àqueles cuja atitude grave e cuja vida vizinha da morte me definem como um homem vazio, um sonhador inútil (estou do lado deles em certas horas). No fundo, o homem inteiro não passa de um ser em que a transcendência se abole, de quem nada mais está separado: um pouco bufão, um pouco Deus, um pouco louco... – é a transparência.[3]

8

Se quero efetuar minha totalidade em minha consciência, devo me remeter à imensa, cômica, dolorosa convulsão de todos os homens. Esse movimento vai em todos os *sentidos. Decerto uma ação sensata (que vai em* um *sentido determinado) atravessa essa incoerência, mas é justamente ela que dá à humanidade de meu tempo (assim como à do passado) seu aspecto fragmentário. Se esqueço por um instante esse sentido determinado, passo a ver a soma shakespeariana tragicômica dos caprichos, mentiras, dores e risos; a consciência de uma totalidade imanente desperta em mim, mas como um dilaceramento: a existência inteira se situa para além de um sentido, ela é a presença consciente do homem no mundo como* não–sentido, *não tendo nada a fazer senão ser o que é, não podendo mais ir além de si, atribuir-se algum sentido por meio da ação.*

Essa consciência de totalidade remete a duas maneiras opostas de usar uma expressão. Não–sentido *costuma ser uma simples negação: diz-se de um objeto que é preciso suprimir. A intenção que recusa aquilo que é falto de sentido é na verdade a recusa de ser inteiro, é em razão dessa recusa que não temos consciência da totalidade do ser em nós. Mas se digo* não–sentido *com a intenção contrária de buscar um objeto livre de sentido, não nego nada, enuncio a afirmação em que* toda *a vida finalmente se ilumina na consciência.*

Aquilo que vai na direção dessa consciência de uma totalidade, na direção dessa total amizade do homem por si mesmo, é muito justamente considerado como falto, no fundo, de seriedade. *Seguindo essa via, torno-me irrisório, adquiro a inconsistência de todos os homens (tomados juntos, posto de lado aquilo que leva a grandes mudanças). Não quero dessa forma justificar a doença de Nietzsche (ao que parece, ela era de origem somática): é preciso dizer, no entanto, que um primeiro movimento em direção ao homem inteiro é a equivalência da loucura. Abandono o bem e abandono a razão (o sentido), abro sob meus pés o abismo de que me separavam a atividade e os juízos que ela encadeia. A consciência da totalidade é inicialmente em mim, no mínimo, desespero e crise. Se abandono as perspectivas da ação, minha perfeita nudez se revela a mim. Estou no mundo sem recurso, sem apoio, desabo. Não há outra saída senão uma incoerência sem fim através da qual só minha chance poderá me guiar.*

9

Uma experiência tão desconcertante, evidentemente, só pode ser feita uma vez todas as outras tentadas, concluídas, e todo o possível esgotado. Consequentemente, ela só poderia se tornar o feito da humanidade inteira em último lugar. Somente um indivíduo muito isolado pode fazê-la hoje em dia, graças à desordem de espírito[4] e, ao mesmo tempo, a um indubitável vigor. Ele pode, se a chance o acompanhar, determinar na incoerência um equilíbrio imprevisto: esse divino estado de equilíbrio que traduz numa simplicidade ousada e incessantemente em jogo o desacordo profundo mas dançado sobre a corda, imagino que a "vontade de poder" não possa atingi-lo de modo algum. Se estão me entendendo, a "vontade de poder", considerada como um termo, seria um retrocesso. Voltaria, se a seguisse, à fragmentação servil. Atribuiria novamente a mim mesmo um dever, e o bem que é o poder desejado me dominaria. A exuberância divina, a leveza que o riso e a dança de Zaratustra expressavam seriam reabsorvidas; em vez da felicidade suspensa sobre o abismo, eu me limitaria ao pesadume, ao servilismo da Kraft durch Freude. *Se afastamos o equívoco da "vontade de poder", o destino que Nietzsche atribuía ao homem o situa para além do dilaceramento: nenhum retrocesso é possível, e daí decorre a inviabilidade profunda da doutrina. O esboço de uma atividade, a tentação de elaborar uma meta e uma política resultam, nas notas da* Vontade de poder, *em um dédalo. O último escrito concluído,* Ecce homo, *afirma a ausência de meta, a insubordinação do autor a qualquer desígnio.* Percebida sob as perspectivas da ação, a obra de Nietzsche é um aborto – dos mais indefensáveis –, sua vida um fracasso, assim como a de quem tenta pôr em prática seus escritos.[5]*

10

Que fique claro de uma vez por todas[6]: *não se entendeu uma palavra da obra de Nietzsche antes de se ter* vivido *essa dissolução fulgurante na totalidade; fora disso, essa filosofia não passa de um dédalo de contradições – ou pior ainda: pretexto para mentiras por omissão (se, como os fascistas, isolam-se*

---

* Ver mais adiante, p. 125.

passagens para fins que o resto da obra nega). Gostaria que me seguissem agora com a maior atenção. O leitor terá adivinhado: a crítica precedente é a forma mascarada da aprovação. Ela justifica a seguinte definição do homem inteiro: o homem cuja vida é uma festa "imotivada", *e festa em* todos *os sentidos da palavra, um riso, uma dança, uma orgia que não se subordinam jamais, um sacrifício que zomba dos fins, materiais e morais.*

O que foi dito introduz a necessidade de uma dissociação. Os estados extremos, coletivos ou individuais, eram motivados outrora por fins. Desses fins, alguns não têm mais sentido (a expiação, a salvação). O bem das coletividades não é mais buscado agora por meios de uma eficácia duvidosa, mas diretamente pela ação. Nessas condições, os estados extremos caíram no domínio das artes, o que não deixou de ter inconvenientes. A literatura (a ficção) substituiu o que era anteriormente a vida espiritual; a poesia (a desordem das palavras*), os estados de transe reais. A arte constitui um dominiozinho livre fora da ação, pagando sua liberdade com a renúncia ao mundo real. Esse preço é pesado, e não há escritor que não sonhe em reencontrar o real perdido: mas ele deve para tanto pagar no outro sentido, renunciar à liberdade e servir a uma propaganda. O artista que se limita à ficção sabe que não é um homem inteiro, mas o mesmo acontece com o literato de propaganda. O domínio das artes abarca em certo sentido a totalidade: mas esta lhe escapa de qualquer jeito.*

Nietzsche está longe de ter resolvido *a dificuldade: Zaratustra também é um poeta, e mesmo uma ficção literária! Mas ele nunca aceitou. Os elogios o exasperavam. Agitou-se, procurou a saída em todos os sentidos. Nunca perdeu o fio de Ariadne* que é não ter nenhuma meta *e não servir a nenhuma causa: a causa, ele o sabia,* podava as asas. *Mas a ausência de causa, por outro lado, condena à solidão: é a doença do deserto, um grito se perdendo num grande silêncio...*

A compreensão a que convido engaja decididamente na mesma ausência de saída: supõe o mesmo suplício entusiasta. Imagino necessário nesse sentido inverter a ideia de eterno retorno. Não é a promessa de repetições infinitas que dilacera, mas isto: que os instantes apreendidos na imanência do retorno aparecem subitamente como fins. Devemos lembrar que os instantes são por todos os sistemas *considerados e fixados como meios: toda moral diz: "que cada instante de sua vida seja* motivado". *O retorno imotiva o instante, libera a vida de fim e, assim, em primeiro lugar, a arruína. O retorno é o modo dramático e a máscara do homem inteiro: é o deserto de um homem de quem cada instante se encontra desde então imotivado.*

Inútil procurar um viés: é preciso escolher por fim, de um lado um deserto, de outro uma mutilação. A miséria não pode ser largada como um pacote. Suspendidos num vazio, os momentos extremos são seguidos de depressões que nenhuma esperança atenua. *Se chego no entanto a uma consciência clara do que é vivido dessa maneira, posso não mais buscar saída onde não há uma (por isso fiz questão de formular minha crítica). Como não dar consequências à ausência de meta inerente ao desejo de Nietzsche? Inexoravelmente, a chance – e a busca da chance – representam um único recurso (cujas vicissitudes este livro descreveu). Mas avançar assim com rigor implica no próprio movimento uma dissociação necessária.*

Se é verdade que, no sentido em que se costuma entendê-lo, o homem de ação não pode ser um homem inteiro, o homem inteiro guarda uma possibilidade de agir. Sob a condição, no entanto, de reduzir a ação a princípios e a fins que lhe pertencem propriamente (numa palavra, à razão). O homem inteiro não pode ser transcendido (dominado) pela ação: ele perderia sua totalidade. Não pode, em contrapartida, transcender a ação (subordiná-la a seus fins): ele se definiria assim como um motivo, entraria, se aniquilaria, na engrenagem das motivações. É preciso distinguir de um lado o mundo dos motivos, onde cada coisa é sensata (racional), e o mundo do não-sentido (livre de todo sentido). Cada um de nós pertence em parte a um, em parte ao outro. Podemos distinguir clara e conscientemente aquilo que só está ligado na ignorância. A razão só pode ser limitada a meus olhos por ela própria. Se agimos, erramos fora dos motivos de equidade e de ordem racional dos atos. Entre os dois domínios só há uma relação admissível: a ação deve ser limitada racionalmente *por um princípio de liberdade.*[*]

O resto é silêncio.[7]

---

[*] Já que a parte do fogo, da loucura, do homem inteiro – *a parte maldita* – é atribuída (concedida de fora) pela razão segundo normas liberais e racionais. O que nos leva à condenação do capitalismo como modo de atividade irracional. A partir do momento em que o homem inteiro (sua irracionalidade) se reconhece como exterior à ação, em que ele vê em qualquer possibilidade de transcendência uma armadilha e a perda de sua totalidade, renunciamos às dominações irracionais (feudais, capitalistas) no domínio da atividade. Nietzsche decerto pressentiu a necessidade do abandono sem advertir a causa. O homem inteiro só pode ser inteiro se renunciar a se dar como *fim* dos outros: sujeita-se se vai além disso, confina-se aos limites feudais ou burgueses aquém da liberdade. Nietzsche, é verdade, ainda se aferrou à transcendência social, à hierarquia. Dizer: não há nada de sagrado na imanência significa isto: aquilo que *era* sagrado não deve mais *servir*. Chegado o tempo da liberdade, é o tempo do riso: "Ver as naturezas trágicas caírem por terra e poder rir disso..." (Alguém ousaria aplicar a proposição aos acontecimentos presentes? em vez de se engajar em novas transcendências morais...) Na liberdade, no abandono, na imanência do riso, Nietzsche de antemão liquidava aquilo que ainda o prendia (seu imoralismo juvenil) às formas vulgares da transcendência – que são liberdades em servidão. O *parti pris* do mal é o da liberdade, "a liberdade, a emancipação de todo e qualquer entrave".

PRIMEIRA PARTE

O Sr. Nietzsche

Mas deixemos para lá o Sr. Nietzsche…

A gaia ciência

I

Vivo, caso se queira ver,[8] em meio a homens estranhos, aos olhos dos quais a terra, seus acasos e o imenso jogo dos animais, mamíferos, insetos, estão à altura menos deles mesmos – ou das necessidades que os limitam – do que do ilimitado, do perdido, do ininteligível do céu. Para esses seres risonhos, o Sr. Nietzsche em princípio é um problema menor... Mas acontece que...

Esses homens, evidentemente, existem pouco... preciso dizê-lo o quanto antes.

Salvo poucas exceções, minha companhia na terra é a de Nietzsche...

Blake e Rimbaud são pesados e suscetíveis.

A inocência de Proust, a ignorância em que se manteve dos ventos de fora, o limitam.

Só Nietzsche se tornou solidário a mim – dizendo *nós*. Se a *comunidade* não existe, o Sr. Nietzsche é um filósofo.

"Se não fazemos", ele *me* diz, "da *morte de Deus* uma grande renúncia e uma perpétua *vitória sobre nós mesmos*, teremos de pagar por essa perda" (1882-1886; citado em *Volonté de puissance*, II, p. 183).

Essa frase tem um sentido: vivo-a neste instante *até o limite*.

Não podemos repousar sobre nada.

Mas somente sobre *nós*.

Uma responsabilidade cômica *nos* incumbe e *nos oprime.*

Até hoje, os homens repousavam, de cada coisa, uns sobre os outros – ou sobre Deus.

Escuto no momento em que escrevo[9] um ribombo de trovão e o rugir do vento; à espreita, adivinho o barulho, o clarão, as tempestades da terra através dos tempos. Neste tempo, neste céu ilimitados, percorridos por estrondos e que distribuem a morte com a mesma simplicidade com que meu coração distribui o sangue, sinto-me arrebatado por um movimento vivo, no instante violento demais. Pelos batentes de minha janela passa um vento infinito, trazendo com ele o desencadeamento dos combates, a desgraça enraivecida dos séculos. Ah, tivera eu próprio uma raiva que exigisse sangue e a cegueira necessária ao amor pelos golpes! Queria não ser mais do que um grito de ódio – exigindo a morte –, e nada subsistiria de mais belo que cães se entredilacerando! – mas estou cansado, febril...

"Agora todo o ar está quente, o sopro da terra está ardente. Agora vocês passeiam todos nus, bons e maus. E para o homem apaixonado pelo conhecimento é uma festa" (1882-1884; citado em *Volonté de puissance*, II, p. 9).

"Os pensadores cujas estrelas seguem rotas cíclicas não são os mais profundos; aquele que vê em si mesmo como num universo imenso e que traz em si as vias lácteas sabe também o quanto todas as vias lácteas são irregulares; elas conduzem até o caos e o labirinto da existência" (*A gaia ciência*, 322).

II

Uma má-chance me dá o sentimento do pecado: não tenho o direito de faltar à chance.

A ruptura da lei moral era necessária a essa exigência. (Quão fácil era a moral antiga comparada a essa rigorosa atitude!)

Agora começa uma dura, uma inexorável viagem – em busca do mais longínquo possível.

Uma moral que não é a conquista de um possível para além do bem não é risível?

"Negar o mérito, mas fazer aquilo que supera qualquer elogio – e até mesmo qualquer compreensão" (1885-1886; citado em *Volonté de puissance*, II, p. 384).

"Se queremos criar, temos de nos conceder uma liberdade maior do que aquela que jamais nos foi dada, portanto liberarmo-nos da moral e nos alegrarmos com festas. (Pressentimentos do porvir! Celebrar o porvir e não o passado! Inventar o mito do porvir! Viver na esperança!) Instantes afortunados! Depois deixar recair a cortina e reconduzir nossos pensamentos a metas firmes e próximas!" (1882-1886; citado em *Volonté de puissance*, II, p. 262).

O *porvir*, não o prolongamento de mim mesmo através do tempo, mas o calhar de um ser indo mais longe, superando os limites atingidos.

III

[...] a altitude em que está situado o coloca em relações com
os solitários e incompreendidos de todos os tempos.

1882-1885

"Onde encontraremos para nós, solitários entre os solitários – pois é isso o que *seremos* certamente um dia, pelo efeito da ciência –, onde encontraremos um companheiro para o homem? Outrora buscávamos um rei, um pai, um juiz para todos, porque nos faltavam reis, pais, juízes verdadeiros. Mais tarde será um *amigo* que *buscaremos* – os homens terão se tornado esplendores e sistemas autônomos, mas estarão *sozinhos*. O instinto mitológico estará então em busca de um *amigo*" (1881-1882; citado em *Volonté de puissance*, II, p. 365).

"Tornaremos a filosofia perigosa, mudaremos sua noção, ensinaremos uma filosofia que seja um *perigo para a vida*; como poderíamos servi-la melhor? Uma ideia é tanto mais cara à humanidade quanto mais caro ela lhe custa. Se ninguém hesita em se sacrificar pelas ideias de 'Deus', da 'Pátria', da 'Liberdade', se toda a história é feita da fumaça que circunda esse gênero de sacrifícios, como a primazia do conceito de 'filosofia' sobre esses conceitos populares, 'Deus', a 'Pátria', a 'Liberdade', poderia ser demonstrada senão custando *mais caro* que eles, exigindo ainda maiores hecatombes?" (1888; citado em *Volonté de puissance*, II, p. 127).

Invertida, essa proposição permanece digna de interesse: se ninguém se dispõe a morrer por ela, é como se a doutrina de Nietzsche não chegasse a existir.

Se um dia tivesse a ocasião de escrever com sangue minhas últimas palavras, escreveria isto: "Tudo que *vivi*, disse, escrevi – tudo que amei –, eu o imaginava *comunicado*. Sem isso, não poderia tê-lo vivido. Vivendo solitário, falar num deserto de leitores isolados! aceitar a *literatura* – o roçar superficial! Eu, o que pude fazer – e nada mais – foi me jogar, e caio, em minhas frases, como os infelizes espalhados hoje a perder de vista pelos campos de batalha". Desejo que riam, que deem de ombros, dizendo: "Ele está zombando de mim, ele sobrevive". É verdade, sobrevivo, estou mesmo neste instante cheio de alacridade, mas afirmo: "se te pareceu que eu não estava em jogo sem reserva no meu livro, joga-o fora; reciprocamente, se, ao me leres, não encontras nada que te coloque em jogo – entende-me: *toda tua vida*, até a hora de cair –, então é porque tua leitura acaba de corromper em ti... um corrompido".

"O TIPO DE MEUS DISCÍPULOS – A todos *aqueles por quem me interesso* desejo o sofrimento, o abandono, a doença, os maus-tratos, a desonra; desejo que não lhes sejam poupados nem o profundo desprezo por si mesmos nem o martírio da desconfiança de si mesmos; não tenho piedade alguma deles..." (1887; citado em *Volonté de puissance*, II, p. 282).

Nada há de humano que não exija a *comunidade* daqueles que o querem. Aquilo que vai longe exige esforços conjugados, que ao menos deem continuidade um ao outro, sem se deter no possível de um só. Se tiver cortado os laços à sua volta, a solidão de um homem é um *erro*. Uma vida não é mais do que um elo numa corrente. Quero que outros continuem a experiência que antes de mim outros começaram, que *se devotem* como eu, como outros antes de mim, ao meu desafio: *ir até o limite do possível.*[10]

Toda frase está fadada ao museu na medida em que persiste um vazio literário.

É o orgulho dos homens atuais que nada possa ser escutado sem ser antes deformado e esvaziado de conteúdo por uma destas duas máquinas: a propaganda ou a literatura!

Como uma mulher, o possível tem suas exigências: quer que o acompanhemos até o fim.

Vagando como diletantes nas galerias, sobre o assoalho encerado de um museu dos possíveis, acabamos por matar em nós aquilo que não é brutalmente político, limitando-o ao estado de luxuosas miragens (etiquetadas, datadas).

Ninguém pode chegar à consciência disso sem ser imediatamente desarmado pela vergonha.

Viver um possível até o limite exige uma troca entre várias pessoas, *assumindo-o como um fato que lhes é exterior* e que não depende mais de nenhuma delas isoladamente.

Do possível que propôs, Nietzsche não duvidou que sua existência exigisse uma comunidade.

O desejo de uma comunidade o agitava incessantemente.

Ele escreveu: "O cara a cara com um grande pensamento é intolerável. Procuro e chamo homens a quem possa comunicar esse pensamento sem que eles morram por isso". Ele procurou *sem nunca encontrar uma "alma profunda o bastante"*. Teve de se resignar, dizer a si próprio: "Depois de um tamanho apelo, jorrado das profundezas da alma, não escutar o som de resposta alguma é uma experiência aterradora que pode fazer perecer o homem mais tenaz: isso me liberou de todos os laços com os homens vivos".[11]

Seu sofrimento se expressa em numerosas notas...[12]

"Estás te preparando para o momento em que terás de falar. Talvez tenhas então vergonha de falar, como tens às vezes vergonha de escrever, talvez seja ainda necessário que te interpretes, talvez tuas ações e abstenções não bastem para *te comunicar!* Virá uma época de cultura em que será de mau tom ler muito; então não precisarás mais ter vergonha de ser lido; ao passo que hoje todos aqueles que te tratam como escritor te ofendem; e quem quer que te *louve* por teus relatos revela uma falta de tato, escava um fosso entre ele e ti; não adivinha a que ponto se humilha acreditando te exaltar assim. Conheço o estado de alma dos homens atuais quando leem: arre! Esforçar-se e dar-se ao trabalho para produzir semelhante estado." (1881-1882; citado em *Volonté de puissance*, II, p. 109).

"Os homens que têm destinos, aqueles que carregando a si mesmos carregam destinos, toda a raça dos carregadores heroicos, oh! como eles gostariam às vezes de descansar de si mesmos! Como têm sede de corações fortes, de nucas vigorosas que os libertassem ao menos por algumas horas daquilo que lhes pesa! E o quanto essa sede é vã!... Esperam, lamentam tudo o que se passa diante deles. Ninguém vem ao seu encontro nem com a milésima parte de seu sofrimento e de sua paixão, ninguém adivinha a que ponto estão à espera... Finalmente, muito tarde, aprendem esta prudência elementar: não mais esperar; e, então, esta segunda prudência: ser afáveis, modestos, suportar tudo... em suma, suportar um pouco mais ainda do que já tinham suportado até então"[13] (1887-1888; citado em *Volonté de puissance*, II, p. 235).

Minha vida, em companhia de Nietzsche, é uma comunidade, meu livro é essa comunidade.

Assino embaixo destas poucas linhas:

"Não quero me tornar um santo, prefiro ser tomado por um bufão... E talvez seja mesmo um bufão... E no entanto – mas não 'no entanto', pois nunca houve nada mais mentiroso do que os santos – a verdade fala por minha boca..."

Não tirarei a máscara de ninguém...

O que sabemos, no fundo, do Sr. Nietzsche?

Forçados a mal-estares, a silêncios... Odiando os cristãos... Nem falemos dos outros!...

E além disso... somos tão pouco![14]

IV

Nada fala mais vivamente ao coração do que estas melodias
alegres que são de uma tristeza absoluta.

1888

"Esse espírito soberano que agora basta a si mesmo porque está bem defendido e fortificado contra todas as surpresas, vocês vivem reclamando das muralhas e do mistério dele; no entanto, olham de soslaio como curiosos através das grades douradas com que ele fechou seu domínio, como curiosos seduzidos: pois um perfume desconhecido e vago sopra maliciosamente nos rostos de vocês e trai alguma coisa dos jardins e das delícias escondidas" (1885-1886; citado em *Volonté de puissance*, II, p. 365).

"Há uma falsa aparência da alegria contra a qual não se pode fazer nada; mas aquele que a adota deve afinal se contentar com ela. Nós que nos refugiamos na *felicidade*, nós que precisamos, de certa forma, do meio-dia e de uma louca superabundância de sol, nós que nos sentamos à beira da estrada para ver passar a vida, semelhante a um cortejo de máscaras, a um espetáculo que faz perder o sentido, não parece que temos consciência de algo que tememos? Há algo em nós que se quebra facilmente. Temeríamos as mãos pueris e destrutivas? Será para evitar o acaso que nos refugiamos na vida? em seu brilho, em sua falsidade, em sua mentira cintilante? Se parecemos alegres, não é porque estamos infinitamente tristes? Somos graves, conhecemos o abismo – será por isso que nos defendemos contra tudo o que é grave? Sorrimos interiormente das pessoas de gostos melancólicos em quem adivinhamos uma falta de profundidade; – ai de nós! invejamo-las ao mesmo tempo que zombamos delas – pois não somos alegres o bastante para nos permitirmos sua delicada tristeza. Temos de fugir até da sombra da tristeza: nosso inferno e nossas trevas estão sempre perto demais de nós. Sabemos uma coisa que tememos, com a qual não queremos ficar cara a cara; temos uma crença cujo peso nos faz tremer, cujo sussurro nos faz empalidecer – aqueles que não acreditam nela nos parecem felizes. Desviamo-nos dos espetáculos tristes, tapamos nossas orelhas às queixas daquilo que sofre; a piedade nos quebraria se não soubéssemos nos endurecer. Fica valentemente a nosso lado, despreocupação zombeteira! Refresca-nos, sopro que passou sobre as geleiras! Não tomaremos mais nada a peito, escolhemos a *máscara* como divindade suprema e como redentora" (1885-1886; citado em *Volonté de puissance*, II, p. 105).

"Grande discurso cósmico: 'Sou a crueldade, sou a astúcia', etc., etc. Zombar do temor de assumir a responsabilidade por um erro (zombaria do *criador*) e por toda a dor. – Mais cruel do que jamais se foi, etc. – Forma suprema do contentamento com sua própria obra; ele a quebra para reconstruí-la sem se cansar. Novo triunfo sobre a morte, a dor e o aniquilamento" (1882-1886; citado em *Volonté de puissance*, II, p. 390).

"'Certamente! Não amarei mais senão o que é necessário! Certamente o *amor fati* será meu derradeiro amor!' – Talvez chegues a esse ponto; mas antes terás de amar as Fúrias: confesso que suas serpentes me fariam hesitar. – 'O que sabes das Fúrias? Fúrias, este é apenas o nome desagradável das Graças!' – Ele está louco!" (1881-1882; citado em *Volonté de puissance*, II, p. 388).

"Dar provas do poder e da segurança adquiridos, mostrando que 'se desaprendeu a ter medo'; trocar a desconfiança e a suspeita pela confiança em nossos instintos; amar e honrar a si mesmo em sua própria sabedoria, e mesmo em seu *absurdo*; ser um pouco bufão, um pouco deus; nem cara de quaresma nem coruja; nem cobra-cega..." (1888; citado em *Volonté de puissance*, II, p. 381).

V

*Qual foi até hoje o maior pecado? Não foi a palavra de quem
disse: "Infelizes dos que riem aqui embaixo!"?*

Zaratustra, Do homem superior

"Frederico Nietzsche sempre quis escrever uma obra clássica, um
livro de história, sistema ou poema digno dos velhos helenos, a quem
escolhera por mestres. Mas nunca conseguiu dar forma a essa ambição.
No fim daquele ano de 1883, acabava de fazer uma tentativa quase desesperada; a abundância, a importância dessas notas nos dão a medida
da grandeza de um trabalho que foi completamente vão. Ele não pôde
nem fundar seu ideal moral nem compor seu poema trágico; no mesmo
instante ele falha em suas duas obras e vê seu sonho se esvanecer. O que
ele é? Um infeliz capaz de curtos esforços, de cantos líricos e de gritos"
(HALÉVY, Daniel. *La Vie de Frédéric Nietzsche*, p. 285).

"Em 1872, enviava à senhorita de Meysenbug a série interrompida
de suas conferências sobre o futuro das universidades: 'Isso dá uma sede
terrível', dizia ele, 'e, no fim, nada para beber'. Essas mesmas palavras
se aplicam a seu poema" (p. 288.)

SEGUNDA PARTE

O ápice e o declínio

*[...] aqui ninguém te seguirá! Teus próprios passos
apagaram o caminho atrás de ti, e acima de teu caminho
está escrito: Impossível!*

Zaratustra, O viajante.

[15]As questões que introduzirei[16] dizem respeito ao bem e ao mal em sua relação com o ser ou com os seres.

O bem se apresenta inicialmente como bem de um ser. O mal parece algo que prejudica – algum ser, evidentemente. É possível que o bem seja o respeito aos seres, e o mal, sua violação. Se esses juízos têm algum sentido, posso extraí-los de meus sentimentos.[17]

Por outro lado, de maneira contraditória, o bem está ligado ao desprezo do interesse dos seres por si mesmos. De acordo com uma concepção secundária, mas que intervém no conjunto dos sentimentos, o mal seria a existência dos seres – na medida em que esta implica sua separação.

Entre essas formas opostas, a conciliação parece fácil: o bem seria o interesse dos *outros*.

É possível, com efeito, que a moral inteira repouse sobre um equívoco e derive de deslizes.

Mas antes de chegar às questões implicadas no enunciado precedente, mostrarei a oposição sob uma outra luz.

1

> *O Cristo crucificado é o mais sublime de*
> *todos os símbolos – mesmo hoje.*

> 1885-1886

Tenho a intenção de opor não mais o bem ao mal, mas o "ápice moral", diferente do bem, ao "declínio", que nada tem a ver com o mal e cuja necessidade determina, pelo contrário, as modalidades do bem.

O ápice corresponde ao excesso, à exuberância das forças. Leva ao máximo a intensidade trágica. Está ligado aos gastos desmesurados de energia, à violação da integridade dos seres. Está portanto mais próximo do mal do que do bem.

O declínio – correspondente aos momentos de esgotamento, de cansaço – atribui todo o valor à preocupação de conservar e enriquecer o ser. É dele que procedem as regras morais.

Mostrarei, em primeiro lugar, no ápice que é o Cristo na cruz a expressão mais equívoca do mal.[18]

A crucificação de Jesus Cristo é considerada pelo conjunto dos cristãos como um mal.

É o maior pecado jamais cometido.

Esse pecado possui mesmo um caráter ilimitado. Os criminosos não são apenas os atores do drama: a culpa recai sobre todos os homens. Na medida em que um homem faz o mal (cada homem é por sua parte *obrigado* a fazê-lo), ele coloca Cristo na cruz.

Os carrascos de Pilatos crucificaram Jesus, mas o Deus que pregaram na cruz foi executado em sacrifício: o agente do sacrifício é o Crime que os pecadores,[19] infinitamente, desde Adão, cometem. Aquilo que a vida humana esconde de hediondo (tudo o que ela carrega em suas redobras de sujo e de impossível, o mal condensado em seu fedor) violou tão perfeitamente o bem que não se pode imaginar nada que chegue perto disso.

A crucificação de Cristo lesa o ser de Deus.

As coisas ocorreram como se as criaturas só pudessem comunicar com seu Criador através de uma ferida que dilacerasse sua integridade.

A ferida é proposital, desejada por Deus.

Os homens que a fazem não são por isso menos culpados.

Por outro lado – e isso não é o menos estranho – essa culpa é a ferida que dilacera a integridade de cada ser culpado.

Dessa maneira, Deus ferido pela culpa dos homens e os homens que sua culpa em face de Deus fere encontram, mas penosamente, a unidade que parece seu fim.

Se tivessem guardado sua integridade respectiva, se os homens não tivessem pecado, Deus de um lado e os homens do outro teriam perseverado em seu isolamento. Uma noite de morte, em que o Criador e as criaturas sangraram, entredilaceraram-se e se colocaram em causa sob todos os aspectos – no extremo limite da vergonha –, foi necessária à sua comunhão.[20]

Assim, a "comunicação", sem a qual, para nós, nada seria, é assegurada pelo crime. A "comunicação" é o amor – e o amor conspurca aqueles que une.[21]

O homem atinge na crucificação o ápice do mal. Mas é precisamente por tê-lo atingido que deixou de estar separado de Deus. O que demonstra que a "comunicação" dos seres é assegurada pelo mal. O ser humano sem o mal estaria enclausurado em si mesmo, fechado em sua esfera independente. Mas a ausência de "comunicação" – a solidão vazia – seria sem dúvida alguma um mal ainda maior.

A posição dos homens é desconcertante.

Devem "comunicar" (tanto com a existência indefinida quanto entre si): a ausência de "comunicação" (o fechamento egoísta em si mesmo) é evidentemente a postura mais condenável. Mas a "comunicação", que não se faz sem ferir ou conspurcar os seres, é ela própria culpada. O bem, de qualquer maneira que o consideremos, é o bem dos seres; mas, querendo atingi-lo, temos de colocar em causa – na noite, pelo mal – esses mesmos seres para os quais o desejamos.

Um princípio fundamental se exprime assim:

A "comunicação" não pode ocorrer de um ser pleno e intacto a outro; ela requer seres que tenham o ser em si mesmos *posto em jogo*, situado no limite da morte, do Nada;* o ápice moral é um momento de colocação em jogo, de suspensão do ser para além de si mesmo, no limite do Nada.

2

[...] o homem é o mais cruel dos animais. Foi assistindo a tragédias, a combates de touros e a crucificações que, até hoje, ele se sentiu mais à vontade sobre a terra; e, quando inventou o inferno, foi na verdade seu paraíso...

Zaratustra, O convalescente

É importante para mim mostrar que, na "comunicação", no amor, o desejo tem o Nada por objeto.

É assim em todo "sacrifício".[22]

De uma maneira geral, o sacrifício, e não apenas o de Jesus, parece ter causado o sentimento de um crime**: o sacrifício está do lado do mal, é um mal necessário ao bem.

---

* Sobre o sentido dessa palavra neste livro, ver o Apêndice V, "Nada, transcendência e imanência", p. 225.

** Ver: HUBERT; MAUSS. *Essai sur le sacrifice*, p. 46-47. [1. ed. brasileira: *Sobre o sacrifício*. Tradução de Paulo Neves. São Paulo: Cosac Naify, 2013.]

O sacrifício seria aliás ininteligível se não víssemos nele o meio pelo qual os homens, universalmente, "comunicavam" entre si, ao mesmo tempo que com as sombras de que povoavam os infernos ou o céu.

Para tornar mais sensível[23] o laço entre a "comunicação" e o pecado – entre o sacrifício e o pecado –, direi em princípio que o desejo, entenda-se, o desejo soberano, que rói e alimenta a angústia, leva o ser a procurar o além de si mesmo.

O além de meu ser é em primeiro lugar o Nada. É minha ausência que pressinto no dilaceramento, no sentimento penoso de uma falta. A presença de outrem se revela através desse sentimento. Mas ela só é plenamente revelada se o *outro*, por seu lado, inclina-se ele próprio sobre a borda de seu Nada – ou nele cai (se morre). A "comunicação" só tem lugar *entre dois seres postos em jogo* – dilacerados, suspensos, um e outro inclinados sobre seu Nada.[24]

Essa maneira de ver fornece do sacrifício e do ato carnal uma mesma explicação. No sacrifício, homens se unem, executando-o, a um deus personificado por um ser vivo, vítima animal ou humana (unem-se assim também entre si). O próprio sacrificador e aqueles que assistem ao sacrifício se identificam de certa forma com a vítima. Assim, inclinam-se, no momento da execução, sobre seu próprio Nada. Apreendem ao mesmo tempo seu deus que desliza para a morte. O abandono de uma vítima (como no holocausto, em que é queimada) coincide com o golpe que atinge o deus. O dom coloca parcialmente o ser do homem em jogo: é-lhe portanto possível, por um breve momento, unir-se ao ser de sua divindade, que a morte ao mesmo tempo pôs em jogo.[25]

3

Seria horrível acreditar ainda no pecado; pelo contrário, tudo o que fazemos, mesmo que devêssemos repeti-lo mil vezes, é inocente.

1881-1882

Com maior frequência do que o objeto sagrado, o desejo tem por objeto a carne, o corpo de outra pessoa, e no desejo pela carne o jogo da "comunicação" aparece rigorosamente em sua complexidade.

O homem, no ato carnal, transpõe conspurcando — e conspurcando a si mesmo — o limite dos seres.

O desejo soberano dos seres tem o além do ser por objeto. A angústia é o sentimento de um perigo ligado a essa inesgotável expectativa.

No domínio da sensualidade,[26] um ser de carne é o objeto do desejo. Mas o que atrai nesse ser de carne não é imediatamente o ser, é sua ferida: é um ponto de ruptura da integridade do corpo e o orifício dos excrementos. Essa ferida não coloca exatamente a vida em jogo, mas apenas sua integridade, sua pureza. Não mata, mas conspurca. O que a conspurcação revela não difere essencialmente daquilo que a morte revela: o cadáver e a excreção exprimem ambos o *Nada*; o cadáver, por sua vez, participa da conspurcação. Um excremento é uma parte morta de mim mesmo que devo rejeitar, fazendo-a desaparecer, terminando de aniquilá-la. Na sensualidade, como na morte, o Nada não é, aliás, *ele próprio*, o que atrai. O que nos cativa na morte, que nos deixa acabrunhados, mas tomados, em silêncio, por um sentimento de presença — ou de vazio — sagrado, não é o cadáver tal como ele é. Se vemos (ou imaginamos) o horror que a morte realmente é — cadáver sem maquiagem, podridão —, só sentimos nojo. O piedoso respeito, a veneração calma e mesmo doce, em que nos demoramos, liga-se a aspectos artificiais — assim como a aparente serenidade dos mortos cuja boca se fechou após ficar duas horas presa por uma faixa. Da mesma forma, na sensualidade, a transposição é necessária ao atrativo do Nada. Temos horror pela excreção, mesmo um nojo insuperável. Limitamo-nos a sentir a atração pelo estado em que ela ocorre — pela nudez que pode, se assim escolhermos, ser imediatamente atraente pelo grão da pele, pela pureza das formas. O horror pela excreção, feita às escondidas, envergonhadamente, ao qual se acrescenta a feiura inapelável dos órgãos, constitui a obscenidade dos corpos — zona de Nada que temos de transpor, sem a qual a beleza não teria o lado suspenso, posto em jogo, que nos dana. A nudez bonita, voluptuosa, finalmente triunfa na colocação em jogo que a conspurcação efetua (em outros casos, a nudez fracassa, permanece feia, sem sair do nível do conspurcado).

Se evoco agora a tentação (muitas vezes independente da ideia de pecado: frequentemente resistimos temendo consequências incômodas), percebo, bem acusada, a prodigiosa colocação em movimento do ser nos jogos carnais.

A tentação situa o extravio sexual em face do tédio. Não somos sempre presas do tédio: a vida reserva uma possibilidade de comunicações numerosas. Mas se ela vem a faltar... o que o tédio revela então é o Nada do ser fechado em si mesmo. Se não comunica mais, um ser separado definha, fenece e sente (obscuramente) *que sozinho ele não é*. Esse Nada interior, sem saída, sem atrativo, repele-o: ele sucumbe ao mal-estar do tédio, e o *tédio* o remete do Nada interior ao exterior, à *angústia*.[27]

No estado de tentação, essa remissão – na angústia – se demora infinitamente nesse Nada diante do qual o desejo de comunicar nos situa. Se considero independentemente do desejo e, por assim dizer, em si o Nada da obscenidade, percebo apenas o signo sensível, apreensível, de um limite onde o ser vem a faltar. Mas, na tentação, esse Nada do exterior aparece como resposta à sede de comunicar.

O sentido e a realidade dessa resposta são fáceis de determinar. Só comunico fora de mim, abandonando-me ou lançando-me para fora. Mas, fora de mim, não sou mais. Tenho esta certeza: abandonar o ser em mim, buscá-lo fora, é correr o risco de estragar – ou de aniquilar – aquilo sem o que a existência do fora não teria sequer aparecido para mim, esse *eu* sem o qual nada "do que é para mim" seria. O ser na tentação se encontra, se ouso dizer, triturado pela dupla tenaz do Nada. Se não comunica, aniquila-se – nesse vazio que é a vida ao se isolar. Se quer comunicar, arrisca-se igualmente a se perder.

Decerto, trata-se apenas de conspurcação – e a conspurcação não é a morte. Mas, se cedo em condições desprezíveis – pagando uma prostituta, por exemplo –, embora não morra, ficarei arruinado, degradado em meu próprio julgamento: a obscenidade crua roerá o ser em mim, sua natureza excrementícia me manchará, esse Nada que a excreção carrega com ela, que a todo custo eu devia ter rejeitado, separado de mim, estarei sem defesa, desarmado diante dele, e me abrirei a ele através de uma esgotante ferida.

A longa resistência na tentação faz sobressair claramente esse aspecto da vida carnal. Mas o mesmo elemento participa de toda sensualidade. A comunicação, por mais fraca que seja, exige uma colocação em jogo. Só ocorre na medida em que seres, inclinados para fora de si mesmos, jogam-se, sob uma ameaça de degradação. É por isso que os seres mais puros *não ignoram* as sentinas da sensualidade comum (não podem, por mais que se empenhem, permanecer alheios a ela). A pureza a que se agarram significa que uma parte inapreensível, ínfima, de ignomínia basta para dominá-los: pressentem, na extrema aversão, aquilo que um outro esgota. Todos os homens, no final das contas, ficam excitados pelas mesmas causas.

4

> *Era bom para aquele predicador das gentinhas sofrer e carregar os pecados dos homens. Mas eu me regozijo do grande pecado como de minha grande consolação.*
>
> *Zaratustra*, Do homem superior.

> *[...] o bem supremo e o mal supremo são idênticos.*
>
> 1885-1886

Os seres, os homens, só podem "comunicar" – *viver* – fora de si mesmos. E como devem "comunicar", devem *querer* esse mal, a conspurcação, que, colocando o ser em jogo neles mesmos, torna-os penetráveis uns aos outros.

Escrevi outrora (*A experiência interior*, p. 130-131): "O que és se deve à atividade que une os inúmeros elementos que te compõem, à intensa comunicação desses elementos entre si. São contágios de energia, de movimento, de calor, ou transferências de elementos que constituem interiormente a vida de teu ser orgânico. A vida nunca está situada num ponto particular: ela passa rapidamente de um ponto a outro (ou de múltiplos pontos a outros pontos) como uma corrente ou como uma espécie de fluxo elétrico". E mais adiante: "[...] tua vida não se limita a esse inapreensível fluxo interior; ela flui também para fora e se abre incessantemente ao que escorre ou jorra para ela. O turbilhão duradouro que te compõe se choca contra turbilhões semelhantes com os quais forma uma vasta figura animada por uma agitação ritmada. Ora, viver significa para ti não apenas os fluxos e os jogos fugidios de luz que se unificam em ti, mas também as passagens de calor ou de luz de um ser a outro, de ti a teu semelhante ou de teu semelhante a ti (inclusive no instante em que me lês, o contágio de minha febre que te atinge): as palavras, os livros, os monumentos, os símbolos, os risos não são mais do que os caminhos desse contágio, dessas passagens".

Mas esses ardentes percursos só se substituem ao ser isolado se este consente, se não em se aniquilar, ao menos em se *colocar em jogo* – e, no mesmo movimento, *colocar em jogo* os outros.

Toda "comunicação" participa do suicídio e do crime.

O horror fúnebre a acompanha, o asco é seu sinal.

E o mal aparece, sob esse aspecto – como uma fonte da vida!

É arruinando em mim mesmo, em outrem, a integridade do ser que me abro à comunhão, que chego ao ápice moral.

E o ápice não é *padecer*, é *querer* o mal. É o acordo voluntário com o pecado, com o crime, com o mal. Com um destino a exigir sem trégua que, para que uns vivam, outros morram.

5

> *E acreditaram em tudo isso! E chamaram isso*
> *de moral!* Écrasez l'infâme!
> *Será que me entenderam? Dionísio contra o Crucificado...*
>
> *Ecce homo* (trad. Vialatte, p. 177)[28]

Distinguir os casos é uma indigência: a mais ínfima reserva já ofende a sorte. Aquilo que para alguém é apenas um *excesso prejudicial ao próprio excesso* não o é para outro, *situado mais longe*. Posso considerar *algo de humano estranho a mim?* Apostada a menor soma, abro uma perspectiva de lances infinitos.

Nessa escapada móvel deixa-se entrever um ápice.

Como o mais alto ponto – o mais intenso grau – de atração por si mesma que a vida possa definir.

Espécie de brilho solar, independente das consequências.

No que precede, apresentei o mal como um meio pelo qual precisamos passar se queremos "comunicar".

Afirmei: "o ser humano, sem o mal, estaria enclausurado em si mesmo"; ou: "o sacrifício é o mal necessário ao bem"; e, mais adiante: "o mal aparece [...] como uma fonte da vida!". Introduzi dessa maneira uma relação fictícia. Deixando ver na "comunicação" o bem do ser, remeti a "comunicação" ao ser que, justamente, ela supera. Considerá-los o "bem do ser" é na verdade reduzir a "comunicação", o mal ou o ápice a uma servidão que não podem suportar. As próprias noções de *bem* ou de *ser* fazem intervir uma duração com que o mal – no ápice –, *por essência*, não se preocupa. O que é desejado na "comunicação" é *por essência* a superação do ser. O que é rejeitado, *por essência*, no mal é a preocupação com o tempo por vir. É nesse sentido precisamente que a aspiração ao ápice, *que o movimento do mal – é em nós constitutivo de toda e qualquer moral*. Uma moral em *si mesma* não tem *valor* (em sentido forte) se não atribuir sua parte à superação do ser – repelindo a preocupação com o tempo por vir.

Uma moral vale na medida em que propõe que nos coloquemos em jogo. Senão, é apenas uma regra de interesse, a que falta o elemento de exaltação (a vertigem do ápice, que a indigência batiza com um nome servil: *imperativo).*

Em face dessas proposições, a essência da "moral vulgar" é evidenciada com a maior clareza a respeito das desordens sexuais.

Na medida em que homens se encarregam de fornecer a outros uma regra de vida, devem fazer apelo ao mérito e propor como fim o bem do ser – que se realiza no tempo por vir.

Se minha vida está em jogo por um bem apreensível – pela cidade, por alguma causa útil –, minha conduta é meritória, vulgarmente tida por moral. E pelas mesmas razões, matarei e arruinarei *em conformidade com a moral.*

Num outro domínio, o mal é dilapidar recursos jogando, bebendo, e o bem melhorar a sorte dos pobres.

O sacrifício sangrento é ele próprio execrado (desperdício cruel). Mas aquilo que a lassidão mais odeia é a liberdade dos sentidos.[29]

A vida sexual considerada em relação a seus fins é quase inteiramente *excesso* – selvagem irrupção rumo a um ápice inacessível. Exuberância que se opõe por essência à preocupação com o tempo por vir. O Nada da obscenidade não pode ser subordinado. O fato de não ser supressão do ser, mas apenas concepção resultante de um contato, longe de atenuar, aumenta a reprovação. Nenhum mérito está associado a ele. O ápice erótico não é, como o heroico, atingido *às custas* de duros sofrimentos. Aparentemente, os resultados não têm relação com os sofrimentos. Apenas a chance parece dispor. A chance entra em jogo na desordem das guerras, mas o esforço e a coragem atribuem um papel apreciável ao mérito. Os aspectos trágicos da guerra, opostos às imundices cômicas do amor, acabam de elevar o tom de uma moral que exalta a guerra – e seus benefícios econômicos... – e denigre a vida sensual. Não sei se consegui esclarecer com suficiente nitidez a ingenuidade do *parti pris* moral. O argumento mais pesado é o interesse das famílias, que o excesso sensual evidentemente lesa. Incessantemente confundida com a severidade da aspiração moral, uma preocupação com a integridade dos seres é laboriosamente ostentada.

Para o julgamento vulgar, a essência de um ato moral é estar subordinado a alguma utilidade – remeter ao bem de algum ser um movimento em que o ser aspira a superar o ser. A moral, de acordo com essa maneira de ver, não é mais do que uma negação da moral. O resultado desse equívoco é opor o bem dos outros ao do homem que sou: o deslize reserva de fato a coincidência de um desprezo superficial com uma submissão profunda ao serviço do ser. O mal é o egoísmo, e o bem, o altruísmo.

6

A moral *é lassidão.*

1882-1885

Essa moral é menos a resposta a nossos ardentes desejos por um ápice do que uma tranca oposta a esses desejos. Já que o esgotamento chega logo, as despesas desordenadas de energia a que nos leva a vontade de quebrar o limite do ser são desfavoráveis à conservação, ou seja, ao bem desse ser.[30] Quer se trate de sensualidade, quer de crime, ruínas estão implicadas tanto da parte dos agentes quanto da parte das vítimas.

Não quero dizer que a sensualidade e o crime correspondem sempre, ou mesmo em geral, ao desejo de um ápice. A sensualidade persegue sua desordem banal – e sem verdadeira força – através de existências simplesmente relaxadas: nada mais comum. Aquilo que com uma natural aversão nomeamos *prazer* não é, no fundo, a subordinação a seres pesados desses excessos de alegria que outros, mais leves, atingem para se perder? Um crime banal pouco tem a ver com os equívocos atrativos de um sacrifício: a desordem que introduz não é desejada em si, mas posta a serviço de *interesses* ilegais, os quais diferem pouco, se olhamos de maneira insidiosa, dos interesses mais elevados. As regiões dilaceradas que o vício e o crime designam não deixam por isso de indicar o ápice para o qual tendem as paixões.

Quais eram os mais altos momentos da vida selvagem? em que se traduziam livremente nossas aspirações? As *festas*, cuja nostalgia ainda nos anima, eram o tempo do sacrifício e da orgia.[31]

7

A felicidade que encontramos no devir só é possível no aniquilamento do real da "existência", da bela aparência, na destruição pessimista da ilusão – é no aniquilamento até da aparência mais bela que a felicidade dionisíaca atinge seu cúmulo.

1885-1886

Se agora considero[32] o êxtase cristão à luz dos princípios que apresentei, posso percebê-lo participando, num só movimento, dos furores de Eros e do crime.

Mais do que qualquer fiel, um místico cristão crucifica Jesus. Seu próprio amor exige de Deus que Ele seja colocado em jogo, que Ele grite seu desespero na cruz. O crime por excelência dos santos é erótico. Está ligado a esses transportes, a essas febres tortuosas que introduziam os calores do amor na solidão dos conventos.

Esses aspectos de dilaceramento extremo que chocam na oração ao pé da cruz não são estranhos aos estados místicos não cristãos. A cada vez, o desejo está na origem dos momentos de êxtase – e o amor que é seu movimento tem sempre em algum ponto o aniquilamento dos seres por objeto. O Nada que entra em jogo nos estados místicos é ora o Nada do sujeito, ora o do ser considerado na totalidade do mundo: o tema da noite de angústia é reencontrado de alguma forma nas meditações da Ásia.

O transe místico, de qualquer confissão que seja, esgota-se em superar o limite do ser. Seu ardor íntimo, levado ao grau extremo da intensidade, consome inexoravelmente tudo aquilo que dá aos seres, às coisas, uma aparência de estabilidade, tudo o que tranquiliza, ajuda a suportar. O desejo eleva pouco a pouco o místico a uma ruína tão perfeita, a um tão perfeito dispêndio de si mesmo que nele a vida se compara ao brilho solar.

No entanto, claro está, trate-se de *yogis*, de budistas ou de monges cristãos, que essas ruínas, essas consumações ligadas ao desejo não são reais: neles, o crime ou o aniquilamento dos seres é representação. O compromisso que se estabeleceu por todos os lados, em matéria de moral, é fácil de demonstrar: as desordens reais, prenhes de desagradáveis repercussões, como o são as orgias e os sacrifícios, foram rejeitadas na medida do possível. Mas o desejo de um ápice a que esses atos correspondiam tendo persistido, os seres tendo permanecido na necessidade de encontrar, "comunicando", o além do que são, símbolos (ficções) se substituíram às realidades. O sacrifício da missa, que figura a execução real de Jesus, não é mais que um símbolo na repetição infinita que a Igreja faz dele. A sensualidade tomou forma de efusão espiritual. Temas de meditação substituíram as orgias reais, o álcool, a carne e o sangue, que se tornaram objetos de reprovação. Dessa maneira, o ápice que corresponde ao desejo permaneceu acessível, e as violações do ser a que está ligado não têm mais inconvenientes, não sendo mais do que representações do espírito.

8

> *E quanto à* decadência, *todo aquele que não morre prematuramente é uma imagem dela sob praticamente todos os aspectos; ele conhece, portanto, por experiência própria os instintos que estão implicados nela; durante quase metade de sua vida, o homem é um decadente.*
>
> 1888

A substituição dos ápices imediatos por ápices espirituais não poderia entretanto ser feita se não admitíssemos o primado do futuro sobre o presente, se não tirássemos consequências do inevitável declínio que se segue ao ápice. Os ápices espirituais são a negação daquilo que poderia ser apresentado como moral do ápice. Eles provêm de uma moral do declínio.

O deslize para formas espirituais exigia uma primeira condição: um pretexto era necessário à rejeição da sensualidade. Se suprimo a consideração do tempo por vir, não posso resistir à tentação. Só posso ceder sem defesa à menor vontade. Impossível até falar de tentação: não posso mais ser tentado, vivo à mercê de meus desejos aos quais só se opõem de agora em diante dificuldades exteriores. Para dizer a verdade, esse estado de feliz disponibilidade não é concebível humanamente. A natureza humana não pode, *enquanto tal*, rejeitar a preocupação com o futuro: os estados em que essa preocupação não nos toca mais estão acima ou abaixo do homem.

Seja como for, só escapamos da vertigem da sensualidade imaginando um bem, situado no tempo futuro, que ela arruinaria e que devemos preservar. Só podemos portanto atingir os ápices que se encontram além da febre dos sentidos sob a condição de introduzirmos uma finalidade ulterior. Ou, se quiserem, o que é mais claro – e mais grave: só atingimos os ápices não sensuais, não imediatos, sob a condição de visar a um fim necessariamente superior. E esse fim não está apenas situado acima da sensualidade – que ele detém –, deve estar ainda situado *acima do ápice espiritual*. Para além da sensualidade, da resposta ao desejo, estamos, com efeito, no domínio do bem, ou seja, da primazia do futuro em relação ao presente, da conservação do ser em relação a sua perda gloriosa.

Em outros termos, resistir à tentação implica o abandono da moral do ápice, provém da moral do declínio. É quando sentimos a força nos faltar, quando declinamos, que condenamos os excessos de dispêndio em nome de um bem superior. Enquanto uma efervescência juvenil nos anima, estamos de acordo com as dilapidações perigosas, com tudo o que nos coloca temerariamente em jogo. Mas se as forças vêm a nos faltar, ou se começamos a perceber seus limites, *se declinamos*, passamos a nos preocupar em adquirir e acumular bens de toda espécie, em enriquecer com vistas às dificuldades por vir. Agimos. E a ação, o esforço só podem ter por fim uma aquisição de forças. Ora, os ápices espirituais, opostos à sensualidade – pelo próprio fato de se oporem a ela –, ao se inscreverem no desenvolvimento de uma ação, ligam-se a esforços que têm em vista um bem a ganhar. Os ápices não provêm mais de uma *moral do ápice*: uma *moral do declínio* designa-os menos a nossos desejos do que a nossos esforços.

9

> *Não tenho nenhuma lembrança de esforço, não encontrarão na minha vida um só vestígio de luta, sou o contrário de uma natureza heroica. Minha experiência ignora completamente o que seja "querer" alguma coisa, trabalhar ambiciosamente nela, visar a uma "finalidade", ou à realização de um desejo.*
>
> Ecce homo (trad. Vialatte, p. 64)

> *Assim, o estado místico é condicionado, comumente, pela busca da salvação.*

Com toda verossimilhança, esse laço entre um ápice como o estado místico e a indigência do ser – o medo, a avareza expressos nos valores do declínio – tem alguma coisa de superficial e, profundamente, deve ser falacioso. Não é por isso menos manifesto. Um asceta em sua solidão persegue um fim de que o êxtase é apenas o meio. Ele *trabalha* para sua salvação: da mesma forma que um negociante trafica visando a um lucro, da mesma forma que um operário pena visando a um salário. Se o operário ou o negociante fossem ricos o bastante, se não tivessem nenhuma preocupação com o futuro, nenhum temor da morte ou da ruína, deixariam na mesma hora o canteiro de obras, os negócios, buscando ao sabor das ocasiões os prazeres perigosos. Por seu lado, é na medida em que sucumbe à miséria do homem que um asceta tem a possibilidade de empreender um longo trabalho de libertação.[33]

Os exercícios de um asceta são *humanos* justamente na medida em que pouco diferem de um trabalho de agrimensura. O mais duro é decerto perceber no fim este limite: sem a isca da salvação (ou alguma isca semelhante), a via mística não teria sido encontrada! Alguns homens devem ter dito para si mesmos ou a outros: é bom fazer assim ou de outro jeito, com vistas a tal resultado, a tal ganho. Não teriam podido, sem esse grosseiro artifício, ter uma conduta de declínio (a tristeza infinita, a risível seriedade necessárias ao esforço). Isso não está claro? Mando a preocupação com o futuro para o diabo: explodo imediatamente numa gargalhada infinita! Perdi ao mesmo tempo toda e qualquer razão de fazer um esforço.

10

Vê-se nascer uma espécie híbrida, o artista, afastado do crime
pela fraqueza de sua vontade e por seu temor à sociedade,
ainda não maduro para o hospício, mas esticando com
curiosidade suas antenas para essas duas esferas.

1888

É preciso ir mais longe.
Formular a crítica já é declinar.
O fato de "falar" de uma moral do ápice provém ele próprio de uma moral
do declínio.

Mandada ao diabo a preocupação com o futuro, perco também minha razão de ser, e mesmo, em uma palavra, a razão.

Perco toda e qualquer possibilidade de *falar*.

Falar, como faço neste instante, de moral do ápice é a coisa mais risível de todas!

Por que razão, com que finalidade que supere o próprio ápice, poderia eu expor essa moral?

E, antes de tudo, como construí-la?

A construção e a exposição de uma moral do ápice supõem um declínio de minha parte, supõem uma aceitação das regras morais que se devem ao medo. Na verdade, o ápice proposto como fim não é mais o ápice: reduzo-o à busca de um proveito, *pois que falo dele*. Apresentando a devassidão perdida como um ápice moral, mudo inteiramente sua natureza. Precisamente: privo-me assim do poder de atingir nela o ápice.

O devasso só tem chance de atingir o ápice se não tem essa intenção. O momento extremo dos sentidos exige uma inocência autêntica, a ausência de pretensão moral e mesmo, por tabela, a consciência do mal.[34]

11

Como o castelo de Kafka, o ápice não é mais, no fim das contas, do que o inacessível. Furta-se a nós, ao menos na medida em que não cessamos de ser homens: de falar.

Não se pode, além do mais, opor o ápice ao declínio como o mal ao bem.

O ápice não é "aquilo que é preciso atingir"; o declínio, "aquilo que é preciso suprimir".

Da mesma forma que o ápice não é mais, no fim das contas, do que o inacessível, o declínio é desde sempre o inevitável.

Afastando confusões vulgares, não suprimi, no entanto, a exigência do ápice (não suprimi o desejo). Se admito seu caráter inacessível – só se tende a ele sob a condição de não se querer tender a ele –, nem por isso tenho razão para aceitar – como o fato de falar leva a fazer – a soberania inconteste do declínio. Não posso negar: o declínio é o inevitável, e o próprio ápice o indica; se o ápice não é a morte, deixa atrás de si a necessidade de descer. O ápice, por essência, é o lugar onde a vida é, no limite, impossível. Só o atinjo, na muito fraca medida em que o atinjo, gastando forças sem poupar. Só disporei de forças para dilapidar de novo se recuperar, através de meu labor, aquelas que perdi. Aliás, o que sou? Inscrito em limites humanos, só posso dispor incessantemente de minha vontade de agir. Parar definitivamente de trabalhar, de me esforçar de algum modo com vistas a uma finalidade ilusória, está fora de cogitação. Suponhamos mesmo que eu considere – no melhor dos casos – o remédio de César, o suicídio: essa possibilidade se apresenta a mim como um empreendimento que exige – por certo, com uma pretensão desconcertante – que eu subordine o instante presente à preocupação com o tempo por vir. Não posso renunciar ao ápice, é verdade. Protesto – e quero, em meu protesto, colocar um ardor lúcido e mesmo árido – contra tudo o que exige que sufoquemos o desejo. No entanto, não posso senão aceitar rindo o destino que me obriga a viver como um necessitado. Não alimento o sonho de *suprimir* as *regras* morais. Elas derivam do inevitável declínio. Declinamos sem parar, e o desejo que nos destrói só renasce quando nossas forças estão restabelecidas. Já que devemos aceitar em nós a impotência, já que não temos forças ilimitadas, é melhor reconhecer em nós essa necessidade que padeceríamos mesmo que a negássemos. Não podemos igualar esse céu vazio que, ele, trata-nos infinitamente como um assassino, aniquilando-nos sem dó. Só posso dizer tristemente, da necessidade que padeço, que ela *me humaniza*, que me dá sobre as coisas uma ascendência inegável. Posso no entanto me recusar a não ver nisso um sinal de impotência.[35]

12

E, sempre de novo, a espécie humana decretou de tempos em tempos: "Há alguma coisa sobre a qual não se tem absolutamente o direito de rir!". E o mais previdente dos filantropos acrescentará: "não apenas o riso e a sabedoria alegre, mas também o trágico e sua sublime desrazão fazem parte dos meios e das necessidades para conservar a espécie!" – E por conseguinte! por conseguinte!

A gaia ciência, I

Os equívocos morais constituem sistemas de equilíbrio bastante estáveis, tanto quanto a existência em geral. Só podemos voltar atrás parcialmente. Quem poderia contestar a parte concedida ao devotamento? e como se espantar de que ela se combine com um interesse comum bem-compreendido? Mas a existência da moral e a perturbação que ela introduz prolongam a interrogação bem para além de um horizonte tão próximo. Não sei se, nas longas considerações precedentes, consegui dar a entender a que ponto a interrogação final era dilacerante. Desenvolverei agora um ponto de vista que, embora exterior às simples questões que quis introduzir, indica, no entanto, seu alcance.

Na medida em que os movimentos excessivos a que o desejo nos conduz podem ser associados a ações úteis ou julgadas como tal – úteis, entenda-se, aos seres declinantes, reduzidos à necessidade de acumular forças –, pode-se corresponder ao desejo do ápice. Assim, os homens sacrificavam outrora, entregavam-se até a orgias – atribuindo ao sacrifício, à orgia, uma ação eficaz em benefício do clã ou da cidade. Esse valor benéfico, a violação de outrem que é a guerra o possui também a justo título, quando bem-sucedida. Para além do benefício estreito da cidade, visivelmente pesado, egoísta, a despeito das possibilidades de devotamento individual, a desigualdade na repartição dos produtos no interior da cidade – que se desenvolve como uma desordem – obrigou à busca de um bem em acordo com o sentimento da justiça. A salvação – a preocupação com uma salvação pessoal após a morte – se tornou, para além do bem egoísta da cidade, o motivo de agir e, consequentemente, o meio de ligar à ação a subida ao ápice, a superação de si. No plano geral, a salvação pessoal permite escapar ao dilaceramento que decompunha a sociedade: a injustiça se tornou suportável, não sendo mais inapelável; começou-se mesmo a unir esforços para combater seus efeitos. Para além dos bens definidos como motivos de ação sucessivamente pela cidade e pela Igreja (a Igreja, por sua vez, tornou-se análoga a uma cidade, e, nas Cruzadas, morreu-se por ela), a possibilidade de suprimir radicalmente o obstáculo que é a desigualdade das condições definiu uma última forma de ação benéfica, motivando o sacrifício da vida. Assim, desenvolveram-se através da história – e fazendo a história – as *razões* que um homem pode ter para chegar ao ápice, para se colocar em jogo. Mas o mais difícil, o que vai além, é chegar ao ápice sem razão, sem pretexto. Já o disse: é em falso que falamos de busca do ápice. *Só podemos encontrá-lo falando de outra coisa.*[36]

Em outros termos, toda colocação em jogo, toda subida, todo sacrifício sendo, como o excesso sexual, uma perda de forças, um dispêndio, devemos motivar a cada vez nossos gastos com uma promessa de ganho, enganadora ou não.

Se consideramos essa situação na economia geral, ela é estranha.

Posso imaginar um desenvolvimento histórico concluído que reservaria possibilidades de ação como um velho que sobrevive a si mesmo, eliminando o ímpeto e a esperança de um além dos limites atingidos. Uma ação revolucionária fundaria a sociedade sem classes – para além da qual não poderia nascer uma ação histórica –, isso posso ao menos supor.[37] Mas devo fazer uma observação a esse respeito. De modo geral, parece que humanamente a soma de energia produzida é sempre superior à soma necessária à produção. Daí esse contínuo excedente de energia espumante – que nos leva infindavelmente ao ápice – constituindo essa parte *maléfica* que tentamos (em vão) gastar para o *bem* comum. Repugna ao espírito orientado pela preocupação com o bem e pelo primado do futuro considerar a possibilidade de *culpáveis* desperdícios, inúteis ou mesmo nocivos. Ora, se os motivos de ação que serviram até hoje de pretextos para desperdícios infinitos nos faltassem, a humanidade encontraria então, em aparência, uma possibilidade de recuperar o fôlego... O que aconteceria, nesse caso, com a energia que nos transborda?...[38]

Insidiosamente, quis mostrar o alcance *exterior* que minha questão poderia ter. Devo, é verdade, reconhecer que, situada dessa maneira – no plano do cálculo econômico –, ela perde em acuidade o que ganha em amplitude. Ela é de fato alterada. Na medida em que coloquei o *interesse* em jogo, tive de lhe subordinar o *dispêndio*. Trata-se evidentemente de um impasse, já que, em definitivo, não podemos infindavelmente gastar para ganhar: já o disse, *a soma de energia produzida é maior...*[39]

13

Formularei agora as questões implicadas em minha exposição.
Existe uma finalidade moral que eu possa atingir para além dos seres?
Ao que já respondi que, ao menos, eu não podia – nem buscá-la – nem falar dela.

Mas vivo, e a vida (a linguagem) está em mim. Ora, a linguagem em mim não pode abandonar a finalidade moral... Ela deve, ao menos, afirmar que, seguindo as ladeiras do declínio, não poderei encontrar essa meta.
Dito isso, continuo a viver.
Acrescentarei – falo em meu nome – que não posso buscar um *bem* para substituir a meta que me escapa.
Não vejo mais nenhuma razão – exterior a mim – para me sacrificar a mim mesmo ou o pouco de força que tenho.[40]
Vivo à mercê de risos, que me alegram, de excitações sexuais, que me angustiam.
Disponho, se quiser, *dos estados místicos.*
Afastado de toda fé, privado de toda esperança, não tenho, para atingir esses estados, nenhum motivo.
Sinto-me afastado da ideia de um esforço com vistas a chegar a eles.
Preparar uma *experiência interior* não é me afastar do ápice que ela poderia ser?[41]

Diante daqueles que possuem um motivo, uma razão, não me arrependo de nada, não invejo ninguém. Insto-os, pelo contrário, a compartilharem minha sorte. Sinto meu ódio pelos motivos e minha fragilidade como felizes. A extrema dificuldade de minha situação é minha chance. Embriago-me dela.

Mas carrego em mim, apesar de mim, como uma carga explosiva, uma questão:

O QUE PODE FAZER NESTE MUNDO UM HOMEM LÚCIDO? QUE CARREGA EM SI UMA EXIGÊNCIA SEM CONSIDERAÇÕES.[42]

14

Vocês não são águias: é por isso que não aprenderam a felicidade no terror do espírito. Quem não é pássaro não deve fazer seu ninho sobre abismos.

Zaratustra, Dos sábios ilustres

Minha questão assim colocada, disse o que tinha para dizer: não trago resposta a ela. Deixei de lado nesse desenvolvimento o desejo de *autonomia*, a sede de *liberdade* que parece ser a paixão do homem e que, sem dúvida alguma, é minha paixão. Penso menos nessa liberdade que um indivíduo arranca aos poderes públicos do que na autonomia humana no seio de uma natureza hostil e silenciosa. O *parti pris* de depender o mínimo possível do que já está dado nos leva, é verdade, à indiferença ao tempo por vir: por outro lado, ele se opõe à satisfação do desejo. Imagino, no entanto, do ápice de que falei, que ele é a mesma coisa que a liberdade do ser.

Querendo tornar esse laço sensível, utilizarei um rodeio.

Por mais que nos esforcemos, nosso pensamento se esgota sem nunca abarcar os possíveis em seu conjunto. A cada instante sentimos a noite enigmática ocultar, numa profundidade infinitamente grande, o próprio objeto de nossa reflexão. O mais ínfimo pensamento deveria receber um desenvolvimento infinito. Quando o desejo de apreender a verdade me domina, refiro-me ao desejo de saber finalmente, de chegar à luz, sinto-me tomado de desespero. Ato contínuo, sei-me perdido (perdido para sempre) neste mundo onde tenho a impotência de uma criança pequena (mas não há adultos a quem recorrer). Na verdade, na medida em que me esforço por refletir, não considero mais como um termo o momento em que a luz se fará, mas aquele em que ela se extinguirá, em que me encontrarei de novo dentro da noite como uma criança doente e, finalmente, como um moribundo. Aquele que tem sede de verdade, verdadeiramente sede, não pode ter minha negligência: cabe-lhe esgotar a cada vez o desenvolvimento infinito do possível. Acho bom que, na audácia juvenil, ele tente. Mas, da mesma forma que, para agir, não precisamos considerar os objetos no desenvolvimento infinito de seus aspectos – manejamo-los, e a eficácia de nossos movimentos dá a medida do valor de nossas concepções –, assim, se é apenas para interrogar, sou decerto forçado a fazer recuar a questão o mais longe possível, mas "o mais longe possível" é "o meu melhor", ao passo que, desejando a Verdade, a exigência que deveria satisfazer seria absoluta. É que não posso prescindir nem de agir nem de interrogar, quando posso *viver* – agir, interrogar – na ignorância. O desejo de saber talvez só tenha um sentido: servir de motivo ao desejo de interrogar. Decerto, saber é necessário à autonomia que a ação – pela qual transformo o mundo – proporciona ao homem. Mas, para além das condições do *fazer*, o conhecimento aparece finalmente como um engodo, diante da interrogação que o solicita. É no fracasso que é a interrogação que rimos. Os arrebatamentos do êxtase e as ardências de Eros são questões – sem respostas – a que submetemos a natureza e nossa natureza. Se soubesse responder à interrogação moral – que formulei há pouco –, na verdade me afastaria decididamente do ápice. É deixando a interrogação aberta em mim como uma chaga que guardo uma chance, um acesso possível a ele. Se falar como faço agora é no fundo me deitar como um doente, e mesmo, mais exatamente: deitar-me para morrer, isso não quer dizer que esteja pedindo para cuidarem de mim. Tenho de me desculpar por um excesso de ironia. Não quero zombar de ninguém. Quero apenas zombar do *mundo*, ou seja, da inapreensível natureza de que sou o resultado. Não costumamos levá-la em conta, se refletimos, se falamos, mas a morte nos interromperá. Não terei de prosseguir sempre na subordinadora busca do verdadeiro. Toda pergunta ficará no final sem resposta. E me furtarei de tal forma que imporei silêncio. Se outros retomarem a tarefa, tampouco a concluirão – e a morte, como a mim, há de lhes cortar a palavra. O ser receberia uma autonomia mais verdadeira? Parece-me, falando assim, respirar o ar livre do ápice.

A existência não pode ser ao mesmo tempo autônoma e viável.[43]

TERCEIRA PARTE

Diário
Fevereiro-agosto de 1944

Fevereiro-abril de 1944

A "xícara de chá",
o "zen" e o ser amado

O novo sentimento da potência:
o estado místico; e o racionalismo mais claro,
mais ousado, servindo de caminho
para chegar a ele.

1884

*[...] seja como for, cada vez que "o herói" subia ao palco, algo
de novo era atingido, o espantoso oposto do riso, essa profunda
emoção de muitos diante do pensamento: "sim, vale a pena que
eu viva! sim, sou digno de viver!" – a vida, e eu e você, e nós
todos, por algum tempo, tornamo-nos novamente* interessantes
*para nós. Não se pode negar que, com o tempo, o riso, a razão
e a natureza acabaram se tornando senhores de cada um desses
grandes mestres em teleologia: a curta tragédia sempre acabou
voltando à eterna comédia da existência, e o mar "de sorriso
inumerável" – para falar com Ésquilo – acabará cobrindo com
suas ondas a maior dessas tragédias...*

A gaia ciência, I

Se não se percebe um movimento de desenvoltura, que afasta as dificuldades mais bem estabelecidas, brincando com tudo (especialmente com a infelicidade, com o sofrimento), velando o êxito sob a máscara da depressão, sou, se quiserem, um ser doloroso... no entanto, não fiz mais do que ligar o amor, a alegria excessiva, ao completo desrespeito, à negação radical daquilo que freia a liberdade interior.

Meu desejo hoje incide sobre um *ponto*. Esse objeto sem verdade objetiva e, no entanto, o mais explosivo que posso imaginar, assimilo-o ao sorriso, à limpidez do ser amado. Essa limpidez, nenhum enlace poderia atingi-la (ela é precisamente *aquilo que se esquiva* no momento da posse). Foi dilacerado pelo desejo que *vi* para além da presença desejada esse ponto cuja doçura é dada num desespero.

Esse objeto, eu o reconheci: esperava-o desde sempre. Reconhecemos o ser amado por essa impressão de resposta: o ser amado é o ser esperado, que preenche o vazio (o universo não é mais inteligível sem ele). Mas essa mulher que seguro em meus braços me escapa, a impressão, que se transformara em certeza, de resposta à espera, tento em vão reencontrá-la no enlace: só a ausência continua a atingi-la *pelo sentimento de uma falta.*

Seja lá o que eu possa ter dito (no momento em que escrevo, não consigo me lembrar com precisão), parece-me hoje que Proust forneceu, ao falar de reminiscência, uma descrição fiel desse objeto.

Esse objeto percebido no êxtase, mas numa calma lucidez, difere em algum ponto do ser amado. Ele é aquilo que, no ser amado, deixou a impressão dilacerante, mas íntima e inapreensível, de *déjà vu.*

Parece-me, do singular relato que é o *Tempo perdido,* em que a vida desmorona lentamente e se dissolve na inanidade (na impotência de apreender), e no entanto apreende pontos ocelares em que ela se resolve, que ele tem a verdade de um soluço.

Os soluços significam a comunicação quebrada. Quando a comunicação – a doçura da comunicação íntima – é rompida pela morte, a separação ou o desentendimento, sinto crescer em mim, no dilaceramento, a doçura menos familiar de um soluço. Mas essa doçura do soluço difere grandemente da que a precedia. Na comunicação estabelecida, o *encanto* é anulado pelo hábito. Nos soluços, ele é comparável à faísca que fazemos nascer ao retirar um plugue da tomada. É precisamente porque a comunicação está rompida que gozamos dela de modo trágico, quando choramos.

Proust imaginou que tinha mantido na memória aquilo que, no entanto, acabava de fugir. A memória revela inteiramente aquilo que a presença ocultava, mas apenas por um tempo. É verdade que, em certo sentido, os soluços do homem têm um ressaibo de eternidade.

Quanto admiro a astúcia – decerto consciente – com que o *Tempo redescoberto* faz caber, nos limites de uma xícara de chá, aquilo que outros situaram no infinito. Pois se alguém (André Breton) fala "de um brilhante interior e cego [...] não mais a alma do gelo do que a do fogo", subsiste na fulguração evocada um não sei quê de grande e de transcendental que mantém, mesmo no interior do homem, a relação de superioridade entre o homem e Deus. O mal-estar introduzido dessa maneira decerto é praticamente inevitável. Só saímos dos gonzos dilacerados. Longe de mim a intenção de me furtar aos momentos de transcendência (que o *Tempo redescoberto* disfarça). Mas a transcendência do homem, ao que me parece, é expressamente negativa. Não tenho o poder de colocar *acima* de mim nenhum objeto – quer o apreenda, quer ele me dilacere – senão o Nada que não é nada. Aquilo que dá a impressão de transcendência – tocante a tal parte do ser – é que nós a percebemos mediatizada pelo Nada. É só pelo rasgão do Nada que temos acesso ao além do ser particular que somos. O Nada nos oprime, nos aterra, e somos tentados a dar ao que adivinhamos em suas trevas o poder de nos dominar. Consequentemente, um dos momentos mais humanos é aquele em que reduzimos à nossa medida os objetos percebidos para além dos desmoronamentos. Esses objetos não são achatados por isso, mas um movimento de simplicidade soberana revela sua intimidade.

É preciso arruinar a transcendência rindo. Assim como a criança abandonada ao temível além de si mesma reconhece, de repente, a doçura íntima de sua mãe – e lhe responde, então, rindo –, se uma ingenuidade desenvolta adivinha um jogo lá onde se tremeu, explodo num riso iluminado, mas rio tanto mais quanto mais tremia.

De um riso tão estranho (e, sobretudo, tão feliz) é difícil falar. Ele mantém esse Nada de que a figura ínfima de Deus (imagem do homem) se servira como de um pedestal infinito. A todo instante, minha angústia me arranca de mim mesmo, de minhas preocupações menores, e me abandona a esse Nada.

Nesse Nada onde estou – interrogando até a náusea, não recebo resposta alguma que não me pareça estender o vazio, dobrar a interrogação – não distingo nada: Deus me parece uma resposta não menos vazia do que a "natureza" do materialismo grosseiro. Não posso, no entanto, desse Deus, negar as possibilidades oferecidas àqueles que formam para si sua imagem: sua experiência existe humanamente; seus relatos nos são familiares.

Veio o momento em que, minha audácia – se quiserem, minha desenvoltura – propondo-me: "Você não poderia ter, você mesmo, essa experiência insensata – depois rir dela?", respondi: "Impossível: não tenho *a fé!*". No silêncio em que estava, num estado de disponibilidade verdadeiramente louca – eu permanecia debruçado sobre o vazio – tudo me pareceu igualmente risível, hediondo, *possível*... Nesse momento, segui adiante. Imediatamente, *reconheci* Deus.

Aquilo que um riso infinito provocou não podia ter menos desembaraço.

Lancei-me aos pés do velho fantasma.

Fazemos normalmente uma pífia ideia de sua majestade: tive dela a revelação sem medida.

As trevas se tornaram uma barba infinita e negra, saída das profundezas da terra e da hediondez do sangue.

Ri.

Era infinitamente mais pesado.

Mas, desse pesadume infinito, minha leviandade veio a cabo sem esforço: ela devolvia ao Nada aquilo que não é mais do que Nada.

Afora a liberdade, o próprio riso, não há nada de que eu ria menos divinamente do que de *Deus*.

II

*Queremos ser os herdeiros de toda a moral antiga, e não
começar de novo. Toda a nossa atividade não é mais do que
moral que se vira contra sua antiga forma.*

1880-1884

Pareceu-me que alguns de meus amigos confundiam seu anseio por um valor desejável com o desprezo que a baixeza inspira. O valor (ou o objeto da aspiração moral) é inacessível. Homens de todas as categorias podem ser amados. Eu os adivinho – uns como os outros – com uma simpatia revoltada. Não vejo mais um ideal, fazendo face à degradação. O abatimento do grande número é pungente, triste como uma prisão para forçados; o ardor heroico, o rigor moral trazem consigo a estreiteza irrespirável. Muitas vezes, o rigor obtuso é o sinal de um relaxamento (no cristão açucarado ou no agitador jovial). Só amo o amor, o desejo...[44]

Em nossas condenações categóricas, quando dizemos de alguém: "aquele porco", esquecendo o fundo sujo de nosso coração, não fazemos mais do que nos aproximar, através de uma indiferença bastante vil, das indiferenças berrantes que denunciamos. Da mesma forma, na polícia, a sociedade se aproxima dos procedimentos que condena.

A cumplicidade nos crimes, depois na cegueira sobre os crimes, une os homens da maneira mais íntima.

A união alimenta a hostilidade incessante. No amor excedente, não devo apenas querer matar, mas também não desfalecer ao vê-lo. Se pudesse, cairia e gritaria meu desespero. Mas recusando o desespero, continuando a viver feliz, ludicamente (sem razão), amo mais duramente, mais verdadeiramente, como a vida merece ser amada.

A chance dos amantes é o mal (o desequilíbrio) a que o amor físico os obriga. Eles são condenados sem fim a arruinar a harmonia entre si, a lutar na noite. É ao preço de um combate, pelas feridas que provocam um no outro, que eles se unem.

O valor moral é o objeto do desejo: aquilo pelo que se pode morrer. Nem sempre é um "objeto" (de existência definida). O desejo incide muitas vezes sobre uma presença indefinida. É possível opor paralelamente Deus ou uma mulher amada e, do outro lado, o Nada ou a nudez feminina (independente de um ser em particular).

O indefinido tem logicamente o sinal negativo.

Odeio os risos relaxados, a inteligência engraçadinha das "pessoas de espírito".

Nada me é mais estranho do que um riso amargo.

Rio ingênua, *divinamente*. Não rio quando estou triste e, quando rio, me divirto pra valer.

Constrangido por ter rido (com meus amigos) dos crimes do doutor Petiot.[45] O riso que tem o ápice por objeto nasce da inconsciência que temos dele. Sou, como meus amigos, lançado de um horror inominável a uma hilaridade insensata. Para lá do riso, encontram-se a morte, o desejo (o amor), o desfalecimento, o êxtase ligado a alguma impressão de horror, a algum horror transfigurado. Não rio mais nesse além: guardo um sentimento de riso. Um riso que tentasse durar, buscando forçar o além, seria "proposital" e soaria falso, por falta de ingenuidade. O riso fresco, sem reserva, abre para o pior e mantém no pior (a morte) um sentimento leve de maravilha (ao diabo Deus, as blasfêmias ou as transcendências! o universo é humilde: meu riso é sua inocência).

O riso abençoa, e Deus amaldiçoa. O homem não é, como Deus, condenado a condenar. O riso é, se quiser, maravilha, pode ser leve, *ele* pode abençoar. Se rio de mim mesmo...

Petiot dizia a seus clientes (segundo Q.):

– Você parece anêmico. Está precisando de cálcio.

Dizia para irem encontrá-lo na Rua Lesueur, com vistas a um tratamento recalcificante.

E se eu dissesse do periscópio da Rua Lesueur que ele é o *ápice*?

Eu ficaria revoltado, de horror, de asco.

A *aproximação* do ápice seria reconhecível pelo horror, pelo asco que nos apertam o coração?

Somente naturezas grosseiras e primitivas se submeteriam à exigência do "periscópio"?

De um ponto de vista *teológico*, um "periscópio" é o análogo do Calvário. Tanto num quanto no outro, um *pecador goza* do efeito de *seu* crime. Se é um devoto, contenta-se com uma imagem. Mas a crucificação, esse crime, é *seu* crime: ele associa o arrependimento ao ato. A perversão, nele, reside no deslize da consciência e na escamoteação involuntária do ato, na falta de virilidade, na fuga.[46]

Um pouco antes da guerra, sonhei que era fulminado. Senti uma dor aguda, um grande terror. No mesmo instante, ficava maravilhado, transfigurado: morria.

Hoje sinto o mesmo elã. Se quisesse "que tudo estivesse bem", se exigisse a segurança moral, sentiria a idiotice de minha alegria. Embriago-me, ao contrário, por nada querer e por não ter segurança. Experimento um sentimento de liberdade. Mas, embora meu elã se dirija à morte, não é me liberar da vida que me agrada. Sinto-a, pelo contrário, aliviada das preocupações que a roem (ligam-na a concepções definidas). Um nada – ou nada – me embriaga. Essa embriaguez se dá sob a condição de que eu ria, principalmente de mim mesmo.[47]

III

O maior amor, o mais certo, poderia estar de acordo com a zombaria infinita. Tal amor se assemelharia à mais louca música, ao arrebatamento de estar lúcido.

Minha fúria de amar dá para a morte como uma janela para o pátio.

Na medida em que torna a morte presente – como o cômico rasgar de um cenário –, o amor tem o poder de arrancar as nuvens. Tudo é simples! Através do arrancamento, vejo: como se eu fosse cúmplice de todo o não-sentido do mundo, o fundo vazio e livre aparece.

Em que o ser amado poderia diferir dessa liberdade vazia, dessa transparência infinita daquilo que, enfim, não tem mais a responsabilidade de ter um sentido?

Nessa liberdade aniquiladora, a vertigem se transforma em arrebatamento. Num arrebatamento calmo.

A força (ou o movimento de liberdade) do ser amado, a violência, a angústia e a longa espera do amor, a intolerância desconfiada dos amantes, não há nada que não contribua para essa resolução num vazio.

O vazio libera dos laços: não há mais parada no vazio. Se faço o vazio diante de mim, adivinho imediatamente o ser amado: não há *nada*. Aquilo que eu amava perdidamente era a escapada, a porta aberta.

Um movimento brusco, uma exigência decidida aniquilam o mundo pesado.[48]

IV

Pensando bem, quantos novos ideais são ainda possíveis!
Eis um pequeno ideal que apanho a cada cinco semanas
mais ou menos, durante algum passeio selvagem e solitário, na hora azul de
uma felicidade criminosa. Passar a vida entre as coisas frágeis e absurdas;
permanecer estranho ao real! meio artista, meio pássaro ou metafísico; não
dizer nem sim nem não à realidade, a não ser de tempos em tempos, apenas
para tateá-la com a ponta dos pés, como um bom dançarino; sentir-se sempre
acariciado por algum raio de sol da felicidade; estar sempre alegre, sentir-se
estimulado até pela aflição, pois a aflição mantém o homem feliz; grudar no
traseiro das coisas mais sagradas um rabinho
cômico; este é, evidentemente, o ideal de um espírito pesado,
de muitas toneladas, o próprio espírito do peso.

Março–julho de 1888

Levantei, esta manhã, de bom humor.[49]
Ninguém, evidentemente, mais *irreligioso*, mais alegre do que eu.

Não quero mais falar de *experiência interior* (ou mística), e sim do *pau* de empalar. Assim como se fala do zen. Acho divertido dar a uma espécie definida de experiência um nome – como às flores.

O *pau* é diferente do *zen*. Um pouco. A verdadeira palhaçada. Além de tudo, como o *zen*, difícil de definir.[50]

Era pura acrobacia de minha parte dizer a seu respeito: o *suplício* (tive de fazê-lo com tanta seriedade, tanta verdade, tanta febre que as pessoas se enganaram: mas era preciso que se enganassem, que a brincadeira *fosse verdadeira*).

Hoje, insisto dizendo o *pau*.

Desde o início, ensinar o exercício do *pau* é uma tarefa cômica. Implica uma convicção: a de que não se pode *ensinar o pau*.

Ensino, no entanto...

Que o *pau* seja para a vítima um inacessível ápice não é a verdade fundamental?

Uma possibilidade de pálida brincadeirinha me revolta: não deixarão de fazê-la entre o *pau* e *Proust*...

A partir do momento em que a tomamos pelo que realmente é – queda de Deus (da transcendência) no irrisório (o imediato, a imanência), uma *xícara de chá* é o *pau*.[51]

Caráter duplo do ápice (horror e delícia, angústia e êxtase). Expressa em relevo nos dois volumes – preto e branco – do *Tempo redescoberto*: de um lado o horror de um palacete infame, do outro os instantes de felicidade.

Os instantes de felicidade diferem:
– da alegria difusa, impessoal e sem objeto do *yoga*;
– dos arrebatamentos dilacerados, dos transes que tiram o fôlego;
– e ainda mais do vazio da noite;
eles correspondem à transparência, sem turvação, dos estados ditos *teopáticos*.

Nesses estados de inapreensível transparência, o espírito fica inerte, intensamente lúcido e livre. O universo o atravessa com facilidade. O objeto se impõe a ele numa "impressão íntima e inapreensível de *déjà vu*".

Essa impressão de *déjà vu* (de penetrável em todos os sentidos e, no entanto, de ininteligível) define, a meu ver, *o estado teopático.*

Nem mais uma sombra da importunidade divina. Evidentemente!

Para o místico (o crente), Deus decerto se volatilizou: o místico é ele próprio Deus.

Já me diverti algumas vezes fazendo-me passar por Deus... – para mim mesmo.

Na *teopatia*, é diferente. Esse estado, por si só, é o extremo do cômico, na medida em que é volatilização infinita, liberdade sem esforço, reduzindo todas as coisas ao movimento em que elas caem.

Exprimindo-me sobre o estado designado por um apelido (o *pau*), escrevo estas linhas em forma de tema de meditação:

> *Imagino: um objeto de atração,*
> *a chama*
> *brilhante e leve*
> *consumindo-se em si mesma,*
> *aniquilando-se*
> *e, dessa maneira, revelando o vazio,*
> *a identidade da atração,*
> *daquilo que embriaga*
> *e do vazio;*
>
> *Imagino*
> *o vazio*
> *idêntico a uma chama,*
> *a supressão do objeto*
> *revelando a chama*
> *que embriaga*
> *e ilumina.*

Não há exercício que conduza à meta...

Imagino que, em todos os casos, é o sofrimento, arruinando o ser e o esgotando, que abre uma ferida tão íntima.

Esse estado de imanência é a verdadeira impiedade.

A impiedade perfeita é a negação do Nada (do poder do Nada): nada mais tem poder sobre mim – nem a transcendência nem o tempo por vir (nada mais de espera).[52]

Não falar de Deus significa que o tememos, que ainda não nos sentimos à vontade com ele (sua imagem ou seu lugar nos encadeamentos do real, da linguagem...), que deixamos para mais tarde examinar o vazio que ele designa e vará-lo com nosso riso.

Rir de Deus, daquilo que fez multidões tremerem, exige a simplicidade, a ingênua malignidade da criança. Nada subsiste de pesado, de doentio.

O *pau* é o riso, mas tão vivo que nada permanece. A imensidão varada, trazida a lume, longe de levar a transparência ao infinito, a agitação dos músculos a quebra... Mesmo o insensível sorriso de um Buda seria pesado (lamentável insistência pessoal). Só uma insistência de salto, uma *leveza* solta (a autonomia, a liberdade verdadeiras) dão ao riso um império sem limite.

Da mesma forma, a transparência de dois seres é bagunçada por um comércio carnal.

Falo, evidentemente, de estados agudos.

Normalmente, explodo de rir e...[53]

Trataram-me de "viúvo de Deus", de "inconsolável viúvo"...

Mas rio. Como a palavra sempre volta em minha pena, dizem então que rio amarelo.

Divirto-me e me entristeço ao mesmo tempo com o mal-entendido.

Meu riso é alegre.

Já contei que, aos vinte anos, uma maré de riso me invadiu...[54] Tinha o sentimento de uma dança com a luz. Abandonei-me, ao mesmo tempo, às delícias de uma livre sensualidade.

Raramente o mundo riu melhor a quem lhe ria.

Lembro ter afirmado então que, chegando à praça, o Domo de Siena me fizera rir.

– É impossível – me disseram –, o belo não é risível.

Não consegui convencer ninguém.

E, no entanto, eu rira, feliz como uma criança, no adro da catedral que, ao sol de julho, deslumbrou-me.

Ria do prazer de viver, de minha sensualidade de Itália – a mais doce e mais hábil que conheci. E ria por adivinhar o quanto, naquele país ensolarado, a vida pregara peças no cristianismo, transformando o monge exangue em princesa das *Mil e uma noites*.

O Domo de Siena é, no meio de palácios rosas, pretos e brancos, comparável a um imenso bolo, colorido e dourado (de gosto duvidoso).

V

Tenho afinal mais de um rosto. E não sei qual se ri do outro.[55]

O amor é um sentimento tão exorbitante que coloco as mãos na cabeça: esse reino do sonho, nascido da paixão, não é, no fundo, o reino da mentira? A "figura" no final se dissipa. Não subsiste, no lugar de um rasgão no tecido das coisas – dilaceramento dilacerante –, mais do que uma pessoa inserida na trama do tecido.

Tapetes de folhas mortas não são os degraus de um trono, e mugidos de rebocador afastam das ilusões feéricas.

Ao que responderia, no entanto, a magnificência do mundo, se ninguém pudesse nos dizer, comunicando-nos uma mensagem decerto indecifrável[56]: "Esse destino que te calha, quer o olhes como teu (o deste homem, que és), quer como o do ser em geral (da imensidão de que fazes parte), sabes agora, nada permite reduzi-lo à pobreza das coisas – que são apenas o que são. Cada vez que, pelo contrário, mesmo que tenha havido aí uma mentira acidental, uma coisa é transfigurada, não ouves o chamado que nada em ti deixa sem resposta? Nessa odisseia de que não podes dizer que a quiseste, mas apenas *que a és*, quem recusaria o mais longínquo, o extremo e o desejável? Desejável? seria eu a medida do enigma? se não tivesses, ao me perceber, escolhido essa meta inacessível, não terias sequer abordado o enigma!".

A noite decerto cai, mas na exasperação do desejo.

Odeio a mentira (a tolice poética). Mas o desejo em nós nunca mentiu. Há uma doença do desejo que, muitas vezes, nos faz ver um abismo entre o objeto que ele imagina e o objeto real. O ser amado difere, é verdade, da concepção que dele tenho amando-o. O pior é que a identidade entre o real e o objeto do desejo supõe, ao que parece, uma chance inaudita.

Ao que se opõe a evidente magnificência do universo, que derruba a ideia que fazíamos dessa chance. *Se nada vela em nós o esplendor do céu, somos dignos de amor infinito.* O ser amado não emergiria de uma realidade prosaica como o milagre de uma série de fatos determinados. A chance que o transfigura não seria mais do que a ausência de infelicidade. O universo se negaria, jogando-se em nós, no destino comum da infelicidade (a existência opaca) e se afirmaria em raros eleitos.

O universo, comparado ao ser amado, parece pobre e vazio: ele não está "em jogo", por não ser "perecível".

Mas o ser amado só o é para um só.

O amor carnal, que não está "a salvo dos ladrões", das vicissitudes, é maior do que o amor divino.

Ele me "coloca em jogo", coloca em jogo o ser amado.

Deus, por definição, não está em jogo.

O amante de Deus, por maior que seja o ardor que atinge nele sua paixão, concebe-a retirada do jogo, para além da graça (na beatitude dos eleitos).

E, decerto, é verdade que o amante de uma mulher não descansa – é-lhe preciso suprimir a tortura da ausência – enquanto não a tiver debaixo de seu teto, em sua posse. É verdade que, o mais das vezes, o amor se extingue ao querer eludir sua natureza, que exige que ele permaneça em jogo...

Quem não percebe que a felicidade é a mais dura prova dos amantes? A recusa voluntária, no entanto, seria fabricada, faria do amor uma sutileza, desejada por si mesma com arte (imagino amantes mantendo voluntariamente condições difíceis). Resta uma chance, por menor que seja, de superar, de esgotar a felicidade.

Chance tem a mesma origem (*cadentia*) que *échéance* [calhar]. *Chance* é aquilo que calha, aquilo que cai (na origem, boa ou má-chance). É a contingência, a *queda* de um dado.

Daí esta ideia cômica: proponho um *hipercristianismo!*

Nessa vulgar percepção das coisas, não é mais o homem que cai e se separa de Deus, é o próprio Deus (ou, querendo, a totalidade).

Deus não implica aqui "menos do que sua ideia implica". E sim, ao contrário, mais. Mas esse "mais" se suprime enquanto Deus, já que sua essência é "estar em jogo", "colocar-se em jogo". Só o homem, no fim, subsiste.

É, em termos bufões, a *encarnação generalizada!*

Mas, na queda do universal na humanidade, não se trata mais, como com Jesus, de uma odiosa comédia de "colocação em jogo" (Deus só abandona Jesus ficticiamente). O abandono da colocação é total.

O que amo no ser amado – a ponto de desejar morrer de amar – não é o ser particular, mas a parte de universal nele. Mas essa parte está em jogo, coloca-me em jogo.

Nesse plano vulgar das ideias, Deus, ele próprio, é particular (Deus não é eu), mas o animal está fora do jogo (o único fora do jogo).

Quanto esse ser é pesado, grandiloquente, comparado *àquele que cai*, na "xícara de chá", num ser humano.

O peso é o preço da impaciência, da sede de segurança.

Falar de *absoluto*, palavra ignóbil, inumana.
É a aspiração das larvas.

Não quero deificar ninguém. Mas rio quando Deus cai de sua sensaboria na precariedade dos inapreensíveis.

Uma mulher tem lenços, uma cama, meias. Ela deve, em sua casa ou no mato, afastar-se por um momento. Nada mudou se percebo, como em transparência, o que ela é verdadeiramente: o jogo, a chance em pessoa.

Sua verdade não está acima dela. Como a "xícara de chá", no entanto, só a atinjo em raros momentos de chance. É a voz pela qual o mundo me responde. Mas sem a atenção infinita – sem uma transparência ligada ao excesso esgotante dos sofrimentos – eu não ouviria nada.

Deveríamos amar no amor da carne um excesso de sofrimentos. Sem esse excesso, não poderíamos jogar. No amor divino, o limite dos sofrimentos é dado na perfeição divina.

Amo a irreligião, o desrespeito da colocação em jogo.

A colocação em jogo mete a gente tão decididamente sobre a corda bamba que, em certos momentos, perco até a possibilidade da angústia. A angústia, então, seria a retirada do jogo. Preciso amar. Preciso me deixar ir à felicidade, adivinhando a chance. E ganhar no arrebatamento, para abandonar, cruelmente, o ganho nesse jogo que me esgota.

Alimentar, com a amargura implicada nestas últimas palavras, novas angústias seria me desviar do jogo.

Não posso estar em jogo sem a angústia que o sentimento de estar suspenso me dá. Mas jogar significa superar a angústia.

Tenho medo de que essa apologia sirva a fins de tolice, de grandiloquência. O amor é simples e sem rodeios.

Gostaria que no amor pelo desconhecido – que procede, queira eu ou não, das tradições místicas – atingíssemos, pela evicção da transcendência, tamanha simplicidade, que esse amor se ligasse ao amor terrestre – *repercutindo-o ao infinito*.[57]

VI

No final, o que permanece *desconhecido* é o que, no mesmo instante, *reconheço*: sou eu mesmo, no instante suspenso da certeza, eu mesmo sob a aparência do ser amado, de um barulhinho de colher ou do vazio.

Desde o início o ser amado se confundiu estranhamente comigo mesmo. Mas, apenas entrevisto, tornou-se inapreensível. Por mais que o buscasse, o encontrasse, o enlaçasse... E por mais que o soubesse... Eu não podia duvidar; mas como, se não tivesse podido afogar essa angústia na sensualidade, teria suportado a provação do desejo?

A dor decorre de uma recusa oposta ao amor pelo ser amado. O ser amado se desvia, difere de mim.

Mas sem a diferença, sem o abismo, *eu o teria reconhecido em vão...* A identidade permanece em jogo. A resposta ao desejo que nos é dada só pode ser verdadeira *não apreendida*. Uma resposta apreensível é a destruição do desejo. Esses limites definem o desejo (e nos definem). Somos na medida em que jogamos. Se o jogo cessa, se retiro um elemento dele para fixá-lo, não há mais uma igualdade que não seja falsa: passo do trágico ao risível.

Todos os seres, no fundo, não são mais do que um.[58]

Repelem-se uns aos outros ao mesmo tempo que são um. E nesse movimento – que é sua essência – anula-se a identidade fundamental.

Uma impressão de *déjà vu* significa a parada – súbita e efêmera – da repulsa essencial.

A repulsa é, em nós, a coisa calhada, o elemento fixo.

A fixidez no isolamento é um desequilíbrio, como todo *estado*.

O desejo em nós define a chance: é a transparência, o lugar de resolução da opacidade. (A beleza física é a transparência, mas passiva, a feiura viril – ativa – cria a transparência ao derrubar.)

A transparência não é a supressão, mas a superação do isolamento individual. Ela não é o *estado* de unidade teórica ou fundamental, ela é chance num jogo.

A chance se mistura ao sentimento de *déjà vu*.

Não é o puro *ser um* que é seu objeto, mas o ser separado, que só deve à chance, que a *ele* calhou como ser separado, o poder que tem de negar a separação. Mas essa negação supõe o *encontro* do ser amado. Ela só é efetiva diante do outro, supondo no outro uma chance igual.

O amor é essa negação do *ser um* que a chance opera, acusando em certo sentido a separação, suspendendo-a apenas para o eleito.

O ser amado nessa eleição é uma superação do universo, cujo esplendor sem álea é apenas aquele do *ser um*. Mas sua chance – o que ele é – supõe o amor. Dizer do ser amado que ele difere realmente daquilo que o amor coloca nele revela uma falha comum dos juízos sobre os seres. O ser amado está *no* amor. Ser para um só, ser para uma multidão, ser para um número indefinido de "conhecidos", são tantas realidades diferentes, igualmente reais. O amor, a multidão, um meio são realidades de que nossa existência depende.

No amor, a chance é de início aquilo que o amante busca no ser amado. Mas a chance também é dada no encontro dos dois. O amor que os une é em certo sentido uma festa do retorno ao *ser um*. Possui ao mesmo tempo, mas no grau supremo, o caráter oposto de *estar suspenso*, na autonomia, na superação do jogo.

VII

Odeio os monges.

Renunciar ao mundo, à chance, à verdade dos corpos deveria, a meu ver, dar vergonha.

Não há pecado mais pesado.

Feliz por recordar a noite em que bebi e dancei – dancei sozinho, como um campônio, como um fauno, em meio aos casais.

Sozinho? Para dizer a verdade, dançávamos face a face, num *potlatch* de absurdo, o *filósofo* – Sartre – e eu.

Recordo ter dançado girando.

Pulando, batendo com os pés no assoalho.

Num sentimento de desafio, de loucura cômica.

Essa dança – diante de Sartre – se associa em mim à lembrança de um quadro (*As senhoritas de Avignon*, de Picasso). A terceira personagem era um boneco formado por um crânio de cavalo e um vasto roupão listrado, amarelo e malva. Um triste baldaquino de cama gótica presidia essa folia.

Um pesadelo de cinco meses terminava em carnaval.

Que ideia me associar a Sartre e Camus (e falar de escola).

O parentesco que, por outro lado, vejo entre mim e os monges *zen* não chega a me encorajar (eles não dançam, não bebem, não...)

Num meio onde se pensa alegremente (livremente), o *zen* é objeto de uma confiança um pouco apressada. Os mais sedutores dos monges *zen* eram castos.[59]

Abril-junho de 1944

A posição da chance

Em que medida a destruição da moral por si mesma é ainda uma prova de sua força própria? Nós, europeus, temos em nós o sangue daqueles que morreram por sua fé; levamos a moral terrivelmente a sério; não há nada que não lhe tenhamos sacrificado. Por outro lado, nosso refinamento intelectual se deve principalmente à vivisseção das consciências. Ignoramos ainda em que sentido seremos impelidos quando tivermos abandonado nosso antigo território. Mas esse solo mesmo nos comunicou a força que agora nos impele para longe, para a aventura, em direção a países sem margem, que ainda não foram explorados nem mesmo descobertos; não temos escolha, temos de ser conquistadores, já que não temos mais pátria onde desejemos "ficar". Uma afirmação escondida nos impele, uma afirmação mais forte do que todas as nossas negações.

Nossa força, ela própria, não nos permite permanecer nesse solo antigo e decomposto; arriscamos a partida, colocamos a nós mesmos em jogo; o mundo ainda é rico e desconhecido, e mais vale perecer do que se tornar enfermiço e peçonhento. É o nosso próprio vigor que nos impele para o alto-mar, para o ponto onde todos os sóis até hoje se puseram; sabemos que há um Novo mundo...

1885-1886

I

*Faço de maneira que um momento que prezo, que esperava, por assim dizer, em lágrimas, me escape. Supero para tanto meus meios. Nenhum vestígio na memória, ou quase. Não escrevo isso frustrado ou chateado, mas, como a flecha atirada, certo de ir à meta.

O que digo é inteligível sob esta condição: que se tenha o gosto por uma pureza verdadeira o bastante para ser invivível.

O mal-entendido infinito: aquilo que amo, em que como a cotovia grito ao sol minha alegria, devo dizê-lo em termos deprimentes.

---

* Samois, 12/04/1944.

II

Voltando atrás, copio páginas velhas já de mais de um ano: em janeiro de 1943, concebi pela primeira vez (estava chegando a V.) a chance de que falo.

*Como é tedioso refletir tanto e tanto – sobre todo o possível. O porvir considerado como pesado. Mas:

Por mais habilidade que eu tenha em colocar em dúvida, numa angústia cerrada (nada que não entre em jogo, em particular a necessidade de ter *recursos*, ligada ao patético da *Fenomenologia do Espírito* – da luta de classes: comeria se...; no início de 1943, o patético dos acontecimentos vem em minha ajuda – sobretudo daqueles por vir), nada me desculparia por faltar a meu coração (ao fundo do coração em mim: leviandade, jorro).

Ninguém fica mais do que eu dilacerado por ver: adivinhando o infinito, não excetuando nada, ligando a angústia aos direitos, às cóleras, às raivas da miséria. À miséria, como não dar *toda a força*: ela não poderia, no entanto, romper essa dança do coração em mim que ri do fundo do desespero.

Dialética hegeliana. – É-me impossível hoje não ser, entre dois pontos, mais do que um hífen, um salto, que ele próprio, por um instante, não repousa sobre nada.

---

* Vézelay, 24/01/1943.

O salto fazia um jogo duplo. Stendhal alegremente boicotava seus próprios recursos (a sociedade sobre a qual repousavam seus recursos). Chega o acerto de contas.

No acerto, os personagens que estão no ar entre dois pontos são suprimidos.

Duas representações se contradizem. Eu me concebia, no primeiro parágrafo, liberado da angústia do acerto de contas.

Mas ainda:

O salto é a vida, o acerto de contas é a morte.

E se a história para, morro.

Ou:

Para além de todo acerto, uma nova sorte de salto? Se a história terminou, salto fora do tempo? Exclamando para sempre: *Time out of joints.*

Num estado de extrema angústia – e depois de decisão – escrevi estes poemas:

[60]*E grito*
fora dos gonzos
o que é
não mais esperança

em meu coração se esconde
um rato morto

o rato morre
é acossado

e na minha mão o mundo está morto
soprada a velha vela
antes de me deitar

a doença a morte do mundo
sou a doença
sou a morte do mundo.

Et je crie
hors des gonds
qu'est-ce
plus d'espoir

en mon cœur se cache
une souris morte

la souris meurt
elle est traquée

et dans ma main le monde est mort
soufflée la vieille bougie
avant de me coucher

la maladie la mort du monde
je suis la maladie
je suis la mort du monde.

O silêncio no coração
à rajada de vento violenta
minhas têmporas batem a morte
e uma estrela cai negra
no meu esqueleto em pé

escuro
silêncio invado o céu
escuro minha boca é um braço
escuro
escrever num muro em chamas
escuras
o vento vazio do túmulo
assobia em minha cabeça.

Le silence dans le cœur
au coup de vent violent
mes tempes battent la mort
et une étoile tombe noire
dans mon squelette debout

noir
silence j'envahis le ciel
noir ma bouche est un bras
noir
écrire sur un mur en flammes
noires
le vent vide de la tombe
siffle dans ma tête.

O silêncio louco de um passo
o silêncio de um soluço
onde está a terra onde o céu

e o céu extraviado
fico louco.

Extravio o mundo e morro
esqueço-o e o enterro
no túmulo de meus ossos.

Ó meus olhos de ausente
de caveira.

Le silence fou d'un pas
le silence d'un hoquet
où est la terre où le ciel

et le ciel égaré
je deviens fou.

J'égare le monde et je meurs
je l'oublie et je l'enterre
dans la tombe de mes os.

O mes yeux d'absent
de tête de mort.

Esperança
ó meu cavalo de pau
nas trevas um gigante
sou eu esse gigante
montado num cavalo de pau.

Espoir
ô mon cheval de bois
dans les ténèbres un géant
c'est moi ce géant
sur un cheval de bois.

---

* 26/01/[1943].

Céu estrelado
minha irmã
homens malditos
estrela és a morte
a luz de um grande frio

solidão do raio
ausência do homem enfim
esvazio-me de memória
um sol deserto
apaga o nome

estrela a vejo
seu silêncio gela
grita como um lobo
de costas caio no chão
ela me mata eu a adivinho.

Ciel étoilé
ma sœur
hommes maudits
étoile tu es la mort
la lumière d'un grand froid

solitude de la foudre
absence de l'homme enfin
je me vide de mémoire
un soleil désert
efface le nom

étoile je la vois
son silence glace
il crie comme un loup
sur le dos je tombe à terre
elle me tue je la devine.

Ó os dados jogados
do fundo do túmulo
em dedos de fina noite

dados de pássaros de sol
salto de ébria cotovia
eu como a flecha
saída da noite

ó transparência dos ossos
meu coração ébrio de sol
é a haste da noite.

O les dés joués
du fond de la tombe
en des doigts de fine nuit

dés d'oiseaux de soleil
saut d'ivre alouette
moi comme la flèche
issue de la nuit

ô transparence des os
mon cœur ivre de soleil
est la hampe de la nuit.

III

*Tenho vergonha de mim. Ando mole, influenciável... estou ficando velho.

Era, alguns anos atrás, intransigente, ousado, sabia conduzir um jogo. Acabou, sem dúvida, e foi talvez superficial. A ação, a afirmação acarretavam pouco risco naquele tempo.

Pareço ter perdido todo molejo:

a guerra desmente minhas esperanças (nada funciona fora das maquinarias políticas);

estou diminuído por uma doença;

uma contínua angústia termina de abalar meus nervos (não posso considerar sua ocasião como uma fraqueza);

sinto-me reduzido, no plano moral, ao silêncio (o ápice não pode ser afirmado, ninguém pode falar em seu nome).

A isso se opõe uma consciência segura de si: de que, se existe uma chance de agir, eu a tentarei, não como um jogo secundário, mas apostando minha vida. Mesmo envelhecido, doente e febril, meu caráter é de agitar. Não posso suportar sem fim a esterilidade infinita (monstruosa) a que o cansaço condena.

---

* 13-14 de abril de 1944, Samois.

(Se, nas condições atuais de minha vida, deixo-me ir por um instante, minha cabeça gira. Às cinco horas da manhã, sinto frio, o coração me falta. Tudo que posso é tentar dormir.)

Lado vida? lado morte? às vezes capengueio amargamente para o pior; brinco, não podendo mais, de escorregar no horror. E sei que tudo está perdido; que a luz que poderia me iluminar no final luziria para um morto.

Em mim todas as coisas cegamente riem para a vida. Caminho na vida, com uma leviandade de criança, carrego-a.

Ouço a chuva cair.

Minha melancolia, as ameaças de morte, e essa espécie de medo, que destrói mas designa um ápice, remexo-as em mim, tudo isso me assombra, me sufoca... mas vou – vamos mais longe.

IV

*Surpreendo-me por cair na angústia, e no entanto!

Não paro de jogar: é a condição da embriaguez do coração.

Mas isso é medir o fundo nauseabundo das coisas: jogar é roçar o limite, ir o mais longe possível e viver na beira de um abismo!

Um espírito livre, e que se quer livre, escolhe entre a ascese e o jogo. A ascese é o jogo na chance contrária, uma negação invertida do jogo de si mesma. A ascese, é verdade, renuncia, retira-se do jogo, mas sua própria retirada é uma forma de aposta.

Do mesmo modo, o jogo é uma espécie de renúncia. A soma apostada pelo autêntico jogador é perdida como "recurso": ele nunca mais "gozará" dela. Se a perde, não se fala mais nisso. Se ganha na primeira aposta, o que ganhou serve para novas apostas, nada mais. O dinheiro do jogo "queima as mãos". O calor do jogo o *consagra* ao jogo. (Os martingales e a especulação matemática são o oposto do jogo, como o cálculo das probabilidades é o oposto da chance.)

Da mesma forma, quando o desejo me queima – e me embriaga –, quando a perseguição de seu objeto se torna meu jogo, não posso ter, no fundo, a menor esperança. A posse, como o ganho do jogador, estende o desejo – ou o extingue. "Doravante, para mim, não há mais repouso!"

---

* Samois, 16/04/1944.

O romantismo opõe à da ascese uma *santidade* do jogo que torna insípidos os monges e os abstinentes.

"Honrar tanto mais o fracasso por se tratar de um fracasso"... Assim se expressa Nietzsche em *Ecce homo* a propósito do remorso.

As doutrinas de Nietzsche têm isto de estranho: não se pode segui-las. Elas situam diante de nós luminosidades imprecisas, muitas vezes ofuscantes: nenhum caminho leva à direção indicada.

Nietzsche, profeta de caminhos novos? Mas *super-homem*, *eterno retorno* são vazios como motivos de exaltação ou de ação. Sem efeito, comparados aos motivos cristãos ou budistas. A *vontade de potência* é ela própria um pífio tema de meditação. Senti-la, tudo bem, mas refletir sobre ela?

O que Nietzsche percebeu: a falsidade dos predicadores que dizem: "faça isto ou aquilo", apontando o mal, exortando à luta. "Minha experiência", diz ele (*Ecce homo*), "ignora o que seja 'querer' alguma coisa, 'trabalhar ambiciosamente' nela, visar a uma 'meta' ou à realização de um desejo." Nada mais contrário ao budismo, ao cristianismo *de propaganda*.

Comparados a Zaratustra, Jesus e Buda parecem servis. Eles tinham alguma coisa a fazer neste mundo, e mesmo uma tarefa extenuante. Não eram mais do que "sábios", "sabichões", "Salvadores". Zaratustra (Nietzsche) é mais do que isso: um sedutor que ria das tarefas que assumiu.

Imaginar um amigo de Zaratustra se apresentando ao monastério e, recusado, sentando-se no alpendre de entrada, esperando sua aceitação da boa vontade dos superiores. E não se trata apenas de ser humilde, de baixar a cabeça sem rir: o budista, como o cristão, leva a sério aquilo que começa – ele se compromete, *por mais vontade que tenha*, a não *conhecer* mais mulheres! Jesus e Buda tinham alguma coisa a fazer neste mundo: atribuíram a seus discípulos uma tarefa árida e obrigatória.

O discípulo de Zaratustra aprende, no final, a renegar seu mestre: é-lhe dito para odiá-lo e "ameaçar sua coroa". O perigo de um sectário não é o "vive perigosamente" do profeta, mas o de não ter nada a fazer neste mundo.

Das duas, uma: ou você não *acredita* em nada do que se pode fazer (que você pode fazer efetivamente, mas *sem fé*) – ou você não é o discípulo de Zaratustra, que não atribui tarefa alguma.

*Escutei no café onde janto uma discussão familiar. Argumento do dono, do esposo (jovem e tolo): "ela tá de mal comigo, por quê?". A esposa serve as mesas, com um sorriso no canto dos lábios.

Em toda parte a discordância das coisas salta aos olhos. Mas não é desejável que seja assim? E mesmo a discordância – aberta em mim como uma chaga – de K. comigo, a fuga sem fim que me furta a vida, sem fim me deixa no estado de um homem caindo ao tropeçar num degrau imprevisto, sinto-a no fundo e, apesar de meu medo, desejo-a. Quando K. desliza sob meus olhos e me opõe um olhar de ausente, acontece-me às vezes – dolorosamente – adivinhar em mim mesmo uma ardente cumplicidade. E da mesma forma hoje, talvez às vésperas de desastres pessoais, não posso negar um fundo de desejo, uma expectativa pelas provações que se anunciam (independentemente de seus resultados).

Se dispusesse, para exprimir meu sentimento, dos recursos da música, um estalo, sem dúvida débil, seria o resultado, ao mesmo tempo que uma amplidão mole e delirante, um movimento de alegria tão selvagem e, no entanto, tão abandonado que já não se poderia dizer se estou morrendo ou rindo dele.[61]

---

*   19/04/1944.

V

*Súbito chega o momento – dificuldades, má-chance e grande excitação frustrada – a que se acrescentam ameaças de provações: vacilo e, tendo ficado só, não sei como suportar a vida.

Ou, antes, sei: endurecerei, rirei de meu desfalecimento, seguirei meu caminho como antes. Mas tenho agora os nervos à flor da pele e, desfeito por ter bebido, sinto-me infeliz por estar só e esperar. Esse tormento é insustentável na medida em que não é o efeito de nenhum infortúnio particular e se deve apenas ao eclipse da chance.

(Chance frágil e sempre em jogo, que me fascina, me esgota.)

Vou agora me enrijecer, seguir meu caminho (já comecei). Sob a condição de agir! escrevo minha página com grande atenção, como se a tarefa valesse a pena.

Sob a condição de agir!

De ter alguma coisa a fazer!

Se não, como endureceria? Como suportaria esse vazio, essa sensação de inanidade, de sede que nada saciará? Mas o que tenho a fazer senão precisamente escrever isto, este livro, em que contei meu desapontamento (meu desespero) por não ter nada a fazer neste mundo?

No próprio oco do desfalecimento (leve, é verdade), adivinho.

Tenho neste mundo uma meta, uma razão de agir.

Ela não pode ser definida.

---

* 21/04/1944.

Imagino um caminho árduo, escandido de provações, onde a luzinha da minha chance nunca me abandonaria. Imagino o inevitável, todos os acontecimentos por vir.

No dilaceramento ou na náusea, nos desfalecimentos em que as pernas fraquejam e até no momento da morte, jogarei.

A chance que me calhou e, sem se cansar, se renovou, que a cada dia me precedeu

como a um cavaleiro seu arauto[62]

que nunca nada limitou, que eu evocava ao escrever

eu como uma flecha
saída da noite

essa chance que me liga a quem amo, para o melhor e para o pior, quer ser jogada até o extremo.

E se acontecer de que, ao meu lado, alguém a veja, que ele a jogue!
Não é *minha* chance, é a sua.
Ele também não poderá, assim como eu, capturá-la.
Não saberá nada dela, a jogará.
Mas quem poderia vê-la sem jogá-la?

Quem quer que sejas, tu que me lês: joga *tua* chance.
Como eu faço, sem pressa, assim como no instante em que escrevo, *eu te jogo.*
Essa chance não é nem tua nem minha. Ela é a chance de todos os homens e sua luz.
Será que alguma vez ela teve o brilho que agora a noite lhe dá?

Ninguém, fora K. e M. (e olhe lá), pode saber o que significam estes versos (ou os precedentes):

dados de pássaros de sol...[63]

(Eles são *também*, num outro plano, vazios de sentido.)

Jogo à beira de um abismo tão grande que só um sonho, um pesadelo de moribundo, define sua profundidade.

Mas *jogar* é, em primeiro lugar, *não levar a sério. E morrer...*

A afirmação particular, ao lado do jogo, da chance, parece vazia e inoportuna.

É pena limitar aquilo que, por essência, é ilimitado: a chance, o jogo.

Posso pensar: K. ou X. não podem jogar sem mim (a recíproca é verdadeira, não poderia jogar sem K. ou X.). Isso não quer dizer nada de definido (a não ser: "jogar sua chance" é "se encontrar"; "encontrar a si mesmo" é "encontrar a chance que se era"; "a chance que se era" só é atingida "jogando").

E agora?

Se defino uma espécie de homens digna de ser amada – quero que minha definição entre por um ouvido e saia pelo outro.

A definição trai o desejo. Visa a um inacessível ápice. O ápice se furta à concepção. Ele é *o que é*, nunca *o que deve ser*. Identificado, o ápice se reduz à comodidade de um ser, remete a seu interesse. É, na religião, a salvação – de si mesmo ou dos outros.

Duas definições de Nietzsche:

1ª "ESTADO DE ALMA ELEVADO. – Parece-me que, de maneira geral, os homens não acreditam em estados de alma elevados, a não ser por alguns instantes, no máximo uns 15 minutos – exceção feita a alguns indivíduos que, por experiência própria, conhecem a duração nos sentimentos elevados. Mas ser o homem de um só sentimento elevado, a encarnação de um único grande estado de alma – isso não foi até hoje mais do que um sonho e uma arrebatadora possibilidade: a história não fornece ainda nenhum exemplo seguro. Apesar disso, seria possível que ela colocasse no mundo, um dia, semelhantes homens – isso acontecerá quando for criada e fixada uma série de condições favoráveis, que, hoje, nem o acaso mais feliz poderia reunir. Talvez, entre essas almas do porvir, esse estado excepcional que nos invade, aqui e ali, num estremecimento, torne-se precisamente o estado habitual;

um contínuo vaivém entre alto e baixo, um sentimento de alto e de baixo, de subir incessantemente andares e de planar sobre as nuvens" (*A gaia ciência*, 288).

2ª "A alma que tem a escada mais alta e pode descer mais baixo.

"a mais vasta das almas, aquela que pode correr, errar e vagabundear mais longe em si mesma,

"a alma mais necessária, aquela que se lança com prazer no acaso,

"a alma que é e quer entrar no devir, a alma que tem e quer se lançar no querer e no desejo,

"a alma que foge de si mesma, que alcança a si mesma no mais longo circuito,

"a alma mais sábia, a que a loucura fala mais suavemente ao coração,

"a alma que mais se ama e na qual todas as coisas têm sua ascensão e sua descida, seu fluxo e seu refluxo" (Zaratustra).

Dessas espécies de alma, não se negará sem razão a existência de fato.

Elas difeririam dos místicos por jogarem e não poderem ser o efeito de uma aplicação que especula sobre o resultado.

Não sei o que significa, dirigindo-se a K., essa provocação.

Não posso, no entanto, evitá-la.

É para mim a verdade sem tirar nem pôr.

– És como uma parte de mim mesmo, um pedaço amputado de mim. Se faltas a tua própria altura, fico acanhado. Em outro sentido, é um alívio, mas se faltamos a nós mesmos, é sob a condição de ter uma escada (podemos, devemos nos desviar de nós mesmos, mas somente se, uma vez, formos até o limite e, sem calcular, nos jogarmos). Sei que não há no mundo nenhuma sorte de *obrigação*, não posso, no entanto, anular em mim o acanhamento resultante do medo do jogo.

Qualquer um, no fim das contas, é parte de mim mesmo.

Felizmente, em geral, isso não é sensível.

Mas o amor deixa essa verdade em carne viva.

Não há mais nada em mim que não claudique, nada mais que não brilhe e viva – ou morra – de esperança.

Sou para aqueles que amo uma provocação. Não posso suportar vê-los esquecer *a chance* que seriam *se jogassem*.[64]

Uma esperança *insensata* me move.

Vejo diante de mim uma espécie de chama, que sou, que me incendeia.

"[...] gostaria de fazer mal àqueles que ilumino."

Sobrevivo – não podendo *fazer* nada – ao dilaceramento, seguindo com os olhos essa luzinha que caçoa de mim.

"Por pouco que tenhamos permanecido supersticiosos, não poderíamos nos defender da impressão de que não somos mais do que a encarnação, o porta-voz, o médium de potências superiores. A ideia de revelação, se entendemos por isso a aparição súbita de uma coisa que se faz ver e escutar por alguém com uma nitidez e uma precisão inexprimíveis, transtornando tudo num homem, derrubando-o até o âmago, essa ideia de revelação corresponde a um fato exato. Ouve-se, não se procura; recebe-se, não se pergunta quem dá; o pensamento fulgura como o relâmpago, impõe-se necessariamente, sob uma forma definitiva: nunca tive escolha. É um arrebatamento com que nossa alma tensionada demais se consola por vezes numa torrente de lágrimas; maquinalmente, começamos a andar, aceleramos, diminuímos a velocidade sem perceber; é um êxtase que nos rapta a nós mesmos, deixando-nos a percepção de mil *frissons* delicados que nos percorrem até os dedos do pé; é um abismo de felicidade em que o horror e o extremo sofrimento não aparecem como o contrário, e sim como o resultado, a centelha da

felicidade, como a cor necessária ao fundo de tamanho oceano de luz..."
(*Ecce homo*, trad. Vialatte, p. 126-127).

Não imagino nenhuma "potência superior". Vejo em sua simplicidade a chance, insuportável, boa, ardente...

E sem a qual os homens seriam *o que são*.

Aquilo que na sombra diante de nós quer ser *adivinhado*: chamado enfeitiçante de um além leitoso, certeza de um lago de delícias.[65]

VI

A interrogação no desfalecimento é daquelas que querem imediatamente a resposta. Devo viver e não mais saber. A interrogação que queria saber (o suplício) supõe afastadas as preocupações verdadeiras: tem lugar quando a vida está suspensa.

É fácil para mim ver agora o que desvia cada homem do possível, ou, querendo, o que desvia o homem de si mesmo.

O possível, de fato, não é mais do que uma chance – que não podemos agarrar sem perigo. A outra opção seria aceitar a vida morna e ver como um perigo a verdade da vida que é a chance. A chance é um fator de rivalidade, uma impudência. Daí o ódio pelo sublime, a afirmação do terra a terra *ad unguem* e o temor do ridículo (dos sentimentos raros, em que esbarramos, que temos medo de ter). A atitude falsa, opaca, dissimulada, fechada à inconveniência e mesmo a qualquer manifestação de vida, que distingue em geral a virilidade (a idade madura, em particular as conversas), é, se quisermos ver, medo pânico da *chance*, do jogo, do possível do homem; de tudo aquilo que, no homem, pretendemos amar, que recebemos como chance que calhou e rejeitamos, com o ar falso e fechado de que falei, como chance que se joga, como desequilíbrio, embriaguez, loucura.

É assim. Cada homem está ocupado em matar o homem em si mesmo. Viver, exigir a vida, fazer ressoar um barulho de vida, é ir de encontro ao interesse. Dizer à sua volta: "Olhem para vocês, estão abatidos, confinados, essa lentidão em vocês, esse desejo de se extinguir, esse tédio infinito (aceito), essa falta de orgulho, aí está o que fazem de um possível; leem e admiram, mas matam em vocês, à sua volta, o que dizem amar (só o amam já calhado e morto e não solicitando-os), vocês amam o possível *nos livros*, mas *leio* em seus olhos o ódio pela chance...", falar assim é tolo, é ir em vão na contracorrente, é recomeçar o gemido dos profetas. O amor que a chance exige – *ela quer ser amada* – exige também que amemos a impotência de amá-la daquilo que ela rejeita.

Não odeio Deus, ignoro-o no fundo. Se Deus fosse o que se disse, seria *chance*. Não é menos sujo a meu ver transformar a chance em Deus do que, para um devoto, fazer o inverso. Deus não pode ser *chance*, já que é *tudo*. Mas a chance que calha, que sem fim se joga, ignora-se e se renega enquanto já calhada – é a própria guerra –, não exige menos ser amada e não ama menos do que Deus na imaginação dos devotos. O que estou dizendo? perto da exigência que ela tem, a de um Deus é brincadeira de criança. A chance ergue, de fato, para lançar abaixo mais de cima; a única graça que afinal podemos esperar é a de que ela nos destrua tragicamente em vez de nos deixar morrer de hebetude.

Quando os falsários da devoção opõem ao do Criador o amor da criatura, eles opõem a chance a Deus, aquilo que calha (se joga) à opressora totalidade do mundo já calhado.

PARA SEMPRE O AMOR DA CRIATURA É O SINAL E O CAMINHO DE UM AMOR INFINITAMENTE MAIS VERDADEIRO, MAIS DILACERANTE, MAIS PURO DO QUE O AMOR DIVINO (Deus: se consideramos a figura desenvolvida, simples suporte do mérito, substituição do risco por uma garantia.)

Àquele que apreende o que é a chance, quão insípida e suspeita, cortadora de asas, a ideia de Deus parece!

Deus, como tudo, contemplado com os atributos da chance! a escorregadia aberração supõe o esmagamento – intelectual, moral – da criatura (a criatura é a chance humana).[66]

VII

Escrevo sentado na estação de trem, com os pés no cascalho.[67] Espero. Detesto esperar. Pouca esperança de chegar a tempo. Essa tensão oposta ao desejo de viver... que absurdo! digo-o de minha sombria evocação de uma felicidade no meio de uma multidão abatida *que espera* – ao cair do dia, no lusco-fusco.

Cheguei a tempo.* Seis quilômetros a pé, na floresta, de noite. Acordei K. jogando pedrinhas na janela. A ponto de desfalecer.

Paris ficou pesada, depois dos bombardeios. Mas não demais. S., quando nos despedimos, me conta uma frase da zeladora de seu prédio: "É incrível o que temos de ver nestes tempos: imagine só que encontraram cadáveres vivos sob os escombros!".

De um relato de tortura (*Petit parisien*, 27/4): "os olhos furados, as orelhas e as unhas das mãos arrancadas, a cabeça despedaçada a pauladas e a língua cortada com uma tenaz...". Criança, a ideia do suplício me era insuportável. Não sei, ainda hoje, como suportaria... A terra está no céu onde ela gira... A terra, hoje, por toda parte, se cobre

---

* Samois.

de flores – lilases, glicinas, íris –, e a guerra ao mesmo tempo zumbe: centenas de aviões enchem as noites com um barulho de moscas.

A sensualidade não é nada sem o deslizamento suspeito, em que o *acessível* – alguma coisa de viscoso, de louco, que normalmente escapa – é de repente percebido. Esse "viscoso" continua a se esquivar, mas, só de entrevê-lo, nossos corações batem de esperanças dementes: essas mesmas esperanças que, agitando-se, apertando-se como na saída, fazem jorrar, no final... Muitas vezes, é um além insensato que está nos dilacerando quando parecemos lascivos.

"Além" que começa já com a sensação de *nudez*. A *nudez* casta é o extremo limite da hebetude. Mas se nos desperta para o enlace (dos corpos, das mãos, dos lábios úmidos), ela é doce, animal, *sagrada*.

É que, uma vez nu, cada um de nós se abre a mais do que si mesmo, abisma-se em primeiro lugar na ausência animal de limites. Abismamo-nos, abrindo as pernas, arregaçados, o máximo possível, ao que já não é nós, mas a existência impessoal, pantanosa, da carne.

A comunicação dos dois seres passando por uma perda de si mesmos na doce lama que lhes é comum.

Uma imensa extensão de floresta, cumes de aparência selvagem.[68]

Não tenho imaginação. A carnificina, o incêndio, o horror: é isso, ao que parece, o que as próximas semanas prometem. Passeando na floresta ou descobrindo a extensão de um cume, não consigo me imaginar vendo-o queimar: ele arderia no entanto como palha.

Vi hoje, de muito longe, a fumaça de um incêndio para os lados de A.

Enquanto isso, estes últimos dias contam entre os melhores de minha vida. Quantas flores por todos os lados! quão bela é a luz e quão loucamente altas, ao sol, as copas dos carvalhos!

A soberania do desejo, da angústia, é a ideia mais difícil de compreender. O desejo, de fato, se dissimula. E naturalmente a angústia se cala (não afirma nada). Do lado da soberania vulgar, a angústia e o desejo parecem perigos. Do lado da angústia, do desejo, o que se tem a fazer da soberania?

O que mais pode significar a soberania que não reina, desconhecida de todos, devendo sê-lo e mesmo se escondendo, nada tendo que não seja ridículo e inconfessável?

Concebo, no entanto, a *autonomia* dos momentos de aflição ou de alegria (de êxtase ou de prazer físico) como a menos contestável. A volúpia sexual (que se esconde e faz rir) toca no essencial da *majestade*. Da mesma forma o desespero.

Mas o desesperado, o voluptuoso não conhecem sua majestade. E se a conhecessem a perderiam. A *autonomia* humana necessariamente se esquiva (ela se sujeita ao se afirmar). A soberania verdadeira é uma tão conscienciosa execução capital de si mesma que não pode, em nenhum momento, colocar-se a questão dessa execução.

*É preciso a uma mulher mais *virtude* para dizer: "*No men around here, I'll go and find one*", do que para resistir na tentação.

Se tivermos bebido, fluímos um no outro naturalmente. A parcimônia é então um vício, uma exibição de pobreza (de secura). Se não fosse o poder que os homens têm de escurecer, de envenenar as coisas de todos os lados – de ser rançosos e cheios de fel, insípidos e mesquinhos –, que desculpa teria a prudência feminina? o trabalho, a preocupação, um amor imenso..., o melhor e o pior.

Dia ensolarado, quase de verão. O sol, o calor se bastam. As flores se abrem, os corpos...

A fraqueza de Nietzsche: ele critica em nome de um valor *cambiante*, de que não pôde apreender – evidentemente – nem a origem nem o fim.

---

* Quinta-feira, 11 de maio.

Apreender uma possibilidade isolada, tendo um fim particular, que só é um fim para ela própria, não é, no fundo, jogar?

Pode ser então que o interesse da operação esteja no jogo, não no fim escolhido.

E se o fim estrito faltasse? o jogo não deixaria por isso de ordenar seus valores.

Os lados *super-homem* ou Bórgia são limitados, *definidos* em vão diante de possíveis que têm sua essência numa superação de si mesmo.

(Isso não tira nada à grande sacudida, ao grande vento, que derrubou as velhas arrogâncias.)

Esta noite, fisicamente acabado, moralmente bizarro, irritado. Sempre à espera... Decerto não é o momento de colocar em questão. Mas que fazer? A fadiga e a debilidade, contra minha vontade, colocam-me em causa e até, na suspensão atual, acabam de colocar *tudo* em causa. Tenho medo apenas de não poder, nessas condições, ir até o fim de um possível longínquo. O que significa um desfalecimento (aliás, fácil de superar)? eu abortaria em todos os sentidos, atribuindo à minha fraqueza um resultado fugidio.

Obstino-me – e a calma, no final, volta, um sentimento de dominar e de só ser um brinquedo quando de acordo com o jogo.

Ir ao extremo? só posso agora avançar ao acaso. Ainda há pouco, na estrada, numa alameda de castanheiros, as chamas do não-sentido abriam os limites do céu. Mas preciso responder a questões imediatas. *O que fazer?* Como relacionar a meus fins uma atividade que não vacila mais? Assim levar ao vazio um ser pleno?[69]

À pura exultação do outro dia sucede uma inquietação imediata. Nada de inesperado. Quebrado novamente pela espera.

Feita, agora há pouco, com K. a análise da situação. Acabávamos de nos sentir felizes por um – tão curto – instante. A possibilidade de um vazio infinito me obseda, consciência de uma inexorável situação, de um porvir sem saída (não falo mais dos acontecimentos próximos).

Outras situações mais pesadas? outrora?

Difícil saber.

Hoje tudo está nu.

Aquilo que repousava sobre um artifício está perdido.

A noite em que entramos não é somente a noite escura de João da Cruz nem o universo vazio sem Deus que acuda: é a noite da fome real, do frio que fará nos quartos e dos olhos furados nas delegacias.

Essa coincidência de três desesperos diferentes merece ser considerada. Meus anseios por um além da chance me parecem injustificados diante das necessidades da multidão, sei que não existe recurso e que os fantasmas do desejo aumentam a dor no final.

Como, nessas condições, justificar o mundo? ou melhor: como *me* justificar? Como *querer ser*?

É preciso para tanto uma força pouco comum, mas, se não dispusesse já dessa força, não teria apreendido essa situação em sua nudez.

O que me faz ir ao fundo. Minhas angústias cotidianas.

A doçura, ou, antes, a delícia de minha vida.

Constantes alarmes, relativos a minha vida pessoal, inevitáveis para mim, tanto maiores quanto maior a delícia.

O valor que a delícia assume no momento em que, de todos os lados, o impossível está ali.

O fato de que, à menor fraqueza, tudo me falta ao mesmo tempo.

O entusiasmo com que escrevo me recorda o *Dos de mayo*, de Goya. Não estou brincando. Esse quadro tem pouca coisa a ver com a noite: é fulgurante. Minha felicidade atual é sólida. Sinto uma força diante da pior provação. Rio de tudo e de todos.

Senão, cairia, sem nada em que me agarrar, num vazio definitivo.

O vazio tenta, mas *o que fazer* no vazio?

Tornar-se uma coisa desativada, uma arma de um velho modelo. Sucumbir ao asco de si mesmo.

Sem minha felicidade – sem fulgurar – caio. Sou chance, luz, aquilo que, suavemente, faz recuar o inevitável.

Ou senão?

O sujeito de sofrimentos infinitos, vazios de sentido.

Por essa razão, sofreria duplamente com a perda de K. Ela não atingiria em mim apenas a paixão, mas o caráter (a essência).

*Desperto angustiado do meu torpor de ontem. Todo esquecimento deprime: o meu significa o cansaço. O cansaço nas condições anormais em que vivo? O cansaço é vizinho do desespero? O próprio entusiasmo confina com o desespero.

Essa angústia é superficial. A constância é mais forte. O fato de ter dito minha resolução torna-a tangível: ela é a mesma esta manhã que ontem. A paixão está, em certo sentido, em segundo plano. Ou, antes, se transforma em decisão. A paixão, ao absorver a vida, a degrada. Joga *tudo*, a vida inteira, numa aposta parcial. A paixão pura é comparável aos corais de mulheres sem homens: falta um elemento, e o vazio se instala. O jogo que imagino, ao contrário, é o mais completo: nada nele que não esteja em questão, a vida de todos os seres e o porvir do mundo inteligível. Mesmo o vazio considerado na perda seria, nesse caso, a resposta esperada ao desejo infinito, o calhar de uma morte infinita, um vazio tão grande que desencoraja até ao desespero.

O que está hoje em questão não é o desaparecimento do caráter forte (lúcido, cínico). Mas apenas a união entre esse caráter e a totalidade do ser: nos pontos extremos da inteligência e da experiência do possível.

**Em cada domínio é preciso considerar:

---

* Sábado, 20 de maio.

** 22 de maio.

1º uma média acessível em geral ou para uma massa determinada: como o nível médio de vida, a renda média;

2º a extremidade, o *record*, o ápice.

Humanamente, dessas considerações opostas, nem uma nem outra pode ser eliminada. O ponto de vista da massa conta necessariamente para o indivíduo, assim como o do indivíduo para a massa.

Se negamos um dos pontos de vista, fazemo-lo provisoriamente, em condições definidas.

Essas considerações são claras no que tange aos domínios particulares (os exercícios físicos, a inteligência, a cultura, as capacidades técnicas...). Tornam-se menos claras quando se trata da vida em geral. Do que é possível esperar dela, ou, querendo, do modo de existência que merece ser amado (buscado, pregado). Sem falar das divergências de opinião, uma dificuldade derradeira surge, porque o modo de existência considerado difere *qualitativamente* – e não apenas quantitativamente – se levamos em conta a média ou o extremo. Existem na verdade dois tipos de *extremo*: aquele que, de fora, parece extremo à média; aquele que parece extremo ao próprio sujeito que experiencia situações extremas.[70]

Ainda aqui, ninguém pode, *humanamente*, suprimir um ou outro dos pontos de vista.

Mas se a média que elimina o ponto de vista do extremo puro é justificável, o mesmo não acontece com o extremo que nega a existência e o direito de um ponto de vista médio.

Irei mais longe.

O extremo só pode ser atingido se imaginamos a massa *obrigada* a reconhecê-lo como tal (Rimbaud imaginando a multidão diminuída pelo fato de ignorar, não reconhecer Rimbaud!).

Mas:

também não há extremo sem reconhecimento – da parte dos outros homens (se não for o extremo *dos outros*: refiro-me ao princípio hegeliano da *Anerkennung*). A possibilidade de ser reconhecido por uma minoria significativa (Nietzsche) já está ela própria na noite. Para a qual, no final, todo o extremo se dirige.

Só a chance, no final, reserva uma possibilidade desarmante.

VIII

*Da profusão de dificuldades da vida decorre uma *possibilidade* infinita: atribuímos àquelas que nos detiveram o sentimento de impossível que nos domina!

Se, acreditamos, a existência é intolerável, é porque um mal preciso a desvia.

E lutamos contra esse mal.

O *impossível* é suspenso se a luta é *possível*.

Se aspiramos ao ápice, não podemos dá-lo por atingido.

Sinto, pelo contrário, a necessidade de dizer – tragicamente? talvez...:

– A impotência de Nietzsche é inapelável.

Se a *possibilidade* nos é dada na chance – não recebida de fora, mas aquela que *somos*, jogando e *nos esforçando* até o fim, nada há evidentemente de que possamos dizer: "será possível assim". Não será *possível*, e sim *jogado*. E a chance, o jogo supõem o *impossível* no fundo.

A tragédia de Nietzsche é a tragédia da noite, que nasce de um excesso de dia.

---

* 22 de maio.

Os olhos atrevidos, abertos como um voo de águia... o sol de imoralidade, a fulguração da maldade o cegaram.

É um homem deslumbrado que fala.

*O mais difícil.

Tocar no mais baixo.

Onde toda coisa jogada no chão é quebrada. Si mesmo o nariz no vômito.

Levantar-se sem vergonha: à altura de amizade.

Onde encalham a força e a tensão da vontade, a chance ri (ou seja – que sei eu? –, um justo sentimento do possível, acordo que o acaso preestabelece?) e levanta inocentemente o dedo...

Isso me parece estranho, no final.

Vou eu mesmo ao ponto mais sombrio.

Onde tudo me parece perdido.

Contra toda aparência: movido por um sentimento de chance!

Seria uma impotente comédia, se não estivesse roído pela angústia.

O mais pesado.

Admitir a derrota e o erro ofuscado, a impotência de Nietzsche.

Pássaro queimado na luz. Fedor de penugem queimada.

**A cabeça humana é fraca e delira.

Não pode evitar.

Assim. Esperamos do amor a solução de sofrimentos *infinitos*. Mas o que fazer do outro? A angústia em nós é infinita e amamos. Temos,

---

* 23 de maio.

** 24 de maio.

comicamente, de deitar o ser amado neste leito de Procusto: uma angústia *infinita!*

O único caminho rigoroso, honesto.

Não ter *nenhuma* exigência finita. Não admitir limite em nenhum sentido. Nem mesmo em direção ao infinito. Exigir de um ser: aquilo que ele é ou que será. *Nada saber,* senão a fascinação. Nunca se deter nos limites aparentes.[71]

IX

Bebemos,[72] ontem à noite, duas garrafas de vinho (K. e eu). Noite feérica, de luar e tempestade. A floresta de noite, ao longo da estrada, clareiras de lua entre as árvores e, no barranco, pequenas manchas fosforescentes (à luz de um fósforo, fragmentos de galhos carunchosos habitados por vaga-lumes). Jamais senti felicidade mais pura, mais selvagem, mais sombria. Sensação de avançar muito longe: de avançar no impossível. Um impossível feérico. Como se, nessa noite, estivéssemos perdidos.

Na volta, sozinho, subi no topo dos rochedos.[73]

A ideia da ausência de necessidade do mundo dos objetos, da adequação do êxtase a este mundo (e não do êxtase a Deus ou do objeto à necessidade matemática) me apareceu pela primeira vez – me levantou da terra.

No alto dos rochedos, tirei minhas roupas ao vento violento (fazia calor: vestia apenas uma camisa e uma calça). O vento estraçalhava as nuvens, que se deformavam sob a lua. A imensa floresta à luz lunar. Virei-me na direção de... na esperança... (Nenhum interesse em estar nu: voltei a vestir minhas roupas.) Os seres (um ser amado, eu mesmo), perdendo-se lentamente na morte, assemelham-se às nuvens que o vento desfaz: *nunca mais... Amei* o rosto de K. Como as nuvens que o vento desfaz: entrei sem grito num êxtase reduzido a um ponto morto e, por isso mesmo, ainda mais límpido.

Noite feérica semelhante a poucas noites que já tive.

A horrível noite de Trento (os velhos eram bonitos, dançavam como deuses – uma tempestade desencadeada, vista de um quarto onde o inferno... –, a janela dava para o domo e os palácios da praça).[74]

À noite, a pracinha de V., no alto da colina, parecia, *para mim*, a praça de Trento.

Noites de V., igualmente feéricas, uma de agonia.

A decisão que sela um poema sobre os dados, escrito em V., remete a Trento.

Esta noite na floresta não é menos decisiva.

A chance, uma série inaudita de chances, me acompanha há dez anos. Dilacerando minha vida, arruinando-a, levando-a à beira do abismo. Algumas chances fazem contornar a beira: um pouco mais de angústia e a chance seria seu contrário.

X

Informado do desembarque. Essa notícia não me empolgou. Insinuada lentamente.

De volta a meu quarto.
Hino à vida.

Teria gostado de rir ontem.
Dor de dente (que parece terminada).
Ainda esta manhã, cansaço, a cabeça oca, resquício de febre. Sentimento de impotência. Temor de não ter mais notícias.[75]
Estou calmo, vazio. A esperança de grandes acontecimentos me equilibra.
Desamparado, contudo, na minha solidão. Resignado. Indiferença relativa a minha vida pessoal.
Há dez dias, em contrapartida, ao voltar de Paris, tive a surpresa...[76] Chego a desejar, egoistamente, uma estabilidade por algum tempo! Mas não. Impossível hoje pensar em trégua – aliás, provável.

Barulho de bombas distantes (já banal). Condenado a doze dias de solidão, sem amigos, sem possibilidade de descontração, obrigado a ficar, deprimido, em meu quarto: a me deixar roer pela angústia.

Seguir adiante? reencontrar a vida? Minha vergonha da angústia está ligada à ideia de chance. Para dizer a verdade, seguir adiante nas *condições presentes* seria a única chance autêntica, o pleno "estado de graça" que é a chance.

Amar uma mulher (ou alguma outra paixão) é, para um homem, o único meio de não ser Deus. O sacerdote, ornado de arbitrários paramentos, também não é Deus: alguma coisa nele vomita a lógica, a *necessidade* de Deus. Um oficial, um *groom*, etc. se subordinam ao arbitrário.

Sofro: a felicidade, amanhã, pode me ser arrebatada. O que me restaria de vida me parece vazio (vazio, realmente vazio). Tentar cumular esse vazio? Com outra mulher? náusea. Uma tarefa humana? Eu seria Deus! Pelo menos tentaria ser. Diz-se a quem acaba de perder aquilo que amava para trabalhar: submeter-se a uma realidade determinada e viver para ela (para o interesse que tem nela). E se essa realidade parece vazia?

Nunca senti tão bem – chego após tanto excesso realmente ao extremo do possível – que preciso amar o que por essência é perecível e viver à mercê de sua perda.

Tenho o sentimento de exigências morais profundas.

Sofro duramente hoje sabendo que não há meio de ser Deus sem faltar a mim mesmo.[77]

Onze dias de solidão ainda... (se não acontecer nada de ruim). Começado ontem à tarde um desenvolvimento[78] que interrompo – para sublinhar sua intenção: a luz de que vivo me falta, e, desesperadamente, trabalho, buscando a unidade do homem e do mundo! Sobre os planos coordenados do saber, de uma ação política e de uma contemplação ilimitada!

Tenho de me render a esta verdade: que uma vida implica um além da luz, da chance amada.

Minha loucura – ou, antes, minha sabedoria extrema – formula, no entanto, isto: que esse além da chance, mesmo que seja um apoio quando minha chance imediata – o ser amado – me deixa na mão, tem ele próprio o caráter da chance.

Costumamos negar esse caráter. Só podemos negá-lo na medida em que buscamos no chão um fundamento estável que permita suportar a contingência, reduzida a um papel secundário. Buscamos esse além principalmente quando sofremos. Daí as tolices do cristianismo (em que a carolice está dada desde o princípio). Daí a necessidade de uma redução à razão, de uma confiança infinita atribuída a sistemas que eliminam a chance (a razão pura é ela própria redutível à necessidade de eliminar a chance – o que, aparentemente, as teorias da probabilidade terminam de fazer).

Extremo cansaço.

Minha vida não é mais o jorro – sem o qual o não-sentido se instaura.

Dificuldade fundamental: um jorro sendo necessário à chance, a luz (a chance), de que o jorro dependia, não se dá...

O elemento irredutível é dado no jorro, que não esperou o calhar da luz e a provocou. O jorro – ele próprio aleatório – define a essência e o começo da chance. A chance se define em relação ao desejo, que ele próprio desespera ou jorra.

Servindo-me de ficções, dramatizo o ser: dilacero sua solidão e, no dilaceramento, comunico.

Por outro lado, a má-chance só é vivível – humanamente – dramatizada. Da má-chance, o drama acentua o elemento de chance, que persiste nela ou dela procede. A essência do herói do drama é o jorro – a ascensão à chance (uma situação dramática exige, antes da queda, a elevação)...

Interrompo, uma vez mais, um desenvolvimento começado. Método desordenado. Bebendo – no café du Taureau – aperitivos demais. Um velho, meu vizinho, muge suavemente como uma mosca. Uma família comemora a primeira comunhão da filha bebendo taças de vinho. Militares alemães passam rapidamente na rua. Uma puta sentada entre dois trabalhadores (– Os dois poderão me acariciar). O velho continua a mugir (discretamente). O sol, as nuvens. As mulheres vestidas são como um dia cinzento. O sol nu sob as nuvens.

Exasperação. Deprimido, excitado a seguir.

Recuperar a calma. Um pouco de firmeza basta.

Meu método, ou, antes, minha ausência de método, é minha vida. Cada vez menos interrogo para conhecer. Zombo disso e vivo, interrogo para viver. Conduzo minha busca vivendo uma provação relativamente dura, angustiante para o estado de meus nervos. No ponto em que estou, não há mais escapatória. Sozinho comigo mesmo, as saídas de outrora (o prazer e a excitação) me fazem falta. Devo me dominar, na falta de outra saída.

Dominar-me? Fácil!

Mas o homem senhor de si mesmo, que posso me tornar, me desagrada.

Deslizando para a dureza, logo volto à amizade comigo mesmo, à doçura: daí a necessidade de chances sem fim.

Neste ponto, só posso procurar a chance, tentar pegá-la *rindo*.

Jogar, buscar a chance, exige a paciência, o amor, o abandono completos.

Meu verdadeiro tempo de reclusão – 10 dias a passar ainda fechado neste quarto – começa esta manhã (saí ontem e anteontem).[79]

Ontem, moleques seguiram correndo, um o bonde, outro o ônibus. As coisas em cérebros de criança? as mesmas que no meu. A diferença fundamental é a decisão, que repousa sobre mim (eu, eu não posso repousar sobre outros). Eis-me aqui, *eu*: despertando ao sair da longa infância humana em que, de todas as coisas, os homens repousaram sem cessar uns sobre os outros. Mas essa alvorada do saber, da plena posse de si, no fundo não é mais do que a noite, a impotência.

Uma frasezinha: "seria ela liberdade sem a impotência?" é o sinal excedente da chance.

Uma atividade que tem por objeto unicamente coisas inteiramente mensuráveis é poderosa, mas servil. A liberdade decorre da contingência. Se ajustássemos a soma de energia produzida à soma necessária à produção, a potência humana não deixaria nada a desejar, na medida em que ela bastaria e representaria a satisfação das *necessidades*. Em compensação, esse ajuste teria um caráter de restrição: a atribuição de energia aos diferentes setores da produção estaria fixada de uma vez por todas. Mas se a soma produzida é superior ao necessário, uma atividade impotente tem por objetivo uma produção *desmesurada*.

Estava, esta manhã, resignado à espera.

Sem brusquidão, suavemente, me decidi...

Era insensato, evidentemente. Parti mesmo assim, apoiado por um sentimento de chance.

A chance, solicitada, correspondeu. Bem além de minha esperança.

O horizonte clareia (permanece escuro).

A espera se reduz de dez dias a seis.

O jogo vira: pode ser que hoje eu tenha sabido jogar.

A angústia me obseda e me rói.[80]

A angústia ali, suspensa sobre profundos possíveis... iço-me ao ápice de mim mesmo e vejo: o fundo das coisas aberto.

Como uma batida na porta, odiosa, a angústia está ali.

Sinal de jogo, sinal de chance.

Com uma voz de demência, ela me convida.

Jorrei, e chamas jorraram diante de mim!

Tenho de convir[81]: minha vida, nas condições atuais? um pesadelo, um suplício moral.

É negligenciável: evidentemente!

Sem cessar, nos "nadificamos"; o pensamento, a vida caem, dissipando-se num vazio.

Chamar esse vazio de Deus – para onde tendi! para onde meu pensamento tendeu!

O que fazer na prisão de um corpo humano, senão evocar a extensão que começa além das paredes?[82]

Minha vida é bizarra, esgotante e, esta noite, abatida.

Passei uma hora de espera supondo o pior.

Então, finalmente, a chance. Mas minha situação permanece inextricável.

Abro, à meia-noite, minha janela para uma rua negra, um céu negro: essa rua e esse céu, essas trevas são límpidas.

Atinjo, além da escuridão, não sei o quê de puro, de risonho, de livre – facilmente.

*A vida recomeça.

Cacetada jovial e familiar na cabeça.

Abestalhado, desço o fio d'água.

K. me diz que, tendo bebido, dia 3, procurou a chave de uma adega, obstinadamente mas em vão; encontrou-se, pelas quatro da manhã, deitada no bosque e molhada.

O álcool não está entrando bem hoje.

Gostaria (mas tudo me convida a isto) de dar à minha vida um curso decidido – alegre. Exigindo dela uma doçura de milagre, a limpidez do ar dos cimos. Transfigurando as coisas ao meu redor. Jovial, imagino K. de acordo: a alegria, o vazio mesmo (e sem finalidade), transparente, à altura do impossível.

Exigir mais, agir, assinalar a chance: ela corresponde ao jorro do desejo.

A ação sem finalidade estrita, ilimitada, visando à chance para além dos fins, como uma superação da vontade: exercício de uma atividade *livre*.

**Voltando ao curso de minha vida.

Vejo-me aproximando-me lentamente de um limite.

---

* 15 de junho.

** 16 de junho.

A angústia esperando por mim em toda parte, danço sobre a corda bamba e, fixando o céu, distingo uma estrela: minúscula, ela emite um leve brilho e consuma a angústia – que espera por mim em toda parte.

Possuo um *encanto*, um poder infinito.

Esta manhã, duvidei de minha chance.

Por um longo momento – de interminável espera – imaginando tudo perdido (naquele momento, era lógico que fosse assim).

Fiz este raciocínio: "Minha vida é o salto, o elã cuja força é a chance. Se a chance, no plano em que esta vida se joga agora, me faltar, desmoronarei. Não sou nada, senão este homem que convoca a chance, homem a que atribuí o poder de fazê-lo. A infelicidade, a má-chance sobrevindo, a chance que me dava o elã passava a ser apenas um engodo. Eu vivia acreditando ter sobre ela um poder de encantamento: estava errado". Gemi até o final: "Minha leviandade, minha vitória divertida sobre a angústia eram falsas. O desejo e a vontade de agir, eu os joguei – não escolhera o jogo – em minha chance: a má-chance hoje responde. Odeio as ideias que a vida abandona, quando as ideias de que se trata dão o valor primordial à chance...".

Naquele momento, estava tão mal: um desespero particular não acrescentava a minha depressão mais do que um pouco de amargura (cômica). Estava esperando na chuva havia uma hora. Nada é mais deprimente do que uma espera a que responde o vazio de uma alameda.

K. andando comigo, falando comigo, o sentimento de uma desgraça persistia. K. estava ali: eu estava inepto. Sua vinda não era verossímil, e eu tinha dificuldade de pensar: minha chance vive...[83]

A angústia em mim contesta o possível.

Ela opõe ao desejo obscuro um obscuro impossível.

Neste momento, a chance, sua possibilidade, contesta em mim a angústia.

A angústia diz: "impossível": o impossível permanece *à mercê de uma chance*.

A chance é definida pelo desejo, mas nem toda resposta ao desejo é chance.

Só a angústia realmente define a chance: é chance aquilo que a angústia em mim designou como impossível.

A angústia é contestação da chance.

Mas apreendo a angústia à mercê de uma chance, que contesta, que só ela pode contestar, o direito que a angústia tem de nos definir.

Após o dilaceramento da manhã, meus nervos novamente, agora, postos à prova.

A espera interminável e o jogo, alegre talvez e debruçado sobre o pior, esgotando os nervos, depois uma interrupção que acaba de abalá-los... Preciso soltar um longo gemido: esta ode à vida, à sua transparência de vidro!

Não sei se K., sem se dar conta, provoca de propósito essa instabilidade em mim. A desordem em que me mantém decorre aparentemente de sua natureza.

Diz-se: "no lugar de Deus, há o impossível – e não Deus". Acrescentar: "o impossível *à mercê de uma chance*".

Por que me queixaria de K.?

A chance é infinitamente contestada, infinitamente posta em jogo.

Decidindo encarnar a chance *ad unguem*, K. não teria podido fazer melhor: aparecendo, mas quando a angústia... desaparecendo tão subitamente quanto a angústia... Como se ela só pudesse suceder à noite, como se só a noite pudesse sucedê-la. Mas, a cada vez, sem pensar nisso, como convém quando se trata da chance.

"No lugar de Deus, a chance" é a natureza calhada, mas não de uma vez por todas. Superando a si própria num infinito calhar, excluindo os limites possíveis. Nessa representação infinita, decerto a mais ousada e mais demente que o homem já tentou, a ideia de Deus é o invólucro de uma bomba em explosão: miséria e impotências divinas opostas à chance humana!

Deus, remédio aplicado à angústia: não curar a angústia.

Além da angústia, a chance, suspensa na angústia, definida por ela.

Sem a angústia – sem a extrema angústia – a chance não poderia sequer ser percebida.

"Deus, se houvesse um Deus, só poderia, por simples conveniência, se revelar ao mundo sob uma forma humana" (1885; *Volonté de puissance*, II, p. 316).

Ser homem: o impossível em face, a parede... que só uma chance...

K. deprimida esta manhã, depois de uma noite de angústia insensata, de insônia, ela própria angustiante e, como se ouvem numerosos aviões, tomada de leves estremecimentos. Frágil, sob uma aparência de brio – de jovialidade, de animação. Sou tão ansioso de costume que essa aflição insensata me escapa. Adivinhando minha miséria e as dificuldades, os atoleiros por onde avanço, ela ria *de coração leve* comigo. Surpreso de sentir nela, subitamente, contra a aparência, uma amiga, como uma irmã... Se, contudo, não fosse assim, seríamos estranhos um ao outro.

Junho-julho de 1944

O tempo

Esta onda se aproxima com avidez, como se fosse atingir alguma coisa! Ela se arroja com uma pressa assustadora nos mais ocultos recônditos da falésia! Parece querer avisar alguém; parece que há ali alguma coisa escondida, alguma coisa de valor, de grande valor. E agora volta, um pouco mais lentamente, ainda inteiramente branca de emoção. Está decepcionada? Terá encontrado o que buscava? Por que assume esse ar de frustração? Mas já se aproxima outra onda, ainda mais ávida e selvagem do que a primeira, e também sua alma parece cheia de mistério, cheia de vontade de procurar tesouros. É assim que vivem as ondas, é assim que nós vivemos, nós que possuímos a vontade! não vou dizer mais nada.

— Como? Vocês desconfiam de mim? Têm raiva de mim, lindos monstros? Temem que eu realmente traia seu segredo? Pois bem! fiquem bravas, elevem seus corpos esverdeados e perigosos tão alto quanto puderem, ergam uma muralha entre mim e o sol — como agora! Na verdade, nada mais resta da terra além de um crepúsculo verde e verdes relâmpagos. Ajam como quiserem, impetuosas, urrem de prazer e de maldade — ou mergulhem de novo, vertam suas esmeraldas no fundo do abismo, lancem, por cima, suas brancas rendas infinitas de esvoaçante espuma. Assino embaixo de tudo, pois tudo isso lhes cai tão bem, e sou-lhes infinitamente grato: como eu as trairia? Pois — escutem bem! — eu as conheço, conheço seu segredo, sei de que espécie vocês são! Vocês e eu, somos de uma mesma espécie! Vocês e eu, temos um mesmo segredo!

A gaia ciência, 310

[84]No café, ontem, depois da janta, moças e rapazes dançaram ao som do acordeom.

Um acordeonista tinha a cabeça – minúscula e bonita – do Pato Donald: muito alegremente, com uma aparência imensa, animal, inepta, ele cantava.

Agradou-me: gostaria de ser estúpido, ter um olho de pássaro. O sonho: aliviar a cabeça escrevendo, como se alivia a barriga... tornar-se vazio, como alguém que toca música. A partida estaria terminada? Não! No meio das moças – jovens e vivas e bonitas – meu peso (meu coração) é como a leviandade do jogador *infinito*! Ofereço vinho à companhia, e a dona do café anuncia: "da parte de um espectador!".

Um dos meus amigos – caráter mole, como gosto, moleza garantida por uma firmeza que rejeita uma ordem cômica das coisas – estava em Dunquerque em maio de 1940. Incumbiram-no – por dias a fio – de esvaziar os bolsos dos mortos (operação que visava identificá-los e localizar seus parentes). Chegou sua vez de embarcar: finalmente, o barco partiu, e meu amigo chegou à costa inglesa: a pouca distância de Dunquerque, em Folkestone, jogadores de tênis agitavam-se, vestidos de branco, em suas quadras.

Da mesma forma, no dia 6 de junho, dia do desembarque, vi, na praça, alguns feirantes montarem um carrossel.

Um pouco depois, no mesmo lugar, o céu claro se encheu de pequenos aviões americanos. Com listras pretas e brancas, dando rasantes sobre os telhados. Metralhando as estradas e as ferrovias. Eu sentia o coração apertado, e era arrebatador.

Muito aleatório (escrito ao acaso e como se estivesse brincando):

Que o tempo seja a mesma coisa que o ser, o ser a mesma coisa que a chance... que o tempo.

Significa que:

Se há o ser-tempo, o tempo enclausura o ser na queda da chance, *individualmente*. As possibilidades se repartem e se opõem.

Sem *indivíduos*, ou seja, sem repartição dos possíveis, não poderia haver tempo.

O tempo é a mesma coisa que o desejo.

O desejo tem por objeto: que o tempo não exista.

O tempo é o desejo de que o tempo não exista.

O desejo tem por objeto: uma supressão dos indivíduos (dos *outros*); para cada indivíduo, cada sujeito do desejo, isso quer dizer uma redução dos outros a si (ser o todo).

Querer ser o todo – ou Deus – é querer suprimir o tempo, suprimir a chance (a contingência).

Não querê-lo é querer o tempo, querer a chance.

Querer a chance é o *amor fati*.

Amor fati significa querer a chance, diferir daquilo que era.

Ganhar o desconhecido e jogar.

Jogar, para o *um*, é arriscar perder ou ganhar. Para o conjunto, é superar o dado, ir além.

Jogar é, em definitivo, levar ao ser aquilo que não era (nisso o tempo é história).[85]

Reter na união dos corpos – no caso do prazer excedente – um momento suspenso de exaltação, de surpresa íntima e de *excessiva pureza*. O ser, nesse momento, eleva-se acima de si mesmo, como um pássaro que, caçado, se elevasse, lançado nas profundezas do céu. Mas, ao mesmo tempo que se aniquila, ele goza de seu aniquilamento e domina dessa altura todas as coisas, num sentimento de estranheza. O prazer excedente se anula e dá lugar a essa elevação aniquiladora no seio da plena luz. Ou, antes, o prazer, ao deixar de ser uma resposta ao desejo do ser, superando esse desejo excessivamente, supera ao mesmo tempo e substitui-o por um deslizamento — maneira de ser suspensa, radiosa, excessiva, ligada ao sentimento de estar nu e de penetrar a nudez aberta do outro. Tal estado supõe a nudez feita, absolutamente feita, isso através de toques ingênuos — ao mesmo tempo hábeis: a habilidade que está em jogo não é nem a das mãos nem a dos corpos. Ela exige o conhecimento íntimo da nudez — de uma ferida dos seres físicos —, cuja abertura se torna mais profunda a cada toque.

Imagem gratuita de K., trapezista de *music hall*. Semelhante imagem a agrada por um equilíbrio lógico, e, em harmonia com ela, rimos, *eu a vejo* sob as luzes intensas, vestida de lantejoulas douradas e *suspensa*.[86]

Um jovem ciclista na floresta, vestido com uma capa impermeável: está cantando a alguns passos de mim. Sua voz é grave, e, em sua exuberância, balança uma cara redonda de Fritz, cujos lábios carnudos notei de passagem. O céu está cinza, a floresta me parece severa, as coisas hoje estão frias. Um longo barulho, obsedante, de bombardeiros, sucede ao canto do jovem, mas o sol, um pouco mais adiante, atravessa a estrada (escrevo de pé sobre um barranco). O barulho surdo é mais forte do que nunca: segue-se uma explosão de bombas ou de defesa antiaérea. A poucos quilômetros, ao que parece. Apenas dois minutos e tudo já acabou: o vazio recomeça, mais cinzento, mais suspeito do que nunca.

Preocupo-me com minha fraqueza.

A todo instante, a angústia entra, estrangula, e, sob sua pressão de torniquete, sufoco e tento fugir. Impossível. Não posso, de maneira alguma, admitir o que existe, aquilo pelo que tenho de passar contra minha vontade, aquilo que me prega.

Minha angústia é dobrada por outra, e somos dois, perseguidos por um caçador inexistente.

Inexistente?

Pesadas figuras de neurose nos assediam.

Anunciadoras, aliás, de outras tão pesadas quanto elas, mas verdadeiras.

Lendo um estudo sobre Descartes, tenho de reler três ou quatro vezes o mesmo parágrafo.[87] Meu pensamento me escapa, meu coração bate forte, minhas têmporas latejam. Deito-me agora como um ferido, que uma má sina abate, mas apenas provisoriamente. Minha doçura para comigo mesmo me apazigua: no fundo da angústia em que estou, encontra-se a maldade, o ódio íntimo.

Ficando sozinho, me apavoro diante da ideia de amar K. por ódio de mim mesmo. O queimor de uma paixão que mantém meus lábios abertos, minha boca seca e minha face em fogo liga-se decerto a meu horror por mim mesmo. Não me amo e amo K. Essa paixão, atiçada por dificuldades desumanas, atinge esta noite uma espécie de febre. A todo custo, preciso escapar de mim mesmo, posicionar a vida numa imagem ilimitada (para mim). Mas a angústia ligada à incerteza dos sentimentos paralisa K.[88]

Combater a angústia, a neurose! (A sirene, neste instante, dilacera os ares. Escuto: um imenso barulho de aviões que se tornou, para mim, o sinal do medo *doentio*). Nada me aterroriza mais do que isso: seis anos atrás, a neurose, ao meu lado, *matava*. Desesperado, lutei, não sentia angústia, acreditava que a vida era a mais forte. A vida levou vantagem inicialmente, mas a neurose voltou à dianteira, e a *morte* entrou em mim.

Odeio a opressão, a obrigação. Se, como hoje, a obrigação concerne a quem só tem sentido livre – aspiro ao lado dela o ar leve dos ápices –, meu ódio é o maior que se possa imaginar.

Obrigação é o limite do passado oposto àquilo que sobrevém.

A neurose é o ódio do passado contra o atual: deixando a palavra aos mortos.[89]

Das redobras da infelicidade que trazemos em nós nasce o riso leve que exige uma coragem angélica.

"O que há de grande no homem é que ele é uma ponte e não uma meta: o que se pode amar no homem é que ele é uma transição e um declínio.

"Amo aqueles que só sabem viver soçobrando, pois eles passam além.

"Amo os grandes depreciadores, porque eles são os grandes adoradores, as flechas do desejo apontadas para a outra margem."

Lidas, essas frases de Zaratustra (prólogo da primeira parte) praticamente não têm sentido. Elas evocam um possível e querem ser vividas *até o fim*. Por alguém que se jogasse sem medida, só aceitando de si mesmo o salto *com que superaria seus limites*.

O que faz com que me detenha na neurose é que ela nos força a nos superar. Sob pena de soçobrar. Daí a *humanidade* das neuroses, transfiguradas por mitos, poemas ou comédias. A neurose faz de nós heróis, santos, ou senão doentes. No heroísmo ou na santidade, o elemento de neurose figura o passado, intervindo como um limite (uma obrigação) no interior da qual a vida se torna "impossível". Aquele a quem o passado torna pesado, a quem um apego doentio interdita a passagem fácil ao presente, não pode mais ter acesso ao presente pelos caminhos rotineiros. E é assim que escapa ao passado, enquanto um outro, que não está nem aí para o passado, acaba, no entanto, deixando-se guiar, limitar por ele. O neurótico só tem uma saída: *ele tem de jogar.* A vida se detém nele. Ela não pode seguir um curso regulado, traçado de antemão. Ela abre uma nova via, cria para si mesma e para outras um mundo novo.

Uma criação não se dá em um só dia. Muitas vias são, na verdade, brilhantes becos sem saída, tendo da chance apenas a aparência. Escapam do passado na medida em que *evocam* um além: o além evocado permanece inacessível.

A regra nesse domínio é o vago: não sabemos se atingimos ("o homem é uma ponte, não uma meta"). O super-homem é *talvez* uma meta. Mas só o é na medida em que não passa de uma evocação: real, teria de jogar, querendo o além de si mesmo.

Não posso oferecer uma saída à angústia? jogar-se, tornar-se o herói da chance? ou, antes, da liberdade? A chance é em nós a forma do tempo (do ódio ao passado). O tempo é liberdade. A despeito das obrigações que o medo opõe a ele. Ser uma ponte, mas nunca uma meta: isso exige uma vida arrancada das normas com uma potência estrita, cerrada, voluntária, que não aceite mais, no final, ser desviada de um sonho.

O tempo é chance por exigir o indivíduo, o ser separado.

É para e no indivíduo que uma forma é *nova*.

O tempo sem jogo seria como se não fosse. O tempo quer a uniformidade dissolvida: sem o que ele seria como se não fosse. Da mesma forma, sem o tempo, a uniformidade dissolvida seria como se não fosse.

Necessariamente, para o indivíduo, a variabilidade se divide em indiferente, feliz e triste. A indiferença é como se não fosse. A má-chance e a chance se compõem infinitamente em variabilidade da chance ou da má-chance, a variabilidade sendo essencialmente chance (mesmo em vista de uma má-chance), e o triunfo da uniformidade má-chance (mesmo sendo a uniformidade da chance). As chances uniformes e as más chances móveis indicam as possibilidades de um quadro em que a mobilidade/má-chance tem o atrativo das tragédias (chance sob a condição de uma defasagem entre espectador e espetáculo – espectador que goza do desmoronamento: o herói que morre, sem o espectador, teria um sentido?).

(Escrevo num bar. Bebi – cinco pastis – durante o alerta: pequenas e numerosas nuvens de aviões assombraram o céu: uma defesa antiaérea violenta abriu fogo. Uma moça bonita e um rapaz dançaram, a moça meio nua numa saída de praia.)

II

Depois dos bombardeios de ontem, a comunicação com Paris parece interrompida. Seria, de repente – por um conjunto de coincidências infelizes –, a má-chance sucedendo à chance extrema?

Por enquanto é apenas uma ameaça.

.. ..

Agora, a má sina me atinge *por todos os lados*.

Não tenho nenhum recurso. Deixei lentamente se afastarem os possíveis a que se recorre de costume.

Se ainda houvesse tempo, mas não...

Que tristeza na estrada ao fim da tarde. Chovia a cântaros. Em certo momento, abrigamo-nos debaixo de uma faia, sentados num barranco, com os pés sobre o tronco de uma árvore caída. Sob o céu baixo, o trovão ressoava sem fim.

Em cada coisa, e uma após a outra, esbarrei no vazio. Minha vontade muitas vezes se tensionou, deixei-a ir: como alguém que abrisse para a ruína, para os ventos, para as chuvas as janelas de sua casa. O que restava em mim de obstinado, de vivo, passou pelo crivo da angústia. O vazio e o não-sentido de tudo: possibilidades de sofrimentos, de riso e de êxtases infinitos, as coisas como elas são que nos amarram, a alimentação, o álcool, o sexo, além, o vazio, o não-sentido. E nada que eu possa fazer (empreender) ou dizer. Senão repisar, garantindo que é assim mesmo.

Esse estado de hilaridade desarmada (a que a contestação me reduzira) permanecia ele próprio à mercê de novas contestações.

O cansaço nos retira do jogo, mas não a contestação, que contesta, no final, o valor do estado a que nos reduz. Esse último movimento poderia ser, no final, crueldade perdida. Mas pode proceder de uma chance. A chance, se calha, contesta a contestação.

Entre *contestação, colocação em questão* e *colocação em jogo* dos valores, não posso admitir diferença. A dúvida destrói sucessivamente os valores cuja essência é serem imutáveis (Deus, o bem). Mas colocar em jogo supõe o valor da colocação em jogo. No momento de colocá-lo em jogo, o valor é apenas deslocado do objeto para sua colocação em jogo, para a própria contestação.

A *colocação em jogo* substitui os valores imutáveis por um valor móvel da colocação em jogo. Nada na colocação em jogo se opõe à chance. A contestação que diz: "O que é apenas chance não pode ser valor, já que não é imutável" se serviria sem direito de um princípio ligado àquilo que ela contesta. Aquilo que se chama chance é valor numa determinada situação, variável em si mesma. Uma chance particular é resposta ao desejo. O desejo é dado de antemão, ao menos como desejo possível, mesmo que não manifesto de início.

Além do mais, sou insensato.

Instável, de um nervosismo risível (meus nervos, submetidos a uma provação interminável, me abandonam de tempos em tempos: e se me abandonam, me abandonam pra valer).

Minha desgraça é ser – ou, antes, ter sido – detentor de uma chance tão perfeita que mesmo fadas não poderiam ter me dado mais: tanto mais verdadeira por ser frágil, a cada instante recolocada em jogo. Nada que possa serrar mais, dilacerar, supliciar por excesso de alegria, realizando plenamente, no final, a essência da felicidade que é não ser apreensível.

Mas o desejo está ali, a angústia, que quer apreender.

Vem o momento em que, a má-chance ajudando, eu abandonaria tudo em troca de um breve relaxamento.

Tudo parece se arranjar: chego, cansado de esperar, a desejar morrer: a morte me parece preferível ao estado suspenso, não tenho mais coragem de viver e, no desejo que sinto de um repouso, não me preocupo mais em saber se a morte é seu preço.

A felicidade que espero, sei disso além do mais, não é a chance garantida: é a chance nua – permanecendo livre –, acantonada orgulhosamente em sua contingência infinita. Como não arreganhar os dentes diante da ideia de um horror se prolongando *talvez* em indizível alegria, mas sem outra saída que não a morte?

O que me mantém na angústia é decerto que a infelicidade me atingirá, sem tardar, de qualquer maneira. Imagino chegar, certa, lentamente, ao ápice do dilaceramento.

Não posso negar ter ido, por mim mesmo, em direção a esse impossível (muitas vezes, uma obscura atração nos conduz). O que odiava não era ser dilacerado, era não amar nada, não desejar mais jogar. Sinto a tentação, por vezes, de precipitar o momento da infelicidade extrema: posso não mais suportar a vida, não me arrependo de tê-la vivido como vivi.

Adoro esta frase de um explorador – escrita no gelo –, ele estava morrendo: "Não me arrependo desta viagem".

A chance perdida, a ideia de reconquistá-la – por meio de habilidade, paciência – seria a meus olhos faltar para com, pecar contra a chance. E antes morrer...

O retorno da chance não pode resultar de um esforço, ainda menos de um mérito. Quando muito, de uma bela peça pregada na angústia, de uma feliz desenvoltura de jogador (imagino, à beira do suicídio, um jogador rindo, abusando ilimitadamente de si mesmo).

Se a chance volta, é muitas vezes no instante em que eu estava rindo dela. A chance é o deus contra o qual blasfemamos, não tendo mais força para rir dele.

Tudo parecia resolvido.
Chega uma leva de aviões, a sirene...
Decerto não é nada, mas, de novo, tudo está em jogo.

Tinha me sentado para escrever, e o fim do alerta soa...[90]

III

Certo imperador pensava constantemente na instabilidade de todas as coisas a fim de não lhes atribuir importância demais e ficar em paz. Sobre mim, a instabilidade tem um efeito totalmente diferente; tudo me parece infinitamente mais precioso pelo fato de que tudo é fugidio. Parece-me que os vícios mais preciosos e os bálsamos mais deliciosos sempre foram jogados ao mar.

1881-1882

De repente, o céu está claro...
Logo se cobre de nuvens escuras.

Poucos livros me agradaram mais do que *O sol também se levanta*.
Certa semelhança entre K. e Brett me irrita ao mesmo tempo que me agrada.
Relendo algumas páginas da *fiesta*, fiquei emocionado até as lágrimas.
No entanto, nesse livro o ódio pelas formas intelectuais tem alguma coisa de curto. Prefiro *vomitar*, não gosto da abstinência de um regime.

Esta manhã o céu está severo.
Meus olhos o esvaziam. Ou, antes, dilaceram-no.
Nós nos compreendemos, as velhas nuvens e eu, medimo-nos reciprocamente e penetramo-nos até o interior dos ossos.

Interpenetrando-nos assim – longe e demasiado longe –, nos sutilizamos, nos aniquilamos. Nada subsiste que não esteja vazio – Nada como é o branco dos olhos.

No instante em que escrevo passa uma bonita garota pobre – saudável, frágil. E eu a imagino nua, penetrando-a – *mais longe do que ela própria.*

Essa alegria que imagino – e sem nada *desejar* – se carrega de uma verdade que esvazia o possível, excedendo os limites do amor. Justamente no ponto em que a plena sensualidade cumulada – e a plena nudez querendo-se tal – deslizam para além de todo espaço concebível.

Necessidade de uma força moral que supere o prazer (o erótico) alegremente. Não se demorando.

Os possíveis mais distantes não anulam de maneira alguma os mais próximos. Entre uns e outros, não há como fazer confusão.

Um deslizamento nos jogos dos corpos até um além dos seres quer que esses seres soçobrem *lentamente*, engajem-se, percam-se no excesso sem jamais cessar de ir mais longe: lentamente o último grau, finalmente o além do possível atingido. Isso exige o completo esgotamento do ser – excluindo a angústia (a pressa) –, uma potência tensionada, um controle duradouro, exercendo-se no ato mesmo de soçobrar – sem piedade, num vazio cujos limites se esquivam. Isso exige por parte do homem uma vontade sábia, cerrada, como um bloco, de negar e de derrubar lentamente – não apenas em outrem, mas também em si mesmo – as dificuldades, as resistências que o desnudamento encontra. Isso exige um conhecimento exato da maneira como os deuses querem ser amados: *com a faca do horror na mão. Nessa direção insensata*, como é difícil dar um passo! O arrebatamento, a selvageria necessários a todo instante ultrapassam a meta. Todos os momentos dessa tão longínqua odisseia aparecem deslocados, uns após os outros: se ela parece trágica, imediatamente se impõe um sentimento de farsa – concernindo precisamente ao limite do ser; se parece cômica, a essência trágica se furta, o ser torna-se estranho à volúpia que sente (a volúpia lhe é em certo sentido exterior – ele é roubado, ela lhe escapa). A conjunção de um amor excedente e do desejo de perder – a *duração da perda*, na verdade – OU SEJA, O TEMPO,

OU SEJA, A CHANCE – representa com toda evidência a possibilidade mais rara. O indivíduo é a maneira de calhar do tempo. Mas se não tem chance (se calha mal), ele não é mais do que uma barreira oposta ao tempo – do que uma angústia – ou a anulação por meio da qual ele se esvazia de angústia. Se anula a angústia, acabou: é porque se furta a todo calhar, acantona-se em perspectivas fora do tempo. Se a angústia dura – ao contrário –, ele precisa em certo sentido *reencontrar* o tempo. O tempo, o acordo com o tempo. Aquilo que é chance para o indivíduo é "comunicação", perda de um no outro. A "comunicação" é "duração da perda". Encontrarei afinal o acento alegre, bastante louco – e a sutileza da análise – para contar a *dança ao redor do tempo* (*Zaratustra, a Busca do tempo perdido*)?

Com uma maldade, uma obstinação de mosca, digo insistentemente: *não há muralha entre erotismo e mística!*

É cômico no último: eles usam as mesmas palavras, traficam com as mesmas imagens – e se ignoram!

No horror que sente pelas imundícies do corpo, fazendo caretas de ódio, a mística hipostasia o medo que a contrai: é o objeto positivo engendrado e percebido nesse movimento que ela chama de Deus. Sobre a repulsa, como convém, repousa todo o peso da operação. Situado na interferência, há de um lado o abismo (o imundo, o terrível percebido no abismo de profundezas inumeráveis – o tempo...) e, do outro, negação maciça, fechada (como um paralelepípedo, pudica, tragicamente fechada), do abismo. *Deus!* Não terminamos de lançar a humana reflexão nesse grito, nesse apelo de sofredor...[91]

"Se fosses um monge místico!

Verias Deus!"

Um ser imutável, que o movimento de que falei descreve como um definitivo, que nunca esteve, que nunca estará em jogo.

Rio dos infelizes ajoelhados.

Eles não param, ingenuamente, de dizer:

– Não acreditem em nós. E nós mesmos! Vejam só! evitamos as consequências. Dizemos Deus, mas não! é uma pessoa, um ser particular. Falamos com ele. Dirigimo-nos nominalmente a ele: é o Deus de Abraão, de Jacó. Nós o colocamos no mesmo nível que qualquer outro, *um ser pessoal...*

– Uma puta?

– .. ..

A ingenuidade humana – a profundidade obtusa da inteligência – permite todo tipo de trágicas tolices, de berrantes fraudes. Como se costuraria uma verga de touro numa santa exangue, não se hesita em *colocar em jogo...* o absoluto imutável! Deus dilacerando a noite do universo com um grito (o *Eloí! lamma sabachtani?* de Jesus) não é o cúmulo da malícia? O próprio Deus exclama, dirigindo-se a Deus: "Por que me abandonaste?". Ou seja: "Por que eu mesmo me abandonei?". Ou, mais precisamente: "O que está acontecendo? eu teria esquecido de mim a ponto de – *ter colocado a mim mesmo em jogo?*".

Na noite da crucificação, Deus, carne sangrenta e como o púbis conspurcado de uma mulher, é o abismo de que ele é a negação.

Não estou blasfemando. Coloco-me, ao contrário, no limite das lágrimas – e rio... por evocar, misturando-me à multidão... um dilaceramento do tempo no mais profundo do imutável! Pois a necessidade para o imutável...? é de mudar!

É estranho que, no espírito das massas, Deus se desvencilhe imediatamente do absoluto e da imutabilidade.

Não é o cúmulo do cômico, a ponto de atingir a profundidade insensata?

Jeová se desvencilha: pregando-se na cruz!...

Alá se desvencilha no jogo de conquistas sangrentas...

Dessas divinas colocações em jogo de si mesmo, a primeira dá a medida do infinito cômico.

Involuntariamente, Proust respondeu, parece-me, à ideia de unir Apolo a Dionísio. O elemento báquico é tanto mais divinamente – cinicamente – posto a nu em sua obra na medida em que esta participa da doçura de Apolo.

E a modalidade menor, expressamente desejada, não seria a marca de uma discrição divina?

Blake entre as sublimes comédias dos cristãos e nossos alegres dramas deixando linhas de chance.

"E, por outro lado, queremos ser os herdeiros da meditação e da penetração cristãs..." (1885-1886; citado em *Volonté de puissance*, II, p. 371).

"... superar todo cristianismo por meio de um *hipercristianismo* e não se contentar em se desfazer dele..." (1885; citado em *Volonté de puissance*, II, p. 374).

"Não somos mais cristãos, superamos o cristianismo, porque vivemos não longe e sim perto demais dele, e sobretudo porque foi dele que saímos; nossa devoção mais severa e mais delicada ao mesmo tempo nos proíbe hoje de sermos ainda cristãos" (1885-1886; citado em *Volonté de puissance*, II, p. 329).[92]

IV

Quando empregamos a palavra "felicidade" no sentido que lhe dá nossa filosofia, não pensamos antes de tudo, como os filósofos cansados, ansiosos e sofredores, na paz exterior e interior, na ausência de dor, na impossibilidade, na quietude, no "sábado dos sábados", na posição de equilíbrio, em alguma coisa que tenha mais ou menos o valor de um profundo sono sem sonhos. Nosso mundo é muito mais o incerto, o cambiante, o variável, o equívoco, um mundo perigoso talvez, certamente mais perigoso do que o simples, o imutável, o previsível, o fixo, tudo aquilo que os filósofos anteriores, herdeiros das necessidades do rebanho e das angústias do rebanho, honraram acima de tudo.

1885-1886

O mundo pare, e, como uma mulher que pare, ele não é bonito.

Lances de dados se isolam uns dos outros. Nada os reúne num *todo*. O todo é a necessidade. Os dados são livres.

O tempo deixa cair "aquilo que é" nos indivíduos.

O próprio indivíduo – no tempo – se perde, é queda num movimento em que ele se dissolve – é "comunicação", não necessariamente de um a outro.

Com o detalhe de que uma *chance* é a duração do indivíduo em sua perda, o tempo, que quer o indivíduo, é *essencialmente* a morte do indivíduo (a chance é uma interferência – ou uma série de interferências – entre a morte e o ser).

Como quer que lide com isso, provoco em mim mesmo um sentimento de dispersões – de humilhante desordem.[93] Escrevo um livro: tenho de ordenar minhas ideias. Diminuo-me a meus olhos, afundando-me no detalhe de minha tarefa. Discursivo, o pensamento é sempre atenção dada a um ponto às expensas dos outros, arranca o homem de si mesmo e o reduz a um elo da corrente que ele é.

Fatalidade para o "homem inteiro" – o homem do *pau* – a de não dispor plenamente de seus recursos intelectuais. Fatalidade de trabalhar mal, em desordem.

Ele vive sob uma ameaça: a *função* que emprega tende a suplantá-lo! Não pode empregá-la em excesso. Só escapa ao perigo esquecendo-o. Trabalhar mal, em desordem, é o único meio, muitas vezes, *de não se tornar função*.

Mas o perigo inverso é tão grande quanto esse (o vago, a imprecisão, o misticismo).

Considerar um fluxo e um refluxo.

Admitir um déficit.

"Não temos o direito de desejar um único estado, devemos desejar *nos tornar seres periódicos* – como a existência" (1882-1885; citado em *Volonté de puissance*, II, p. 253).

No sol, esta manhã, tenho o sentimento mágico da felicidade. Nada que pese em mim, nem mesmo uma preocupação de júbilo. Vida simples infinitamente, no limite das pedras, do musgo e do ar ensolarado.

Eu pensava que as horas de angústia (de infelicidade) preparavam o caminho para os momentos contrários – de consumação da angústia, de leveza iluminada! É verdade. Mas a chance, a felicidade, esta manhã, no sentimento que tenho de conhecer e de amar, nas ruas, aquilo que vive, os homens, as crianças, as mulheres, situa-se bem mais perto do último salto.

Chance, felicidade – que não me exaltam, sobrevindas *sem expectativa*, na calma –, vi que elas irradiavam, suavemente, sua exuberância simples. A ideia de um grito de alegria me choca. E eu disse do riso: "*Eu o sou* – ao ponto extremo da explosão –, tanto que se torna supérfluo e inoportuno rir".

No bosque, o sol nascendo, eu estava livre, minha vida se elevava sem esforço e como um voo de pássaro atravessava o ar: mas livre infinitamente, dissoluta e livre.

Como é feliz, penetrando a espessura das coisas, perceber sua essência, farsa imensa, infinita, que a chance sem fim faz a ... (aqui, aquilo que dilacera o coração). Essência? *para mim*. Qual é a calma figura – tranquilizadora sob esta condição: *que eu seja a própria inquietude e a própria morte* – tão pura angústia que a angústia é suspensa, e morte tão perfeita que, perto dela, a morte é brincadeira de criança? Seria *eu*?

Enigmática, fazendo fulgurar o impossível sem barulho, exigindo uma majestosa explosão de mim mesmo – majestade tanto mais sacudida por um louco riso dado que morro.

E a morte não é somente minha. Morremos todos *incessantemente*. O pouco tempo que nos separa do vazio tem a inconsistência de um sonho. As mortes que imaginamos longínquas, podemos, com um impulso, lançar-nos menos nelas do que além: essa mulher, que enlaço, está morrendo, e a perda infinita dos seres, escorrendo incessantemente, deslizando para fora deles mesmos, sou EU!

V

Por enquanto, peixe na areia, sentimento de mal-estar e de opressão. Tempo de parada no encadeamento: olho a maquinaria: a única saída é o impossível...

Permaneço à espera de uma festa – que seria a resolução.

Estas palavras agora há pouco em *A gaia ciência* me dilaceraram: "sempre pronto para o extremo como para uma festa...". Li isso esgotado pela *festa* de ontem... (o que dizer da fraqueza e do descarrilamento dos amanhãs?)

Ontem, o rio corria cinzento sob um céu de ventos pesados, de nuvens escuras, de espessos vapores: toda a magia do mundo suspensa no pouco frescor do anoitecer, no inapreensível momento em que, o violento aguaceiro já caindo, as florestas, os prados têm a mesma angústia estremecida que as mulheres que cedem. Quanto naquele momento a felicidade – no limite do dilaceramento da razão – crescia em mim de minha evidente impotência de possuí-la. Éramos como o prado que as chuvas iam inundar, desarmados sob um céu macilento. Tendo apenas um recurso: levar nossos copos aos lábios e beber suavemente aquela imensa suavidade, inscrita no desarranjo das coisas.

Ninguém jamais viu em nossa existência no tempo outra resolução que não a *festa*. Uma tranquila felicidade sem fim? Só uma alegria que explode tem a força de liberar. Eterna? Com a única finalidade de evitar para nós, de evitar para os grãos de poeira que somos – uma margem de degradação – e de angústias – indo dessa explosão até a morte!...

Que todo homem agora me escute e receba de mim esta revelação:

Morais, religiões de compromisso, hipertrofias da inteligência nasceram da depressão do dia seguinte a uma festa. Era preciso viver na margem, se instalar, vencer a angústia (esse sentimento de pecado, de amargura, de cinzas que o fluxo da festa deixa ao se retirar).

Escrevo num dia seguinte de festa...

Uma plantinha gorda me lembra de repente uma fazenda da Catalunha, perdida num vale distante, aonde cheguei ao sabor do acaso de uma longa caminhada pela floresta. Sob o grande sol do meio-dia, silenciosa, sem vida: uma porta monumental em ruínas, os pilares dominados por aloés plantados em vasos. O mistério mágico da vida suspenso na lembrança dessas construções, erguidas na solidão para a infância, o amor, o trabalho, as festas, a velhice, a discórdia, a morte...

Evoco esta figura de mim mesmo, mais verdadeira: de um homem impondo a outros um silêncio tranquilo – por excesso de humor soberano. Sólido como um solo e como uma nuvem móvel. Elevando-se sobre sua própria angústia, na leviandade, na inumanidade de um riso.

A figura do homem cresceu em lances de audácia, não depende absolutamente de mim que a altivez humana através do tempo se jogue ou não em minha consciência.[94]

Como a tempestade sobre a depressão, a calma da vontade se eleva sobre um vazio. A vontade supõe o abismo vertiginoso do tempo – a abertura infinita do tempo sobre o Nada. Desse abismo ela tem a clara consciência: mede num mesmo movimento seu horror e sua atração (a atração tanto maior quanto maior o horror). A vontade se opõe a essa atração – corta sua possibilidade: ela se define mesmo nesse ponto como o interdito pronunciado. Mas tira ao mesmo tempo de sua profundidade um sentimento de serenidade trágica. A ação que decorre da vontade anula o Nada do tempo. A ação anula e neutraliza a vida, mas esse momento de majestade que diz "Eu quero" e prescreve a ação se situa no ápice onde as ruínas (o Nada que se faz) não são menos visíveis do que a finalidade (do que o objeto transformado pela ação). A vontade contempla ao decidir a ação – contempla ao mesmo tempo seus dois aspectos: o primeiro, que destrói, de Nada, e o segundo, de criação.

A vontade que contempla (eleva aquele que quer: que se erige em figura de majestade, grave e mesmo tempestuoso, as sobrancelhas um pouco franzidas) é, em relação à ação prescrita, transcendente. Reciprocamente, a transcendência de Deus participa do movimento da vontade. A transcendência em geral, quer oponha o homem à ação (o agente a seu objeto), quer Deus ao homem, é imperativa por eleição.

Por estranho que pareça, a *dor é tão rara* que temos de recorrer à arte *para que ela não nos falte*. Não poderíamos suportá-la quando nos atinge se ela realmente nos surpreendesse, não nos sendo familiar. E, sobretudo, precisamos ter um conhecimento do Nada que só se revela nela. As mais comuns operações da vida exigem que estejamos debruçados sobre o abismo. O abismo não sendo encontrado nos sofrimentos vindos a nós, temos sofrimentos artificiais, que nos proporcionamos lendo, no espetáculo, ou, se somos dotados, criando-os. Nietzsche foi inicialmente, como outros, um evocador do Nada – escrevendo *A origem da tragédia* (mas o Nada do sofrimento veio a ele de tal maneira que não precisou mais se mexer). Esse estado privilegiado – que Proust, um pouco depois, partilhou – é o único em que podemos realmente prescindir, *se o aceitamos*, da transcendência do fora. É dizer muito pouco, é verdade: *se o aceitamos*; é preciso ir mais longe, *se o amamos*, se temos a força de amá-lo. A simplicidade de Nietzsche com o pior, sua leveza e sua jovialidade, procedem da presença passiva nele do abismo. Daí a ausência dos arrebatamentos pesados e tensos, que por vezes dão aos místicos movimentos aterrorizados – *consequentemente* aterrorizantes.

Ao menos a ideia do *eterno retorno* é acrescentada...

Num movimento voluntário (ao que parece), ela acrescenta aos terrores passivos a amplificação de um tempo eterno.

Mas essa estranha ideia não seria simplesmente o preço da aceitação? ou melhor, do amor? O preço, a prova, e oferecidos sem medida? Daí o estado de transe no instante do nascimento da ideia, que Nietzsche descreveu em suas cartas?

Para quem chega desavisado, a ideia de *retorno* é ineficaz. Não proporciona por si mesma um sentimento de horror. Ela poderia amplificá-lo se ele já existisse, mas se ele ainda não existe... Ela tampouco pode provocar o êxtase. É que, antes de ter acesso aos estados místicos, temos de nos abrir de algum modo ao abismo do Nada. O que nos incitam a fazer com nosso movimento os mestres de oração de toda crença.

Nós devemos realizar um *esforço*, ao passo que em Nietzsche a doença e o modo de vida que ela acarreta tinham feito esse trabalho preliminar. Nele, a repercussão infinita do *retorno* teve um sentido: o de aceitação infinita do horror dado e, mais do que de aceitação infinita, de aceitação que nenhum *esforço* precede.[95]

Ausência de esforço!

Os arrebatamentos que Nietzsche descreveu..., a leveza risonha, os momentos de liberdade louca, esses humores de bufão inerentes aos estados "mais elevados"...: essa imanência ímpia seria um presente do sofrimento?

Quanto, *por sua leviandade*, essa negação da transcendência, de suas terríveis prescrições, é bonita!

A mesma ausência de *esforço* – precedida pela mesma dor, que mina e isola – se encontra na vida de Proust – ambas essenciais para os estados que ele atingiu.

O *satori* só é visado no zen através de cômicas sutilezas. É a pura imanência de um retorno a si. Em vez de transcendência, o êxtase – no abismo mais louco, mais vazio – revela uma igualdade do real consigo mesmo, do objeto absurdo com o sujeito absurdo, do tempo-objeto, que destrói se destruindo, com o sujeito destruído. Essa realidade *igual* em certo sentido se situa mais longe do que a transcendente; é, me parece, *o possível mais distante*.

Mas não imagino do *satori* que alguém jamais o tenha atingido antes que o sofrimento tivesse quebrado.

Ele só pode ser atingido sem esforço: um nada o provoca de fora, quando ele não é esperado.

A mesma passividade, a ausência de esforço – e a erosão da dor – pertencem ao *estado teopático* – em que a transcendência divina se dissolve. No *estado teopático*, o fiel é ele mesmo Deus, o arrebatamento em que experimenta essa igualdade de si mesmo e de Deus é um estado simples e "sem efeito"; todavia, como o *satori*, situado *mais longe* do que qualquer arrebatamento concebível.

Descrevi (*A experiência interior*, p. 85-88), a experiência (extática) do sentido do não-sentido, invertendo-se em não-sentido do sentido, então de novo... sem saída aceitável...

Se examinamos os procedimentos *zen*, vemos que eles implicam esse movimento. O *satori* é buscado na direção do não-sentido *concreto*, que substitui a realidade sensata, revelando uma realidade mais profunda. É o procedimento do riso...

A sutileza de um movimento do "sentido do não-sentido" é apreensível no estado suspenso que Proust descreveu.

A pouca intensidade, a ausência de elementos fulgurantes, corresponde à simplicidade *teopática*.

Esse caráter de *teopatia* dos estados místicos conhecidos por Proust, eu absolutamente não o percebera quando, em 1942, tentei elucidar sua essência (*A experiência interior*, p. 176-195). Naquele momento, eu mesmo não atingira mais do que momentos de dilaceramento. Só recentemente deslizei até a *teopatia*: imediatamente pensei da simplicidade desse novo estado que o *zen*, Proust e, na última fase, Santa Tereza e São João da Cruz o tinham conhecido.

No estado de imanência – ou *teopático* –, a queda no Nada não é necessária. Em sua totalidade, o próprio espírito é penetrado pelo Nada, é igual ao Nada (o sentido é igual ao não-sentido). O objeto, por sua vez, se dissolve em sua equivalência com ele. O tempo absorve tudo. A transcendência não cresce mais às expensas, por cima do Nada, execrando-o.

Na primeira parte deste diário, tentei descrever esse estado, que se furta ao máximo à descrição estética.

Os momentos de simplicidade me parecem remeter os "estados" de Nietzsche à imanência. É verdade, esses estados participam do excesso. Todavia, os momentos de simplicidade, de jovialidade, de leveza não estão separados deles.*

---

* Ver Apêndice II, p. 211: "A experiência interior de Nietzsche".

VI

Chegou a hora de acabar meu livro. A tarefa é, em certo sentido, fácil! Tenho o sentimento de ter evitado, ultrapassado lentamente inúmeros escolhos. Não estava armado de princípios aos quais me ater – mas, na base da astúcia, da sagacidade..., na audácia de lançar os dados, avancei cada dia, cada dia me esquivei das ciladas. Os princípios de negação enunciados no início só têm consistência em si mesmos; estão à mercê do jogo. Longe de se oporem ao meu avanço, serviram-me melhor do que teriam feito princípios contrários, que hoje eu poderia *deduzir*. Servindo-me contra eles dos sutis recursos de que dispõem a paixão, a vida, o desejo, pude vencê-los melhor do que me apoiando na sabedoria afirmativa.

A questão dilacerante deste livro...

colocada por um ferido, sem socorro, perdendo suas forças lentamente...

contudo, levando a cabo, adivinhando o possível sem barulho; sem esforço; apesar de obstáculos amontoados, infiltrando-se pela falha das paredes...

se já não há grande máquina em nome da qual falar, como estender a ação, como exigir que se aja e o que fazer?

Toda ação, até nós, repousou sobre a transcendência: onde se falou em agir, sempre se escutou um barulho de correntes, que fantasmas do Nada arrastavam pelos bastidores.

Só quero a chance...
Ela é minha meta, a única, e meu único meio.

Quão doloroso é falar certas vezes. *Amo*, e é meu suplício não ser adivinhado, ter de pronunciar palavras – pegajosas ainda da mentira, da borra dos tempos. Sinto asco de acrescentar (no temor de grosseiros mal-entendidos): "Zombo de mim mesmo".

Dirijo-me tão pouco aos malevolentes que peço aos outros *que me adivinhem*. Só os olhos da amizade podem bastar para ver longe o suficiente. Só a amizade pressente o mal-estar que o enunciado de uma verdade firme ou de uma meta gera. Se peço a um carregador para levar minha mala até a estação, dou as orientações necessárias sem mal-estar. Se evoco o longínquo possível, concernindo, como um amor secreto, à intimidade frágil, as palavras que escrevo me repugnam e me parecem vazias. Não escrevo o livro de um predicador. *Gostaria que só pudessem me entender através da amizade profunda.*

"O DOMÍNIO SOBRE SI MESMO. – Esses professores de moral que reco-mendam ao homem, em primeiro lugar e acima de tudo, que tome posse de si mesmo, brindam-no assim com uma singular doença: refiro-me a uma irritabilidade constante diante de todos os impulsos e inclinações naturais e, de certa forma, uma espécie de comichão. O que quer que lhe advenha de fora ou de dentro, um pensamento, uma atração, uma incitação – esse homem irritável imagina sempre que agora seu domí-nio sobre si mesmo poderia estar em perigo: sem poder se entregar a nenhum instinto, a nenhum bater de asas livre, ele está constantemente na defensiva, armado contra si mesmo, o olho penetrante e desconfia-do, ele que se instituiu guardião de sua torre. Sim, com isso, ele pode ser *grande*! Mas quão insuportável se tornou para os outros, difícil de carregar para si mesmo, como se empobreceu e isolou dos mais belos acasos da alma e também de todas as *experiências* futuras! Pois é preciso também saber se perder por um tempo se queremos aprender alguma coisa sobre os seres que nós mesmos não somos..." (*A gaia ciência*, 305).

Como evitar a transcendência na educação? Por milênios, evi-dentemente, o homem cresceu na transcendência (os tabus). Quem poderia, sem a transcendência, chegar ao ponto onde estamos (onde o homem está)? A começar pelo mais simples: as pequenas e as grandes necessidades... Fazemos as crianças descobrirem o Nada que sai delas; construímos suas vidas sobre uma execração. Dessa forma, definimos nelas essa potência que se eleva, separada do lixo, sem mistura imaginável.

O capitalismo morre – ou morrerá – (segundo Marx) das consequências de concentrações. Da mesma forma, a transcendência se tornou mortal ao condensar a ideia de Deus. Da morte de Deus – que levava nele o destino da transcendência – decorre a insignificância das grandes palavras – de toda exortação solene.

Sem os movimentos da transcendência – que fundam o humor imperativo –, os homens teriam permanecido animais.

Mas o retorno à imanência se faz na altura em que o homem existe.

Eleva o homem ao ponto em que Deus se situava tanto quanto reconduz ao nível do homem a existência que pareceu oprimi-lo.

O estado de imanência significa a negação do Nada (e, assim, a negação da transcendência; se nego apenas Deus, não posso extrair dessa negação a imanência do objeto). À negação do Nada, chegamos por duas vias. A primeira, passiva, a via da dor – que tritura, aniquila tão bem que o ser é dissolvido. A segunda, ativa, a via da consciência: se tenho um interesse marcado pelo Nada, o interesse de um vicioso, mas já lúcido (no próprio vício, no crime, entrevejo uma superação dos limites do ser), posso ter acesso por essa via à consciência clara da transcendência, e ao mesmo tempo de suas origens ingênuas.

Por "negação do Nada" não entendo alguma equivalência da negação hegeliana da negação. Quero falar de "comunicação" atingida sem que se tenha postulado de início a degradação ou o crime. Imanência significa "comunicação" no mesmo nível, sem descer nem subir; o Nada, nesse caso, não é mais o objeto de uma atitude que o postula. Se quisermos, a dor profunda poupa um recurso aos domínios do vício ou do sacrifício.

O ápice que eu tinha a paixão de atingir – mas que vi que se esquiva ao meu desejo –, a chance em toda extremidade o atinge: sob o disfarce da infelicidade...

Seria ela chance sendo a verdadeira infelicidade?

É necessário aqui ir de um ponto ao outro deslizando, e dizer: "Não é a infelicidade, porque é o *ápice* (*que o desejo definiu*). Se uma infelicidade é o *ápice*, essa infelicidade é, no fundo, a chance. Reciprocamente, se o *ápice* é atingido pela infelicidade – passivamente –, é porque ele é por essência a coisa da chance, que calha fora da vontade, do mérito".

No ápice, o que me atraía – correspondia ao desejo – era a superação dos limites do ser. E, na tensão de minha vontade, a degradação (a minha ou a do objeto de um desejo), sendo o sinal da superação, era expressamente desejada por mim. Era a grandeza do mal, da degradação, do Nada, que dava seu valor à transcendência positiva, às exigências da moral. Eu estava acostumado a esse jogo...[96]

É quando o próprio ser se tornou o tempo – de tanto que está roído por dentro –, quando o movimento do tempo fez dele, longamente, à base de sofrimentos e de abandono, essa peneira pela qual o tempo se escoa, que, aberto à imanência, ele não difere mais do objeto possível.

O sofrimento abandona o sujeito, o interior do ser, à morte.

Normalmente, ao contrário, é no objeto que procuramos o efeito ou a expressão do tempo que é o Nada. Encontro o Nada no objeto, mas então algo em mim de apavorado se reserva, daí a transcendência, como um cume de onde se domina o Nada.

VII

*Se alguma vez um sopro veio em minha direção, um sopro
daquele sopro criador, daquela necessidade divina que força
até os acasos a dançar danças de estrelas;
se alguma vez ri do raio criador, que a longa trovoada da
ação segue, retumbando, mas obedecendo;
se alguma vez joguei dados com os deuses, no tabuleiro
divino da terra, de modo que a terra tremia e se quebrava,
e projetava rios de chamas: – pois a terra é um tabuleiro
divino, tremendo com novas palavras e com um barulho de
dados divinos...*

Zaratustra, Os sete selos

*Mas o que isso importa para vocês, jogadores de dados? Vocês não
aprenderam a jogar e a escarnecer? Não estamos sempre sentados a
uma grande mesa de zombaria e de jogo?*

Zaratustra, Do homem superior

Meu cansaço corporal – nervoso – é tão grande que, se eu não
tivesse chegado à simplicidade, sufocaria de angústia, imagino.

Muitas vezes, os infelizes, longe de culminarem na imanência,
se devotaram a esse Deus cuja transcendência decorria da evocação *voluntária* do Nada. Em contrapartida: minha vida procede da imanência

e de seus movimentos; no entanto, atinjo a soberania orgulhosa, elevando minha transcendência pessoal acima do Nada da degradação possível. Cada vida é composta de equilíbrios sutis.

Deixava-me atrair outrora por todos os lados torvos – guilhotina, esgotos e prostitutas... – enfeitiçado pela degradação e pelo mal. Tinha esse sentimento pesado, obscuro, angustiado, que oprime a massa e que uma canção como "La Veuve"* evoca. Era dilacerado por esse sentimento de aurora que depende fundamentalmente da degradação – que não culmina apenas nas penumbras religiosas – que liga o espasmo às imagens sujas.

Era ao mesmo tempo sequioso de dominação, de dureza para comigo mesmo e de orgulho. Por vezes até fascinado pelo brilho militar que procede, numa incompreensão obtusa, de uma contemplação orgulhosa do Nada, – no fundo, aliando-se a esse mal de que ele é a negação transcendente (tirando sua força ora de uma reprovação afetada, ora de um compromisso).

Obstinei-me por muito tempo, tratando de esgotar a borra dessas possibilidades malditas. Era hostil aos argumentos da razão, que faz as contas do ser, calcula seus rendimentos claros. A razão é ela própria hostil ao desejo de exceder os limites – que não são unicamente aqueles do ser, mas os seus próprios limites.

Tento, na segunda parte deste livro,** elucidar esse estado de espírito. Esforço-me esquematicamente por evocar o *terror religioso* que ele me inspira ainda hoje.

(A esse respeito, acredito que se deixa de lado na *vontade de potência* o elemento essencial se não se vê nela *o amor pelo mal*, não a utilidade, mas o valor significativo do ápice.)

Quanto ao fim da segunda parte, afeto um humor temerário e o tom de um desafio, decerto o faço com o mesmo sentimento que agora.

Agora mesmo, não posso mais do que jogar, sem *saber*.

---

* Alusão ao poema de Jules Jouy, musicado por Pierre Larrieu e cantado por Damia. A viúva (*veuve*) é a guilhotina. (N.T.)

** P. 51.

(Não sou daqueles que dizem: "Ajam de tal maneira, certamente obterão o resultado".)

Todavia, avançando e me atrevendo – decerto com sagacidade (mas a sagacidade era a cada vez "lançar os dados") –, mudei o aspecto das dificuldades de que parti.

1) O ápice entrevisto na imanência anula por sua definição algumas das dificuldades suscitadas a propósito dos estados místicos (ao menos dos estados que guardam da transcendência os movimentos de temor e tremor, visados na crítica dos "ápices espirituais"):

– a imanência é recebida, não é o resultado de uma procura; está inteiramente do lado da chance (que, naqueles domínios em que se multiplicam as operações intelectuais, uma perspectiva clara não possa ser apresentada, se existe um momento decisivo, é algo de importância secundária);

– a imanência está ao mesmo tempo num indissolúvel movimento, *ápice imediato*, sendo por todos os lados ruína do ser, e *ápice espiritual*.

2) Distingo agora *no jogo* esse movimento que, não remetendo o presente ao porvir de um ser determinado, remete-o a *um ser que ainda não é*: o jogo, nesse sentido, não coloca a ação a serviço do agente nem de nenhum ser já existente, excedendo assim "os limites do ser".

Em resumo, se o ápice se esquiva a quem o busca (a quem o visa como meta expressa discursivamente), posso reconhecer em mim mesmo um movimento capaz, a todo instante, de me fazer avançar em direção a ele. Se não posso fazer do ápice o objeto de uma operação ou de uma intenção, posso fazer de minha vida a longa adivinhação do possível.

Concebo agora isto:

O tempo entra em mim – em breve pelo abandono que a dor fará de mim mesmo à morte mesmo que eu não queira – mas só se minha vida segue seu curso ordinário, em seguimento às especulações que conectam ao tempo a menor de minhas ações.

Agir é especular sobre um resultado ulterior – semear na esperança das colheitas futuras. A ação é, nesse sentido, "colocação em jogo", a aposta sendo ao mesmo tempo o trabalho e os bens empenhados – assim a lavragem, o campo, a semente, toda uma parte dos recursos do ser.

A "especulação" difere, contudo, da "colocação em jogo" na medida em que é feita por essência visando a um ganho. Já uma "colocação em jogo" pode muito bem ser louca, independente de uma preocupação com o tempo por vir.

A diferença entre especulação e colocação em jogo divide as atitudes humanas em categorias diferentes.

Ora a especulação prima sobre a colocação em jogo. Então o risco é reduzido tanto quanto possível, o máximo é feito para garantir o ganho, cuja natureza, senão a quantidade, é limitada.

Ora o amor pelo jogo leva ao maior risco, a negligenciar a finalidade perseguida. A finalidade, nesse último caso, pode não ser fixa, sua natureza é a de ser um possível ilimitado.

No primeiro caso, a especulação sobre o porvir subordina o presente ao passado. Remeto minha atividade a um ser por vir, mas o limite desse ser está inteiramente determinado no passado. Trata-se de um ser fechado, querendo-se imutável e limitando seu interesse.

No segundo caso, a meta indefinida é abertura, superação dos limites do ser: a atividade presente tem por finalidade o desconhecido do tempo por vir. Os dados são lançados visando a um além do ser: aquilo que ainda não é. A ação excede os limites do ser.

Falando do *ápice*, do *declínio*, opus a preocupação com o porvir à preocupação com o *ápice*, que se inscreve no tempo presente.

Apresentei o ápice como inacessível. De fato, por estranho que pareça, o tempo presente permanecerá para sempre inacessível ao pensamento. O pensamento, a linguagem se desinteressam do presente, substituem-no a todo instante pela consideração do porvir.

O que disse sobre a sensualidade e o crime não pode ser alterado. Mesmo que devamos superá-lo, é para nós o *princípio* e o coração dionisíaco das coisas ao qual, morta a transcendência, a dor adere um pouco mais a cada dia.

Mas agarrei a possibilidade de agir e, na ação, de já não estar à mercê de um desejo patético do mal.

Estritamente, a doutrina de Nietzsche é, permanece, um grito no deserto. É antes uma doença, a ocasião de crassos mal-entendidos. Sua fundamental ausência de meta, uma aversão inata em relação a uma meta – não pode ser superada diretamente.[97]

"Acreditamos que o crescimento da humanidade desenvolve também seus aspectos deploráveis e que *o maior homem de todos*, se é esse um conceito permitido, seria aquele que representasse mais vigorosamente em si o caráter contraditório da existência, que a glorificasse e fosse dela a única justificação..." (1887-1888; citado em *Volonté de puissance*, II, p. 347).

A ambiguidade na ausência de meta, em vez de arranjar as coisas, acaba de estragá-las. A *vontade de potência* é um equívoco. Resta dela, em certo sentido, a vontade do mal e, no final das contas, a vontade de *gastar*, de jogar (que Nietzsche enfatizou). As antecipações de um tipo humano – ligadas ao elogio dos Bórgias – contradizem um princípio de jogo, que exige resultados livres.

Se recuso limitar os fins, ajo sem remeter meus atos ao bem, à conservação ou ao enriquecimento de seres dados. Visar ao além, não ao dado do ser, significa não fechar, deixar o possível aberto.

"É de nossa natureza criar um ser que nos seja superior. *Criar aquilo que nos supera!* É o instinto da reprodução, o instinto da ação e da obra. Como toda vontade supõe um fim, o homem *supõe um ser* que ainda não existe, mas que é o fim de sua existência. Eis o verdadeiro livre arbítrio! É nesse fim que se resumem o amor, a veneração, a perfeição percebida, a ardente aspiração" (1882-1885; citado em *Volonté de puissance*, II, p. 303).

Nietzsche expressou através da ideia de criança o princípio do jogo aberto, *em que o calhar excede o dado*. "Por que", dizia Zaratustra, "é preciso que o leão se torne criança? A criança é inocência e esquecimento, um novo começo e um jogo, uma roda que rola sobre si mesma, um primeiro movimento, um 'sim' sagrado."

A *vontade de potência* é o leão, mas a criança não é *vontade de chance?*

Nietzsche ainda jovem anotara: "O 'jogo', o inútil – ideal daquele que transborda de força, que é 'infantil'. O 'infantilismo' de Deus" (1872-1873; citado em *Volonté de puissance*, II, p. 382).

O hindu Ramakrishna chegou, me parece, ao estado de imanência: "[...] é meu camarada de jogo", diz ele de Deus. "Não há rima nem razão no universo. O brincalhão! lágrimas e risos, todos os papéis da peça. Ah! o divertimento do mundo! Escolas de crianças abandonadas, quem louvar? quem repreender? Ele não tem razão. Ele não tem cérebro. Ele nos engana com esse pouco de cérebro e esse pouco de razão. Mas desta vez ele não vai mais me pegar. *Tenho a palavra do jogo.* Para além da razão e da ciência e de todas as palavras, há o amor".

Imagino – que sei eu? – de uma maneira de falar tão feliz que ela deforma, no entanto, a realidade que evoca. No estado de imanência coincidem o trágico, um sentimento de farsa louca *e a maior simplicidade.* A simplicidade decide. A imanência difere *pouco* de um estado qualquer, e é nisto justamente que ela consiste: esse *pouco*, esse *nada*, importa mais do que a coisa mais importante.

É possível que a *palavra do jogo*, que *o amor* obscureça a verdade.

Mas não é, imagino, um acaso se estas poucas linhas estabelecem uma equivalência entre o objeto apreendido na imanência e as perspectivas infinitas do jogo.

O estado de imanência implica uma completa "colocação em jogo" de si, tal que um calhar independente da vontade possa só ele dispor tão longe de um ser.

A fraude da transcendência uma vez desvelada, a seriedade se dissipa para sempre. Todavia, na ausência de seriedade escapa ainda a profundidade infinita do jogo: o jogo é a busca, de calhar em calhar, da infinidade dos possíveis.

De todas as maneiras.

O estado de imanência significa: *além do bem e do mal.*

Ele se liga à não-ascese, à liberdade dos sentidos.

Chegando à imanência, nossa vida sai enfim da fase dos senhores.

Agosto de 1944

Epílogo

Se eu rompesse um dia, separando senão toda minha vida da massa, ao menos essa parte de minha vida que me importa – se a massa se dissolvesse numa imanência sem fim – seria somente no final das forças. No momento em que escrevo, transcender a massa é cuspir para cima: o cuspe cai... A transcendência (a existência nobre, o desprezo moral, a aparência sublime) virou uma comédia. Transcendemos ainda a existência debilitada: mas sob a condição de nos perder na imanência, de lutar também por todos os outros. Detestaria o movimento da transcendência em mim (as decisões categóricas), se não percebesse imediatamente sua anulação em alguma imanência. Vejo como essencial sempre estar *à altura de homem*, não transcender mais do que um dejeto, composto dos gessos transcendentes. Se eu próprio não estivesse no nível de um trabalhador, sentiria minha transcendência sobre ele como um cuspe, pendurada no meu nariz. Sinto isso no café, nos lugares públicos... Julgo fisicamente seres a que me reúno, que não podem estar abaixo nem acima. Difiro profundamente de um trabalhador, mas o sentimento de *imanência* que tenho, ao lhe falar, se a simpatia nos une, é o sinal que indica meu lugar no mundo: o de uma onda no meio das águas. Ao passo que burgueses que se içam *secretamente* uns sobre os outros me parecem condenados à exterioridade vazia.

De um lado, a transcendência, reduzida à comédia (a transcendência do amo – do senhor – estava ligada outrora ao risco de morte, que se corria de espada na mão), produz homens cuja vulgaridade afirma a imanência profunda. Mas, se imagino a burguesia destruída – em algumas legítimas sangrias –, a igualdade consigo mesmos daqueles que subsistiriam, essa imanência infinita, por sua vez, não esvaziaria de sentido uma reprodução monótona dos trabalhadores, uma multidão sem história e sem diferença?

Isso tudo é bem teórico!

No entanto, o sentimento de imanência no interior de uma massa que nada transcenderia de agora em diante corresponde a uma necessidade tão forte em mim quanto a do amor físico. Se, para corresponder a uma exigência maior, como o desejo de jogar, tivesse de me isolar em alguma *nova* transcendência, eu estaria no estado lamentável em que se morre.

Esta tarde, quatro aviões norte-americanos atacaram com bombas, canhões, metralhadoras, um trem de óleo e gasolina, na estação a um quilômetro daqui. Voando baixo, volteavam acima dos telhados, então mergulhavam através das colunas de fumaça preta: grandes e terríveis insetos, ressurgiam acima do trem, relançados para o alto do céu. A cada minuto um deles passava sobre nossas cabeças, avançando num retumbar de metralhadora, de motores, de bombas, de canhões de tiro rápido. Assisti sem perigo por 15 minutos ao espetáculo: como uma Medusa, ele petrificava os espectadores, que tremiam e se maravilhavam, só pensando nas vítimas *depois do gato morto*. Cerca de 30 vagões queimaram: por horas ficou saindo deles, como de uma cratera, uma imensa fumaça que escureceu uma parte do céu. Uma festa num clube náutico a 200 metros do trem reunia um grande número de crianças. Não houve mortos nem feridos.

O rádio não indica mais o avanço das colunas blindadas. Imagino, contudo, que estejam a menos de 50 quilômetros. Duas caminhonetes de tropas alemãs pararam à minha frente: procuravam uma ponte sobre o Sena... fugindo para o leste, ao acaso.

Captei pela primeira vez seu sentido (de um ponto de vista, aliás, bastante fechado): essa guerra é a guerra da transcendência contra a imanência. A derrota do nacional-socialismo está ligada ao isolamento da transcendência, à ilusão de Hitler quanto à força que se desprende do movimento da transcendência. Essa força coagula contra si uma maior – lentamente – pelas reações que causa no interior da imanência. Só subsiste o limite do isolamento.

Em outros termos, o fascismo teve a transcendência nacional por essência, não pôde se tornar um "universal"; extraía sua força singular da "particularidade". Foi por isso que perdeu a causa que representava, embora ela tivesse um lado universal. Em cada país, muitos indivíduos teriam adorado dominar a massa, tendo por fim sua transcendência pessoal. Eles tentavam em vão – não podendo oferecer à massa a possibilidade de segui-los em seu movimento – transcender o resto do mundo. É possível num só país: a transcendência de um satélite (a Itália) se tornou cômica em plena guerra (essa guerra não demonstrou a inferioridade fundamental do fascismo italiano em relação ao alemão, mas o fato de que unido – subordinado a um movimento maior – ele se transformara em sombra).

É cômico também bancar a "coruja de Minerva", falar *a posteriori*, dispondo apenas, para saudar aqueles que caem, de gargalhadas. Claro ou cruel? claro... A imanência é a liberdade, é o riso. "A curta tragédia", dizia Nietzsche, "sempre acabou servindo à eterna comédia da existência, e o mar 'de sorriso inumerável' – para falar com Ésquilo – terminará por cobrir com suas ondas a maior dessas tragédias" (A *gaia ciência*, I).

Imagino através da imanência uma cisão, cada uma das partes contestando a autenticidade da outra, aproximando-se da autenticidade apenas na medida em que contesta e é contestada. A tensão, se não a guerra necessária entre as duas...: nenhuma delas sendo o que pretende ser.

Terminado o plano de uma filosofia coerente...

Espera interminável. Numerosas explosões durante a noite. O prefeito (pró-alemão) anunciava ontem que os norte-americanos estavam entrando em Paris. Duvido muito. No momento em que escrevo, violenta explosão, uma criança grita. Tudo está superexcitado, na expectativa. Anteontem, os norte-americanos passaram a cerca de 10 quilômetros. Além do interesse comum, tenho pessoalmente uma razão doentia para esperar – sobretudo a entrada em Paris. Não é provável que uma batalha importante devaste a região. Os alemães estão indo embora.

Somente as transcendências são inteligíveis (as descontinuidades). A continuidade só é inteligível em relação a seu contrário. A imanência pura e o Nada da imanência se equivalem, não significam *nada*.

A transcendência pura tampouco seria inteligível se não fosse repetida, o que equivale a dizer: se não fosse representada ao infinito no meio homogêneo da imanência.

Comunicações cortadas, reduzido a uma absoluta solidão. Uma espécie de *no man's land* se formou, sem alemães há dois dias, onde os norte-americanos não entram, contornando, ao que parece, a floresta. As estradas estão vazias, inverossimilmente, um silêncio de noite... Poucos aviões, os barulhos de explosão cessaram. Não se escutam nem bombardeios nem canhonadas. A vida inteira, populações, exércitos, se dissolve (se esgota) na espera. Renuncio a procurar incertas notícias. As únicas que me importam de agora em diante, a entrada em Paris, a chegada dos norte-americanos aqui, virão a mim por si mesmas.

Nessas condições, a incerteza a respeito de K. me atormenta e, nessa solidão que se fechou, me rói, me destrói.

A lentidão relativa das operações dá lugar a temores fundados.

Fala-se de combates em Paris.

Sinto um alívio imaginando, para mim mesmo, não sei que excesso de sofrimentos, em vez da liberação rápida esperada. Preferimos às vezes enfrentar o horror a ser pacientes.

Tenho afinal os nervos doentes: por momentos, ao menos. Recomponho-me e me domino escrevendo. O dia cai, falta eletricidade, hesito em queimar minha vela. Quero escrever, não ceder à angústia. Há meses aguardo apreensivamente a separação a que a aproximação das operações me condena: posso dizer hoje de minha solidão que ela me oprime a mais não poder. O Nada da ausência – que pode ser definitiva –, minha fúria o sente na carne hoje, sufoco. Essa rejeição do Nada que sufoca diante da mentira da transcendência, quão exasperado estou por vivê-la: se ela fosse o puro, o autêntico Nada, o suplício, imagino, seria mais leve. Quando se trata de morrer, é uma mentira ainda; e decerto a mentira da perda de um ser amado é mais evidente. Mas a mentira de viver atenua, descoberta, a tristeza de morrer, ao passo que a mentira do amor aumenta o horror de perder o ser amado. Nos dois casos, a evidência da mentira suprime apenas uma parte do efeito: a mentira se tornou nossa verdade. O que chamo mentira, que é mentira no fundo, só o é no fundo: é antes a *impotência* da verdade. O sentimento de impotência que nos quebra, se a perda – e não nossa lassidão – nos faz ver que tínhamos nos empolgado com uma ilusão –, termina de abalar nossos nervos. Mas não consegue suprimir o apego. A separação não é por isso menos dura, e aquilo que uma pretensa lucidez traz não é o desapego, mas a ideia de que mesmo o retorno não poderia corresponder a essa sede que subsiste no seio da decepção.

Rejuvenescido vinte anos.
Encontrei um divino, diabólico mensageiro de opereta.

Vi K., o canhão troa, e se escutam as metralhadoras!

Esta noite, do alto de uma torre, a imensa floresta sob as nuvens baixas e a chuva, a guerra atinge seus limites, do sudoeste ao leste, um rugido surdo.

A batalha próxima, cujo barulho somos muitos a vir escutar aqui dos rochedos, não me causa nenhuma angústia. Como meus vizinhos, percebo a extensão onde ela decorre, invisível e enigmática, escuto conjecturas inconsistentes. Não há mais uma *no man's land*: à nossa frente, alemães pouco numerosos tentam impedir o avanço dos norte-americanos. É o que sei. As notícias do rádio são confusas, incoerentes com a resistência alemã que vemos à nossa frente: na ignorância total ou quase, esses barulhos de canhão ou de metralhadora e a fumaça de incêndios distantes são problemas banais. Se há alguma grandeza nesses barulhos, é a grandeza do ininteligível. Eles não sugerem nem a natureza mortífera dos projéteis, nem os movimentos imensos da história, nem mesmo um perigo que se aproxima.

Sinto-me vazio e cansado: fico sem escrever, mas não por exasperação. Preciso de repouso, de tolice e de letargia. Leio em revistas de 1890 romances de Hervieu, de Marcel Prévost.

Os alemães decerto estão cedendo. O canhão na noite faz as portas vibrarem. Ao cair da tarde, cerca de vinte explosões de uma violência inaudita (um importante depósito de munições foi atingido): sentia a vibração do ar entre as pernas e sobre os ombros. A sete quilômetros, as chamas invadiam o céu. Vi uma das explosões dos rochedos. No horizonte, imensas chamas vermelhas, e outras, cegantes, ergueram-se na fumaça preta. Esse horizonte de florestas é o mesmo que três meses antes: queixava-me, naquela época, de ter pouca imaginação. Não pude, então, imaginar nessa paisagem tão bonita (como um oceano de árvores animado por ondas lentas, imensas) as destruições e os dilaceramentos de uma batalha. Via hoje vastos incêndios, a três ou quatro léguas o canhão enfurecido, finalmente dominado por esses barulhos de explosões colossais. Mas as crianças riam sobre os rochedos. A quietude do mundo permanece inabalada.

As notícias finalmente são menos confusas. Duas pessoas que vieram de bicicleta de Paris me contaram os acontecimentos, os combates de rua, a bandeira francesa na prefeitura e o jornal *L'Humanité* apregoado. Disseram-me que a batalha está perto de Lieusaint, de Melun. Pode ser que Melun caia esta noite, o que decidiria a sorte da floresta.

Fui aos rochedos às nove horas. A canhonada estava forte. Calou-se, mas deu para escutar claramente o barulho na floresta de um batalhão motorizado.

Voltei para casa e me estendi na cama. Gritos me acordaram de um semissono. Fui até a janela e vi mulheres e crianças correndo. Disseram-me gritando que os norte-americanos estavam ali. Saí e encontrei os blindados cercados de uma multidão um tanto mambembe, porém mais animada. Ninguém é mais sensível do que eu a esse tipo de emoções. Falei com os soldados. Ri.

O aspecto dos homens, das roupas e do material norte-americano me agrada. Esses homens de além-mar parecem mais firmes, mais inteiros do que nós.

Os alemães rescendem de toda maneira a mediocridade transcendida. A "imanência" dos norte-americanos é inegável (seu ser está neles mesmos, e não além).

A multidão carregava bandeiras, flores, garrafas de champagne, peras, tomates, e colocava as crianças sobre os tanques a 500 metros dos alemães.

Os tanques que chegaram ao meio-dia voltaram à estrada às duas horas. Logo a batalha esquentou a um quilômetro das ruas. Uma parte da tarde se passou entre rajadas de metralhadoras, canhonadas ensurdecedoras e fuziladas. Do alto dos rochedos, via a fumaça se erguer de uma cidade-zinha bombardeada, de onde baterias alemãs ainda atiravam. Incêndios por todos os lados! Melun ardendo ao longe exalava fumaça como um vulcão. Dos rochedos, domina-se uma imensa extensão, em grande parte os relevos suaves, mas selvagens, de uma floresta, a planície de Brie até Melun. De tempos em tempos, no horizonte, aviões mergulhavam sobre uma coluna alemã, e, quando acertavam, eu via a fumaça preta subir.

Às nove horas da noite, chegou, lentamente, uma caminhonete cercada de homens armados da Resistência. Eles embandeiraram a praça onde a multidão se amontoou. O primeiro que colocaram na caminhonete foi um velho alto e magro, com uma distinção de ave rara, um general. Em penitência, sentado sobre o rebordo, assumiu um ar fino e desabusado. Cercado de uma desordem de homens armados. Era o chefe local da milícia. A "charrete dos condenados" no canto da rua, as vítimas mergulhadas numa solidão de morte tinham alguma coisa de atroz. A multidão aplaudiu a chegada de uma mulher e cantou a *Marselhesa*. A mulher, uma pequeno-burguesa de 40 anos, retomou a *Marselhesa* com os outros. Parecia má, tacanha, turrona. Era repugnante, ridículo, ouvi-la cantar. A noite caiu: o céu carregado e escuro anunciava a tempestade. Trouxeram o prefeito e alguns outros. Houve polêmica a respeito do prefeito, uma confusão. Lentamente, a caminhonete carregada manobrou. Rapazes sem chapéu, armados de fuzis ou metralhadoras, subiram com os prisioneiros. Na multidão agitada ressoou asperamente o *Chant du départ*.* A noite estava de um lado rubra de clarões de incêndio. Por momentos, os clarões iluminavam tudo, cegando e mantendo uma espécie de palpitação insensata. No final, o canhão próximo (as linhas estão a 500 metros) trovejou com uma extrema violência, acabando de aumentar essa execração.

Temo aqueles que, comodamente, reduzem o jogo político às ingenuidades das propagandas. Pessoalmente, a ideia dos ódios, das esperanças, das hipocrisias, das tolices (numa palavra, das dissimulações de *interesses*) que acompanham esses grandes movimentos de armas me dissolve. As idas e vindas dos incêndios na planície, a passagem como de um galope de ataque nas ruas, da canhonada e de uma algazarra de explosões me parecem prenhes menos de um sentido fácil do que de todo o peso ligado ao destino da espécie humana. Que estranha realidade persegue seus fins (diferentes daqueles que se veem) ou não persegue fim algum através desse barulho?

Difícil duvidar agora de que nossa imensa convulsão vise necessariamente à ruína da sociedade antiga com suas mentiras, seu falatório, sua mundanidade, sua suavidade de doente; por outro lado, o nascimento de um mundo onde sem freio jogarão forças *reais*. O passado (a trapaça de sua sobrevivência) acaba de morrer: o pesado esforço de Hitler esgota ainda seus recursos.

A esse respeito, evidentemente: infeliz daquele que não vir que chegou o tempo de se despir de seus velhos hábitos e entrar *nu* no mundo novo onde o possível terá o *nunca visto* como condição!

Mas o que quer, o que busca e o que significa um globo em trabalho de parto?

Dilacerado, esta manhã: minha ferida se reabriu ao menor choque, mais uma vez, um desejo vazio, um inesgotável sofrimento! Há

---

* O "Canto da partida", espécie de hino patriótico e republicano, composto em 1794 e muito utilizado, sobretudo na Primeira Guerra, como exaltação aos soldados que partiam para o *front*. (N.T.)

um ano, eu me afastava, num momento de febre decisiva, de qualquer possibilidade de repouso. Vivo, há um ano, a convulsão de um peixe na areia. E queimo e rio, faço de mim mesmo uma fogueira... De repente, o vazio se faz, a ausência, a partir de então, estou *no fundo das coisas*: desse fundo, a fogueira parece não ter sido mais do que traição.

Como evitar conhecer uma vez – e ainda, e sem fim – a mentira dos objetos que nos fazem queimar? Todavia, nessa obscuridade insensata, mais longe do que todo não-sentido, do que todo desmoronamento, ainda me dilacera a paixão de "comunicar" a quem amo essa notícia da noite caída, como se essa "comunicação", mas nenhuma outra, fosse a única à altura de um tamanho amor. Assim renasce – sem fim, aqui ou ali – a louca fulguração da chance, exigindo de nós o conhecimento preliminar da mentira, do não-sentido que ela é.

Ó cúmulo do cômico!... que tenhamos de fugir do vazio (da insignificância) de uma imanência infinita, votando-nos como loucos à mentira da transcendência! Mas essa mentira ilumina com sua loucura a imanente imensidade: esta não é mais o puro não-sentido, o puro vazio, *ela é* esse fundo de ser pleno, esse fundo verdadeiro diante do qual a vaidade da transcendência se dissipa. Nunca a teríamos conhecido – *para nós*, ela nunca teria sido, e talvez fosse esse o único meio para que ela existisse *por si*, se não tivéssemos edificado primeiro, depois negado, demolido, a transcendência.

(Poderão me seguir tão longe?)

Essa direção é dada, é verdade, por uma luz comumente percebida que a palavra LIBERDADE anuncia.

Ao que me apego profundamente.

Não sei se alguma vez a preocupação, a inquietação moral dilaceraram um homem mais cruelmente. Não sou neste momento daqueles que ensinam: em mim mesmo, toda afirmação se prolonga, como numa cidade bombardeada o barulho das bombas, em desordem, em poeira, em gemidos.

Mas como um povo, passado o acontecimento, a cada vez se encontra já mais longe do que sua desgraça (as lágrimas estancadas, à socapa, rostos fechados se iluminam, e o riso novamente se alvoroça), assim a "tragédia da razão" se transforma em diversidade insensata.

Apêndices

I
Nietzsche e o nacional-socialismo[98]

Nietzsche atacou a moral idealista. Troçou da bondade e da piedade, desmascarou a hipocrisia e a falta de virilidade dissimuladas sob a pieguice humanitária. Como Proudhon e Marx, afirmou o elemento benéfico da guerra. Muito distante dos partidos políticos de seu tempo, aconteceu-lhe de enunciar os princípios de uma aristocracia de "senhores do mundo". Louvou a beleza e a força corporal, tendo uma preferência clara pela vida arriscada e turbulenta. Esses juízos de valores audaciosos, contrários ao idealismo liberal, levaram os fascistas a reivindicá-lo, e alguns antifascistas a ver nele o precursor de Hitler.

Nietzsche teve o pressentimento de um tempo próximo em que os limites convencionais opostos à violência seriam superados, em que as forças reais se enfrentariam em conflitos de uma amplitude desmedida, em que cada valor existente seria material e brutalmente contestado. Imaginando a fatalidade de um período de guerras cuja dureza ultrapassaria os limites, não pensou que se devesse evitá-las a todo custo, nem que a provação excedesse as forças humanas. Mesmo essas catástrofes lhe pareceram preferíveis à estagnação, à mentira da vida burguesa, da beatitude de rebanho dos professores de moral. Postulava como princípio isto: se há para os homens um verdadeiro valor, e se as cláusulas da moral estabelecida, do idealismo tradicional se opõem à vinda desse valor, a vida derrubará essa moral. Da mesma forma, os marxistas acreditam que os preconceitos morais que se opõem à violência de uma revolução devem se curvar diante de um valor eminente (a emancipação dos proletários). Diferente daquele do marxismo, o valor que Nietzsche afirmou não tem por isso um caráter menos universal: a emancipação que desejava não era a de uma classe em relação a outras, mas a da vida humana, através de seus melhores representantes, em relação às subordinações morais do passado. Nietzsche sonhou com um homem que já não fugiria de um destino trágico, mas que o amaria e o encarnaria de pleno acordo, que não mentiria mais para si mesmo e se elevaria acima da servidão social. Essa espécie de homem diferiria do homem atual, que se confunde em geral com uma função, ou seja, apenas uma parte do possível humano: seria, em uma palavra, o *homem inteiro*, liberado das servidões que nos limitam. Esse homem livre e soberano, a meio caminho entre o homem moderno e o super-homem, Nietzsche não quis defini-lo. Pensava, com toda razão, que não se pode definir aquilo que é livre. Nada mais vão do que fixar, limitar aquilo que ainda não é: é preciso querê-lo, e querer o porvir é, antes de tudo, reconhecer o direito que o porvir tem de não ser limitado pelo passado, de ser a superação do conhecido. Por esse princípio de um primado do porvir sobre o passado,[*] sobre o qual insistiu fielmente, Nietzsche é o homem mais alheio àquilo que sob o nome de morte execra a vida e, sob o nome de reação, o sonho. Entre as ideias de um reacionário fascista ou de outro tipo e as ideias de Nietzsche há mais do que uma diferença: uma incompatibilidade radical. Nietzsche se recusava a limitar esse porvir, ao qual dava todos os direitos, mas o evocou por meio de sugestões vagas e contraditórias, o que deu ensejo a confusões abusivas: é inteiramente vão atribuir-lhe alguma intenção mensurável em termos de política eleitoral, argumentando que ele falou de "senhores do mundo". Trata-se de sua parte de uma evocação arriscada do possível. Esse homem soberano cujo brilho desejava, ele o imaginou contraditoriamente, ora rico, ora mais pobre do que um operário, ora poderoso, ora acossado. Exigiu dele a virtude de tudo suportar, mas lhe reconheceu o direito de transgredir as normas. Aliás, ele o distinguia em princípio do homem no poder. Nietzsche não limitava nada, restringia-se a descrever o mais livremente que podia um campo de possibilidades.

Dito isso, me parece que, se é preciso definir o nietzschianismo, não convém demorar-se nessa parte da doutrina que dá à *vida* seus direitos

---

[*] O primado do porvir sobre o passado, essencial para Nietzsche, não tem nada a ver com o primado do porvir sobre o presente de que falo mais acima.

contra o *idealismo*. A recusa da moral clássica é comum ao marxismo,[*] ao nietzschianismo e ao nacional-socialismo. Só é essencial o valor em nome do qual a vida afirma seus direitos maiores. Uma vez esse princípio de julgamento estabelecido, os valores nietzschianos se situam, no conjunto, em oposição aos valores racistas.

– A atitude inicial de Nietzsche procede de uma admiração pelos gregos, os homens intelectualmente mais bem-dotados de todos os tempos. Tudo se subordina, no espírito de Nietzsche, à cultura, ao passo que, no Terceiro Reich, a cultura reduzida tem por fim a força militar.

– Um dos traços mais significativos da obra de Nietzsche é a exaltação dos valores dionisíacos, ou seja, da embriaguez e do entusiasmo infinitos. Não é por acaso que Rosenberg, em seu *Mito do século XX*, denuncia o culto de Dionísio como não ariano!... Apesar de tendências logo recalcadas, o racismo não admite mais do que os valores soldadescos: "A juventude precisa de estádios, e não de bosques sagrados", afirma Hitler.

– Já falei da oposição do passado ao porvir. Nietzsche se autodesigna estranhamente como o *filho do porvir*. Ele próprio ligava esse nome a sua existência de sem-pátria. De fato, a pátria é em nós a parte do passado, e é sobre ela, estreita e unicamente sobre ela, que o hitlerismo edifica seu sistema de valor. Ele não traz nenhum valor novo. Nada mais estranho a Nietzsche, que afirmava explicitamente a completa vulgaridade dos alemães.

– Dois precursores oficiais do nacional-socialismo, anteriores a Chamberlain, foram contemporâneos de Nietzsche, Wagner e Paul de Lagarde. Nietzsche é apreciado e utilizado pela propaganda, mas o Terceiro Reich não fez dele um de seus doutores, como faz eventualmente destes últimos. Nietzsche foi amigo de Richard Wagner, mas se afastou dele, enojado justamente por seu chauvinismo galófobo e antissemita. Quanto ao pangermanista Paul de Lagarde, um texto acaba com qualquer dúvida a seu respeito. "Se você soubesse", escreve Nietzsche a Theodor Fritsch, "quanto ri na primavera passada lendo as obras desse cabeçudo sentimental e vaidoso que se chama Paul de Lagarde...".

---

[*] Que, no plano da moral, situa-se a partir do hegelianismo. Hegel já se afastara da tradição. E foi a justo título que Henri Lefebvre disse de Nietzsche que ele fez "inconscientemente o trabalho de um vulgarizador, por vezes zeloso demais, do imoralismo implicado na dialética histórica de Hegel" (LEFEBVRE. *Nietzsche*, p. 136). Nesse ponto, Nietzsche é responsável..., para retomar os termos de Lefebvre, por ter "arrombado portas abertas".

– Dispomos hoje de informações até demais sobre o sentido que a estupidez antissemita tem para o racismo hitleriano. Nada mais essencial para o hitlerismo do que o ódio pelos judeus. Ao que se opõe esta regra de conduta de Nietzsche: "Não frequentar ninguém que esteja implicado nessa farsa desavergonhada das raças". Não há nada que Nietzsche tenha afirmado de maneira mais categórica do que seu ódio pelos antissemitas.

É necessário insistir neste último ponto. Devemos limpar Nietzsche da nódoa nazista. Para isso, é preciso denunciar certas comédias. Uma delas é obra da própria irmã do filósofo, que sobreviveu a ele até recentemente (ela morreu em 1935). A Sra. Elisabeth Förster, nascida Nietzsche, não tinha esquecido, em 2 de novembro de 1933, as dificuldades que surgiram entre ela e seu irmão por causa de seu casamento, em 1885, com o antissemita Bernard Förster.

Uma carta em que Nietzsche lhe recorda sua repulsa *tão pronunciada quanto possível* pelo partido de seu marido – este sendo explicitamente nomeado – foi publicada sob seus cuidados. Ora, em 2 de novembro de 1933, a Sra. Elisabeth Judas-Förster recebeu em Weimar, na casa onde Nietzsche morreu, o *Führer* do Terceiro Reich, Adolf Hitler. Na solene ocasião, essa mulher atestou o antissemitismo da família lendo um texto de... Bernard Förster!

"Antes de deixar Weimar para ir a Essen", relata a edição do jornal *Temps* de 4 de novembro de 1933, "o chanceler Hitler foi visitar a Sra. Elisabeth Förster-Nietzsche, irmã do célebre filósofo. A velha senhora o presenteou com uma bengala-espada que pertenceu a seu irmão. E o fez visitar os arquivos Nietzsche.

"O Sr. Hitler escutou a leitura de um memorando endereçado em 1879 a Bismarck pelo doutor Förster, agitador antissemita, que protestava 'contra a invasão da Alemanha pelo espírito judeu'. Tendo em mãos a bengala de Nietzsche, o Sr. Hitler atravessou a multidão em meio às aclamações."

Nietzsche, endereçando em 1887 uma carta cheia de desprezo ao antissemita Theodor Fritsch, terminava-a assim: "Mas, enfim, o que você acha que eu sinto quando o nome de Zaratustra sai da boca dos antissemitas?".[*][99]

---

[*] Consultar sobre essas questões: NICOLAS. *De Nietzsche a Hitler*, 1937. – *Nietzsche e os fascistas: uma reparação* (número especial da revista *Acéphale*, janeiro de 1937). – LEFEBVRE. *Nietzsche*, 1939 (E. S. I.), p. 161 e ss.

II

A experiência interior de Nietzsche

As "experiências" invocadas neste livro têm menos lugar nele do que nos dois precedentes. Também não têm o mesmo relevo. Mas isso é apenas uma aparência. O interesse essencial deste livro concerne, é verdade, à inquietação moral. Os "estados místicos" não deixam de ter por isso a importância primordial, porque a questão moral é postulada a respeito deles.

Parecerá talvez abusivo conceder tamanha importância a esses estados num livro "sobre Nietzsche". A obra de Nietzsche tem pouca coisa a ver com as buscas do misticismo. No entanto, Nietzsche conheceu uma espécie de êxtase e o contou (*Ecce homo*, trad. Vialatte, p. 126, citado mais acima, p. 131).

Eu quis entrar na compreensão da "experiência nietzschiana". Imagino que Nietzsche pense em "estados místicos" nas passagens onde fala de divino.

"E quantos deuses novos são ainda possíveis!", escreve ele numa nota de 1888. "Eu mesmo, em quem o instinto religioso, isto é, *criador de deuses*, se agita por vezes despropositadamente, de que maneiras diversas tive a cada vez a revelação do divino!... Vi passar tantas coisas estranhas nesses instantes situados fora do tempo, que caem em nossa vida como se caíssem da lua, em que não sabemos mais a que ponto já somos velhos, a que ponto voltaremos a ser jovens..." (citado em *Volonté de puissance*, II, p. 379).

Aproximo esse texto de dois outros:

"Ver as naturezas trágicas caírem por terra e *poder rir disso*, apesar da profunda compreensão, da emoção e da simpatia que sentimos, isso é divino" (1882-1884; citado em *Volonté de puissance*, II, p. 380).

"Minha primeira solução: o *prazer* trágico de ver decair o que há de mais alto e de melhor (porque o consideramos limitado demais em relação ao Todo); mas essa não é mais do que uma maneira mística de pressentir um 'bem' superior.

"Minha última solução: o bem supremo e o mal supremo são idênticos" (1884-1885; citado em *Volonté de puissance*, II, p. 370).

Os "estados divinos" conhecidos por Nietzsche teriam tido por objeto um conteúdo trágico (o tempo), e como movimento a reabsorção do elemento trágico transcendente na imanência implicada pelo riso. O *limitado demais em relação ao Todo* da segunda passagem é uma referência ao mesmo movimento. Uma *maneira mística de pressentir* significaria um modo místico de sentir, no sentido da experiência, e não da filosofia mística. Se for assim, a tensão dos estados extremos seria dada como busca de um *"bem" superior*.

A expressão "o bem supremo e o mal supremo são idênticos" poderia também ser entendida como um dado de experiência (um objeto de êxtase).

A importância atribuída pelo próprio Nietzsche a seus estados extremos é expressamente sublinhada nesta nota: "O novo sentimento da potência: o estado místico; e o racionalismo mais claro, mais ousado, servindo de caminho para chegar a ele. – A filosofia, expressiva de um estado de alma extraordinariamente *elevado*" (citado em *Volonté de puissance*, II, p. 380). A expressão "estado *elevado*" para designar o estado místico já se encontrava em *A gaia ciência* (cf. mais acima, p. 129).

Essa passagem, entre outras, atesta o equívoco introduzido por Nietzsche ao falar incessantemente de *potência* quando pensava, em verdade, no poder de dar. Não podemos, de fato, entender de outra forma esta outra nota (da mesma época): "Definição do místico: aquele que tem o bastante e até demais de sua própria felicidade, e que busca uma linguagem para sua própria felicidade, porque gostaria de *dá-la*" (1884; citado em *Volonté de puissance*, II, p. 115). Nietzsche define dessa maneira um movimento de que Zaratustra decorre em parte. O estado místico, aproximado em outros lugares da potência, sê-lo ia com maior justiça do desejo de dar.

Este livro tem este sentido profundo: que o estado extremo se esquiva à vontade do homem (na medida em que o homem é ação, é projeto), que não se pode sequer falar dele sem adulterar sua natureza. Mas o valor decisivo desse interdito só pode dilacerar aquele que quer, aquele que fala: ao mesmo tempo que não pode, é-lhe de fato preciso querer e falar. E eu mesmo, tenho *o bastante, tenho demais de minha própria felicidade.*

III
A experiência interior e a Seita Zen

A seita budista zen existia na China já no século VI. Ela floresce hoje no Japão. A palavra japonesa *zen* traduz o sânscrito *dhyâna* e designa a meditação budista. Como o *yoga*, o *dhyâna* é um exercício respiratório com finalidade extática. O zen se afasta das vias comuns por um evidente desprezo pelas formas suaves. A base da devoção zen é a meditação, mas tendo por fim unicamente um momento de iluminação chamado *satori*. Nenhum método tangível permite ter acesso ao *satori*. Ele é o desarranjo súbito, a brusca abertura, que só alguma imprevisível bizarrice pode deslanchar.

Sian-ièn, a quem seu mestre, Ouei-chan, recusava qualquer ensinamento, desesperava. "Um dia, enquanto tirava o mato e varria o chão, uma pedrinha que ele acabava de jogar bateu num bambu; o som produzido pelo choque elevou seu espírito de uma maneira inesperada ao estado de *satori*. A questão colocada por Ouei-chan se tornou luminosa; sua alegria não tinha limites; foi *como se reencontrasse um dos seus pais perdidos*. Além disso, compreendeu então a bondade de seu mestre, a quem abandonara quando este se recusou a instruí-lo. Pois sabia agora que aquilo não lhe teria acontecido se Ouei-chan tivesse sido suficientemente desprovido de bondade para lhe explicar as coisas" (SUZUKI. *Essais sur le bouddhisme zen*, trad. Sauvageot e Daumal, 1944, t. II, p. 29-30). Fui eu que sublinhei as palavras "como se reencontrasse"...

"[...] quando o estalo se dá, tudo o que jazia no espírito explode como uma erupção vulcânica ou irrompe como um raio. O zen chama isso 'voltar para casa'..." (SUZUKI, II, p. 33).

O *satori* pode resultar "da audição de um som inarticulado, de uma observação ininteligível, ou da observação de uma flor que está desabrochando, ou do encontro com qualquer incidente trivial e cotidiano: cair, enrolar uma esteira, usar um leque, etc." (SUZUKI, II, p. 33).

Um monge atingiu o *satori* "no momento em que, andando no pátio, tropeçou" (SUZUKI, III, p. 253).

"Ma-tsou torceu o nariz de Pai-tchang"... e abriu seu espírito (SUZUKI, II, p. 31).

A expressão do *zen* muitas vezes revestiu a forma poética.
Iang Tai-nien escreve:
"Se deseja se esconder na estrela do Norte,
Vire-se e cruze suas mãos atrás da estrela do Sul".
(SUZUKI, II, p. 40)

SERMÕES DE IUN-MÉN. – "Um dia... ele disse: 'O Bodhisattva Vasudeva se transforma sem nenhuma razão num bastão'. Dizendo isso, traçou uma linha no chão com seu próprio bastão e retomou: 'Todos os Budas, tão inumeráveis quanto os grãos de areia, estão aqui falando de todos os tipos de inépcias'. Então deixou a sala. – Outra vez, disse: 'Todas as proposições que sustentei até aqui – de que tratam no fim das contas? Hoje, de novo, não sendo capaz de ajudar a mim mesmo, estou aqui para lhes falar uma vez mais. Neste vasto universo, existe alguma coisa que se ergue diante de vocês ou que os escraviza? Se alguma vez a menor coisa, mesmo que seja tão pequena quanto a ponta de um alfinete, encontrar-se no caminho de vocês ou obstruir sua passagem, livrem-se dela!... Quando se deixarem pegar, à revelia de vocês, por um velho como eu, vocês se perderão de imediato e quebrarão as pernas...'. – Outra vez ainda: 'Oh! vejam! nenhuma vida subsiste!'. Dizendo isso, fez como se caísse. Então perguntou: 'Compreendem? Senão, peçam a esse bastão que os esclareça!'" (SUZUKI, II, p. 203-206).

IV
Resposta a Jean-Paul Sartre*
(Defesa de *A experiência interior*)

O que desorienta em minha maneira de escrever é a seriedade que engana todo mundo. Essa seriedade não é mentirosa, mas o que posso fazer se o extremo da seriedade se dissolve em hilaridade? Expressa sem desvios, uma mobilidade grande demais dos conceitos e dos sentimentos (dos estados de espírito) não deixa ao leitor mais lento a possibilidade de apreender (de fixar).

Sartre diz de mim: "A partir do momento em que se sepultou no não-saber, ele recusa qualquer conceito que permita designar e classificar o que ele atinge então: 'Se eu dissesse decididamente: 'Vi Deus', o que vejo mudaria. No lugar do desconhecido inconcebível – diante de mim livre selvagemente, deixando-me diante dele selvagem e livre – haveria um objeto morto e a coisa do teólogo'. – No entanto, as coisas não são tão claras: eis que ele escreve agora: 'Tenho do divino uma experiência tão louca que rirão de mim se falar dela', e, mais adiante: 'Comigo, o idiota, Deus fala boca a boca'... Finalmente, no início de um curioso capítulo que contém toda uma teologia, ele nos explica ainda uma vez sua recusa de nomear Deus, mas de uma maneira bastante diferente: 'Aquilo que, no fundo, priva o homem de toda possibilidade de falar de Deus é

---

* Resposta a uma crítica de *A experiência interior* publicada nos *Cahiers du Sud*, n. 260 a 262 (oct.-déc. 1943), sob o título "Un nouveau mystique" [Um novo místico].

que, no pensamento humano, Deus se torna necessariamente conforme ao homem na medida em que o homem está cansado, sequioso de sono e de paz.' Não se trata mais dos escrúpulos de um agnóstico que, entre o ateísmo e a fé, pretende permanecer em suspenso. É realmente um místico que fala, um místico que viu Deus e que rejeita a linguagem demasiado humana daqueles que não o viram. Na distância que separa essas duas passagens encontra-se toda a má-fé do Sr. Bataille...".

A oposição de Sartre me ajuda a colocar o essencial em relevo. Essa experiência particular que os homens têm e que nomeiam experiência de Deus, imagino que se a adultera ao nomeá-la. Basta que se tenha a seu respeito uma representação de algum objeto, as precauções não adiantam nada. Pelo contrário, eludido o nome, a teologia se dissolve e não está mais lá senão como memória: a experiência é devolvida ao desespero.

Sartre descreve muito adequadamente meus movimentos de espírito a partir de meu livro, sublinhando de fora sua tolice melhor do que eu podia fazer de dentro (eu estava comovido): percebidos, dissecados por uma lucidez indiferente, é preciso dizer que seu caráter lamentável é comicamente acentuado (como convém):

"O suplício que ele [é de mim que se trata] não pode eludir", diz Sartre, "ele tampouco pode suportá-lo. Mas e se não há nada além desse suplício? Então, é esse suplício mesmo que se vai falsificar. O próprio autor confessa: 'Ensino a arte de transformar a angústia em delícia'. E eis o deslize: Não sei nada. Bom. Isso significa que meus conhecimentos param aí, que não vão mais longe. Além, não há nada, já que nada existe senão aquilo que conheço. Mas se substantifico minha ignorância? Se a transformo em noite de não-saber? Ei-la tornada positiva: posso tocá-la, posso me fundir nela. 'O não-saber atingido, o saber absoluto não é mais do que um conhecimento entre outros'. Melhor ainda: posso me instalar nele. Havia uma luz que iluminava fracamente a noite. Agora me retirei na noite e é *do ponto de vista da noite* que considero a luz. 'O não-saber desnuda. Essa proposição é o ápice, mas deve ser entendida assim: desnuda, portanto *vejo* aquilo que o saber escondia até então, mas se vejo, *sei*. De fato, sei, mas aquilo que soube, o não-saber o desnuda de novo. Se o não-sentido é o sentido, o sentido que é o não-sentido se perde, volta a ser não-sentido (sem parada possível)'. Nosso autor não se deixa pegar desprevenido. Se substantifica o não-saber, ele o faz com prudência: à maneira de um movimento, não de uma coisa. Mas as cartas já estão dadas: a cada vez, o não-saber, que antes não era *nada*, se torna o além do saber. Lançando-se nele, o Sr. Bataille se encontra de repente *do lado do transcendente*. Ele se safou. O asco, a vergonha, a náusea permaneceram do lado do saber. Depois disso, ele pode muito bem nos dizer: 'Nada, nem na queda nem no abismo, é revelado'. Pois o essencial está revelado: é que minha abjeção é um não-sentido e que há um não-sentido desse não-sentido (que não é de modo algum retorno ao sentido primitivo). Um texto do Sr. Blanchot, citado pelo Sr. Bataille, vai nos revelar a fraude: 'A noite logo lhe pareceu mais escura, mais terrível que qualquer outra noite, como se realmente tivesse saído de uma ferida, do pensamento que não se pensava mais, *do pensamento tomado ironicamente como objeto por outra coisa que não o pensamento'*. – Mas, precisamente, o Sr. Bataille não quer ver que o não-saber é imanente ao pensamento. Um pensamento que pensa que não sabe ainda é um pensamento. Ele descobre do interior seus limites, nem por isso sobrevoa a si mesmo. O que equivale a fazer de nada alguma coisa sob o pretexto de que se lhe dá um nome. – Aliás, nosso autor chega a esse ponto. O que não é muito difícil. Você e eu, nós escrevemos: 'Não sei nada', sem firulas. Mas suponhamos que eu cerque esse *nada* de aspas. Suponhamos que eu escreva, como o Sr. Bataille: 'E, sobretudo, 'nada', não sei 'nada'.' Aí está um nada que assume uma estranha figura: ele se destaca e se isola, não está longe de existir por si. Basta agora chamá-lo de o *desconhecido*, e o resultado é atingido. O nada é aquilo que absolutamente não existe, o desconhecido é aquilo que absolutamente não existe para mim. Ao chamar o nada de o desconhecido, faço dele o ser que tem por essência escapar a meu conhecimento; e se acrescento que não sei nada, isso significa que comunico com esse ser através de outro meio que não o saber. Aí também o texto do Sr. Blanchot, a que nosso autor se refere, vai nos esclarecer: 'Por esse vazio, era portanto o olhar e o objeto do olhar que se misturavam. Não apenas esse olho *que não via nada* apreendia alguma coisa, como apreendia a causa de sua visão. *Ele via como um objeto aquilo que fazia com que ele não visse'*.* Eis aí, portanto, esse desconhecido, selvagem e livre, a que Bataille ora dá, ora recusa o nome de Deus. É um puro Nada hipostasiado. Um último esforço e nós mesmos nos dissolveremos nessa noite que ainda não fazia mais do que nos proteger: é o saber que

---

* É Sartre quem sublinha.

cria o *objeto* em face do sujeito. O não-saber é 'supressão do objeto e do sujeito, único meio de não culminar na posse do objeto pelo sujeito'. Resta a 'comunicação': vale dizer que a noite absorve tudo. É que o Sr. Bataille esquece que construiu com suas mãos um objeto universal: a Noite. E é o momento de aplicar a nosso autor aquilo que Hegel dizia do absoluto schellinguiano: 'À noite, todas as vacas são pretas'. Parece que esse abandono à noite é arrebatador. Eu não me surpreenderia nem um pouco. É uma certa maneira de se dissolver no *nada*. Mas o Sr. Bataille – aqui como agora há pouco... – satisfaz por tabela seu desejo 'de ser tudo'. Com palavras como 'nada', 'noite', 'não-saber que desnuda', ele simplesmente nos preparou um bom extasezinho panteístico. Que faz lembrar o que Poincaré diz da geometria riemanniana: substitua a definição do plano riemanniano por aquela da esfera euclidiana e terá a geometria de Euclides. Ok. Da mesma forma, o sistema de Espinosa é um panteísmo branco; o do Sr. Bataille um panteísmo negro."

Nesse ponto, contudo, devo corrigir Sartre: *seria*, é-me preciso dizer, *um panteísmo negro*... se, suponhamos, minha turbulência infinita não me tivesse privado de antemão de qualquer possibilidade de parada. Mas fico contente de me perceber sob essa luz acusatória do pensamento lento. Decerto, eu mesmo percebia (de alguma forma) essas inextricáveis dificuldades – *meu pensamento, seu movimento partiam delas –*, mas era como a paisagem percebida de um trem rápido, e aquilo que eu sempre via era sua dissolução no movimento, seu renascimento sob outras formas acelerando uma rapidez de desastre. O que dominava então nessas condições era uma penosa sensação de vertigem: minha corrida precipitada, ofegante, nessas perspectivas lá do fundo do ser, que se formam e se deformam (que se abrem e se fecham), nunca me impedia de sentir o vazio e a estupidez de meu pensamento, mas o cúmulo era o momento em que o vazio, embriagando-me, dava a meu pensamento a consistência plena, em que, pela própria embriaguez que me dava, o não-sentido adquiria direitos de sentido. Se me embriaga, de fato, o não-sentido assume este sentido: *que ele me embriaga*: é *bom* nesse arrebatamento perder o sentido – portanto há um sentido pelo fato de perdê-lo. Mal aparecia esse sentido novo, sua inconsistência também me aparecia, o não-sentido de novo me esvaziava. Mas o retorno do não-sentido era o ponto de partida para uma embriaguez intensificada. Enquanto Sartre, que nenhum movimento desvaira ou embriaga, julgando meu sofrimento e minha embriaguez de fora, sem senti-los na carne, *conclui* seu artigo insistindo no vazio: "As alegrias", diz ele, "a que nos convida o Sr. Bataille, se não devem remeter mais do que a si mesmas, se não devem se inserir na trama de novos empreendimentos, contribuir para formar uma humanidade nova que se superará em direção a novas metas, não valem mais do que o prazer de beber um copo de vinho ou de se aquecer ao sol numa praia". É verdade, mas insisto: é precisamente porque são assim – porque deixam vazio – que elas se prolongavam em mim na perspectiva da angústia. O que tentei descrever em *A experiência interior* é esse movimento que, perdendo qualquer possibilidade de parada, é facilmente abatido por uma crítica que acredita detê-lo de fora, já que a crítica, ela, não é *tomada* pelo movimento. Minha queda vertiginosa e a *diferença* que ela introduz no espírito podem não ser percebidas por quem não as experimenta em si mesmo: a partir de então, pode-se, como Sartre fez, criticar-me por culminar sucessivamente em Deus e no vazio! essas críticas contraditórias corroboram minha afirmação: *não culmino nunca.*

É por isso que a crítica de meu pensamento é tão difícil. Minha resposta, o que quer que digam, está dada de antemão: eu não poderia tirar de uma crítica bem-feita, como é o caso, mais do que um novo meio de angústia, portanto de embriaguez. Não me detive, na precipitação de minha fuga, em tantos aspectos cômicos: Sartre, ao me permitir voltar a eles... A coisa não tem fim.[100]

Minha atitude extrai, no entanto, de sua facilidade essa evidente fraqueza:

"A vida", eu disse, "vai se perder na morte, os rios no mar e o conhecido no desconhecido" (*A experiência interior,* p. 139. E a morte é para a vida (o nível do mar é para a água) o fim atingido sem dificuldade. Por que eu faria uma preocupação de um desejo que tenho de convencer? Perco-me como o mar em mim mesmo: sei que o fragor das águas da torrente se dirige a mim! Aquilo que uma inteligência aguda parece às vezes ocultar, a imensa tolice a que ela está ligada – de que ela não é mais do que uma ínfima parte – não tarda a tornar manifesto. A certeza da incoerência das leituras, a friabilidade das construções mais sábias constituem a profunda verdade dos livros. Aquilo que verdadeiramente é, já que a aparência limita, não é mais o desenvolvimento de um pensamento lúcido do que sua dissolução na opacidade comum. A aparente imobilidade de um livro nos ludibria: cada livro é também a soma dos mal-entendidos a que dá ensejo.

Por que razão, então, me esgotar em esforços de consciência? Só posso rir de mim mesmo escrevendo (será que escreveria uma frase se o riso imediatamente não se combinasse com ela?). É óbvio: executo a tarefa com o máximo rigor que posso. Mas o sentimento de que um pensamento tem ele próprio de ser friável, sobretudo a certeza de atingir seus fins justamente pelo fracasso, me arranca o repouso, me priva da descontração favorável ao ordenamento rigoroso. Condenado à desenvoltura, *penso e me expresso à mercê dos acasos.*

Não há ninguém, evidentemente, que não deva deixar ao acaso uma parte. Mas é a menor e, sobretudo, a menos consciente possível. Ao passo que eu sigo decididamente de rédeas soltas, elaboro meu pensamento, decido sua expressão, mas não posso dispor de mim como quiser. O próprio movimento de minha inteligência é desenfreado. É a outras pessoas, ao acaso feliz, a momentos fugidios de repouso que devo um mínimo de ordem, uma erudição relativa. E o resto do tempo... Meu pensamento ganha assim, imagino, em concordância com seu objeto – que ele atinge melhor quando mais destruído –, mas conhece mal a si próprio. Ele deveria ao mesmo tempo se iluminar inteiramente, se dissolver... Precisaria num mesmo ser se construir e se arruinar.

Isso mesmo que estou alegando, no final, não é preciso. Os mais rigorosos estão ainda submetidos ao acaso: em contrapartida, a exigência inerente ao exercício do pensamento me arrasta longe muitas vezes. Uma das grandes dificuldades encontradas pela inteligência é a de ordenar sua sequência no tempo. Em determinado instante, meu pensamento atinge um rigor considerável. Mas como ligá-lo ao meu pensamento de ontem? Ontem eu era em certo sentido outro, respondia a outras preocupações. A adaptação dos dois permanece possível, mas...

Por tais insuficiências não fico mais incomodado do que pelas múltiplas misérias que compõem geralmente a atitude humana: o humano se liga em nós à insatisfação padecida, contudo nunca aceita; afastamo-nos dela satisfeitos, afastamo-nos dela renunciando a buscar a satisfação. Sartre tem razão de evocar a meu propósito o *mito de Sísifo*, mas meu propósito, penso, é aqui o do homem inteiro. O que se pode esperar de nós é que sigamos o mais longe possível, não que cheguemos. O que permanece humanamente criticável é, pelo contrário, um empreendimento que só tenha sentido remetido ao momento em que for concluído. Posso ir mais longe? Não esperarei a coordenação de todos meus esforços: vou mais longe. Corro o risco: os leitores, livres para não se aventurarem comigo, servem-se muitas vezes dessa liberdade! os críticos têm razão de advertir o perigo. Mas chamo a atenção, por minha vez, para um perigo maior: aquele dos métodos que, sendo adequados apenas à *conclusão* do conhecimento, condenam aqueles que eles limitam a uma existência *fragmentada*, mutilada, relativa a um *todo* que não é acessível.

Reconhecido isso, defenderei minhas posições.[101]

Falei de *experiência interior*: era o enunciado de um objeto, não pretendia me ater, avançando esse título vago, aos dados interiores dessa experiência. É só arbitrariamente que podemos reduzir o conhecimento àquilo que extraímos de uma intuição do sujeito. Só um ser nascente poderia fazê-lo. Mas, precisamente, nós (que escrevemos) não sabemos nada do ser nascente a não ser observando-o de fora (a criança é um objeto para nós). A experiência da *separação*, a partir do *continuum* vital (nossa concepção e nosso nascimento), o retorno ao *continuum* (na primeira emoção sexual e no primeiro riso) não deixam em nós nenhuma lembrança distinta; só atingimos o núcleo do ser que somos através das operações objetivas. Uma *fenomenologia do espírito desenvolvida* supõe a coincidência do subjetivo e do objetivo, ao mesmo tempo que uma fusão do sujeito e do objeto.* Isso quer dizer que uma operação isolada só é aceitável por cansaço (como a explicação que dei do riso: por não desenvolver o movimento inteiro, a conjugação de suas modalidades permanecia suspensa – não há teoria do riso que não seja uma filosofia inteira, e, da mesma forma, não há filosofia inteira que não seja teoria do riso...). Mas, precisamente, postulando esses princípios, devo ao mesmo tempo renunciar a segui-los: o pensamento se produz em mim por clarões descoordenados e se afasta sem fim do termo de que o aproximava seu movimento. Não sei se enuncio dessa forma a impotência humana – ou a minha... Não sei, mas tenho pouca esperança de chegar sequer a um resultado que contente de fora. Não há uma vantagem em fazer da filosofia o que faço: o raio na noite, a linguagem de um curto instante?... Talvez a esse respeito o momento derradeiro contenha uma verdade simples.

---

* É a exigência fundamental da fenomenologia de Hegel. É evidente que por não responder a essa exigência a fenomenologia moderna não passa, para o pensamento movente dos homens, de um momento entre outros: um castelo de areia, uma miragem qualquer.

Ao querer o conhecimento, por um viés, tendo a me tornar o todo do universo: mas, nesse movimento, não posso ser um homem inteiro, subordino-me a um fim particular: tornar-me o todo. Decerto, se pudesse me transformar nele, seria também o homem inteiro, mas *em meu esforço* me afasto dele, e como me tornar o todo sem ser o homem inteiro? Esse homem inteiro, só posso sê-lo largando mão. Não posso sê-lo por minha vontade: minha vontade é forçosamente a de chegar a ser! Mas se o infortúnio (ou a chance) quiser que eu largue mão, então saberei que *sou* o homem inteiro, *que não está subordinado a nada.*

Em outros termos, o momento de revolta inerente à vontade de um conhecimento além dos fins práticos não pode ser indefinidamente prolongado: ser o todo do universo, o homem deveria para isso abandonar seu princípio: não aceitar nada daquilo que ele é, mas tender ao além daquilo que ele é. Esse ser que sou é revolta do ser, é o *desejo* indefinido: Deus não passava para ele de uma etapa e ei-lo aqui, aumentado por uma experiência desmesurada, comicamente empalado numa estaca.

V
Nada, transcendência, imanência

Meu método tem por consequência uma desordem intolerável a longo prazo (em particular para mim!). Remediarei isso se for possível... Mas pretendo desde já esclarecer o sentido de algumas palavras.[102]

O *Nada* é para mim o limite de um ser. Para além dos limites definidos – no tempo, no espaço – um ser não é mais. Esse não-ser é para nós cheio de sentido: sei que podem me *aniquilar*. O ser limitado não passa de um ser particular, mas a totalidade do ser (entendida como uma soma dos seres) por acaso existe?

A *transcendência* do ser é fundamentalmente esse Nada. É se ele aparece no além do Nada, em certo sentido como um dado do Nada, que um objeto nos transcende.

Na medida em que, pelo contrário, apreendo nele a extensão da existência que me é revelada primeiramente em mim, o objeto se torna *imanente* para mim.

Por outro lado, um objeto pode ser ativo. Um ser (irreal ou não, um homem, um deus, um Estado) que ameaça os outros de morte acusa em si o caráter da transcendência. Sua essência me é dada no Nada que meus limites definem. Sua própria atividade define seus limites. Ele é aquilo que se exprime em termos de Nada; a figura que o torna sensível é a da superioridade. Devo, se quero rir dele, rir do Nada. Mas, em contrapartida, rio dele se rio do Nada. O riso está do lado da imanência na medida em que o Nada é o objeto do riso, mas ele é assim o objeto de uma destruição.

A moral é transcendente na medida em que apela ao bem do ser edificado sobre o Nada do nosso (a humanidade dada por sagrada, os deuses ou Deus, o Estado).

Uma moral do ápice, se fosse possível, exigiria o contrário: que eu risse do Nada. Mas sem fazê-lo em nome de uma superioridade: se morro por meu país, dirijo-me ao ápice, mas não o atinjo: sirvo o bem do meu país que é o além do meu Nada. Uma moral imanente exigiria, se fosse possível, que eu morresse sem razão. Mas em nome do que exigir isso? Em nome de nada, de que devo rir! Mas rio: não há mais exigência! Se devêssemos morrer de rir, essa moral seria o movimento de uma irresistível risada.

VI
Surrealismo e transcendência

Tendo falado (p. 87) de André Breton, gostaria de ter dito imediatamente aquilo que devo ao surrealismo. Se citei uma frase para contestá-la, fiz isso em oposição a um interesse dominante.[103]

Qualquer um que se apegue menos à letra do que ao espírito vê em minhas questões se prolongar uma interrogação moral que o surrealismo encarou, e, se a conheceu, percebe, na atmosfera em que vivo, a intolerância surrealista. É possível que Breton se extravie em busca do objeto. Sua preocupação com a exterioridade o detém na transcendência. Seu método está ligado a uma posição de *objetos* aos quais pertence o valor. Sua honestidade exige dele que se aniquile, que se consagre ao Nada dos objetos e das palavras. O Nada é também o ouro de tolo: faz entrar num jogo de concorrência, pois subsiste em forma de superioridade. O objeto surrealista é agressivo por essência: tem a tarefa de aniquilar. Decerto não se sujeita, é *por nada, sem motivo,* que ataca. Mas arrasta o autor — cuja vontade de imanência não coloco em dúvida — ao jogo da transcendência.

O movimento que o surrealismo expressou talvez não esteja mais nos objetos. Está, se quiserem, em meus livros (devo dizer eu mesmo, senão, quem se daria conta disso?). Da posição de objetos transcendentes, atribuindo a si mesma, para destruir, uma superioridade vã, decorre um deslize para a imanência e toda uma feitiçaria de *meditações.* Destruição mais íntima, comoção mais estranha, colocação em questão sem limites de si mesmo. De si, de todas as coisas ao mesmo tempo.

Memorandum

Introduções

Proponho este livro a longas, a lentas meditações.

A leitura, normalmente, é antes o meio de postergar, de evitar as consequências. "Quem conhece o leitor", dizia Nietzsche, "não faz mais nada por ele." Reuni estes textos para o uso de quem ESTIVER BUSCANDO AS CONSEQUÊNCIAS. *Eles são relativamente homogêneos, tirados de escritos póstumos ou não, nenhum anterior a 1880.*

Imagino que não haja livro mais digno do que este de ser meditado – meditado ruminado, infinitamente. Nem meditação que tenha maiores consequências.

Essencialmente, o pensamento de Nietzsche eleva à crista das ondas, AO PONTO ONDE O MAIS TRÁGICO É RISÍVEL. *Nessa altura, é difícil se manter (e talvez impossível): mesmo o pensamento de Nietzsche só raramente se mantinha aí, e com razão. Tentei indicar o caminho das cristas, não me demorando em temas conhecidos (vontade de potência, eterno retorno...). Se, das alturas indicadas, não se descobrem perspectivas novas, um novo mundo – que torna o antigo inabitável –, é porque se passou ao largo, arranjou-se uma pequena traição. Aqui é necessário escolher: chegou o tempo de ser* A FAVOR *ou* CONTRA. *Passar de través, evitando as consequências – elas são decisivas e não apenas para o destino do indivíduo, mas para o do homem em geral –, significa que não se escuta nada, que se* QUER *ser surdo.*

É preciso dizer finalmente o que Nietzsche quis: estimar ou se interessar é faltar, trair e TOMAR PARTIDO: CONTRA *um possível que é evidentemente o melhor, o mais necessário e tal que, desperdiçado, a história humana se reduziria a uma pedra no meio do caminho. Permanecer vago, desatento, ocupado com outra coisa, com o mais atual, é pisotear esse possível, conduzir-se deliberadamente* COMO INIMIGO DA ESPÉCIE HUMANA.

I
[Traços essenciais]

[1] Quem escreve em máximas, com sangue, não quer ser lido, e sim sabido de cor.

[2] Toda palavra não é destinada ao pesadão? Não mente a quem é leveza?

[3] Nenhuma linguagem corre rápido o suficiente para mim: – salto em teu carro, tempestade! E mesmo a ti fustigarei ainda com minha malícia!

[4] O que importa um livro que não consegue ao menos uma vez nos transportar para além de todos os livros?

[5] A que altura fica minha morada? Nunca contei, ao subir, os degraus que levam até mim; lá onde cessam todos os degraus, tenho meu teto e minha morada.

[6] – Viajante, quem és tu, afinal? Vejo-te seguir teu caminho sem desdém, sem amor, com olhos impenetráveis, úmido e triste como uma sonda que volta das profundezas, insatisfeita – o que ela ia buscar mais

embaixo? –, o peito sem suspiros, os lábios escondendo seu asco, a mão só segurando lentamente, quem és tu? o que fizeste? Detém-te aqui: este lugar é acolhedor para todos, repousa! Seja lá quem fores, diz-me o que te agrada, o que pode te repousar. Apenas fala: tudo o que tenho te dou.

– Repousar? mas que curiosidade te faz falar? Não, eu te peço, dá-me...

– Mas o que queres? fala!

– Mais uma máscara! uma segunda máscara!

[7] Cada profundo pensador teme mais ser compreendido que mal compreendido. No segundo caso, sua vaidade sofre talvez, mas é o seu coração que está em jogo no primeiro, seu coração e sua simpatia, que sempre dizem: "Ah! Por que haveriam de querer que esse peso se abata sobre *vocês* tão pesadamente quanto sobre mim?".

[8] Nos escritos do solitário, adivinha-se sempre algo do eco do deserto, dos cochichos, dos olhares desconfiados da solidão; suas palavras mais fortes e até seus gritos evocam ainda uma espécie de silêncio e de discrição, de uma natureza nova e mais perigosa. Para quem noite e dia, por anos a fio, viveu sozinho com sua alma em querelas e diálogos íntimos, para quem em seu antro – que pode tanto ser uma mina de ouro quanto um labirinto – tornou-se um urso, um caçador, um guardião de tesouro, um dragão, as ideias acabaram por tomar uma tonalidade de lusco-fusco, o cheiro ao mesmo tempo da profundidade e do lodo, algo de incomunicável e de malévolo, que sopra o frio no rosto do passante.

[9] O estar a sós com um grande pensamento é intolerável. Busco e chamo homens a quem possa comunicar esse pensamento sem que morram.

[10] A miséria de Deus é mais profunda, ó mundo estranho! Compreende a miséria de Deus, não me compreendas, a mim! O que sou? Uma doce lira embriagada, uma lira da meia-noite, um sapo sonoro, que ninguém compreende, mas que *tem* de falar para os surdos.

[11] Vocês querem se aquecer junto a mim? Não se aproximem demais, é o meu conselho: – senão podem chamuscar as mãos. Pois,

vejam, sou ardente demais. É com grande dificuldade que impeço a chama de fulgurar fora do meu corpo.

[12] Essa espécie de deserto, de esgotamento, de incredulidade, de congelamento em plena juventude, essa senilidade adentrada na vida a contratempo, essa tirania da dor, sobre a qual, recusando as consequências da dor (e as consequências consolam), exacerba-se a tirania do orgulho – esse radical isolamento à maneira de legítima defesa contra um desprezo pelo homem que se torna doentiamente lúcido, essa restrição fundamental (prescrita pelo *asco* que nasce pouco a pouco de uma dieta e de um mimo intelectual igualmente imprudentes – chamam isso de romantismo) oposta a tudo o que o conhecimento tem de amargo, de áspero, de doloroso – mas quem partilharia todas essas coisas comigo?

[13] A palavra da desilusão: – Esperar um eco, escutar apenas um elogio!

[14] Destes homens de hoje não quero ser a luz; nem ser chamado por eles de luz. *Esses aí* – quero cegá-los: fura os olhos deles, raio da minha sabedoria!

[15] Existe algo em mim de insaciado, de insaciável, que quer se fazer ouvir. Há em mim um desejo de amor que, ele próprio, diz palavras de amor.

Sou luz, ah, por que não sou noite!? mas essa é minha solidão, estar vestido de luz!

Ah, por que não sou sombrio e noturno!? Como adoraria mamar nos seios da luz!

Mas vivo em minha própria luz e engulo de volta as chamas que vomitei.

Não conheço o prazer daquele que toma e, com frequência, sonhei roubar como se fosse um prazer ainda maior que tomar.

A minha pobreza é minha mão que nunca se recusa a dar; minha invejosa vontade de ler nos olhos a expectativa, conhecer as noites luminosas do desejo.

Oh infortúnio de todos aqueles que dão! escurecimento de meu sol! ó desejo de ser devorado! fome canina na saciedade!

[16] Nasce de minha beleza uma fome: gostaria de fazer mal àqueles que ilumino, gostaria de lhes arrebatar meus dons: assim, tenho fome de maldade!

Retirando a mão quando a mão já se estende – hesitando como a cascata hesita ainda em sua queda: – assim tenho fome de maldade!

Minha plenitude inventa tamanhas vinganças: tamanhas malícias saem de minha solidão!

Minha felicidade em dar morreu de tanto dar; minha virtude se cansou de si mesma e de sua riqueza.

II
[Moral (morte de Deus
e valor do instante perecível)]

Entrar no coração do possível – é o que significa a existência de Nietzsche – é de qualquer jeito o que há de mais difícil, de mais pesado. (Mas é de fato decisivo.)

Avançar por estes caminhos já é quase querer perecer, ou – talvez? – mais do que quase...

Esses caminhos, devo dizer mais uma vez, têm isto de angustiante: NÃO LEVAM A LUGAR ALGUM.

A esse respeito, quero previamente fornecer uma indicação.

A moral levava até então de um ponto a outro, era uma moral da ação, fornecia o percurso e a meta.

A moral de Nietzsche deixou de ser ITINERÁRIO. *Ela convida à* DANÇA *(dança divina, solitária, mas dança, e a dança não vai a lugar algum). É por isso – temos o costume de ir, de procurar a meta – que uma vez recebido o convite, ficamos perdidos de angústia, de certo modo aniquilados.*

Essa sensação de estar extraviado não persiste necessariamente SE DAN-ÇAMOS. *Mas o essencial está nisto: não temos mais nada* A FAZER, *nem mais saída, nem mais meta, nem mais sentido!*

[17] Os maiores acontecimentos e pensamentos – mas os maiores pensamentos são os maiores acontecimentos – só são inteligíveis a longo prazo: – as gerações que lhes são contemporâneas não *vivem* esses

acontecimentos – passam ao largo deles. Dá-se com os acontecimentos o mesmo que com as estrelas. A luz das estrelas mais distantes atinge os homens em último lugar; e os homens, antes que ela chegue, *contestam* que naquele ponto... existe uma estrela.

[18] Vocês não ouviram falar daquele louco que acendia uma lanterna em pleno meio-dia e depois começava a correr pela grande praça gritando sem parar: "Estou procurando Deus! estou procuran-do Deus!"? Como muitos daqueles que tinham se reunido ali eram dos que não acreditam em Deus, ele provocou uma grande garga-lhada. Será que alguém o extraviou? dizia um. Ele se perdeu como uma criança? dizia o outro. Assim exclamavam, assim riam entre si. O louco saltou no meio deles e os trespassou com seu olhar: "Para onde foi Deus?", gritou, "vou lhes dizer: nós o matamos – vocês e eu! Nós todos, somos seus assassinos! Mas como fizemos isso? Como pudemos beber todo o mar? Quem nos deu a borracha para apagar o horizonte inteiro? O que fizemos quando soltamos essa terra de seu sol? Para onde ela se dirige agora? Para onde nos dirigimos nós? Para longe de todos os sóis? Não caímos sem cessar? Para trás, de lado, para frente, para todos os lados? Há ainda um em cima e um embaixo? Não somos carregados ao acaso num Nada sem fim? Não estamos no sopro do espaço vazio? Não faz cada vez mais frio? A noite não vem sem cessar e se faz cada vez mais noite? Não é preciso acender lanternas em pleno meio-dia? Não estamos escutando nada do alvoroço dos coveiros que estão enterrando Deus? Não sentimos o fedor da putrefação divina? Pois os deuses também apodrecem! Deus morreu! Deus continuou morto! e fomos nós que o matamos! Como nos consolar, a nós, os assassinos dos assassinos? Aquilo que o mundo possuía de mais sagrado sangrou debaixo de nossas facas: quem nos lavará desse sangue? Em que água poderíamos ser purificados? Que festas expiatórias, que jogos sagrados não deveríamos inventar? A grandeza dessa ação não é grande demais para nós? Não somos obrigados a nos tornar nós mesmos deuses, a fim de parecer dignos dela? Nunca houve ação maior, e aqueles que nascerão depois de nós pertencerão por nossa causa a uma história mais alta do que nenhuma jamais foi até nós." O louco se calou por fim, olhou de novo para aqueles que o escutavam: estavam em silêncio e o encaravam surpresos.

No final, jogou sua lanterna no chão: ela se espatifou e se apagou. "Vim cedo demais", disse então, "o tempo ainda não chegou. Esse acontecimento imenso ainda está a caminho, ainda não chegou aos ouvidos dos homens. O raio e o trovão precisam de tempo. A luz das estrelas precisa de tempo, as ações precisam de tempo, mesmo após terem sido realizadas, para serem vistas e ouvidas. Essa ação ainda está mais longe deles que as mais distantes estrelas – *no entanto, foram eles próprios que a realizaram!*"

[19] Essa perspectiva de ruínas, de destruições, de desabamentos e derrubadas uns atrás dos outros, quem a pode hoje discernir bem o bastante? Quem deverá fazer a teoria e o anúncio dessa louca lógica de terror? quem será o profeta de uma escuridão e de um obscurecimento do sol que, decerto, nunca tiveram seus iguais aqui embaixo?... Mas nós mesmos, adivinhadores natos de enigmas... não temos real interesse por essa escuridão que vem; e, sobretudo, aguardamos sua vinda tranquilos e sem medo. Talvez vivamos ainda sob o impacto das *primeiras consequências*: e, contrariamente àquilo em que se pôde acreditar, as consequências para nós desse acontecimento não são tristes, não nos ensombreceram nem um pouco. Descobrimos antes uma espécie de luz nova, difícil de descrever, experimentamos uma espécie de felicidade, de desabrochar, de leveza, de despertar, de aurora...

[20] Existe uma grande escala da crueldade religiosa, com muitos níveis, mas três desses níveis são os mais importantes. Outrora, sacrificavam-se homens a deus, talvez justamente aqueles que mais eram amados – foi assim nas festas antigas das primícias e ainda no sacrifício do imperador Tibério na grota de Mitra da ilha de Capri (o mais espantoso de todos os anacronismos romanos). Mais tarde, durante a época moral da humanidade, os homens sacrificaram seus instintos mais fortes, sua própria "natureza": essa alegria de festa brilha nos olhares cruéis do asceta, do iluminado "contranatureza". E, enfim, o que restava ainda para dar? Não era preciso sacrificar, para terminar, toda consolação, toda santidade, toda salvação, toda esperança, toda fé numa harmonia escondida, numa beatitude, numa justiça ulteriores? não foi preciso sacrificar o próprio Deus e, por crueldade consigo mesmo, adorar a pedra, a burrice, o peso, o destino, o Nada? Sacrificar

Deus ao Nada – esse mistério paradoxal da última crueldade foi reservado à geração que vem: todos já sabemos algo disso.

[21] Depois da morte de Buda, mostraram ainda, por séculos a fio, sua sombra numa caverna – uma sombra imensa e apavorante. Deus morreu; mas, do jeito que a espécie humana é, ainda haverá, talvez, por milênios, cavernas onde mostrarão sua sombra. E nós – nós teremos ainda de vencer sua sombra!

[22] Deus é uma conjectura: mas quem absorveria todos os tormentos dessa conjectura sem morrer disso?

[23] – Nunca mais rezarás, nunca mais adorarás, nunca mais repousarás numa confiança ilimitada – recusas-te a te deter numa sabedoria última, numa bondade última, numa potência última – recusas-te a desatrelar teus pensamentos – não tens nem amigo nem vigilante de todos os instantes para tuas sete solidões – vives sem escape sobre uma montanha de cimo coberto de neve e que carrega o fogo em seu coração – não haverá mais para ti nem recompensador nem revisor final – não há mais razão no que acontece, amor no que te acontecerá – teu coração não tem mais asilo onde possa apenas encontrar sem ter de procurar – te defendes contra uma paz derradeira, queres o eterno retorno da guerra e da paz: – homem da renúncia, queres renunciar a tudo isso? quem te dará a força para tanto? Ninguém ainda teve essa força.

Era uma vez um lago que certo dia se recusou a continuar escorrendo e edificou um dique bem no lugar por onde suas águas escorriam até então: essas águas, desde esse dia, não param de se elevar. Essa renúncia talvez venha a nos dar a força justamente de suportar a própria renúncia: o homem talvez venha a se elevar cada dia mais, quando tiver parado de *escorrer* para Deus.

[24] Todos os deuses morreram: agora queremos que viva o super-homem.

[25] Abandonamos a terra, embarcamos! Destruímos as pontes atrás de nós – mais do que isso, destruímos a terra atrás de nós! Pois bem, barquinho, toma tento! O oceano está aí perto de ti: não é sempre

que ele ruge, é verdade, às vezes se estende como a seda, o ouro e o devaneio da bondade. Mas chegam as horas em que reconhecerás que ele é infinito e que nada é mais terrificante que o infinito. Ai de ti! pobre passarinho que se acreditou livre e esbarra agora contra as grades da gaiola. Ai de ti se a saudade da terra te invadir, como se houvesse lá mais *liberdade* – quando não há mais "terra"!

[26] Quando um homem chega à convicção fundamental de que *deve* ser comandado, ele se faz "crente"; podemos, em contrapartida, imaginar uma alegria e uma força de soberania, uma *liberdade* do querer em que um espírito se livraria de qualquer crença, de qualquer desejo de certeza, por estar acostumado a se manter na corda bamba, sobre possibilidades leves e mesmo a dançar sobre o abismo. Tal espírito seria *o espírito livre por excelência.*

[27] Mesmo na devoção há um bom gosto; é *esse bom gosto* que, finalmente, exclama: "Chega de um Deus *assim*! Melhor não ter Deus, melhor decidir o destino como se quiser, melhor ser louco, melhor ser Deus eu mesmo!".

– O que estou ouvindo! disse então o velho papa erguendo as orelhas; ó Zaratustra, és mais pio do que imaginas, com semelhante descrença. Um Deus qualquer te converteu a tua ausência de Deus.

Não é a tua própria devoção que não te permite mais crer num Deus? E tua lealdade grande demais te arrastará ainda para além do bem e do mal.

[28] Vê-se o que triunfou efetivamente sobre o Deus cristão: a própria moral cristã, a ideia de sinceridade considerada cada vez mais rigorosamente, as delicadezas de confessionário da ciência cristã traduzidas e sublimadas em consciência científica, em clareza intelectual a qualquer preço. Olhar a natureza como uma prova da bondade e da proteção de um Deus; interpretar a história como algo que honra uma razão divina, como o contínuo testemunho de uma ordem moral do mundo e de uma finalidade moral; explicar sua própria vida, como fizeram por tanto tempo os devotos, como uma série de arranjos e de sinais enviados e previstos pelo amor com vistas à salvação da alma: isso

agora *acabou*, a consciência se *opôs* a isso; não há mais consciência delicada que não veja nisso a indecência, a desonestidade, que não perceba aí mentira, feminismo, fraqueza, covardia.

[29] Até hoje, Deus era responsável por todos os seres vivos; não se podia adivinhar o que ele lhes destinava; e justamente quando o signo da dor e da fragilidade tinha sido impresso no vivo, supunha-se que ele devia, mais cedo que outros, ser curado do prazer de "viver" e de estar no "mundo"; ele parecia assim marcado por um sinal de graça e de esperança. Mas, a partir do momento em que não se acredita mais em Deus nem no destino do homem no além, é o homem que se torna responsável por tudo o que vive, por tudo o que, nascido da dor, está fadado a sofrer a vida.

[30] Se não fizermos da *morte de Deus* uma *grande renúncia* e uma perpétua vitória sobre nós mesmos, ainda teremos de *pagar por essa perda*.

[31] Coloquei o conhecimento diante de imagens tão terríveis que qualquer "prazer epicuriano" se tornou impossível. Só a alegria dionisíaca pode *bastar; fui eu que descobri o trágico*. Os gregos não o compreenderam direito, por conta de seu temperamento superficial de moralistas. A resignação tampouco é um ensinamento que decorra da tragédia, é uma falsa interpretação. A nostalgia do Nada é a *negação* da sabedoria trágica, seu contrário.

[32] Os motivos trágicos mais altos permaneceram até hoje inutilizados: os poetas não sabem nada por experiência das centenas de tragédias do homem que se aplica ao conhecimento.

[33] Jogando para longe de nós a interpretação cristã, recusando o "sentido" que ela oferece como uma moeda falsa, deparamo-nos imediatamente e de uma maneira temível com a pergunta schopenhaueriana: *a existência teria um sentido no final das contas?* – pergunta que ainda precisará de alguns séculos para ser ouvida inteiramente e em toda a sua profundidade.

[34] Profunda repulsa pela ideia de que eu poderia repousar de uma vez por todas numa concepção de conjunto do universo, seja ela qual for. Encanto do pensamento oposto; insistir no estímulo do caráter enigmático.

[35] O que queremos não é "conhecer", e sim que não nos impeçam de acreditar no que *já sabemos*.

[36] *Não contestar* ao mundo seu caráter inquietante e enigmático.

[37] Há em cada filosofia um ponto em que a "convicção" do filósofo entra em cena, em que, para retomar a linguagem de um velho mistério:

> adventavit asinus
> pulcher et fortissimus.[*]

[38] Não vejo na própria lógica mais que uma espécie de desrazão e de acaso.

[39] Poderia aparecer um intérprete que colocasse debaixo de nossos olhos o caráter incondicionado, isento de qualquer exceção, de toda "vontade de potência", tal que qualquer palavra, até a palavra "tirania" parecesse, no fim das contas, inutilizável, como uma metáfora enfraquecedora e edulcorante – demasiado humana; um intérprete que acabasse, apesar de tudo, por afirmar deste universo aquilo que vocês mesmos afirmam dele, a saber, que ele tem um curso "necessário" e "calculável", mas *não* porque nele dominam leis, e sim porque elas estão absolutamente *ausentes* dele, e cada potência, a cada instante, extrai sua última consequência.

[40] Outro ideal corre diante de nós, singular, tentador e rico em perigos, que não gostaríamos de recomendar a ninguém, porque não concedemos a ninguém tão facilmente *direitos sobre ele*: o ideal de um espírito que brinca ingenuamente, ou seja, sem intenção, por excesso de potência e de plenitude, com tudo aquilo que se chamou até agora sagrado, bom, intangível e divino; para o qual as coisas mais elevadas, de que o povo com todo direito tirava suas medidas de valor, significariam antes o perigo, o declínio, o rebaixamento ou, no mínimo, o afrouxamento e a cegueira, o esquecimento momentâneo de si; o ideal

---

[*] "Chegou o asno/ belo e fortíssimo." Versos cantados na Festa do asno, espécie de cristianização da Festa dos bobos celebrada principalmente na França do século XI ao XV. [N.T.]

de uma saúde e de uma benevolência humanas – sobre-humanas – que parecerá muitas vezes *inumano*, quando, por exemplo, for situado ao lado de tudo o que a terra até nós levava a sério, de qualquer tipo de solenidade na atitude, na fala, no tom, no olhar, na moral, no dever, como sua paródia viva e involuntária – com o qual, talvez, no entanto, comece enfim a *grande seriedade*, seja enfim colocado o ponto de interrogação verdadeiro, que fará com que o destino da alma se inverta, o ponteiro avance, a tragédia *comece...*

[41] [...] desses longos e perigosos exercícios de dominação sobre si, volta-se como um outro homem, enriquecido de alguns novos pontos de interrogação, sobretudo com a *vontade* de interrogar mais longe do que se interrogou até nós, com mais profundidade, exigência, dureza, maldade, silêncio. Acabou-se a confiança na vida: a própria vida se transformou em *problema*. – Mas que não se imagine que isso necessariamente nos deixe tristes! Mesmo o amor pela vida ainda é possível – só que se ama de outra maneira. Nós a amamos como uma mulher a respeito da qual temos dúvidas... Mas a atração por tudo o que é problemático e a felicidade com o X nesses homens mais espirituais, mais espiritualizados, são tão grandes que essa felicidade, como uma chama clara, eleva-se acima da tristeza do problemático, do perigo da incerteza, mesmo do ciúme do apaixonado. Conhecemos uma nova felicidade...

[42] O que vocês são afinal, ah, vocês, meus pensamentos escritos e coloridos. Tão pouco tempo atrás vocês eram ainda variegados, jovens e cruéis, tão cheios de espinhos e de temperos secretos: faziam-me espirrar e rir – e agora? Já se despojaram de sua novidade; alguns de vocês, temo, estão prontos a se tornar verdades...: vocês já parecem tão imortais, tão ardentemente honestos, tão tediosos.

[43] Recompensa-se mal um mestre permanecendo-se aluno para sempre. E por que não arrancar minha coroa?

[44] [...] ordeno-lhes que me percam...

[45] – Gostarias de passar por irrefutável? perguntou o discípulo.

O inovador respondeu: – Gostaria que o germe se tornasse árvore. Para que uma doutrina se torne árvore, é preciso que se acredite nela por um bom tempo: para que se acredite nela, ela precisa passar por irrefutável. Para manifestar sua natureza e sua força, uma árvore precisa de tempestades, de dúvidas, de vermes roedores e de maldade: que ela se quebre se não puder resistir! Mas um germe é apenas aniquilado – não pode ser refutado.

Quando terminou de falar, o discípulo exclamou com entusiasmo: – Mas eu acredito em tua causa e a tenho por tão forte que, contra ela, direi tudo, tudo o que ainda tenho no coração.

O inovador riu para si mesmo e ameaçou o jovem com o dedo: – Essa maneira de ser um discípulo é a melhor, mas é perigosa, e não é toda doutrina que a suporta.

[46] [...] vocês devem rir de mim como eu mesmo faço...

[47] Sejamos inimigos nós também, meus amigos! juntemos divinamente nossos esforços uns *contra* os outros.

[48] Que eu deva ser combate, devir meta e oposição à meta: ah, quem adivinha minha vontade adivinha também os caminhos *tortuosos* que ela deve tomar!

Seja lá o que eu crie e de que maneira o ame – devo logo combatê-lo e combater meu amor: assim quer minha vontade.

[49] Atingir seu ideal é sair dele e dominá-lo.

[50] O homem do conhecimento não deve apenas amar seus inimigos, mas também odiar seus amigos.

[51] As melhores parábolas falam de tempo e devir: louvam e justificam o perecível!

[52] *Dionísio*: sensualidade e crueldade. A instabilidade das coisas poderia ser interpretada como o gozo de uma força que engendra e destrói, como uma *criação perpétua*.

[53] A humanidade teria perecido, se o instinto sexual não tivesse esse caráter cego, imprudente, apressado, irrefletido. A satisfação desse instinto não está de modo algum ligada, em princípio, à reprodução da espécie. Como é raro que o coito se proponha como objetivo a reprodução! O mesmo se dá com os prazeres da luta e da rivalidade. *Se os instintos esfriarem* alguns graus, a vida cessará. Ela está ligada a uma alta temperatura, ao ponto de ebulição da desrazão.

[54] O conhecimento perfeito nos faria talvez gravitar, brilhantes e frios como astros, ao redor das coisas – por um curto instante ainda! Depois viria nosso fim, o fim dos seres ávidos de conhecimento que gozam de uma existência de aranhas e de uma felicidade de aranhas...

[55] Certo imperador pensava constantemente na instabilidade de todas as coisas a fim de não lhes atribuir importância demais e permanecer *em paz*. Sobre mim, a instabilidade tem um efeito completamente diferente; tudo me parece infinitamente mais precioso pelo fato de que tudo é fugitivo. Parece-me que os vinhos mais preciosos, os bálsamos mais deliciosos sempre foram jogados no mar.

[56] [...] o ideal *dionisíaco* dos gregos: a afirmação religiosa da vida em sua totalidade, da qual não se renega nada, da qual não se elimina nada (notar que o ato sexual é aí acompanhado de profundidade, de mistério, de respeito).

Dionísio contra o "Crucificado": está aí o contraste. A diferença entre eles não é a de seus martírios, mas esses martírios têm sentidos diferentes. No primeiro caso, é a própria vida, sua eterna fecundidade e seu eterno retorno que são causa do tormento, da destruição e da vontade do Nada. No segundo, o sofrimento, o "Crucificado inocente" testemunham contra, condenam a vida. Logo se adivinha que o problema que se coloca é o do sentido da vida: um sentido cristão ou um sentido trágico? No primeiro caso, ela deve ser o caminho que leva à santidade; no segundo, a existência parece *santa o bastante por si mesma* para justificar de quebra uma imensidade de sofrimento.

O homem trágico afirma até o mais áspero sofrimento, de tão forte, rico e capaz de divinizar a existência que ele é; o cristão nega até a sorte mais feliz da terra, é pobre, fraco, deserdado ao ponto de sofrer com a vida sob todas as suas formas. O Deus na cruz é uma maldição da vida, um aviso para que nos liberemos dela. Dionísio esquartejado é uma *promessa* de vida, ele renascerá eternamente e voltará do fundo da decomposição.

[57] Deus é um pensamento que torna curvo tudo o que é reto e faz girar tudo o que é imóvel. Como? o tempo teria se ido? o perecível seria mentira?

Pensar isso dá vertigem nos ossos e náusea no estômago: na verdade, chamo essas conjecturas de doença da tontura.

Chamo de mau e inimigo do homem esse ensinamento de um ser uno, acabado, imóvel e imperecível!

[58] Quando falam da "felicidade suprema", os seres cansados, sofredores, ansiosos sonham com a paz, a imobilidade, o repouso, alguma coisa análoga a um *sono* muito profundo. Muito desse sonho contaminou a filosofia. Da mesma forma, o medo do incerto, do equívoco, da mudança valorizou, por um efeito de contradição, o *simples*, o imutável, o previsível, o certo. Uma outra espécie de homem valorizaria os estados inversos.

[59] Quando empregamos a palavra "felicidade" no sentido que lhe dá *nossa* filosofia, não pensamos acima de tudo, como os filósofos cansados, ansiosos e sofredores, na paz exterior e interior, na ausência de dor, na impassibilidade, na quietude, no "sábado dos sábados", numa posição de equilíbrio, em alguma coisa que tenha mais ou menos o valor de um profundo sono sem sonho. Nosso mundo é muito mais o incerto, o cambiante, o variável, o equívoco, um mundo perigoso talvez, certamente mais perigoso que o simples, o imutável, o previsível, o fixo, tudo aquilo que os filósofos anteriores, herdeiros das angústias do rebanho, honraram acima de tudo.

[60] O que é grande no homem é não ser uma meta, e sim uma ponte: o que pode ser amado no homem é ser uma *passagem* e uma *queda*.

[61] Amo aqueles que só sabem viver correndo para sua queda: correm em verdade para seu além.

[62] Amo aqueles que mais desprezam, pois são os que mais adoram e as flechas de um desejo pela outra margem.

[63] Amo aquele que vive para o conhecimento e que quer o conhecimento pela vida – pela vinda – de um super-homem. Assim ele quer sua própria queda.

[64] Amo aquele cuja alma é profunda até na ferida e que uma pequena provação pode fazer cair: assim ele se lança de bom grado sobre as pontes.

[65] O homem é uma corda estendida entre animal e super-homem, uma corda sobre um abismo. Perigo de seguir adiante, perigo de estar a caminho, perigo de voltar para trás, perigo de tremer e de parar.

[66] A alma de vocês não é pobreza, sujeira, lastimável satisfação de si?

O homem é, na verdade, um rio sujo. É preciso ser um mar para acolher um rio sujo sem ficar impuro.

Vejam, ensino-lhes o super-homem. O super-homem é esse mar onde se perderá nosso grande desprezo.

[67] Fecho círculos ao meu redor e cerco-me de limites sagrados; cada vez mais raros são aqueles que escalam comigo montanhas cada vez mais altas; construo uma cordilheira com montanhas cada vez mais sagradas.

[68] Outrora, vi-os nus, o maior e o menor homem: semelhantes demais um ao outro – demasiado humanos, mesmo o maior!

[69] Sempre os melhores de vocês e sempre mais numerosos perecerão – seu destino será cada vez pior, cada vez mais duro. Só a esse preço o homem cresce nas alturas, onde o raio o atinge e o quebra: alto o suficiente para o raio!

[70] *O tipo dos meus discípulos.* – A todos aqueles *por quem me interesso* desejo o sofrimento, o abandono, a doença, os maus-tratos, a desonra;

desejo que não lhes sejam poupados nem o profundo desprezo de si nem o martírio de desconfiar de si mesmo; não tenho piedade alguma deles, pois lhes desejo a única coisa que pode mostrar hoje se um homem tem *valor* ou não – *aguentar firme*.

[71] Falta *consciência intelectual à maioria*, e mesmo, muitas vezes, parece-me que, buscando-a, poderíamos obter uma solidão de deserto no meio das cidades mais populosas.

[72] Nós o sabemos: para quem lança um olhar de passagem sobre a ciência, à maneira das mulheres – e, infelizmente, também de muitos artistas –, a severidade que seu serviço exige, esse rigor nas coisas pequenas como nas grandes, essa rapidez na medida, no julgamento, na condenação, inspira a vertigem e o temor. Como aqui se exige o mais difícil, executa-se o melhor, sem receber elogio ou distinção, antes pelo contrário, como entre os soldados, *falam alto* a repreensão e a rude reprimenda, está aí o que mais apavora: fazer bem, de fato, tem valor de regra isenta de exceção: mas, como alhures, aqui a regra é silenciosa.

[73] Absolutamente não vejo como se poderia consertar o fato de se ter negligenciado seguir a tempo uma *boa escola*. O homem que está nessa situação não se conhece; atravessa a vida sem ter aprendido a andar; seus músculos frouxos se traem a cada passo. Às vezes a vida tem a clemência de agraciá-lo com a dura escola que lhe faltou: uma longa doença exigirá dele por anos uma energia, uma resignação extremas; ou então alguma súbita miséria se abaterá sobre ele, sobre sua mulher e seus filhos, exigindo dele uma atividade que devolverá energia às fibras frouxas e *resistência* ao querer viver. O que há de mais desejável é, em todos os casos, uma disciplina rude, *quando ainda é tempo*, ou seja, na idade em que ficamos orgulhosos por sermos muito exigidos. Pois o que distingue a rude escola entre todas as boas escolas é que as exigências nela são grandes, severas; que o bem-feito e até o excepcional são exigidos nela como normais; que os elogios são raros, a indulgência desconhecida, que a repreensão nela é ferina, precisa, não leva em conta nem a origem nem o talento.

[74] Querendo lhes provar que o homem faz parte dos animais naturalmente bons, eu lhes recordarei sua longa credulidade. Foi só

agora, tardiamente, depois de uma terrível vitória sobre si mesmo, que ele se tornou um animal *desconfiado* – sim, o homem é hoje mais malvado do que nunca!

– Não compreendo: por que o homem seria hoje mais desconfiado e mais malvado?

– É que hoje ele tem uma ciência – e precisa dela.

[75] À honestidade – suponhamos que ela seja nossa virtude, de que não podemos nos desfazer, nós, espíritos livres – queremos nos aplicar com todo nosso amor e toda nossa maldade: nunca cansados de levar à perfeição essa última virtude que *nos* resta. Possa sua luz, como a de um anoitecer dourado, azul e zombeteiro, iluminar ainda um pouco essa cultura que envelhece e sua surda e tristonha seriedade. E se, no entanto, nossa honestidade, um dia desses, sentir-se cansada, suspirar, espreguiçar-se, julgar-nos duros demais, pedir mais leveza, delicadeza, passando-se por um vício agradável, devemos então permanecer duros, nós, os últimos dos estoicos; enviaremos em seu socorro o que subsiste em nós de diabólico – nosso horror à grosseria e ao mais ou menos, nosso *nitimur vetitum*,* nossa aventurosa audácia, nossa maligna curiosidade de criança mimada, nossa mais sutil vontade de potência e de dominação do mundo, o que aspira em nós, evidente, entusiasticamente, a todos os reinos do porvir – iremos com todos os nossos "diabos" ao socorro de nosso Deus! Decerto, por essa razão, seremos mal compreendidos e caluniados: não importa! Dirão: "Essa honestidade é a diabrura deles, só isso" – não importa! E mesmo que tivessem razão! Todos os deuses não eram até hoje diabos desbatizados, fazendo-se eremitas? E o que sabemos afinal de nós? Sabemos o *nome* (é uma questão de nome) que exige o espírito que nos conduz? E quantos espíritos alojamos em nós? Nossa honestidade, nossa honestidade de espíritos livres – velemos para que ela não se torne nossa vaidade, nossa parada e nosso paramento, nossa muralha e nossa estupidez!

[76] A Europa é um doente a quem um mal incurável e que não para de mudar de forma proporciona as maiores vantagens: essas situações sempre novas e esses perigos, essas dores, esses recursos não menos

---

* Esforcemo-nos em direção ao que é proibido.

regularmente renovados acabaram por causar uma excitação intelectual que beira o gênio, no mínimo é a mãe de todo gênio.

[77] Uma filosofia que não promete nos tornar mais felizes nem mais virtuosos, que, muito pelo contrário, dá a entender que com toda probabilidade pereceremos a seu serviço, que seremos isolados de nosso tempo, queimados e escaldados, que enfrentaremos todo tipo de desconfiança e ódio, que precisaremos de muita dureza para com nós mesmos e, infelizmente, também para com os outros, tal filosofia não se insinua facilmente junto a ninguém, é preciso ter *nascido* para ela.

[78] [...] a luta contra Platão – ou, falando mais inteligivelmente e para o povo, a luta contra a opressão cristã e clerical, pois o cristianismo é platonismo para o uso do "povo" – criou na Europa uma maravilhosa tensão de espírito, como ainda não houve outra neste mundo: com um arco tão esticado, é possível atirar nos alvos mais distantes.

[79] Minha mão é uma mão de louco: desgraçadas todas as mesas, todas as paredes, onde há espaço para enfeites de loucos, garatujas de loucos!

[80] Sou um discípulo do filósofo Dionísio; prefiro ser um sátiro a um santo.

[81] Eu mesmo que, com minhas próprias mãos, compus essa tragédia das tragédias, até o ponto onde ela termina, que fui o primeiro a atar na existência o nó da moral e apertei tão forte que só um deus poderia desfazê-lo – pois assim exige Horácio! –, eu mesmo matei todos os deuses no quarto ato – por moralidade! E agora, o que vai acontecer no quinto? De onde posso ainda tirar o desenlace trágico? – Será que devo pensar num desenlace cômico?

[82] [...] estamos mais bem preparados do que nunca para um carnaval de grande estilo, para a insolência e as risadas mais espirituosas da terça-feira

gorda, para as alturas transcendentais da mais alta insanidade e da zombaria aristofanesca do universo. Talvez estejamos prestes a descobrir aqui o reino de nosso *gênio criador*, em que saberemos ainda ser novos, talvez como parodistas da história universal e como palhaços de Deus – talvez, se do mundo de hoje mais nada tiver futuro, nosso *riso* ao menos tenha!

[83] "O herói é alegre", foi isso que escapou até hoje aos trage-diógrafos.

[84] E quantos *ideais* novos são ainda possíveis se pensarmos bem! Eis aqui um pequeno ideal que apanho a cada cinco semanas mais ou menos, durante algum passeio selvagem e solitário, na hora azul de uma felicidade criminosa. Passar a vida entre coisas frágeis e absurdas; permanecer estranho ao real, meio artista, meio pássaro ou metafísico; não dizer nem sim nem não à realidade, a não ser, de vez em quando, com a ponta do pé, como um bom dançarino; sentir sempre um comichão causado por algum raio de sol da felicidade; estar sempre alegre; sentir-se estimulado até pela aflição, pois a aflição *mantém* o homem feliz; pregar nas coisas mais sagradas um rabinho cômico; tal é, evidentemente, o ideal de um espírito pesado, pesando várias toneladas, o próprio *espírito do peso*.

[85] Sobre a incompreensão da "alegria". Descontração temporária após uma longa tensão; exuberância, saturnais de um espírito que se consagra e se prepara para terríveis resoluções. O "bobo" sob a forma da "ciência".

[86] O primeiro músico seria para mim aquele que só conhecesse a tristeza da mais profunda felicidade – e nenhuma tristeza além dessa: ainda não existiu um assim.

[87] A música russa exprime com uma simplicidade comovente a alma do mujique, do povo baixo. Nada fala mais vivamente ao coração do que essas melodias alegres que são de uma tristeza absoluta.

[88] De tempos em tempos, precisamos nos separar de nós mesmos, olhando-nos de cima, com o recuo propiciado pelas ficções da arte, rindo ou chorando *sobre* nós. Precisamos descobrir o herói, e também o bobo, que a paixão pelo conhecimento anuncia em nós, precisamos ficar felizes

aqui e ali com nossa loucura para permanecermos felizes com nossa sabedoria. E justamente por sermos no fundo homens pesados e severos, mais instrumentos de pesagem que homens, nada nos vai melhor que o *chapéu do bobo*: precisamos dele diante de nós mesmos – precisamos de toda arte insolente, suspensa, dançarina, zombeteira, pueril e feliz, se quisermos manter acima das coisas essa *liberdade* que nosso ideal exige de nós. Seria uma *regressão* para nós, justamente com nossa honestidade irritável, voltar a cair inteiramente na moral e, pelas excessivas exigências que temos nisso com nós mesmos, fazer-nos espantalhos e monstros de virtude. Devemos também *poder* nos situar *acima* da moral, e não apenas com o acanhamento inquieto daquele que a cada momento teme escorregar e cair, mas sim planando, brincando sobre ela! Como poderíamos, para tanto, prescindir da arte ou dos loucos? – Enquanto vocês tiverem a mais ínfima vergonha de si próprios, não serão dos nossos.

[89] Todo homem das profundezas encontra uma felicidade que o embriaga em se parecer uma vez com os peixes voadores, em brincar bem no alto da crista das ondas: acredita que o melhor nas coisas é que elas tenham uma superfície: sua epidermidade – *sit venia verbo.**

[90] Sempre há alguma loucura no amor. Mas sempre há alguma razão na loucura.

[91] Não deixaremos que nos tirem as vantagens que há em não saber grande coisa e em viver num cantinho minúsculo do universo. O homem tem o direito de ser insensato, tem também o direito de se sentir Deus, é apenas uma possibilidade entre tantas outras.

[92] [...] amar-se e honrar-se a si mesmo em sua própria sabedoria – e mesmo em seu *absurdo*; ser um pouco bufão, um pouco deus; nem cara de quaresma, nem coruja, nem cobra-cega...

[93] Para a surpresa de Talleyrand, *Napoleão* era capaz de latir e rugir sua cólera no momento que escolhia, depois a reduzia com a mesma brusquidão ao silêncio; é assim que o homem enérgico deve tratar seus

---

* Se assim posso dizer.

cães furiosos; por mais violenta que seja nele a vontade de conhecer (e esse é seu dogma mais indisciplinado), é preciso que saiba encarnar no momento desejado a própria vontade de não conhecer o verdadeiro, a vontade de permanecer no incerto, na ignorância e, acima de tudo, na loucura se assim lhe aprouver.

[94] A dor é também uma alegria, a maldição é também uma benção, a noite é também um sol – afastemo-nos antes que nos ensinem que um sábio é um bobo.

[95] É tua bondade, a exuberância de tua bondade, que não quer nem se queixar nem chorar: e, no entanto, ó minha alma, teu sorriso deseja as lágrimas, e tua boca trêmula, os soluços.

[96] O encanto que combate por nós, o olhar de Vênus que fascina e cega nosso adversário é a *magia das posições extremas*, a sedução de tudo o que é excessivo; nós, os imoralistas, nós, os excessivos...

[97] O que fazer com estes dois adolescentes? exclama zombeteiro um filósofo que "corrompe" a juventude (como outrora a corrompeu Sócrates), esses discípulos não me servem. O primeiro não sabe dizer não, e o outro, seja lá o que lhe disserem, nunca responde nem sim nem não. Suponhamos que eles compreendam minha doutrina: o primeiro *sofrerá* demais, minha maneira de ver exige uma alma belicosa, uma vontade de fazer mal, uma alegria de dizer não, uma pele grossa – ele sucumbiria a ferimentos exteriores e interiores. O outro extrairá do que adotar uma solução de mediocridade – desejo semelhante discípulo a meu inimigo.

[98] Mas no homem há mais criança do que no jovem, e menos humores pesados: ele já se conhece mais em matéria de vida e de morte.

[99] O ar leve e puro, o perigo próximo e o espírito cheio de uma jovial maldade combinam muito bem.

[100] Vocês já disseram sim a uma alegria? Então, ó meus amigos, vocês disseram sim a todas as dores. Todas as coisas estão encadeadas, emaranhadas, unidas pelo amor.

[101] Que o pesadume se faça leve, o corpo dançarino e o espírito pássaro, é esse, em verdade, meu alfa e meu ômega.

[102] Onde encontraremos, solitários entre os solitários – pois é aí que certamente *estaremos* algum dia, pelo efeito da ciência – onde encontraremos um companheiro para o homem? Outrora procurávamos um Rei, um Pai, um Juiz para nós, porque nos faltavam reis, pais, juízes verdadeiros. Mais tarde, será um *Amigo* que *buscaremos* – os homens terão se tornado esplendores e sistemas solares autônomos, mas estarão *sozinhos*. O instinto mitológico estará então em busca de um Amigo.

[103] Quero ter ao meu redor meu leão e minha águia para saber sempre, por meio de sinais e de presságios, se minhas forças crescem ou declinam.

[104] *O que diz a consciência?* – Torna-te quem és.

[105] Qual é a coisa que se expia mais duramente? A modéstia; o fato de não termos atendido nossas necessidades mais pessoais; de termos nos confundido com os outros, de termos nos subestimado, de termos fechado os ouvidos a nossos próprios instintos; essa falta de respeito por si é vingada por todos os tipos de deficiência, na saúde, na amizade, no bem-estar, no orgulho, na alegria, na liberdade, na firmeza, na coragem. Depois nunca conseguimos nos perdoar essa falta de egoísmo verdadeiro; vemos aí uma objeção, uma incerteza quanto à natureza do *eu* verdadeiro.

[106] Minha boca é a do povo: falo com coração e brutalidade demais para os coelhinhos peludos. Mas minha linguagem choca ainda mais os peixes de tinteiro e as raposas de pena.

[107] A cegueira do cego, sua procura e seu tateio devem ainda testemunhar a potência do sol – que ele olhou...

[108] [...] espírito audacioso, explorador, que já se perdeu em cada um dos labirintos do porvir.

[109] [...] Não há dúvida de que o homem é mais cambiante, mais incerto, mais inconsistente que qualquer outro animal – ele é o *animal doente*: de onde isso vem? Ele certamente ousou, inovou, desafiou, provocou o destino mais que todos os outros animais juntos: ele, o grande experimentador de si mesmo, o insatisfeito, o insaciável, lutando pelo poder supremo com o animal, a natureza e os deuses – ele, o ainda indomado, o eterno por vir, a que não dão mais repouso os ímpetos de suas próprias forças, indefinidamente dilacerado pela espora que, sem piedade, o porvir enfia na carne do instante presente: – como um animal tão bravio, tão rico, não atrairia os maiores perigos, a doença mais profunda e a mais longa entre as doenças dos animais?...

[110] O belicoso, em tempo de paz, ataca a si mesmo.

[111] Talvez eu saiba melhor que ninguém por que o homem é o único ser que sabe rir; só ele sofre profundamente o bastante para ter sido *forçado* a inventar o riso. O mais infeliz, o mais melancólico de todos os animais é, como convém, o mais alegre.

[112] Esqueci de dizer que tais filósofos são alegres e adoram se sentar sob o abismo de um céu perfeitamente claro; precisam de outros meios de suportar a vida, diferentes dos meios dos outros homens; pois sofrem de outro modo (tanto pela profundidade de seu desprezo pelos homens quanto por seu amor por eles). – O animal mais sofredor na Terra é aquele que inventou – o *riso*.

[113] Ó minha alma, te ensinei o desprezo que não vem como um verme roedor: o grande desprezo que ama e ama mais onde mais despreza.

[114] Esfaimada, violenta, solitária, sem Deus: assim quer a si mesma a vontade do leão.

[115] Ó minha alma, eu te lavei das pequenas vergonhas e das virtudes tacanhas, te persuadi a sair nua sob os olhos do sol.

[116] Há aqueles que falham na vida: um verme venenoso devora seus corações. Que velem para que, ao menos, sua morte tenha êxito.

[117] Todos os homens atribuem importância à morte; ela ainda não é uma festa. Não aprenderam a celebrar a mais bela das festas.

[118] Mas, por favor! O que nos importa a virtude dos senhores? Por que acham que nos isolamos e nos tornamos filósofos, rinocerontes, ursos das cavernas, fantasmas? Não foi justamente para *nos livrar* da virtude e da felicidade? Somos por natureza felizes demais da conta, virtuosos demais da conta para não sentirmos uma tentaçãozinha de nos tornarmos filósofos, ou seja, imoralistas e aventureiros.

[119] Admitindo que a verdade seja mulher, não teríamos razões para pensar que todos os filósofos, na medida em que foram dogmáticos, não tinham o menor jeito para falar das mulheres? A terrível seriedade, o acanhamento importuno com que tentaram atingir a verdade eram meios inadequados e desajeitados para conquistar uma mulher. O fato é que ela não se deixou conquistar.

[120] Tem coração quem conhece o medo e olha para o abismo com altivez.

[121] Um filósofo: isto é, um homem que vive, vê, escuta, espera e sonha constantemente coisas extraordinárias; atingido por seus próprios pensamentos como se estes viessem de fora, de cima e de baixo, como por um tipo só dele de acontecimentos e de raios; um homem que talvez seja ele próprio uma tempestade, sempre prenhe de novos relâmpagos; um homem fatal, ao redor do qual ouvem-se bramidos, ribombos, estrondos, cercado por algo de estranho. Um filósofo: ah, um ser que frequentemente foge para longe de si mesmo, tem medo de si mesmo – mas é curioso demais para não "voltar a si mesmo" sempre outra vez.

[122] Puras questões de força: até que ponto devemos nos impor, desafiando as condições necessárias à conservação da sociedade? Até que ponto devemos desencadear em nós mesmos as *qualidades tremendas* que fazem perecer a maior parte dos homens? Até onde ir em busca da

verdade e assimilar seus aspectos mais inquietantes? Até onde ir ao encontro do *sofrimento*, do desprezo por si mesmo, da piedade, da doença, do vício, perguntando-nos se os controlamos (o que não nos mata nos torna mais fortes)? Enfim, em que medida submeter-se à regra, ao que é vulgar, mesquinho, bom, honesto, conforme à média, sem por isso rebaixar a si mesmo?

[123] Uma obscuridade voluntária, talvez um afastamento de si mesmo, uma timidez desconfiada no que diz respeito ao barulho, à admiração, ao jornal, à influência; um empreguinho modesto, uma rotina, que escondem mais do que expõem, ocasionalmente o convívio com animais e pássaros domésticos cujo aspecto despreocupado e alegre distrai; montanhas à guisa de companhia, mas não montanhas mortas, montanhas com *olhos* (quero dizer com lagos); às vezes até o quarto de uma pensão cosmopolita, onde se tenha certeza de ser confundido, onde se possa impunemente falar com qualquer um – está aí verdadeiramente o "deserto"!

[124] O que há de melhor pertence aos meus e a mim mesmo; e se não nos dão, nós o tomamos: as melhores iguarias, o céu mais puro, os pensamentos mais fortes, as mais belas mulheres!

[125] Sempre de novo escapando dos redutos obscuros e agradáveis onde a preferência e os preconceitos, a juventude, a origem, o acaso dos seres e dos livros ou mesmo as fadigas da viagem pareciam nos reter; de uma maldade plena para com as seduções da dependência, dissimuladas nas honras, no dinheiro, nos empregos ou no embalo dos sentidos; reconhecidos até mesmo à miséria ou a uma doença rica de alternativas, que nos liberam sempre de uma regra qualquer e de seu preconceito; reconhecidos ao Deus, ao diabo, à ovelha e ao verme que estão em nós; curiosos até o vício, perquiridores até a crueldade, com dedos atrevidos para o inapreensível, com dentes e estômago para o mais indigesto; dispostos a todo e qualquer ofício que exija fineza de sentidos e sentidos finos, prontos para qualquer aventura, graças a um excesso de "livre julgamento", com almas na frente e atrás cujas intenções últimas ninguém adivinha, com primeiros planos e planos de fundo que ninguém ousaria explorar até o fim; escondidos sob o manto da luz,

conquistadores quando parecemos herdeiros e dissipadores, caçadores e colecionadores da manhã à noite, avaros de nossas riquezas e nossas gavetas transbordantes, econômicos quando se trata de aprender e de esquecer, grandes inventores de sistemas, ora orgulhosos das tabelas de categorias, ora pedantes, ora laboriosas corujas noturnas, mesmo em pleno dia, e ora, se preciso, até espantalhos – e é preciso sê-lo agora: a saber, se somos os amigos natos, jurados, ciosos da solidão, de nossa solidão, da mais profunda tristeza da meia-noite e do meio-dia: – tal é a espécie de homens que somos, nós, os espíritos livres.

[126] Só a grande dor é a última liberadora do espírito, ela que ensina a *grande suspeita* e faz de cada U um X, um X verdadeiro, autêntico, penúltima letra antes da última... Só a grande dor, essa longa e lenta dor que não tem pressa, consumindo-nos como um fogo de madeira verde, nos força, a nós, filósofos, à nossa última profundidade, nos priva de toda confiança, de toda bondade, de toda doçura, de todo remédio, tudo aquilo em que talvez tivéssemos antes investido nossa "humanidade"? Duvido que semelhante dor nos "melhore" – sei é que ela nos aprofunda.

[127] Vocês querem, se possível – há um "se possível" mais insano? –, *suprimir o sofrimento*; e nós? – preferiríamos, parece, torná-lo maior e pior do que nunca! O bem-estar como vocês o entendem não é de modo algum uma meta e nos parece um *fim*! Um estado que torna o homem imediatamente risível e desprezível – que faz desejar seu desaparecimento! Da disciplina do sofrimento, do *grande* sofrimento – não sabem vocês que só ela até hoje elevou o homem a toda sua altura? Essa tensão da alma na infelicidade, que lhe dá força; esse estremecimento que se apodera dela à visão dos grandes cataclismos; sua engenhosidade em suportar, em desafiar, em interpretar, em tirar proveito do infortúnio e de tudo o que já lhe foi dado de profundidade, de mistério, de máscara, de astúcia, de grandeza, ela não a recebeu do sofrimento, da disciplina do grande sofrimento?

[128] Ter sentidos e um gosto mais refinados, estar habituado ao que há de mais rebuscado e de melhor como a seu verdadeiro alimento

natural, gozar de um corpo robusto e ousado, destinado a ser o guardião e o sustentáculo, mais ainda, o instrumento de um espírito ainda mais robusto, mais temerário, mais apaixonado pelo perigo: quem não gostaria de possuir tal bem, viver semelhante estado! Mas não devemos nos enganar: aquele que tiver isso, que viver semelhante estado, será o ser *mais apto ao sofrimento* que já terá existido sob o sol, e é somente a esse preço que se conquista essa distinção rara de ser também o ser *mais apto à felicidade que já terá existido sob o sol*! É sob a condição de permanecer sempre inteiramente aberto e permeável à dor até o mais profundo de si que ele pode se abrir às variedades mais delicadas e mais altas da felicidade, pois ele é o órgão mais sensível, mais irritável, mais saudável, mais variável e mais durável da alegria e de todos os arrebatamentos refinados do espírito e dos sentidos; desde que os deuses o tomem sob sua proteção em vez de fazer dele (como ocorre geralmente) o para-raios de seu ciúme e de sua zombaria em relação aos homens.

[129] O que foi que deu às coisas seu sentido, seu valor, sua significação? O coração inventivo, inchado de desejo e que criou segundo seu desejo. Ele criou *o prazer e a dor*. Ele quis *se saciar* de dor também. É preciso que consintamos em assumir toda a dor que já foi sofrida, a do homem e a do animal, e que fixemos uma meta *que dará a essa dor uma razão*.

[130] Somos parte integrante do caráter do universo, não há dúvida! Só temos acesso ao universo através de nós mesmos; tudo o que carregamos de alto e de baixo em nós deve ser compreendido como parte integrante e necessária de sua natureza.

[131] *Grande discurso cósmico*: "Eu sou a crueldade, sou a astucia", etc., etc. Zombar do medo de assumir a responsabilidade de um erro (zombaria do criador) e de toda a dor. – Mais cruel do que jamais se foi, etc. – Forma suprema do contentamento com sua própria obra: ele a quebra para reconstruí-la incansavelmente. Novo triunfo sobre a morte, a aniquilação.

[132] A partir do momento em que o homem se *identifica perfeitamente à humanidade, ele move a natureza inteira.*

[133] É preciso ter caos dentro de si a fim de parir uma estrela que dança.

[134] Os pensadores cujas estrelas descrevem ciclos não são os mais profundos; aquele que descobre em si mesmo uma espécie de universo imenso e carrega em si vias lácteas, este sabe ainda a que ponto as vias lácteas são irregulares. Elas levam ao interior do caos e do labirinto do ser.

[135] Eu que nasci na terra sinto as doenças do sol como um obscurecimento de mim mesmo e um dilúvio da minha própria alma.

[136] O homem busca a imagem do universo na filosofia que lhe dá a maior impressão de liberdade, ou seja, naquela em que seu instinto mais poderoso se sente livre em sua atividade. Que assim seja comigo também!

[137] Ainda consideras as estrelas como um "acima de ti": falta-te o olhar de quem busca o conhecimento.

[138] Erro entre os homens como entre pedaços e membros de homens.
O mais terrível é a meus olhos encontrar os homens esparsos e aos pedaços como num campo de batalha e de carnificina.
Se, fugindo do presente, meu olho considera o passado, o mesmo quadro sempre se oferece a mim: pedaços e membros, pavorosos acasos, e não homens!

[139] Nossa sociedade atual não é mais que um simulacro de cultura; *falta-nos* o homem sintético. O grande homem *sintético* nos falta, aquele em quem as diversas forças estão resolutamente ligadas a um mesmo jugo por uma meta única. O que temos é o homem *complexo*, talvez o caos mais interessante que já houve; não o caos de *antes* da criação, porém, e sim o caos que a segue. Goethe, a mais bela expressão desse tipo *(de maneira alguma um olímpico)*.

[140] E quanto ainda estamos longe de unir ao pensamento científico as forças criadoras da arte e a sabedoria prática da vida, de maneira a formar um sistema orgânico superior que dê ao douto, ao médico, ao artista, ao legislador que conhecemos a aparência de indigentes velharias.

[141] A.: "Você é um estraga-prazer! – é o que todo mundo diz". B.: "Por certo, estrago o prazer que cada um tem em seguir seu partido: – É o que nenhum partido me perdoa".

[142] Desenvolve todas as tuas faculdades – isso significa: desenvolve a anarquia! Perece!

[143] Aquele que pode sentir a história dos homens em seu conjunto como *sua própria história* sente numa imensa generalização toda a dor do doente que pensa na saúde, do velho que sonha com sua juventude, do apaixonado privado do ser amado, do mártir cuja causa está perdida, do herói na noite de um combate que não decidiu nada, porém lhe trouxe ferimentos e a perda de um amigo –; mas suportar essa soma imensa de pesares de todos os tipos, *poder* suportá-la e nem por isso deixar de ser o herói que diante da vinda de um segundo dia de combate saúda a aurora e sua felicidade, sabendo-se o homem de um horizonte de milhares de anos à sua frente e atrás de si, o herdeiro de toda distinção e de todo espírito antigo (e o herdeiro comprometido), o mais nobre de todas as velhas nobrezas, ao mesmo tempo o primeiro de uma nova nobreza como tempo algum já viu ou sonhou igual: tudo isso, assumi-lo em sua alma, o mais velho e o mais novo, as perdas, as esperanças, as conquistas da humanidade; reunir tudo isso numa só alma, resumi-lo num só sentimento: – é o que deveria propiciar decerto uma *felicidade* que nenhum ser humano conheceu até hoje – uma felicidade de deus cheio de potência e de amor, de lágrimas e de risos, uma felicidade que, semelhante ao sol ao anoitecer, dissipa e verte infindavelmente no mar sua inesgotável riqueza; que, semelhante ao sol, só se sentiria a mais rica no dia em que o mais pobre pescador remasse com remos de ouro! esse sentimento divino se chamaria então – humanidade!

[144] O maior favor que o destino pode nos fazer é nos obrigar a combater por algum tempo do lado de nossos adversários: assim somos *prometidos* a uma grande vitória.

[145] Toda criação é comunhão. O pensador, o criador, o apaixonado são *um* só.

[146] Queres te tornar um olhar universal e equânime? Só poderás fazê-lo depois de ter passado por um grande número de individualidades, de tal maneira que tua última individualidade precise de todas as outras em função de si mesma.

[147] "Fui eu que reuni pela primeira vez em mim o justo, o herói, o poeta, o sábio, o adivinho, o chefe: estendi minha abóbada acima dos povos, ergui colunas sobre as quais repousa um céu – fortes o bastante para suportar um céu." (Eis como o super-homem falará.)

[148] Afetados por si mesmos como por uma doença, foi assim que me pareceram todos os talentos.

[149] *Cáustico e benevolente, grosseiro e delicado,*
Confiante e singular, limpo e sujo,
Tudo isso, eu o sou, quero sê-lo,
Ao mesmo tempo pomba, serpente e porco.

[150] Todo grande homem é necessariamente cético (o que não quer dizer que deva parecê-lo), ao menos se a grandeza consiste em *querer* uma grande coisa e os meios para realizá-la. A liberdade em relação a todas as convicções faz parte da força de sua vontade.

[151] [...] a "liberdade do espírito", ou seja, a incredulidade instintiva...

[152] O zelo contínuo por uma causa, ainda que seja a melhor, trai, como tudo o que repousa numa fé absoluta, uma falta absoluta de aristocracia intelectual, aquela cujo signo é sempre – a frieza do olhar.

[153] *Arranjar inimigos*: temos *necessidade* deles por causa de nosso ideal! Transformar em deuses os inimigos dignos de nós e assim nos elevar e nos transformar!

[154] O homem superior seria aquele que tivesse a maior multiplicidade de instintos, tão intensos quanto se os possa tolerar. De fato, onde a

planta humana se mostra vigorosa, encontram-se os instintos em intensa luta uns contra os outros (por exemplo, em Shakespeare), mas dominados.

[155] Grandeza heroica, único estado possível dos precursores. (Esforço em direção ao absoluto desastre, único meio de se suportar.)

Não temos o direito de desejar um único estado, temos de desejar *nos tornar seres periódicos* – como a existência.

[156] Aquele cuja alma é ávida de ter vivido os valores e os desejos que existiram até aqui e de ter percorrido todas as costas desse "mediterrâneo" ideal, aquele que através de aventuras e provações pessoais quer conhecer os sentimentos de um poeta, de um santo, de um legislador, de um sábio, de um estudioso, de um devoto, de um adivinho, de um divino solitário à moda antiga, deverá antes de tudo encontrar esta: *a grande saúde*: – não apenas possuí-la, mas conquistá-la, indefinidamente, porque ele a abandonará e deverá sempre abandoná-la de novo!... E, agora que estamos a caminho há muito tempo, nós, os Argonautas do ideal, mais corajosos talvez do que seria prudente, frequentemente naufragados e maltratados, mas, como já disse, mais saudáveis do que se imagina, perigosamente saudáveis, sempre de novo saudáveis – parece-nos ter em recompensa um país desconhecido a nossa frente, cujas fronteiras ninguém viu ainda, um além de todos os países e de todos os recônditos do ideal conhecidos até nós, um mundo tão exuberante de belezas, de estranhezas, de enigmas, de terrores, de divino, que nossa curiosidade se vê tão exasperada quanto nossa sede de posse – e que, ai de nós, nada mais poderá nos saciar! Como, depois desses vislumbres, com essa fome canina na consciência e essa avidez de conhecer, poderíamos ainda nos contentar com os *homens atuais*?

[157] Até a terra moral é redonda! Até a terra moral tem seus antípodas! Até os antípodas têm o direito de existir! Um outro mundo resta a descobrir – e não um só! Embarcai, filósofos!

[158] As costas desapareceram – agora, a última corrente caiu –, a imensidão borbulha ao meu redor, longe de mim brilham o tempo e o espaço. Vamos! Coragem! Coração velho de guerra!

[159] Somos nós, que sabemos pesar e sentir, que *fazemos* real e incessantemente aquilo que ainda não é: todo esse mundo, que cresce indefinidamente, de avaliações, de cores, de medidas, de perspectivas, de escalas, de afirmações e de negações. Esse poema inventado por nós é aprendido sem fim, exercido, traduzido em carne e em realidade, até mesmo em vida cotidiana por esses homens que se dizem práticos (como já disse, os atores de nosso espetáculo). O que só tem *valor* nesse mundo atual não tem valor por natureza – a natureza é sempre sem valor –, um valor foi recebido como dom e presente, e fomos nós que fizemos dom e presente dele! Fomos nós unicamente que criamos o mundo *que concerne ao homem*! – Mas, precisamente, nós o ignoramos e, se o percebemos por um instante, esquecemo-lo no instante seguinte: não compreendemos nossa maior força, subestimamo-nos, nós, os contemplativos – não somos *nem tão altivos nem tão felizes* quanto poderíamos ser.

[160] Quantas coisas são ainda possíveis! Aprendam a rir de si mesmos, como se deve.

[161] A terra é um tabuleiro dos deuses, que as novas palavras criadoras e os dados lançados pelos deuses fazem tremer.

[162] Este mundo não gravita ao redor daqueles que inventam novos estrondos, e sim daqueles que inventam valores novos; ele gravita *em silêncio*.

[163] As palavras que trazem a tempestade são as mais silenciosas. Os pensamentos que conduzem o mundo têm patas de pomba.

[164] Mil sendas nunca foram percorridas, mil felizes climas, mil arquipélagos desconhecidos pela vida. O homem e a terra dos homens ainda estão por ser criados e descobertos.

[165] Amo todos aqueles que são como pesadas gotas que caem uma a uma da escura nuvem suspensa sobre os homens: eles anunciam a vinda do raio e caem como visionários.
Vejam, eu sou o visionário do raio, a pesada gota que cai da nuvem, mas o raio se chama *super-homem*.

[166] Desde que não há mais Deus, a solidão se tornou intolerável; é *preciso* que o homem superior comece seu trabalho.

[167] Quando não se encontra mais a grandeza em Deus, não se a encontra mais em parte alguma, é preciso negá-la ou criá-la.

[168] Mesmo no conhecimento, sinto em mim apenas as alegrias da minha vontade de engendrar, da minha vontade de devir, e se há em minha vontade de conhecer uma inocência, é por que nela há uma vontade de engendrar.

Essa vontade me conduziu longe além de Deus e dos deuses; o que restaria a criar se houvesse deuses?

[169] Será que me entendem?... Vitória da moral sobre si mesma por gosto de veracidade...

[170] Não queremos começar tudo de novo, queremos ser os *herdeiros* de toda moral antiga. Toda nossa atividade não passa de moral que se voltou contra sua antiga forma.

[171] Negar o mérito, mas fazer aquilo que ultrapassa qualquer elogio, e até mesmo qualquer compreensão.

[172] Em que medida a destruição da moral por si mesma é ainda uma prova de sua força própria? Nós, europeus, temos em nós o sangue daqueles que morreram por sua fé, tomamos a moral terrivelmente a sério; não há nada que não tenhamos sacrificado a ela. Por outro lado, nosso refinamento intelectual se deve principalmente à vivissecção das consciências. Ignoramos ainda em que sentido seremos impelidos uma vez que tivermos deixado nosso antigo território. Mas foi esse mesmo chão que nos comunicou a força que agora nos impele para longe, para a aventura, para regiões ilimitadas, que ainda não foram exploradas nem descobertas; não temos escolha, devemos ser conquistadores, já que não temos mais pátria onde nos sintamos em casa, onde desejemos "residir". Uma *afirmação* oculta nos impele, uma afirmação mais forte que todas

as negações. É a nossa própria força que não nos permite permanecer nesse chão antigo e decomposto; atrevemo-nos a partir, colocamos a nós mesmos em jogo; o mundo é ainda rico e desconhecido, e mais vale perecer que nos tornarmos enfermos e cheios de veneno. É o nosso próprio vigor que nos impele para o alto-mar, para o ponto onde todos os sóis até hoje se puseram; *sabemos* que há um novo mundo.

[173] Para obedecer à moral, não se come mais de uma iguaria; assim também, para obedecer à moral, terminaremos um dia por não mais "fazer o bem".

[174] A última coisa que eu prometeria seria "melhorar" a humanidade.

[175] Querer liberta: é essa a doutrina verdadeira em matéria de vontade e de liberdade.

[176] Vou lhes dizer quais são as três metamorfoses do espírito: como o espírito se torna camelo, o camelo, leão e o leão, criança.

Há para o espírito – o cspírito forte e resistente, dominado pelo respeito – muitas dificuldades pesadas: são suas próprias forças que exigem o que é pesado e difícil, o mais pesado, o mais difícil.

O que há de pesado? pergunta o espírito resistente, e se ajoelha como o camelo que quer ser bem carregado.

Diga-me, herói, qual é o peso mais pesado? pergunta o espírito resistente, para que eu o ponha sobre as costas e minhas forças se regozijem.

Não seria isto: rebaixar-se para quebrar o orgulho em si mesmo? deixar resplandecer sua insensatez e zombar de sua sabedoria?

Ou seria isto: abandonar nossa causa no momento em que ela festeja seu triunfo? escalar altas montanhas para sobre elas tentar o tentador?

Ou seria isto: alimentar-se da grama e das bolotas do conhecimento e, por amor à verdade, sofrer a fome em sua alma?

Ou seria isto: estar doente, mandar embora os consoladores e travar amizade com surdos que nunca escutam o que queres?

Ou seria isto: entrar na água suja, se é a água da verdade, sem afastar de si as rãs frias e os sapos quentes?

Ou seria isto: amar quem nos despreza e estender a mão ao fantasma quando ele quer nos meter medo?

Todo esse peso o espírito resistente toma sobre si, como o camelo carregado que se lança ao deserto; assim ele se lança ao seu próprio deserto.

Mas no fundo do deserto mais abandonado ocorre a segunda metamorfose: lá, o espírito, dando-se a liberdade, querendo ser o rei de seu próprio deserto, é transformado em leão.

O que ele busca aqui é o último de seus reis: ele quer ser seu inimigo, assim como do último de seus deuses: quer combater pela vitória contra o grande dragão.

Qual é o dragão que o espírito não quer chamar nem de seu rei nem de seu deus? Ele se chama "tu deves". Mas o espírito do leão diz "eu quero".

"Tu deves" o espera no caminho, monstro cintilante de ouro e coberto de escamas em que "tu deves" brilha em letras douradas.

Valores milenares brilham sobre as escamas, e o mais poderoso dos dragões se exprime assim: "O fulgor de todo valor – é meu fulgor".

"Todo valor já foi criado, todo valor criado – eu o sou. Na verdade, 'eu quero' não deve mais ser dito." Assim fala o dragão.

Meus irmãos, para que fins esse leão no espírito é necessário? o animal de carga que se abstém e venera não basta?

Criar novos valores – mesmo o leão ainda não pode fazê-lo: mas criar a liberdade de criar – é o que pode a força do leão.

Criar a liberdade, opor ao dever um "não" sagrado, para esses fins, meus irmãos, um leão é necessário.

Conquistar o direito a valores novos – é para um espírito resistente e respeitoso a mais difícil das conquistas. Em verdade, trata-se de um rapto, tarefa para um animal de rapina.

Ele amava outrora o "tu deves", que foi a coisa mais sagrada para ele. Precisa agora, nas coisas mais sagradas, descobrir o vazio; deve, em detrimento de seu amor, arrebatar a liberdade em seu proveito: um leão é necessário para esse rapto.

Mas digam-me, meus irmãos, o que pode a criança que o próprio leão não podia? Por que o animal de rapina deve ainda devir criança?

A criança é inocência e esquecimento, um recomeço, um jogo, uma roda que roda por si mesma, o nascimento do movimento, o "sim" sagrado.

Sim, jogar para criar, meus irmãos, exige um "sim" sagrado...

[177] Mas o verdadeiro filósofo – assim *nos* parece, meus amigos? – vive sem filosofia, sem sabedoria e, sobretudo, *insensatamente*. Sente o peso e o dever de mil tentativas e tentações da vida: – arrisca-se o tempo todo, banca o jogo alto...

[178] Teoria do *acaso*. A alma, ser que escolhe e se alimenta com uma inteligência extrema e *constantemente* criadora (essa força *criadora* é geralmente negligenciada, concebida como "passiva").

Discerni a *força ativa* que cria entre as contingências; o próprio acaso não é mais que o *entrechoque dos impulsos criadores*.

[179] Consolação para aqueles que *caem por terra!* Considerar que suas paixões são um número não sorteado na loteria. Compreender que a maioria dos lances deve fracassar, que o fracasso é *tão útil* quanto o êxito. Nada de *remorsos*, abreviar pelo suicídio.

[180] Há homens que não querem arriscar nada, há aqueles que amam o risco. Seremos nós os depreciadores da vida? Pelo contrário, buscamos instintivamente levar a vida a uma mais *alta potência*, a vida perigosa... Nisso, repito, não queremos ser mais virtuosos que os outros. Pascal, por exemplo, não queria arriscar nada: permaneceu cristão; talvez isso fosse virtude?

[181] Na medida em que considero o mundo como um jogo divino para além do bem e do mal, tenho por precursores a filosofia do Vedanta e Heráclito.

[182] O homem verdadeiro tem dois desejos: o perigo e o jogo. Assim, ele quer a mulher como o brinquedo mais perigoso.

[183] Arriscar no jogo sua vida, sua saúde, sua honra é o efeito da temeridade e de uma vontade exuberante e pródiga de suas forças; não por amor à humanidade, mas porque todo grande perigo nos deixa curiosos quanto a nossas próprias forças, quanto a nossa própria coragem.

[184] Não somos rãs pensantes, não somos aparelhos objetivos e registradores de entranhas refrigeradas – devemos incessantemente engendrar nossos pensamentos de nossa dor e, maternamente, dar-lhes tudo o que temos de sangue, de coração, de fogo, de alegria, de paixão, de tormento, de consciência, de fatalidade.

[185] Para que o criador seja ele próprio a criança recém-nascida, precisa ser também a parturiente e a dor da parturiente.

[186] Sentei-me na grande alameda de caixões deles, junto com a carniça e os abutres – e ri de todo o "outrora" deles e de sua pobre magnificência desmoronada.

[187] Como eu consentiria em viver, se não visse *de antemão* o porvir para além de vocês?

[188] Ó minha alma, eu te devolvi a liberdade sobre o que está criado e o que não está: quem conhece como tu a volúpia do porvir?

[189] Remontei às origens: assim me tornei estranho a todos os cultos, tudo ao meu redor se fez estranho e deserto.

Mas aquilo que em mim inclinava à adoração germinou secreta-mente. Então, uma árvore brotou de mim, e estou sentado à sua sombra: é a árvore do porvir.

[190] O padre despadrado e o forçado liberto estão sempre in-ventando rostos: o que querem é um rosto sem passado. – Mas vocês já viram homens que sabem que o porvir ilumina seus rostos, gentis o bastante para com vocês, vocês que amam o "tempo presente", a ponto de inventarem para si mesmos um rosto sem porvir?

[191] A humanidade tem diante de si um porvir imenso, como se poderia pedir um ideal qualquer ao passado? Bom, talvez se o compa-rarmos ao *presente*, que talvez seja uma depressão.

[192] O desejo da "felicidade" caracteriza os homens parcial ou totalmente "malformados", os impotentes; os outros não pensam na "felicidade", sua força busca *se gastar*.

[193] Nem a mulher nem o gênio trabalham. A mulher foi até hoje o mais alto luxo da humanidade. Em todos os momentos em que produzimos o melhor de nós mesmos, não trabalhamos. O trabalho não passa de um meio para atingir esses momentos.

[194] A mais ativa de todas as épocas – a nossa –, de toda sua atividade, de todo seu dinheiro, só sabe tirar cada vez mais dinheiro, cada vez mais atividade: de fato, é necessário mais gênio para gastar do que para adquirir!

[195] Tipo: a verdadeira bondade, a nobreza. A grandeza de alma que nasce da plenitude; aquela que não dá para depois tomar – aquela que não se acredita superior porque é boa; – a *prodigalidade* tipo da bondade verdadeira, cuja condição prévia é a riqueza da *personalidade*.

[196] A meta não é a felicidade, é a sensação de potência. Há no homem e na humanidade uma força imensa que quer *se gastar*, criar; é uma cadeia de explosões contínuas que não têm de modo algum a felicidade por meta.

[197] Isto é a felicidade do espírito: ser ungido e destinado pelas lágrimas ao sacrifício.

[198] Guerra à concepção efeminada da "distinção aristocrática"! Uma dose de brutalidade é aí indispensável e uma certa proximidade com o crime. A "satisfação de si" também não faz parte dela; é preciso estar numa situação aventurosa, inclusive para consigo mesmo, tratar-se como um objeto de experiência, querer sua própria perda.

[199] Eu estava falando de sacrifício? Desperdiço os presentes que me dão, eu, o esbanjador de mil e uma mãos; como poderia ainda falar de sacrifícios?

[200] Vossa sede é de serdes vós mesmos sacrifícios e presentes; é por isso que tendes sede de acumular em vós todas as riquezas.

Vosso desejo de tesouros é insaciável, porque insaciável é o desejo de dar de vossa virtude.

Obrigais todas as coisas a vir até vós para que em revanche elas escorram de vossa fonte como os dons de vosso amor.

[201] Mas digam-me: como o ouro chegou a ter o mais alto valor? Porque é raro e inútil, e de um fulgor suave e brilhante; ele é sempre um dom.

[202] A mais alta virtude é rara e inútil, seu fulgor é suave e brilhante: uma virtude que dá é a mais alta virtude.

[203] Amo aquele cuja alma se prodiga, que recusa o agradecimento e não devolve nada: pois ele dá sempre e não quer se reservar.

[204] Ele ainda não tem essa pobreza do rico que contou e recontou seu tesouro – dissipa seu espírito com a ausência de razão da natureza dissipadora.

[205] Não dou esmolas. Não sou pobre o bastante para tanto.

[206] Gostaria de dar e distribuir tanto que os sábios de novo se regozijassem de sua loucura, e os pobres de sua riqueza.

[207] Estou cansado de minha sabedoria: como a abelha que recolhe mel demais, preciso de mãos que se estendam.

III
[Política]

Há um estranho paradoxo: se percebemos a profunda ausência de solução, a profunda ausência de meta e de sentido, então – mas somente então –, com o espírito liberado, abordamos prática, lucidamente, os problemas práticos.

O próprio Nietzsche conheceu luminosas antecipações (cujos aspectos fragmentários só uma leitura apressada – interessada – confunde com o espírito nazista).

Para interpretar de uma maneira DECISIVA, prática, as ideias "políticas" de Nietzsche, introduzo os princípios seguintes:

1. Não se trata mais de remediar a bancarrota da autoridade: TRATA-SE, mais modestamente, DE SUBSTITUIR DEUS. A morte de Deus coloca o problema da soberania humana no plano espiritual: estão em causa a liberdade moral, a soberania do ser moral, não a posse das riquezas materiais.

2. De qualquer jeito, essa soberania se distingue claramente do poder político: ela pode (e, decerto, até deve) ser incompreendida, submetida a incessantes dificuldades; no melhor dos casos, os homens soberanos são distintos dos dominadores.

3. A distância entre esses homens superiores e a massa pode – a meu ver deve – não ter nada em comum com as diferenças políticas que separavam as classes na época feudal. A liberdade moral ganha (GANHA EM LIBERDADE) com o apagamento, a diminuição da carga, a imanência profunda. Isso contra a insistência de Nietzsche e a inútil preocupação que ele teve com novas autoridades políticas.

4. O passado é objeto de um ódio radical. Nenhuma autoridade, nenhuma superioridade devida ao nascimento ou ao dinheiro pode ser defendida: quem se apoia numa ou noutra não vale nada, ambas estão condenadas sem recurso.

O único princípio que pode ser evocado é o de uma aristocracia intelectual da mesma natureza que a da Igreja.

5. De acordo com vagas, porém suficientes, indicações de Nietzsche, o lugar na sociedade desses homens soberanos, nos dois sentidos independentes do poder do Estado, é o das sociedades secretas (arcaicas ou não), das Igrejas. Posso imaginar uma comunidade com a forma mais frouxa possível, ou mesmo informe: a única condição é que uma experiência da liberdade moral seja posta em comum, não reduzida à significação plana, que se anula e se nega a si mesma, da liberdade particular.

6. Acredito que a completa liberdade moral é a única garantia, no final, das liberdades políticas. E mesmo: que só um "espírito livre" poderia colocar de maneira razoável o bastante os problemas econômicos, oferecer-lhes as soluções humanas, com a BOA CONSCIÊNCIA, A INOCÊNCIA que isso supõe. Todo homem de uma liberdade menor é um perigo para a liberdade dos outros, pois subordina a solução das dificuldades materiais a seus entraves morais.

[208] Vejo uma provação, um risco, em qualquer comando; e sempre, se comanda, o vivente coloca a si mesmo em jogo.

Bem mais, se comanda a si mesmo, deve ainda expiar seu comando, fazer-se o juiz, o vingador e a vítima de suas próprias leis.

[209] Meus inimigos se tornaram poderosos, desfiguraram minha doutrina: meus preferidos coram com os presentes que lhes fiz.

Perdi meus amigos, chegou a hora de buscar aqueles que perdi.

[210] Amo aquele que fica com vergonha se o dado cai a seu favor e pergunta: "será que trapaceei?", pois ele quer perecer.

[211] Amo aquele cuja alma é tão rica que ele se esquece de si mesmo e de que todas as coisas estão nele: assim, todas as coisas se tornam sua queda.

[212] Nosso caminho segue para cima, indo de um possível a outro mais elevado. Mas é um horror para nós o senso degenerado que diz: "tudo para mim".

[213] A necessidade de distinção, de mudança, de devir pode ser a expressão de uma força exuberante e prenhe de porvir (emprego nesse caso o termo "dionisíaco"), mas pode ser também o *ódio* no homem malformado, indigente, deserdado, que destrói e deve destruir, porque tudo o que é, e o próprio ser, revolta-o e o irrita.

[214] Uma nova nobreza é necessária, oposta a tudo que seja populacho e déspota.

[215] O que é nobre? – Sentir-se sempre "em representação". Buscar as situações em que precisamos de atitudes. Abandonar a felicidade ao *grande número*, essa felicidade que é paz da alma, virtude, conforto, mercantilismo anglo-angélico *à la* Spencer. Buscar instintivamente as responsabilidades pesadas. Saber fazer inimigos por toda parte; no pior dos casos, fazer um inimigo de si mesmo.

[216] A antiga moral tinha seus limites no interior da espécie; todas as antigas morais serviam *em primeiro lugar* para dar à espécie uma estabilidade absoluta: quando esta é obtida, um fim mais alto pode ser buscado.

O primeiro desses movimentos é absoluto: nivelamento da humanidade, grandes formigueiros, etc.

O outro movimento, meu movimento, é, ao contrário, a agravação de todos os contrastes e de todos os fossos, a supressão da igualdade, a criação de onipotentes.

A antiga moral produz o último homem; meu movimento, o super-homem. A meta não é que os super-homens sejam considerados os mestres dos últimos homens; é preciso que duas espécies existam uma ao lado da outra, separadas o quanto for possível: uma que, semelhante aos *deuses epicurianos, não se ocupa da outra.*

[217] *Necessidade* de provar que é necessário *opor uma resistência* à exploração econômica crescente do homem e da humanidade, a um mecanismo cada vez mais emaranhado de interesses e de produção. Chamo essa reação de *eliminação do luxo supérfluo da humanidade;* nesse movimento se manifestará uma raça *mais vigorosa*, um tipo superior cujo nascimento e cuja conservação estarão sujeitos a condições diferentes

das do homem vulgar. Minha concepção, meu *símbolo* para esse tipo, como se sabe, é a palavra "super-humano".

Ao longo dessa primeira etapa que se pode agora abranger com o olhar, serão observados os fenômenos seguintes: adaptação, nivelamento, forma superior da "chinesidade", modéstia dos instintos, satisfação de si no interior de uma humanidade apequenada – uma espécie de *nível de estagnação da humanidade*. Quando a Terra tiver sido organizada dessa maneira uniforme, inevitável e iminente, o melhor emprego da humanidade poderá ser o de lhe servir de mecanismo dócil, como um imenso movimento de relógio com engrenagens cada vez mais miúdas, cada vez mais delicadamente adaptadas umas às outras, como um procedimento para tornar cada vez mais inúteis todos os fatores de comando e de dominação, como um conjunto de uma força infinita cujos fatores representarão forças mínimas, valores mínimos.

Por oposição a esse apequenamento, a essa adaptação do homem a uma utilidade mais especializada, um movimento inverso é necessário, o qual produzirá o homem *sintético, totalizador, justificador*, aquele cuja existência exige essa mecanização da humanidade, porque é sobre essa base que ele poderá inventar e construir sua forma de existência.

Ele precisa da hostilidade da massa, dos homens "nivelados", do sentimento de sua distância em relação a eles; se estabelece sobre eles, alimenta-se deles. Essa alta forma da *aristocracia* é a do futuro. Moralmente falando, esse mecanismo de conjunto, a solidariedade de todas suas engrenagens, representa um máximo na *exploração da humanidade*; mas pressupõe seres cuja existência atribui um sentido a essa exploração. Caso contrário, ele significaria, de fato, apenas uma baixa geral, uma desvalorização do tipo homem, uma regressão em grande estilo.

Logo se vê, o que combato é o otimismo *econômico*, a ideia de que o dano crescente de todos deveria aumentar o lucro de todos. É o contrário que me parece verdadeiro: *os custos de todos se totalizam numa perda global;* a humanidade *declina* tanto que não se sabe mais para que serviu essa evolução gigantesca. Uma meta – uma nova meta –, é disso que a humanidade precisa.

[218] Para além dos dominadores, libertos de todos os laços, vivem os homens superiores; e os dominadores lhes servem de instrumentos.

[219] Instintivamente, o homem de eleição busca um castelo forte, um retiro isolado, que o *salve* da massa, do grande número, onde ele possa esquecer a regra "homem" na medida em que é a exceção dela.

[220] Os trabalhadores viverão um dia como vivem hoje os burgueses; mas acima deles, distinguindo-se por sua ausência de necessidades, viverá a casta superior; mais pobre e mais simples, mas em posse da potência.

[221] A resistência que temos de vencer constantemente para *nos manter acima* é a medida de nossa liberdade, seja para o indivíduo, seja para as sociedades, supondo-se que a liberdade seja uma força positiva, uma vontade de potência. A forma suprema da liberdade individual, da soberania, germinaria portanto, com toda verossimilhança, nem a cinco passos de seu contrário, no lugar onde o perigo da escravidão paira sobre a existência como uma centena de espadas de Dâmocles. Basta examinar a história desse ponto de vista: as épocas em que o "indivíduo" chega a tamanha maturidade, torna-se *livre*, em que o tipo clássico do *homem soberano* é atingido, certamente nunca foram épocas humanitárias.

[222] Zaratustra feliz que a luta de classes tenha passado e que tenha finalmente chegado o tempo de uma hierarquia de indivíduos. O ódio pelo sistema democrático de nivelamento está apenas no primeiro plano; na realidade, ele está muito feliz que se tenha chegado aí. Agora, pode cumprir sua tarefa.

Seus ensinamentos dirigiam-se até hoje unicamente à futura casta dos soberanos. Esses senhores da terra devem agora substituir Deus e angariar a confiança profunda e sem reserva daqueles sobre os quais reinam. Primeiramente: sua nova santidade, o mérito de sua renúncia à felicidade e ao conforto. Eles oferecem aos mais humildes uma esperança de felicidade, mas não a si mesmos.

[223] Que vossa nobreza nunca olhe para trás e sim *para fora*; sereis expulsos de todas as pátrias; de todos os países de pais e de ancestrais. Amareis o *país de vossos filhos*[*]: que esse amor seja vossa nova nobreza.

---

[*] A oposição marcada em alemão entre *Vaterland*, pátria, literalmente "país dos pais", e *Kinderland*, "país dos filhos" (ou crianças), não é traduzível.

Ele ainda está por ser descoberto para além dos mares mais distantes: é ele que designo à busca sem fim de vossas velas. Deveis vos *redimir* junto a vossos filhos por serdes filhos de vossos pais; assim, deveis vos liberar de todo o passado.

[224] Solitários de hoje, que viveis separados, sereis um dia um povo: de vós que escolhestes a vós mesmos nascerá um povo escolhido – de que o super-homem será o resultado.

[225] Estranho! sou constantemente dominado por esse pensamento de que minha história não é somente uma história pessoal, de que sirvo aos interesses de muitos homens vivendo como vivo, formando-me, contando-o; sempre me parece que sou uma coletividade, a que dirijo exortações graves e familiares.

[226] Se agora, depois de um longo isolamento voluntário, dirijo-me novamente aos homens e grito para eles: "Onde estão vocês, meus amigos?", é porque grandes coisas estão em jogo.

Quero criar uma ordem nova: *uma ordem de homens superiores*, junto aos quais as consciências e os espíritos atormentados irão se aconselhar; homens que, como eu, saberão não apenas viver afastados dos credos políticos e religiosos, mas também terão triunfado sobre a própria moral.

[227] Não esqueçamos, por fim, o que é uma Igreja em oposição a cada "Estado": acima de tudo, uma Igreja é um edifício de dominação que assegura a *intelectuais* a mais alta posição, que *crê* na potência da intelectualidade: a ponto de se proibir qualquer recurso à grosseira violência – basta isso para que a Igreja seja, sob todos os aspectos, uma instituição *mais nobre* que o Estado.

[228] Nós que nunca tivemos pátria – não temos escolha, temos de ser conquistadores e exploradores: talvez possamos deixar a nossos descendentes aquilo que nos faltou – talvez lhes deixemos uma pátria.

[229] Se nós, os *amigos da vida*, não inventarmos alguma organização capaz de nos conservar, será o fim de tudo.

IV
[Estados místicos]

O pensamento de Nietzsche é inteiramente tensionado em direção à integridade do homem. É por rejeitar a fragmentação – a honesta atividade limitada, provida de um sentido – que ele leva a tão perigosos desfalecimentos. Deus cessando de distribuir a cada homem sua tarefa, um homem deve assumir a tarefa de Deus: o qual, não podendo de modo algum se limitar, perde até mesmo a sombra de um "sentido"... Nietzsche não podia mais isolar problemas. A questão moral é também política, e reciprocamente. A moral é ela própria EXPERIÊNCIA MÍSTICA. *Isso em todo o* ZA-RATUSTRA. *Essa experiência, como a moral liberada de qualquer fim a servir, é por isso mesmo uma experiência moral: escalando os cimos do mal e do riso – feita das desconcertantes liberdades do não-sentido e de uma glória vazia.*

[230] É preciso compreender, o quanto antes, o que mais faz falta a nossas grandes cidades: uma vasta extensão silenciosa reservada à meditação, com altas, espaçosas e longas galerias para o mau tempo e o sol muito forte, onde nenhum barulho de carroças, nenhum grito das ruas penetrassem, onde, mesmo ao padre, uma decência mais delicada proibiria a prece em voz alta: arquiteturas e jardins que, no conjunto, exprimiriam o lado sublime do recolhimento e do afastamento do mundo. Já passou o tempo em que a Igreja teve o monopólio da meditação, em que a *vita contemplativa* devia ser sempre em primeiro lugar *vita religiosa* (e tudo o

que a Igreja edificou é a expressão desse pensamento). Como poderíamos nos contentar com esses monumentos, mesmo despojados de seu sentido eclesiástico? esses monumentos falam uma linguagem demasiado patética e demasiado embaraçada: são as casas de Deus e os lugares de aparato do comércio com o além; não podemos, nós, os sem Deus, acompanhar neles o curso de *nossos pensamentos*. Queremos nos traduzir a nós mesmos em pedra e em vegetação, queremos passear em *nós mesmos* ao errarmos por esses pórticos e por esses jardins.

[231] Amarei até mesmo as igrejas e os túmulos dos deuses quando o céu olhar com um olho claro através dos tetos caídos; como a relva e a papoula vermelha, adoro estar sentado sobre as igrejas destruídas.

[232] Grande demais era a carga de minha nuvem; entre as gargalhadas do relâmpago, quero lançar saraivadas de granizo nas profundezas.

[233] Vocês nunca ousaram lançar seu espírito num fosso de neve: vocês não são ardentes que chega: por isso ignoram os deleites do frio.

[234] Vocês não são águias: por isso não sentiram a felicidade até no terror do espírito. É preciso ser pássaro para repousar sobre abismos.

[235] A vida: a saber, para nós, transformar tudo o que somos em luz e em chamas; e tudo o que nos toca. Não podemos agir de outro modo.

[236] O novo sentimento da potência: o estado místico; e o racionalismo mais claro, mais ousado, servindo de caminho para chegar até ele.
A filosofia, expressão de um estado de alma extraordinariamente *elevado*.

[237] Um arrebatamento, cuja extrema tensão, de tempos em tempos, resolve-se em torrente de lágrimas, durante o qual involuntariamente o passo ora se precipita, ora torna-se lento; um estado de alma absolutamente "fora de si", com a consciência clara de seus inumeráveis *frissons*, de seus derramamentos transbordantes até os dedos

do pé; um abismo de felicidade onde a extrema tristeza e a extrema dor deixam de ser contraditórias e surgem como a condição e o resultado, como uma *indispensável* cor dentro de tais excessos de luz; um instinto dos ritmos exaltando vastos mundos de formas – pois a amplidão do ritmo de que precisamos dá a medida da inspiração: quanto mais ela esmaga, mais amplia...

Tudo isso se passa involuntariamente, como numa tempestade de liberdade, de absoluto, de força, de divindade...

[238] Se alguém frequentemente voa em seus sonhos, se, assim que começa a sonhar, tem consciência de seu poder de voar, de sua ciência, como de um privilégio e mesmo da mais pessoal e da mais invejável das sortes, imaginando atingir num pequeno impulso todo tipo de curvas e de desvios, com um sentimento de leveza divina, de ascensões sem tensão nem pressão, de descidas sem abandono, sem rebaixamento – sem *peso*! –, como o homem dessas experiências e desses costumes de sonho não sentiria no final a palavra "felicidade" muito mais colorida, muito mais precisa, mesmo no estado de vigília, como não buscaria a felicidade com muito mais intensidade? O "esvoaçar" dos poetas comparado a esse "voo" lhe pareceria terra a terra, tenso, violento, "pesado".

[239] O que podemos fazer se somos feitos para respirar o ar puro, nós, os rivais do raio de luz, se temos vontade de cavalgar, como esse raio, as poeiras do éter, não para nos afastar do sol, mas para *ir até ele*! Porém, não podemos fazer isso: então queremos fazer o que está em nosso poder: trazer a luz para a terra, ser "a luz da terra"! Temos para isso nossas asas, nossa rapidez e nossa severidade, para esse fim somos viris e até mesmo apavorantes, como o fogo. Que nos temam aqueles que não podem encontrar em nós seu calor e sua luz!

[240] Parece-me que é uma das mais raras honras que alguém pode fazer a si mesmo tomar nas mãos um livro meu, suponho mesmo que tire os sapatos – para não falar das botas... Um dia em que o Dr. Heinrich von Stein se queixava honestamente para mim de não compreender nada do Zaratustra, eu lhe disse que era assim mesmo: compreender seis frases dele, isto é, tê-las *vivido*, eleva a um círculo de mortais acima daquele aonde podem entrar os homens "modernos".

[241] Definição do místico: aquele que tem felicidade suficiente ou em demasia e que busca uma linguagem para sua felicidade, porque gostaria de *presenteá-la*.

[242] Estados em que *transfiguramos* as coisas e as *enchemos* com nossa própria plenitude e nossa própria alegria de viver: o instinto sexual, a embriaguez, as refeições, a primavera, a vitória, a zombaria, o trecho de bravura, a crueldade, o êxtase religioso. Três elementos essenciais: o *instinto sexual,* a *embriaguez,* a *crueldade* – todos fazem parte das mais antigas festas da humanidade.

[243] O mais longínquo, o mais profundo do homem, suas altitudes de estrelas e suas forças monstruosas, tudo isso não ferve no tacho de vocês?

[244] É preciso querer *viver* os grandes problemas, pelo corpo e pelo espírito.

[245] Sempre coloquei em meus escritos toda minha vida e toda minha pessoa, ignoro o que possam ser problemas puramente intelectuais.

[246] Quero despertar a maior desconfiança contra mim. Falo unicamente de coisas vividas; não me limito a operações da cabeça.

[247] Considerar sua vida interior como um drama é um grau superior ao simples sofrimento.

[248] – Mas onde vão dar no final as águas de tudo o que há de grande e de sublime no homem? Não há para essas torrentes um oceano?
Seja esse oceano, e haverá um.

[249] Só conheceis essas coisas em estado de pensamentos, mas vossos pensamentos não são em vós experiências vividas, são apenas o eco dos pensamentos dos outros, assim, vosso quarto estremece quando passa um carro de bois. Mas eu, eu estou no carro, muitas vezes sou o próprio carro.

[250] E quantos novos deuses são ainda possíveis! Eu mesmo, em quem o instinto religioso, isto é, *criador* de deuses, se agita por vezes de maneira inconveniente, de quantos modos diversos tive a cada vez a revelação do divino!... Vi passarem tantas coisas estranhas nesses instantes situados fora do tempo, que surgem em nossa vida como caídos da lua, em que não sabemos mais quão velhos já somos, quão jovens voltaremos a ser...

[251] O que não quer a alegria? nela a sede, o coração, a fome, o segredo, o pavor são maiores que toda dor, ela própria se quer e se morde, luta nela o anelo do anel;
– ela quer o amor e o ódio; rica demais, dá e joga longe, mendiga ardente do desejo de que a tomem, agradece àquele que a toma; amaria ser odiada;
– tão rica é a alegria que ela aspira à dor, ao inferno, ao ódio, à vergonha, à enfermidade, ao mundo...

[252] Há altitudes da alma de onde a própria tragédia deixa de ser trágica; e toda a desgraça do mundo reduzida à unidade, quem ousaria decidir se sua visão levará necessariamente à piedade, e assim ao redobramento da desgraça?

[253] O ser mais rico em exuberância de vida, Dionísio, o homem dionisíaco, ama não apenas olhar o que causa terror e dúvida, mas ama também por si mesmos o terror e todo luxo de destruição, de ruína e de negação. De algum modo, a maldade, o não-sentido, a feiura lhe parecem permitidos, em razão de um excesso de forças criadoras e fecundantes, capazes de transformar os desertos em regiões luxuriantes.

[254] Aí estão esperanças; mas o que vocês verão aí, o que escutarão, se não viveram em suas almas a glória, o incêndio, a aurora?

[255] Meu sábio desejo gritava e ria. Ele nasceu sobre as montanhas – sabedoria selvagem em verdade! –, esse grande desejo como um barulho de asas. Com frequência me arrebatava no riso, mais longe, mais alto, para trás e para dentro: eu voava fremindo como uma flecha, em êxtases ébrios de sol.

[256] E que como falsa seja tida por nós toda verdade que não foi acolhida por uma gargalhada.

[257] Quem de nós pode ao mesmo tempo rir e ser elevado?
Quem escala as mais altas montanhas ri de todas as tragédias, representadas e reais.

[258] A despeito desse filósofo que buscava, como bom inglês, denegrir o riso junto a todas as cabeças pensantes – "o riso é uma sorrateira enfermidade da natureza humana, que cada cabeça pensante se esforçará por superar" (Hobbes) –, me permitirei até classificar os filósofos de acordo com a qualidade de seu riso – até o topo, até aqueles que explodem numa risada *dourada*. Supondo-se que os próprios deuses filosofem – suposição a que mais de uma indução me conduziu –, não duvido de que riam de uma maneira nova e super-humana – às expensas de toda a seriedade do mundo! Pois os deuses são zombeteiros, não conseguem evitar rir, ao que parece, mesmo nas cerimônias sagradas.

[259] Essa coroa do risonho, essa coroa de rosas: coloquei-a eu mesmo sobre minha cabeça, eu mesmo canonizei minha risada. Até hoje não encontrei ninguém forte o bastante para fazer isso.

[260] Qual foi até hoje o maior pecado sobre a terra? Não foi a palavra daquele que disse: "Desgraçados aqueles que riem neste mundo!"?

[261] Um Deus que viesse para a Terra deveria fazer unicamente a injustiça; divino não seria assumir a punição, e sim a *culpa*.

[262] Aquele com quem somos mais desonestos é nosso Deus: ele não tem o direito de pecar.

[263] O gozo e a inocência são as duas coisas mais pudicas; não podemos buscar nem uma nem outra. É preciso *possuí-las* – ainda é melhor *buscar* a culpa e a dor.

[264] O homem é como a árvore. Quanto mais se eleva ao céu e à luz, mais fortemente se afundam suas raízes na terra, para baixo, na escuridão e na profundeza – no mal.

[265] Sobre a crueldade, devemos desaprender e abrir os olhos. Devemos estar afinal bastante impacientes para que tais erros, pesados e imodestos – como aqueles que os antigos e novos filósofos nutrem a respeito da tragédia –, cessem de ostentar sua insolência e sua virtude. Quase tudo a que chamamos "cultura superior" repousa sobre a espiritualização e o aprofundamento da *crueldade* – é essa minha posição. A "fera" não foi morta: ela vive e prospera, tendo apenas se divinizado. O que faz a volúpia dolorosa da tragédia é a crueldade. O que tem agradáveis efeitos na pretensa piedade trágica e mesmo em todo sublime e até nos mais altos e mais delicados frêmitos da metafísica extrai toda sua doçura dos ingredientes de crueldade que se misturam aí. O romano na arena, o cristão nos arrebatamentos da cruz, o espanhol à vista das fogueiras e das touradas, o japonês de hoje em dia precipitando-se para a tragédia, o trabalhador parisiense dos subúrbios que sente saudade de revoluções sangrentas, a wagneriana, com a vontade desmontada, deixando passar sobre ela a tempestade de Tristão – aquilo de que todos eles gozam, que tentam beber, queimando com um ardor misterioso, é o filtro da grande Circe "Crueldade". É verdade que, para compreender isso, devemos nos livrar da velha psicologia dos patetas, que se limitava a dizer da crueldade que ela nasce diante da visão dos sofrimentos de outrem: há nos sofrimentos que experimentamos, que nos infligimos, uma volúpia transbordante.

[266] De todos os animais, o homem é o mais cruel. Foi nas tragédias, nas touradas e nas crucificações que ele se sentiu melhor até hoje na Terra. E quando inventou para si mesmo o inferno, vejam só, isso foi para ele o céu na terra.

[267] Minha primeira solução: o *prazer* trágico de ver decair o que há de mais alto e de melhor (porque o consideramos como limitado demais em relação ao Todo), mas esta não é mais que uma maneira mística de pressentir um "bem" superior.

Minha segunda solução: o bem supremo e o mal supremo são idênticos.

[268] Ver as naturezas trágicas caírem por terra e *poder rir disso*, apesar da profunda compreensão, emoção e simpatia que sentimos, isso é divino.

[269] Muitas coisas me dão nojo nos bons, e na verdade não é o mal deles. Gostaria que tivessem uma loucura de que morressem, como esse criminoso pálido.

[270] Cada virtude inclina à tolice, e cada tolice à virtude.

[271] O advento do Deus cristão – o máximo de divindade até aqui – trouxe, por isso mesmo, para a terra um máximo de sentimento de culpa. Supondo que tenhamos ido, pouco a pouco, no sentido contrário, poderíamos concluir com alguma verossimilhança que houve um irresistível declínio da crença no deus cristão, um declínio, a partir de agora acentuado, da consciência de culpa humana; poderíamos até prever que o triunfo completo e definitivo do ateísmo liberaria a humanidade de qualquer sentimento de culpa em relação a sua origem, a sua *causa prima*. O ateísmo e uma espécie de *segunda inocência* estão ligados um ao outro.

[272] Muitas vezes, o criminoso não está à altura de seu ato, ele o apequena e o calunia.

[273] Encontrem para mim uma justiça que absolva todos os culpados, à exceção do juiz!

[274] Os gregos não estavam longe de pensar que o próprio sacrilégio podia ter nobreza – mesmo o roubo no caso de Prometeu, mesmo o massacre de gado, expressão de um ciúme insensato, no caso de Ajax: a necessidade que sentiram de desviar a nobreza em proveito do sacrilégio, de anexar a nobreza ao sacrilégio, está na origem da tragédia.

[275] *A quem chamas mau?* – Àquele que quer sempre envergonhar.

[276] *O que é para ti a coisa mais humana?* – Poupar alguém da vergonha.

[277] *Qual é o sentido da liberdade consumada?* – Não mais se envergonhar diante de si mesmo.

[278] Precisarás ainda te tornar uma criança e sem vergonha.

O orgulho da juventude ainda te domina, te tornaste jovem tardiamente: quem quer se tornar criança deve também vencer sua juventude.

[279] O que os pregadores de moral não fantasiaram sobre a "miséria" interior dos maus! Como *mentiram* para nós sobre o infortúnio daqueles que cedem à paixão! – em verdade, mentir é a palavra certa: eles conhecem muito bem a felicidade transbordante dessa espécie de homens, mas a calaram por ser uma contradição de sua teoria segundo a qual a felicidade exige que façamos morrer em nós a paixão, calar a vontade.

[280] A independência é algo para poucos: é o privilégio dos fortes. E quem a experimenta, mesmo com todo direito, mas sem se sentir obrigado a isso, mostra que é decerto não apenas forte, mas também ousado até a desrazão. Perde-se num labirinto, multiplica ao infinito os perigos que a vida por si só já trazia. Não é o menor desses perigos o fato de ninguém saber onde nem como o audacioso se extravia e se faz dilacerar na solidão por algum cavernoso Minotauro da consciência. Se um homem desses cai por terra, isso acontece tão longe da compreensão humana que ninguém poderá sentir nada; e nenhum retorno é possível! nenhum retorno, nem mesmo à simpatia dos seres humanos!

Referências

1. *Zaratustra*, I, Do ler e escrever;* 4/48.**
2. *Zaratustra*, III, Os sete selos, 7; 4/291.
3. *Zaratustra*, II, O menino com o espelho; 4/107.
4. *A gaia ciência*, aforismo 248; 3/515.
5. *Frag. póst. 1882-1884* (*Volonté de puissance*,*** II, p. 388); 10/499.
6. *Além do bem e do mal*, aforismo 278; 5/229.
7. *Além do bem e do mal*, aforismo 290; 5/234s.
8. *Além do bem e do mal*, aforismo 289; 5/233s.
9. *Frag. póst. 1882-1885* (*Volonté de puissance*, II, p. 388); 11/338.
10. *Zaratustra*, IV, O canto ébrio, 8; 4/401.
11. *Frag. póst. 1881-1886* (*Ainsi parlait Zarathoustra*,**** notas, p. 302); 11/372.
12. *A gaia ciência*, Prólogo, I; 3/346.
13. *Além do bem e do mal*, aforismo 99; 5/91.
14. *Zaratustra*, IV, Do homem superior, 7; 4/360.
15. *Zaratustra*, II, O canto noturno; 4/136.

---

* Cito os títulos dos capítulos de *Zaratustra* conforme a tradução de Paulo César de Souza, *Assim falou Zaratustra: um livro para todos e para ninguém*. São Paulo: Companhia das Letras, 2011. (N.T.)

** Além das referências fornecidas por Bataille, insiro aqui – graças ao trabalho de Gerd Bergfleth, que preparou a edição alemã do *Memorandum* (Ver BATAILLE, Georges. *Wiedergutmachung an Nietzsche. Das Nietzsche-Memorandum und andere Texte*. München: Matthes & Seitz, 1999) – o volume e a página em que o leitor encontrará a citação na edição de referência das obras de Nietzsche: *Sämtliche Werke*. Kritische Studienausgabe in 15 Bdn., hrsg. von Colli und Montinari, dtv/de Gruyter, 1980. (N.T.)

*** Salvo indicação contrária, *Volonté de puissance* se refere aqui à tradução em dois volumes de Geneviève Bianquis feita a partir da edição estabelecida por Friedrich Würzbach (Paris: Gallimard, 1935 e 1937). (N.T.)

**** Bataille remete à tradução de Maurice Betz, *Ainsi parlait Zarathoustra*. Paris: Gallimard, 1936. (N.T.)

16. *Zaratustra*, II, O canto noturno; 4/136.

17. *Além do bem e do mal*, aforismo 285; 5/232.

18. *A gaia ciência*, aforismo 125; 3/480ss.

19. *A gaia ciência*, aforismo 343; 3/573s.

20. *Além do bem e do mal*, aforismo 55; 5/74.

21. *A gaia ciência*, aforismo 108; 3/467.

22. *Zaratustra*, II, Nas ilhas bem-aventuradas; 4/110.

23. *A gaia ciência*, aforismo 285; 3/527s.

24. *Zaratustra*, I, Da virtude dadivosa, 3; 4/102.

25. *A gaia ciência*, aforismo 124; 3/480.

26. *A gaia ciência*, aforismo 347; 3/583.

27. *Zaratustra*, IV, Aposentado; 4/324s.

28. *A gaia ciência*, aforismo 357; 3/600.

29. *Frag. póst. 1882* (*Volonté de puissance*, II, p. 133); 9/651.

30. *Frag. póst. 1882* (*Volonté de puissance*, II, p. 133); 9/577.

31. *Frag. póst. 1884* (*Volonté de puissance*, II, p. 367); 11/33.

32. *Frag. póst. 1881-1886* (*Volonté de puissance*, II, p. 305); 10/103**.

33. *A gaia ciência*, aforismo 357; 3/600.

34. *Frag. póst. 1885-1886* (*Volonté de puissance*, II, p. 116); 12/142.

35. *Frag. póst. 1885* (*Volonté de puissance*, II, p. 116); 11/503.

36. *Frag. póst. 1885-1886* (*Volonté de puissance*, II, p. 188); 12/120.

37. *Além do bem e do mal,* aforismo 8; 5/21.

38. *Frag. póst. 1884* (*Volonté de puissance*, I, p. 209); 11/253.

39. *Além do bem e do mal*, aforismo 22; 5/37.

40. *A gaia ciência*, aforismo 382; 3/636s.

41. *A gaia ciência*, Prólogo, 3; 3/350s.

42. *Além do bem e do mal*, aforismo 295; 5/239.

43. *Zaratustra*, I, Da virtude dadivosa, 3; 4/101.

44. *Zaratustra*, I, Da virtude dadivosa, 3; 4/101.

45. *A gaia ciência*, aforismo 106; 3/463s.

46. *Frag. póst. 1886* (*Obras*, ed. Kröner**, XI, p. 164); 12/234.

47. *Zaratustra*, II, Das tarântulas; 4/131.

48. *Zaratustra*, II, Da superação de si mesmo; 4/148.

49. *Além do bem e do mal*, aforismo 73; 5/86.

---

* Os asteriscos indicam que há alguma discrepância entre o trecho citado e a lição das *Sämtliche Werke*. (N.T.)

** Bataille se refere a uma das edições das obras de Nietzsche organizadas por sua irmã "Elisabeth Judas-Förster" (como a apelidou Bataille) e publicadas entre 1894 e 1930 pela editora Kröner, de Leipzig. (N.T.)

50. *Zaratustra*, I, Da virtude dadivosa, 3;4/101.

51. *Zaratustra*, II, Nas ilhas bem-aventuradas; 4/110.

52. *Frag. póst. 1885-1886* (*Volonté de puissance*, II, p. 368); 12/113.

53. *Frag. póst. 1881-1882* (*Volonté de puissance*, I, p. 209); 9/650.

54. *Frag. póst. 1880-1881* (*Volonté de puissance*, II, p. 180); 9/413.

55. *Frag. póst. 1881-1882* (*Volonté de puissance*, II, p. 112); 9/601.

56. *Frag. póst. 1888* (*Volonté de puissance*, II, p. 345); 13/266s*.

57. *Zaratustra*, II, Nas ilhas bem-aventuradas; 4/110.

58. *Frag. póst. 1885-1886* (*Volonté de puissance*, I, p. 45); 11/629.

59. *Frag. póst. 1885-1886* (*Volonté de puissance*, II, p. 369); 11/658.

60. *Zaratustra*, I, Prólogo, 4; 4/15ss.

61. *Zaratustra*, I, Prólogo, 4; 4/15ss.

62. *Zaratustra*, I, Prólogo, 4; 4/15ss.

63. *Zaratustra*, I, Prólogo, 4; 4/15ss.

64. *Zaratustra*, I, Prólogo, 4; 4/15ss.

65. *Zaratustra*, I, Prólogo, 4; 4/15ss.

66. *Zaratustra*, I, Prólogo, 3; 4/15ss.

67. *Zaratustra*, III, De velhas e novas tábuas, 19; 4/260.

68. *Zaratustra*, III, O convalescente, 2; 4/274.

69. *Zaratustra*, IV, Do homem superior, 6; 4/359.

70. *Frag. póst. 1887* (*Volonté de puissance*, II, p. 282); 12/513 + 13/204.

71. *A gaia ciência*, aforismo 2; 3/373.

72. *A gaia ciência*, aforismo 293; 3/533.

73. *Frag. póst. 1888* (*Volonté de puissance*, II, p. 297); 13/346.

74. *A gaia ciência*, aforismo 33; 3/404.

75. *Além do bem e do mal*, aforismo 227; 5/162s.

76. *A gaia ciência*, aforismo 24; 3/399.

77. *Frag. póst. 1884* (*Volonté de puissance*, II, p. 234); 11/248.

78. *Além do bem e do mal*, Prólogo; 5/12s.

79. *Zaratustra* III, Do espírito de gravidade, 1; 4/241.

80. *Ecce homo*, Prefácio, 2; 6/258.

81. *A gaia ciência*, aforismo 153; 3/496.

82. *Além do bem e do mal*, aforismo 223; 5/157.

83. *Frag. póst. 1882-1884* (*Volonté de puissance*, p. 239); 10/394.

84. *Frag. póst. 1888* (*Volonté de puissance*, II, p. 326); 13/217 + 14/758s*.

85. *Frag. póst. 1885-1886* (*Volonté de puissance*, II, p. 368); 12/150*.

86. *A gaia ciência*, aforismo 183; 3/502.

87. *Frag. póst. 1888* (*Volonté de puissance*, II, p. 116-117); 13/535.

88. *A gaia ciência*, aforismo 107; 3/464s.

89. *A gaia ciência*, aforismo 256; 3/517.

90. *Zaratustra*, I, Do ler e escrever; 4/49.

91. *Frag. póst. 1884* (*Volonté de puissance*, II, p. 116); 11/52.

92. *Frag. póst. 1888* (*Volonté de puissance*, II, p. 381); 13/454.

93. *Frag. póst. 1881-1882* (*Volonté de puissance*, II, p. 355); 11/617.

94. *Zaratustra*, IV, O canto ébrio, 10; 4/402.

95. *Zaratustra*, III, Do grande anseio; 4/280.

96. *Frag. póst. 1887-1888* (*Volonté de puissance*, II, p. 141); 12/510.

97. *A gaia ciência*, aforismo 32; 4/403.

98. *Zaratustra*, I, Da morte voluntária; 4/95.

99. *Zaratustra*, I, Do ler e escrever; 4/48.

100. *Zaratustra*, IV, O canto ébrio, 10; 4/402.

101. *Zaratustra* III, Os sete selos, 6; 4/290.

102. *Frag. póst. 1881-1882* (*Volonté de puissance*, II, p. 365); 9/625.

103. *A gaia ciência*, aforismo 314; 3/548.

104. *A gaia ciência*, aforismo 270; 3/519.

105. *Frag. póst. 1888* (*Volonté de puissance*, II, p. 323); 13/464s.

106. *Zaratustra*, III, Do espírito de gravidade, 1; 4/241.

107. *Zaratustra*, II, Dos sábios famosos; 4/134.

108. *Frag. póst. 1887-1888* (*Volonté de puissance*, I, p. 35); 13/190.

109. *Genealogia da moral*, III, 13; 5/367.

110. *Além do bem e do mal*, aforismo 76; 5/87.

111. *Frag. póst. 1885* (*Volonté de puissance*, II, p. 105); 11/571.

112. *Frag. póst. 1885* (*Volonté de puissance*, II, p. 368); 11/576.

113. *Zaratustra*, III, Do grande anseio; 4/278.

114. *Zaratustra*, II, Dos sábios famosos; 4/133.

115. *Zaratustra*, III, Do grande anseio; 4/278.

116. *Zaratustra*, I, Da morte voluntária; 4/94.

117. *Zaratustra*, I, Da morte voluntária; 4/93.

118. *Frag. póst. 1888* (*Volonté de puissance*, II, p. 126); 13/602.

119. *Além do bem e do mal*, Prólogo; 5/11.

120. *Zaratustra*, IV, Do homem superior, 4; 4/358.

121. *Além do bem e do mal*, aforismo 292; 5/235.

122. *Frag. póst. 1887* (*Volonté de puissance*, II, p. 354); 12/506.

123. *Genealogia da moral*, III, 8; 5/353.

124. *Zaratustra*, IV, A última ceia; 4/355.

125. *Além do bem e do mal*, aforismo 44; 5/62s.

126. *A gaia ciência*, Prólogo, 3; 3/350.

127. *Além do bem e do mal*, aforismo 160; 5/161.

128. *Frag. póst. 1881-1882* (*Volonté de puissance*, II, p. 360); 9/640s.

129. *Frag. póst. 1885-1886* (*Volonté de puissance*, II, p. 377); 10/210.

130. *Frag. póst. 1885-1886* (*Volonté de puissance*, I, p. 206); 12/33.

131. *Frag. póst. 1882-1886* (*Volonté de puissance*, II, p. 390); 11/207.

132. *Frag. póst. 1883* (*Volonté de puissance*, II, p. 390); 10/512*.

133. *Zaratustra*, Prólogo, 5; 4/19.

134. *A gaia ciência*, aforismo 322; 3/552.

135. *Frag. póst. 1882-1888* (*Ainsi parlait Zarathoustra*, notas, p. 307); 10/437.

136. *Frag. póst. 1883-1888* (*Volonté de puissance*, II, p. 384); 10/342.

137. *Além do bem e do mal*, aforismo 71; 5/86.

138. *Zaratustra*, II, Da redenção; 4/178s.

139. *Frag. póst. 1887* (*Volonté de puissance*, II, p. 323); 12/403s.

140. *A gaia ciência*, aforismo 113; 3/474.

141. *A gaia ciência*, aforismo 172; 3/500.

142. *Frag. póst. 1880-1881* (*Volonté de puissance*, II, p. 323); 9/237.

143. *A gaia ciência*, aforismo 337; 3/565.

144. *A gaia ciência*, aforismo 323; 3/552.

145. *Frag. póst. 1882-1884* (*Volonté de puissance*, II, p. 282); 10/115.

146. *Frag. póst. 1881-1882* (*Volonté de puissance*, ed. Würzbach,* II, p. 326); 9/619.

147. *Frag. póst. 1882-1885* (*Volonté de puissance*, II, p. 382); 10/430.

148. *Frag. póst. 1881-1882* (*Volonté de puissance*, II, p. 137); 9/455.

149. *A gaia ciência*, Prólogo, II; 3/355.

150. *Frag. póst. 1887* (*Volonté de puissance*, II, p. 362); 13/22*.

151. *Frag. póst. 1887* (*Volonté de puissance*, II, p. 363); 13/22*.

152. *Frag. póst. 1882-1884* (*Volonté de puissance*, II, p. 199); 10/187.

153. *Frag. póst. 1882-1885* (*Volonté de puissance*, II, p. 376); 10/514.

154. *Frag. póst. 1884* (*Volonté de puissance*, II, p. 359–360); 11/289.

155. *Frag. póst. 1882-1885* (*Volonté de puissance*, II, p. 233); 10/27 + 28*.

156. *A gaia ciência*, aforismo 382; 3/636.

157. *A gaia ciência*, aforismo 289; 3/530.

158. *Zaratustra*, III, Os sete selos, 5; 4/290.

159. *A gaia ciência*, aforismo 301; 3/540.

160. *Zaratustra*, IV, Do homem superior, 20; 4/367.

161. *Zaratustra*, III, Os sete selos, 3; 4/289.

162. *Zaratustra*, II, Dos grandes acontecimentos; 4/169.

163. *Zaratustra*, II, A hora mais quieta; 4/189.

---

* Bataille se refere provavelmente a *Das Vermächtnis Friedrich Nietzsches. Versuch einer neuen Auslegung allen Geschehens und einer Umwertung aller Werte, Aus dem Nachlaß und nach den Intentionen Nietzsches geordnet* (O legado de Friedrich Nietzsche. Tentativa de uma interpretação de todos os acontecimentos e de uma inversão de todos os valores), edição publicada por Friedrich Würzbach em 1940 (Leipzig, Pustet Verlag). (N.T.)

164. *Zaratustra*, I, Da virtude dadivosa, 2; 4/100.

165. *Zaratustra*, I, Prólogo, 4; 4/18.

166. *Frag. póst. 1885* (*Volonté de puissance*, II, p. 133); 11/493.

167. *Frag. póst. 1882-1885* (*Volonté de puissance*, II, p. 133); 10/32.

168. *Zaratustra*, II, Nas ilhas bem-aventuradas; 4/111.

169. *Ecce homo*, Por que sou um destino, 3; 6/367.

170. *Frag. póst. 1884-1888* (*Ainsi parlait Zarathoustra*, notas, p. 326); 11/135.

171. *Frag. póst. 1885-1886* (*Volonté de puissance*, II, p. 384); 12/41.

172. *Frag. póst. 1885-1886* (*Volonté de puissance*, II, p. 227); 12/168*.

173. *Frag. póst. 1884-1888* (*Ainsi parlait Zarathoustra*, notas, p. 325); 12/239.

174. *Ecce homo*, Prólogo, 2; 6/258.

175. *Zaratustra*, II, Nas ilhas bem-aventuradas; 4/111.

176. *Zaratustra*, I, Das três metamorfoses; 4/29ss.

177. *Além do bem e do mal*, aforismo 205; 5/133.

178. *Frag. póst. 1883-1888* (*Volonté de puissance*, II, p. 208); 10/661s*.

179. *Frag. póst. 1881-1882* (*Volonté de puissance*, II, p. 155); 9/604.

180. *Frag. póst. 1888* (*Volonté de puissance*, II, p. 362); 13/462s.

181. *Frag. póst. 1884-1888* (*Ainsi parlait* Zarathoustra, notas, p. 308); 11/201.

182. *Zaratustra*, I, Das velhas e novas mulherezinhas; 4/85.

183. *Frag. póst. 1887-1888* (*Volonté de puissance*, II, p. 362); 13/21.

184. *A gaia ciência*, Prólogo, 3; 3/349.

185. *Zaratustra*, I, Nas ilhas bem-aventuradas; 4/111.

186. *Zaratustra*, III, De velhas e novas tábuas, 2; 4/247.

187. *Frag. póst. 1882-1885* (*Volonté de puissance*, II, p. 233);10/360.

188. *Zaratustra*, III, Do grande anseio; 4/278.

189. *Frag. póst. 1881-1887* (*Ainsi parlait Zarathoustra*, notas, p. 302); 10/633.

190. *A gaia ciência*, aforismo 161; 3/497.

191. *Frag. póst. 1883* (*Volonté de puissance*, II, p. 263); 10/477.

192. *Frag. póst. 1884-1885* (*Volonté de puissance*, II, p. 236); 11/277s.

193. *Frag. póst. 1881-1888* (*Ainsi parlait Zarathoustra*, notas, p. 315); 10/188.

194. *A gaia ciência*, aforismo 21; 3/392.

195. *Frag. póst. 1888* (*Volonté de puissance*, II, p. 363); 13/605.

196. *Frag. póst. 1882-1885* (*Volonté de puissance*, II, p. 215); 10/362.

197. *Zaratustra*, II, Dos sábios famosos; 4/134.

198. *Frag. póst. 1887* (*Volonté de puissance*, II, p. 327); 12/522.

199. *Zaratustra*, IV, A oferenda do mel; 4/296.

200. *Zaratustra*, I, Da virtude dadivosa, 1; 4/97s.

201. *Zaratustra*, I, Da virtude dadivosa, 1; 4/97s.

202. *Zaratustra*, I, Da virtude dadivosa, 1; 4/97s.

203. *Zaratustra*, I, Prólogo, 4; 4/17.

204. A gaia ciência, aforismo 203; 3/506.

205. Zaratustra, I, Prólogo, 2; 4/13.

206. Zaratustra, I, Prólogo, 1; 4/11.

207. Zaratustra, I, Prólogo, 1; 4/11.

208. Zaratustra, II, Da superação de si mesmo; 4/147.

209. Zaratustra, II, O menino com o espelho; 4/106.

210. Zaratustra, I, Prólogo, 1; 4/17s.

211. Zaratustra, I, Prólogo, 1; 4/17s.

212. Zaratustra, I, Da virtude dadivosa, 1; 4/98.

213. A gaia ciência, aforismo 370; 3/621s.

214. Zaratustra, III, De velhas e novas tábuas, 11; 4/254.

215. Frag. póst. 1888 (*Volonté de puissance*, II, p. 317); 13/474s.

216. Frag. póst. 1884-1888 (*Ainsi parlait Zarathoustra*, notas, p. 334); 10/244.

217. Frag. póst. 1887-1888 (*Volonté de puissance*, I, p. 351); 12/462s.

218. Frag. póst. 1884 (*Volonté de puissance*, II, p. 282);11/82.

219. Além do bem e do mal, aforismo 26; 5/43.

220. Frag. póst. 1888 (*Volonté de puissance*, II, p. 363); 10/361.

221. Frag. póst. 1888 (*Volonté de puissance*, II, p. 354); 14/431*.

222. Frag. póst. 1881-1888 (*Ainsi parlait Zarathoustra*, notas, p. 331); 11/620.

223. Zaratustra, III, De velhas e novas tábuas, 12; 4/255.

224. Zaratustra, I, Da virtude dadivosa, 2; 4/100s.

225. Frag. póst. 1880-1881 (*Volonté de puissance*, II, p. 386); 9/339.

226. Frag. póst. 1884 (*Volonté de puissance*, II, p. 229); 11/195.

227. A gaia ciência, aforismo 358; 3/605.

228. Frag. póst. 1885-1886 (*Volonté de puissance*, II, p. 19); 14/276*.

229. Frag. póst. 1882-1885 (*Volonté de puissance*, II, p. 30); 10/43*.

230. A gaia ciência, aforismo 280; 3/524s.

231. Zaratustra, I, Os sete selos, 2; 4/288.

232. Zaratustra, II, O menino com o espelho; 4/107.

233. Zaratustra, II, Dos sábios famosos; 4/134.

234. Zaratustra, II, Dos sábios famosos; 4/134.

235. A gaia ciência, Prólogo, 3; 3/349s.

236. Frag. póst. 1884 (*Volonté de puissance*, II, p. 380); 11/212 + 211*.

237. Ecce homo, Assim falou Zaratustra, 3; 6/339s.

238. Além do bem e do mal, aforismo 193; 5/114s.

239. A gaia ciência, aforismo 293; 3/534.

240. Ecce homo, Por que escrevo tão bons livros, 1; 6/298s.

241. Frag. póst. 1884 (*Volonté de puissance*, II, p. 115); 11/79.

242. Frag. póst. 1887-1888 (*Volonté de puissance*, II, p. 372); 12/393.

243. Zaratustra, Do homem superior, 15; 4/364.

244. *Frag. póst. 1885-1886* (*Volonté de puissance*, I, p. 34); 12/195.

245. *Frag. póst. 1880-1881* (*Volonté de puissance*, II, p. 103); 9/170.

246. *Frag. póst. 1885-1888* (*Obras*, ed. Kröner, XI, p. 115); 11/294.

247. *Frag. póst. 1880-1881* (*Volonté de puissance*, II, p. 103); 9/379.

248. *Frag. póst. 1881-1882* (*Volonté de puissance*, II, p. 385); 9/660.

249. *Frag. póst. 1880-1881* (*Volonté de puissance*, II, p. 103); 9/314.

250. *Frag. póst. 1888* (*Volonté de puissance*, II, p. 379); 13/525s.

251. *Zaratustra*, IV, O canto ébrio, 11; 4/403.

252. *Além do bem e do mal*, aforismo 30; 5/48.

253. *A gaia ciência*, aforismo 370; 3/620.

254. *A gaia ciência*, aforismo 286; 3/528.

255. *Zaratustra*, III, De velhas e novas tábuas, 2; 4/247.

256. *Zaratustra*, III, De velhas e novas tábuas, 23; 4/264.

257. *Zaratustra*, I, Do ler e escrever; 4/ 49.

258. *Além do bem e do mal*, aforismo 294; 5/236.

259. *Zaratustra*, IV, Do homem superior, 18; 4/366.

260. *Zaratustra*, IV, Do homem superior, 16; 4/365.

261. *Ecce homo*, Por que sou tão sábio, 5; 6/271.

262. *Além do bem e do mal*, aforismo 65ª; 5/85.

263. *Zaratustra*, III, De velhas e novas tábuas, 5; 4/250.

264. *Zaratustra*, I, Da árvore na montanha; 4/51.

265. *Além do bem e do mal*, aforismo 229; 5/165s.

266. *Zaratustra*, III, O convalescente, 2; 4/273.

267. *Frag. póst. 1884-1885* (*Volonté de puissance*, II, p. 380); 11/292.

268. *Frag. póst. 1882-1884* (*Volonté de puissance*, II, p. 380); 10/63.

269. *Zaratustra*, I, Do criminoso pálido; 4/47.

270. *Além do bem e do mal*, aforismo 227; 5/163.

271. *Genealogia da moral*, II, 20; 5/330.

272. *Além do bem e do mal*, aforismo 109; 5/92.

273. *Zaratustra*, I, Da picada da víbora; 4/88.

274. *A gaia ciência*, aforismo 135; 3/487.

275. *A gaia ciência*, aforismo 273-275; 3/519.

276. *A gaia ciência*, aforismo 273-275; 3/519.

277. *A gaia ciência*, aforismo 273-275; 3/519.

278. *Zaratustra*, A hora mais quieta; 4/189.

279. *A gaia ciência*, aforismo 326; 3/554.

280. *Além do bem e do mal*, aforismo 29; 5/47s.

Anexos

A risada de Nietzsche[*]

Há uma parte de possível e uma de impossível no mundo. Somos embaraçados pelo céu, o espaço estrelado onde descobrimos leis de harmonia, a viabilidade geral. Não podemos mais que pressentir nesse domínio um horror suspenso, inapreensível para nós. Mas, do domínio terrestre, conhecemos com precisão o que ele traz de possível e de impossível. O possível é a vida orgânica e seu desenvolvimento num meio favorável. O impossível é a morte final, a necessidade, para existir, de destruir. Está aí, ao menos, o irredutível: as condutas humanas acrescentam a isso a exuberância das crueldades, as desordens inúteis, as guerras, as torturas, a opressão, os vícios, a prostituição, o alcoolismo e, para terminar, os horrores múltiplos da miséria. O possível é para o homem o bem, o impossível é o mal. Não se trata apenas da oposição entre o agradável e o nefasto, mas de uma luta entre princípios inconciliáveis: de um lado se situa um bem louvável e, do outro, um mal digno do inferno eterno.

A qualificação moral do mal indica um acordo profundo do homem com o possível. Ela significa, por outro lado, uma crença geral de que o possível domina no mundo. Essa dominação estaria assegurada. Só seria comprometida pelos vícios do homem. É isso que, por si só, a palavra "Deus" significa, implicando a existência de uma perfeição soberana, regendo todas as coisas deste mundo. Não

---

[*] Texto publicado em *Exercice du silence*, número de dezembro de 1942 da revista *Messages*, editado em Bruxelas. Retomado no volume VI das *Œuvres complètes de Georges Bataille*, p. 307-314.

há impossível se Deus existe, ou, ao menos, o impossível é ilusório: é uma provação imposta ao homem, o triunfo do possível já está dado de antemão. Subsiste no entanto um dejeto: o mal devendo ser punido, os maus padecerão a tortura no inferno. O inferno é, é verdade, a condensação do impossível, a sanção da eternidade acrescentada ao impossível. Não posso conceber imaginação que indique melhor o que se torna a "vontade do impossível" recolhida. O inferno está ali, que faz da mentira divina o perjúrio de uma criança, ingênua e que não tenta dissimular.

O possível, ao que parece, existe no limite do impossível. Como se uma vontade consciente tivesse buscado o máximo de impossível: está na cara que para esse fim o possível é inicialmente necessário. A crença no inferno é a mesma concepção, só que invertida, o inferno eterno sendo o mínimo de impossível, mas, por acaso, esse mínimo é infinitamente maior que o máximo da concepção inversa. Assim, a imaginação do homem culmina, como a natureza, no maior impossível.

Na verdade, qualquer que seja sua aparência absoluta, Deus não passa de um compromisso entre vontades contraditórias do homem. Ele é a mediação entre o possível e o impossível. E, como tal, a imaginação do Ser perfeito escorrega sempre no espírito do homem para o impossível. Na ordem das concepções profundas, Deus supera as categorias da inteligência a ponto de estar além do possível e do impossível, de incluir tanto um quanto o outro. Assim, a experiência interior de Eckhart dá a Deus como por necessidade os atributos da impossibilidade intelectual. A de Ângela de Foligno comunga com Deus no amor pelo demônio. De modo que a vontade de reduzir ao possível está limitada ao domínio terrestre: tanto o céu quanto o inferno lhe escapam. Mas se trata de um deslizamento cujo ponto de partida é o possível. Era preciso que o mundo, não sendo como o recebemos o domínio do possível, o fosse ao menos no fundo, portanto viesse a sê-lo. Para isso, mesmo a morte é rejeitada: o mundo é tão bem o possível no fundo que não se pode ver nele mais que uma vã aparência. Mas era preciso também que o possível dependesse em parte da vontade humana, a fim de que o impossível tivesse um responsável aqui embaixo. A salvação pessoal é a peça de um sistema em que se exprime a elusão do impossível.

Por melhor inscrito que esteja na fraqueza do homem, na repugnância a viver a ideia de impossível, esse sistema de equilíbrio é frágil. Chegou o tempo em que se imaginou simplesmente lutar contra o impossível, expulsá-lo efetivamente da Terra. A natureza sendo boa, o impossível devendo-se aos erros do homem, por que não remediar isso aqui embaixo? É preciso eliminar os abusos de que os maus se fazem culpados, acossar de todas as maneiras possíveis o impossível na Terra, expulsá-lo dela para sempre. O dever do homem é dedicar sua vida a esse trabalho. Assim, o álcool introduz a miséria no lar, as crianças famintas, as mulheres espancadas. É preciso, é nosso dever acabar com o álcool. E fazer tão bem que, no final, só o possível subsista.

Mas esse realismo que se sobrepunha às velhas crenças foi acompanhado pela ruína das ideias sobre a alma imortal e Deus. As crenças tinham de recorrer ao além. O realismo moderno admite a morte, faz da vida humana, desde o berço, a presa de um impossível Nada. Da mesma forma, na pessoa de Deus, é afastada a única garantia do possível em nome do qual se luta.

Os sucessos das ideias realistas impediram inicialmente que se visse que o homem era assim colocado diante do impossível de que fugia. É verdade que esse impossível fundamental parecia negligenciável em comparação com os horrores que eram diretamente combatidos. Aliás, nada tinha sido piorado: a morte e a ausência de Deus não eram novas, existiam antes da incredulidade. Na certeza de um progresso indefinido, seria preciso se ocupar de velhas infantilidades?

Mas Deus e a imortalidade tiveram na agitação humana passada tamanha importância que é de se duvidar que sua evicção permaneça sem consequências. Um grande número de homens abandonou a garantia geral por uma satisfação imediata. Hoje, a satisfação imediata faz falta. Alguns pensam que se trata de um ligeiro atraso; outros voltam a Deus; um pequeno número, vendo o homem decididamente como presa do impossível, vislumbra na angústia uma atitude nova: nada eludir, viver o impossível.

Se Deus está morto, se o homem não está menos abandonado que os bichos, que se entredevoram, é louvável, sem dúvida alguma, melhorar a situação do homem. Mas se imagino as dificuldades vencidas com o tempo, o máximo atingido, pode ser que os homens enfim se satisfaçam: a maioria dos homens é, de fato, fácil de satisfazer; mas mesmo que esses homens estivessem efetivamente satisfeitos, e na incapacidade de perceber o impossível neles, ao menos posso percebê-lo de antemão e não me surpreendo com uma cegueira. Existe no homem um impossível que nada reduzirá; o mesmo, de maneira fundamental, para o mais feliz e para o mais deserdado. A diferença está na elusão, a felicidade é decerto uma forma de elusão desejável, mas a felicidade não pode mais que dilatar o prazo. Como não podemos nos limitar a dilatar o prazo, no final, temos de encarar o impossível. Colocar a vida, ou seja, o possível, à altura do impossível é tudo o que um homem pode fazer se não quer mais eludir.

Essa tarefa pode receber um dia – não é necessário – consequências na ordem da ação, mas se define como *espiritual*. É uma velha palavra cujo sentido preciso permanece ligado a formas de vida a que não faltavam nem tacanhice nem ambiguidade. Emprego-a num sentido próximo da tradição, mas com a seguinte precisão: é espiritual aquilo que deriva do êxtase, do sacrifício religioso (do sagrado), da tragédia, da poesia, do riso – ou da angústia. O espírito não é inteiramente espiritual. A inteligência não o é. No fundo, o domínio espiritual é o do impossível. Direi que o êxtase, o sacrifício, a tragédia, a poesia e o riso são formas em que a vida se coloca à altura do impossível. Mas são formas naturais, já que o sacrificador, o poeta ou aquele que ri não pensa absolutamente colocar-se à altura do impossível, que ele sacrifica, é inspirado ou ri sem saber direito o que o perturba e inclusive eludindo-o através do sacrifício, da poesia ou do riso. Se, tomando consciência do impossível, coloco-me à sua altura, posso ou não estar em êxtase, posso rir ou não rir, ter ou não um sentimento sagrado, poético, trágico, não me limito mais a padecer o impossível das coisas, reconheço-o como tal, não eludo o impossível de que rio, etc...

Na tradição, a salvação ocupava na vida espiritual o lugar central. Mas a vontade da salvação significa a resolução de eludir o impossível. A salvação é apenas uma forma híbrida. No fundo, a salvação não é mais que o princípio da ação (digamos, do temporal) introduzido na ordem espiritual. É preciso vê-la aí como um intruso. O mesmo se dá com Deus, ainda que Deus necessariamente escorregue, sempre escorregue para o impossível: o Deus de Eckhart é o mesmo que o bom Deus. Deus decerto é uma noção tão cambiante que não se pode reduzi-la à platitude, à não espiritualidade, ao possível. A salvação só se salva pela angústia. Sem isso, é a perfeita negação do espiritual, inteiramente ligado à perda.

O que conferiu importância à salvação não foi tanto a meta em si mesma quanto o princípio de uma meta introduzido na vida espiritual. O impossível precisa de um possível a partir do qual se liberar. A salvação é o possível necessário ao espírito para afrontar o impossível. Mas, na salvação, o possível é a meta do impossível: é, portanto, sua elusão. Se a vida espiritual exige a elusão de seu princípio, ela não é o que diz ser. A salvação era apenas uma comodidade *apesar da qual* ocorria, raramente, a vida espiritual, quer dizer, o possível agarrando-se ao impossível. Mas o hábito é tão velho que não se imagina mais vida espiritual fora da busca pela salvação. Se a salvação não está em questão, que razão de ser teria a vida espiritual? Em outras palavras, que possível introduzir no impossível?

Explico-me assim com a intenção efetiva de dar à experiência interior de Nietzsche um alcance que ainda não foi extraído dela. Não sinto a necessidade de dizer nessa ocasião tudo o que é possível entender por impossível, nem de que maneira o êxtase, o sacrifício, etc... colocam o possível à altura do impossível. Seria longo e já o disse ou direi alhures. Quero, mais do que nunca, dirigir-me tão somente a seres altivos, portanto nulamente presos ao possível, que tenham do impossível ao menos o sentimento que dele oferecem o trágico, o poético, o risível. Limito-me a estas duas proposições, já implicitamente introduzidas: "cada impossível é aquilo através do que um possível deixa de sê-lo (como já disse, sem o possível não haveria impossível: o trágico é o atributo do poderoso)"; "no extremo limite de seu poder, cada possível aspira ao impossível (àquilo que o destrói como possível)". Recordo que a aspiração ao impossível é exatamente o espiritual (assim como a ação é sempre aspiração ao possível). Mas ainda, no momento em que a vontade de salvação, como uma intrusa, é rechaçada do espiritual, qual é o possível sem o qual não haveria impossível?

Grosseiramente, o impossível entra na vida de Nietzsche sob a forma de doença de um corpo vigoroso e bem-formado. Por mais trágico que pareça hoje o que se *passou*, o *porvir* de Nietzsche por volta de 1880 parecia sê-lo ainda mais. Ele próprio diz dos gritos de alegria de Zaratustra que ninguém poderia compreendê-los sem chorar: ele vivia naquele momento sob o peso do que tinha *diante dele*. O mais tocante na vida de Nietzsche é que ele abandonou a filosofia de Schopenhauer justo no momento em que a doença justificou o pessimismo de tal filosofia em sua existência particular. Disse não à vida enquanto ela foi fácil: mas sim quando ela assumiu a figura do impossível. Não podia esquecer de si mesmo ao anotar, na época de Zaratustra, estas palavras: "Ver as naturezas trágicas soçobrarem e *poder rir disso*, apesar da profunda compreensão, da emoção e da simpatia que sentimos, isso é divino". Em princípio, rir é a reação que o impossível provoca quando a simpatia não coloca em jogo pessoalmente. Seja porque o impossível atinge os indiferentes, seja porque atinge seres a que a simpatia me assimila, mas sem colocá-los verdadeiramente em jogo, posso rir do impossível como humano: o impossível deixa então o essencial do possível intacto. Rindo do impossível que me atinge, rindo por me ver soçobrar, sou um deus, que zomba do possível que ele é. Não coloco mais a vida à altura do impossível para eludir, como o faz a natureza na tragédia, de acordo com a teoria da purgação de Aristóteles. Zaratustra tornou o riso *sagrado*. Posso agora dizê-lo com insistência, mas o riso é a leveza, e, se o próprio Nietzsche o tivesse feito, teria malogrado sua intenção. A transparência e a leveza de dança do *amor fati* não teriam sido atingidas. Colocar, sem elusão, a vida à altura do impossível exige um momento de amizade divina.

Nietzsche deixou muito por adivinhar: mesmo em suas cartas não o explicita. Mas o que significa o divino, atingido no riso, senão a ausência de Deus? É preciso ir até o assassinato e dizer não apenas "ver soçobrar", mas também "fazer soçobrar". Nietzsche o diz em *Além do bem e do mal*: "Não é preciso sacrificar, enfim, tudo o que consola, santifica e cura, toda esperança, toda fé numa harmonia oculta? Não é preciso sacrificar o próprio Deus...?". Ser divino não é só colocar a vida à altura do impossível, é renunciar à garantia do possível. Não há mais perfeita compreensão da noção que os homens têm de Deus. Deus não tolera a si mesmo enquanto possível. O homem é forçado a essa tolerância, mas Deus, a Onipotência, não o é mais. A miséria de Deus é a vontade que o homem tem de se apropriar dele pela salvação. Essa vontade exprime a imperfeição do possível no homem, mas o possível perfeito que é Deus não para de cair no horror e no impossível. Morrer de morte atroz, infame, abandonado por todos, abandonado por Ele mesmo, ao que mais o possível perfeito poderia aspirar? Como seria tolo e pequeno sem essa aspiração! O homem que é apenas o homem pode se segurar nele no momento de seu maior pensamento, içar-se à altura de Deus: o limite do homem não é Deus, não é o possível, mas o impossível, a ausência de Deus.

A experiência interior de Nietzsche não conduz a Deus, mas à sua ausência; ela é o possível colocando-se à altura do impossível, ela se perde numa representação do mundo abominável. O eterno retorno tem esse caráter peculiar de precipitar o ser como por uma queda no duplo impossível do Tempo. O impossível, na representação comum do tempo, só é encontrado nos extremos da eternidade anterior e futura. No eterno retorno, o próprio instante é num só impossível movimento projetado a esses dois extremos. Como verdade sobre a qual assentar o pensamento, o eterno retorno é uma fábula, mas, e como abismo? ele não pode ser fechado. O pensamento do homem que se esforça por abarcar o tempo é destruído pela violência: ao considerar o tempo, a altivez do homem só pode se posicionar na vertigem, sem a qual percebemos apenas a platitude. Dar vertigem, colocar à altura de uma queda no impossível, é a única expressão, seja ela qual for, da experiência interior, isto é, de uma revelação extática do impossível. Para tanto, não é necessário introduzir o eterno retorno (e menos ainda fundamentá-lo cientificamente); contudo, ele é um signo inteligível – e a irrefutável crítica do sono. Nada maior que essa hipertrofia do impossível.

Mas o mito, o símbolo do eterno retorno, não pode ser considerado isoladamente. Ele se refere às condições em que a vida atinge o impossível. Já o disse duas vezes: o impossível só é atingido através do possível, sem o possível não haveria impossível. Irei mais longe: o impossível molemente atingido pela negligência do possível é um impossível eludido de antemão: afrontado sem força, não é mais que uma safadeza. A vontade de salvação é apenas uma intrusão na ordem espiritual, mas ao menos liga o possível ao impossível. O impossível é a perda de si. Como obter de um ser que ele se perca senão em troca de um ganho? Pouco importa que o ganho seja ilusório ou menor que a perda: enganadora ou não, é a isca do ganho que torna a perda acessível. Se o homem renuncia a fazer de um possível vulgar uma finalidade do impossível atingido por ele, se renuncia à salvação, que possível introduzirá no impossível? É a questão que formulei agora há pouco. O homem não é Deus, não é o perfeito possível: ele precisa postular o possível primeiro. A salvação é miserável na medida em que coloca o possível depois, faz dele o fim do impossível. Mas se postulo o possível antes, verdadeiramente antes? Não faço mais que abrir a via do impossível.

A hipertrofia do impossível, a projeção de cada instante no infinito, intima o possível a existir sem esperar – à altura do impossível. Aquilo que sou aqui e agora é intimado a ser possível: o que sou é impossível, sei disso, coloco-me à altura do impossível: torno o impossível possível; acessível, pelo menos. A virtude da não elusão é a de colocar a salvação *antes*, não fazer dela o fim, mas o trampolim para o impossível. O eterno retorno abre o abismo, mas é intimação a saltar. O abismo é e permanece sendo o impossível, mas um salto introduz no impossível o possível que ele é, fadado desde sempre, sem a menor reserva, ao impossível. O salto é o super-homem de Zaratustra, a vontade de potência. A menor compressão, e o salto não ocorreria. O saltador com seu impulso teria os pés confinados à terra. Como não teria piedade de si mesmo se tem piedade dos outros? Aquele que é oprimido pela preocupação de eliminar o impossível da Terra não pode saltar. A qualidade necessária àquele que salta é a leveza.

Nietzsche enuncia a ideia de que seria compreendido em 50 anos, mas o teriam compreendido como capaz de apreender o sentido do salto, porém incapaz de saltar? O salto de Nietzsche é a experiência interior, o êxtase em que o eterno retorno e a risada de Zaratustra se revelaram. Compreender é fazer uma experiência interior do salto, é saltar. A exegese de Nietzsche foi feita de diversas maneiras. Resta a fazer, na esteira dele, a experiência de um salto. Resta a abrir a via pela qual se salta, a soltar os gritos retumbantes nas paragens do abismo. Em outros termos: criar, através de uma prática e de uma doutrina, uma forma de vida espiritual inimaginável até Nietzsche, e tal que uma palavra gasta desmascare finalmente o rosto do impossível.

Discussão sobre o pecado[*]

Georges Bataille, querendo definir sua posição, singularmente a respeito do pecado, diante de um auditório de cristãos e não cristãos, definiu-a, de fato, na casa do Sr. Moré (sessão de 5 de março de 1944), numa conferência que, a seguir, foi impressa em seu livro Sobre Nietzsche, *com algumas modificações todavia, como esclarece a seguinte carta:*

Meu caro amigo,

Não sei se cheguei a lhe falar disso: a parte de *Sobre Nietzsche* intitulada "O ápice e o declínio" é o texto que apresentei na casa de Marcel Moré, mas um pouco modificado. Limitei-me, em princípio, a mudar um pouco a forma, a desenvolver algumas passagens. Mas também tentei dar conta de uma dificuldade suscitada na discussão. Introduzi no texto impresso a ideia do Nada do tédio, que só formulei, na casa de Moré, durante a discussão, em resposta a Jean-Paul Sartre. O leitor que comparasse o que está escrito em *Sobre Nietzsche* ao texto que vocês publicaram poderia ficar desorientado se não fosse avisado.

De qualquer modo, essas mudanças só têm uma importância secundária, não tocam no essencial de um texto em que tentei como que ir até o fundo das coisas. Imagino ainda hoje ter minado os fundamentos da moral vulgar, o que quis fazer expressamente no território daqueles que assumiram o fardo dessa moral, que lhe deram um sentido de aflição e cuja aflição, comigo, argumenta contra essa moral. Nunca insistirei

---

[*] Publicado na revista *Dieu Vivant*, n. 4, 1945. Retomado no volume VI das *Œuvres complètes de Georges Bataille*, p. 315-359.

o bastante: "queremos ser os herdeiros da meditação e da penetração cristã... superar todo cristianismo através de um *hipercristianismo* e não nos contentar em nos desfazer dele". Afirmo na esteira de Nietzsche, sem mudança, aquilo que ele próprio afirmava.

O que lamento é ter me expressado mal na discussão. Na verdade, estou de acordo com Hyppolite. Se emprego a palavra "pecado", não é uma facilidade. Aliás, não vejo interesse em colocar o problema moral senão a partir da experiência histórica. Preciso, de fato, "daquilo que a noção de pecado tem de infinito". O que me toca em matéria de moral é o tremor vivido por homens que tiveram de ir até o fundo. Não uma experiência, bem-acabada, de acadêmico.

Como teria podido, sem isso, perceber, no termo da ascensão rumo ao bem, a fatalidade de um crime?

Considero que uma hostilidade rigorosa deve ir até o fundo da compreensão. O que quase nunca foi feito até aqui.

Amigavelmente seu,

Georges Bataille

Talvez isso o interesse: um *surrealista* (Jean Maquet) adota hoje, na revista *Troisième Convoi*, uma atitude próxima da minha, fazendo justiça ao cristianismo com toda a hostilidade.

Estavam presentes, entre outros: Arthur Adamov, Maurice Blanchot, Gustav Bolin, Simone de Beauvoir, Jean Bruno, Pierre Burgelin, Albert Camus, Couturier, Maurice de Gandillac, Jean Hyppolite, Pierre Klossowski, Lahaye, Michel Leiris, Lescure, Jacques Madaule, Gabriel Marcel, Louis Massignon, Maurice Merleau-Ponty, Marcel Moré, Mounir Hafez, Jean Paulhan, Pierre Prévost, Jean-Paul Sartre e os padres Jean Daniélou, Henri Dubarle e Augustin Maydieu.

Encontram-se a seguir: 1º o extrato das teses fundamentais da conferência redigido por Pierre Klossowski; 2º uma exposição do R. P. Daniélou; 3º a discussão subsequente.

I. Extrato das teses fundamentais

(Introdução). As questões introduzidas por Bataille concernem ao "bem e ao mal em sua relação com o ser ou os seres".

O bem se dá como bem de um ser. O mal como "um prejuízo que atinge... algum ser. O bem seria, portanto, o respeito dos seres, o mal, sua violação". Logo de saída surge esta contradição: "O bem está ligado ao desprezo pelo interesse dos seres por si mesmos". De acordo com uma concepção secundária... "o mal seria a existência dos seres, na medida em que ela implica sua separação".

Conciliação fácil: o bem seria o interesse dos *outros*.

I. *(Tese fundamental). Trata-se de opor não mais o bem ao mal, mas o "ápice moral", diferente do bem, ao "declínio", que não tem nada a ver com o mal e cuja necessidade determina, pelo contrário, as modalidades do bem.*

O ápice corresponde ao excesso, à exuberância das forças. Leva ao máximo a intensidade trágica. Está ligado aos dispêndios de energia sem medida, à violação da integridade dos seres. Está, portanto, mais próximo do mal que do bem.

O declínio – que corresponde aos momentos de esgotamento, de cansaço – confere todo valor à preocupação de conservar e de enriquecer o ser. É dele que procedem as regras morais.

Bataille mostrará em primeiro lugar, no ápice que é Cristo na cruz, a expressão mais equívoca do mal.

"Os carrascos de Pilatos crucificaram Jesus, mas o Deus que pregaram na cruz foi executado em sacrifício: o Agente do Sacrifício é o Crime, que infinitamente, desde Adão, os pecadores cometem...

"A execução de Cristo lesa o ser de Deus.

"As coisas ocorreram como se as criaturas só pudessem comungar com seu criador através de uma ferida que dilacera sua integridade.

"...Deus ferido pela culpa dos homens e os homens feridos por sua própria culpa diante de Deus encontram, mas de maneira dolorosa, a unidade que parece seu fim... O homem atinge na crucificação o ápice do mal. Mas foi precisamente por tê-lo atingido que deixou de estar separado de Deus. Vemos aí que a 'comunicação' não pode ocorrer de um ser pleno e intacto a outro: ela exige seres que tenham em si próprios o ser *posto em jogo*, posicionado no limite da morte, do Nada; o ápice moral é um momento de colocação em jogo, de suspensão do ser além de si mesmo, no limite do Nada."

II. *Na "comunicação", no amor, o desejo tem o Nada por objeto. Isso se dá em todo "sacrifício".*

De modo geral, o sacrifício está do lado do mal, é um mal necessário, e seria ininteligível "se os homens universalmente" não "comunicassem" entre si ao mesmo tempo que com as sombras infernais ou celestes. Ora, o desejo – é a ligação da comunicação, do sacrifício com o pecado –, o desejo soberano, que rói e alimenta a angústia, obriga o ser, meu ser, a procurar além de si mesmo: o Nada. Nesse dilaceramento, nesse sentimento doloroso de uma falta, pressinto minha ausência através da qual se revela a presença de outrem, sob a condição de que o outro também esteja debruçado sobre a beira de seu Nada. *A comunicação só ocorre entre dois seres postos em jogo.* Encontramos aqui uma mesma explicação para o ato carnal e para o sacrifício. Sacrificador e espectadores do sacrifício se identificam com a vítima, debruçados que estão no momento da execução sobre seus próprios Nadas. Apreendem seu deus deslizando para a morte. *O dom sacrificial coloca assim parcialmente o ser do homem em jogo e lhe permite unir-se ao ser da divindade posto em jogo.*

III. *[Com maior frequência que o objeto sagrado, o desejo tem por objeto a carne, e, no desejo pela carne, o jogo da "comunicação" se mostra rigorosamente em sua complexidade. O homem, no ato carnal, transpõe conspurcando – e se conspurcando – o limite dos seres.*

Ora, o que atrai o desejo no ser de carne não é imediatamente o ser, é sua ferida: é um ponto de ruptura da integridade do corpo, ...ferida que coloca em jogo sua integridade, sua ruptura, que não mata mas conspurca. O que a conspurcação revela é também o que a morte revela: Nada, o cadáver exprime o Nada. Na sensualidade, como na morte, o Nada, aliás, não é *ele próprio* o que atrai, assim como não é o cadáver tal como ele é que nos cativa. É a aspectos artificiais – a aparente severidade dos mortos – que se liga o respeito piedoso, a veneração calma. O mesmo acontece na sensualidade, a transposição é necessária à atração pelo Nada, quando a "nudez bonita, voluptuosa" triunfa sobre a colocação em jogo que a conspurcação efetua.]*

Se o Nada da obscenidade assinala o limite onde o ser vem a faltar, na tentação, o Nada do fora surge como a resposta à sede de comunicar. O sentido e a realidade dessa resposta são fáceis de determinar. *O ser, na tentação, vê-se esmagado pelo duplo tenaz do Nada. Se não comunica, aniquila-se*

---

* As passagens entre colchetes foram suprimidas por Bataille ao corrigir as provas.

no vazio que é a vida se isolando. Se quer comunicar, corre o risco igualmente de se perder: só comunico fora de mim, abandonando-me ou lançando-me fora... "Se cedo em condições *desprezíveis* estarei... degradado em meu próprio julgamento."

[Assim, "a longa resistência na tentação" revela ainda mais, já que a comunicação "só ocorre na medida em que seres, para fora de si próprios debruçados, jogam-se, sob uma ameaça de degradação. É por isso que os seres mais puros não ignoram as sentinas da sensualidade... Pressentem, na extrema aversão, o que um outro esgota."]

IV. Os homens não podem "comunicar" – viver – senão fora de si mesmos, e como devem "comunicar", devem *querer* esse mal, a conspurcação que, colocando neles próprios "o ser em jogo, torna-os penetráveis uns aos outros..." Ora: *toda "comunicação" participa do suicídio e do crime...* O mal surge sob essa luz como uma *fonte da vida!* É arruinando em mim e em outrem a integridade do ser que me abro à comunicação, que chego ao ápice moral. E o ápice não é *padecer,* é *querer* o mal.

V. Se o mal surge "como um meio pelo qual temos de passar se queremos 'comunicar', como uma fonte da vida", está aí apenas uma relação fictícia: *as próprias noções de bem ou de ser fazem intervir uma duração com que o mal – no ápice – por essência não se preocupa.* A comunicação querendo por essência a superação do ser, *o que é rejeitado, por essência, no mal é a preocupação com o tempo por vir. É precisamente nesse sentido que a aspiração ao ápice, que o movimento do mal, é em nós constitutivo de toda moral –* já que uma moral só vale na medida em que propõe que nos coloquemos em jogo.

A "moral vulgar" que apela para o mérito e propõe como fim *o bem do ser realizando-se no tempo por vir* só admite a colocação em jogo *por uma causa útil.* A Cidade, a melhoria das condições dos pobres, etc. [Ela exprime tão somente uma lassidão cujo maior ódio tem por objeto a liberdade dos sentidos, os excessos sexuais – "selvagem irrupção rumo a um ápice inacessível", e cuja "exuberância se opõe por essência à preocupação com o tempo por vir". O ápice erótico, porque nenhum mérito está ligado a ele, mas antes a reprovação, depende da chance, ao passo que o ápice heroico, atingido às custas de duros sofrimentos, depende do mérito – embora a chance também atue na desordem das guerras.]

A essência de um ato moral é, para o julgamento vulgar, estar subordinado a alguma utilidade, reportar ao bem de algum ser um movimento no qual o ser aspira a superar o ser. Assim, a moral não é mais que uma negação da moral.

VI. Entretanto, os dispêndios desordenados de energia a que nos leva a vontade de romper o limite do ser são desfavoráveis à conservação desse ser. Nem o crime nem a sensualidade costumam responder ao desejo de um ápice. Mas "as regiões dilaceradas" que eles designam "não deixam por isso de indicar o ápice para o qual tendem as paixões".

VII. [O êxtase cristão surge então, *num só movimento, participando dos furores de Eros e do crime.*]
"...Um místico cristão crucifica Jesus. É o seu próprio amor que exige de Deus que ele seja colocado em jogo, que grite seu desespero na Cruz. [O crime dos santos por excelência é erótico...] O desejo é, a cada vez, a origem dos momentos de êxtase, e o amor que é seu movimento tem sempre num ponto qualquer a aniquilação dos seres por objeto. O Nada em jogo nos estados místicos é ora o Nada do sujeito, ora o do ser considerado na totalidade do mundo... O transe místico... se esgota em superar o limite do ser... o desejo eleva pouco a pouco o místico a uma ruína tão perfeita, a um tão perfeito dispêndio de si mesmo que nele a vida se compara ao brilho solar."
Todavia, claro está... que essas ruínas, essas consumações ligadas ao desejo não são reais: em crise, o crime ou a aniquilação dos seres é representação. É que um compromisso moral "rejeitou as desordens reais" (orgia ou sacrifício) e substituiu as realidades por símbolos (ficções) diante do desejo persistente de um ápice, os "seres persistindo na necessidade de encontrar 'comunicando' o além daquilo que são". ["O sacrifício da Missa, que figura a execução real de Jesus, ainda não é mais que um símbolo na renovação infinita que a Igreja faz dele. A Sensualidade tomou forma de efusão espiritual. Temas de meditação substituíram as orgias reais..."]

VIII. *A substituição dos ápices imediatos por ápices espirituais não poderia ocorrer, no entanto, se não admitíssemos o primado do porvir sobre o presente, se não extraíssemos consequências do inevitável declínio que se segue ao ápice. Os ápices espirituais são a negação do que poderia ser dado como moral do ápice. Procedem de uma moral do declínio.*

"Se suprimo a consideração do tempo por vir, não posso resistir à tentação... Para dizer a verdade, esse estado de feliz disponibilidade não é concebível humanamente. A natureza humana não pode, *enquanto tal*, rejeitar a preocupação com o porvir... Só escapamos da vertigem da sensualidade representando-nos um bem, situado no tempo futuro...", e só atingimos "os ápices não sensuais, não imediatos, sob a condição de visar a um fim necessariamente superior. E esse fim... deve ainda estar situado acima do Ápice espiritual...".

"...Resistir à tentação implica o abandono da moral do ápice, procede da moral do declínio... Enquanto uma efervescência juvenil nos anima, estamos de acordo com as dilapidações perigosas. Mas se as forças vêm a nos faltar, *...se declinamos*, ficamos preocupados... em acumular... em nos enriquecer com vistas às dificuldades por vir. Agimos. E a ação, o esforço só podem ter por finalidade uma aquisição de forças. Ora, os ápices espirituais... se ligam a esforços por um bem a ganhar. Os ápices não procedem mais de uma *moral do ápice*: uma moral do declínio designa-os menos a nossos desejos que a nossos esforços."

IX. *Assim, o estado místico é condicionado, normalmente, pela busca da salvação.*

...Essa ligação de um ápice como o estado místico à indigência do ser... deve ser falaciosa... Um asceta em sua solidão persegue um fim de que o êxtase é o meio. Ele *trabalha* para sua salvação: ... assim como um operário pena pelo seu salário... É na medida em que sucumbe à miséria do homem que um asceta tem a possibilidade de empreender um longo trabalho de liberação... sem a isca da salvação (ou alguma isca semelhante), a via mística não teria sido encontrada! Sem esse "grosseiro artifício", os homens não poderiam ter tido "uma conduta de declínio (a tristeza infinita, a risível seriedade necessária ao esforço)".

X. *É preciso ir mais longe. Formular a crítica já é declinar. O fato de "falar" de uma moral do ápice procede ele próprio de uma moral do declínio.*

"...Falar... de moral do ápice... a coisa mais risível!... sua construção "supõe de minha parte um declínio"... o "ápice proposto como fim não é mais o ápice: reduzo-o à busca de um proveito *já que falo dele*. Ao fazer da orgia perdida um ápice moral... privo-me... do poder de chegar ao ápice nela."

XI. *Como o Castelo de Kafka, o ápice, no final, não é senão o inacessível. Furta-se a nós, ao menos na medida em que não deixamos de ser homens: de falar. Não se pode, aliás, opor o ápice ao declínio como o mal ao bem. O ápice não é "o que se deve atingir" e o declínio "o que se deve suprimir". Assim como o ápice, no final, não é senão o inacessível, o declínio é desde sempre inevitável.*

("O Ápice, por essência, é o lugar onde a vida, no limite, é impossível.")

XII. Através da história, desenvolveram-se as *razões* que um homem pode ter para ir ao ápice (o bem da cidade, a justiça, a salvação, etc.). *"Mas o difícil é ir ao ápice sem razão, sem pretexto."*

"...Toda colocação em jogo, toda subida, todo sacrifício sendo, como o excesso sexual, uma perda de forças, um dispêndio, devemos motivar a cada vez nossos dispêndios por uma promessa de ganho, enganadora ou não." Ainda que uma ação revolucionária fundasse a sociedade sem classes – para além da qual não poderia mais nascer uma ação histórica –, revela-se que, humanamente, a soma de energia produzida é sempre superior à soma necessária à produção. Daí esse contínuo excedente de energia espumante – que nos conduz indefinidamente ao ápice – constituindo a parte maléfica... Ora, se os motivos da ação que forneceram até aqui os pretextos a dispêndios infinitos nos faltassem, ... O que aconteceria então... com a energia que nos transborda?...

XIII. Aqui, Bataille se pergunta ainda uma vez: *"Existe um fim moral que eu possa atingir além dos seres?"* e responde: "... seguindo as ladeiras do declínio, não poderei encontrar esse fim... Não posso substituir o fim que me escapa por um *bem*".

Bataille "pressiona" aqueles que "possuem um motivo" a partilhar sua sorte: seu ódio aos motivos e sua fragilidade "que ele estima felizes". Situação perigosa que constitui sua chance, enquanto carrega nele "como uma carga explosiva" esta última questão: *"O que pode fazer neste mundo um homem lúcido? Que carrega em si uma exigência sem considerações?".*

XIV. *(Conclusão).* No seio da natureza hostil e silenciosa, o que acontece à autonomia humana? "O desejo de saber talvez só tenha um sentido: servir de motivo ao desejo de interrogar. Decerto, saber é necessário à autonomia que a ação – por meio da qual transformou o mundo – proporciona ao homem. Mas para além das condições do *fazer*, o conhecimento surge finalmente como um engodo, diante da interrogação que o solicita. É no fracasso que é a interrogação que rimos. Os arroubos do êxtase e os queimores de Eros são questões – sem respostas – a que submetemos a natureza e nossa natureza. Se soubesse responder à interrogação moral... me afastaria definitivamente do ápice. É deixando a interrogação aberta em mim como uma chaga que mantenho uma chance, um acesso possível a ele...”

II. Fala do R. P. Daniélou

As poucas observações que vou propor não têm a pretensão de esgotar os problemas colocados pelo texto que acaba de nos ser lido. Elas têm um objeto definido, que é aquele para o qual esta reunião foi feita, a saber, apresentar uma reação cristã à tentativa do Sr. Bataille. Essa tentativa parecerá em oposição total ao pensamento cristão? Podem-se, pelo contrário, sublinhar certos encontros, ou mesmo certos aportes? É para essa elucidação que gostaria de fornecer alguns elementos que ajudem a engrenar o diálogo que teremos a seguir.

A primeira característica da atitude do Sr. Bataille é a de ser uma atitude “mística”. Essa atitude me parece se definir em relação à atitude moral. A atitude moral se caracteriza pela “preocupação com a salvação”. A atitude mística supõe, pelo contrário, a aceitação de um risco; é um apelo a entrar em caminhos novos, não calcados, onde se caminha “sozinho como um mineral”, dizia Rille. Assim, a hierarquia de valores do Sr. Bataille não se define em função do bem e do mal, mas em função do místico e do não místico – e a esfera do moral se vê decerto totalmente rejeitada para o lado deste último, já que o domínio místico compreende o que está além e o que está aquém do moral. Assim, ele tem essencialmente por domínio o pecado e o êxtase, o eros carnal e o eros divino. Estes constituem a esfera do sagrado e se veem reconciliados na medida em que são vias de acesso ao sagrado, embora permaneçam antagônicos.

Se queremos esclarecer melhor o que caracteriza essa esfera do sagrado, devemos dizer que ela é antes de tudo a esfera dos extremos; o Sr. Bataille emprega frequentemente essa palavra. O que aproxima o santo do pecador é estar fora das vias medianas, é essa a singularidade de ambos. E, por isso, exercem uma atração particular na medida em que representam uma ruptura da ordem média, do tédio, na medida em que são subversivos. Em segundo lugar, a negatividade de ambas as atitudes: as duas têm isto em comum, tendem para um Nada do ser, são destruidoras de todos os limites, visam dissolver toda e qualquer determinação. Isso nos colocará daqui a pouco a questão da equivalência entre a determinação e o limite. Mas é verdade que o pecador e o místico negam tudo o que encontram e que seu desejo incide sempre sobre um além. Um último aspecto do sagrado é finalmente que ele é a esfera da comunicação, porque dissolve precisamente as determinações dos seres singulares e permite a fusão, como uma espécie de estado líquido onde não há mais existência separada.

Que essas descrições possam corresponder ao mesmo tempo aos estados místicos e aos estados de pecado, tal observação já foi feita por um Orígenes ou por um Gregório de Nissa, quando justificam o emprego da palavra "eros" para os estados fortes da mística. Esses estados apresentam de fato as características de excesso, de negatividade, de saída e de fusão que definem o sagrado. Mas, se há nisso uma semelhança formal que permite reuni-los num mesmo conjunto, há, por outro lado, a oposição mais completa. Aliás, isso não deve nos surpreender, já que é essa mesma oposição que, situando-os nos extremos, aproxima-os como extremos.

De fato, o excesso num caso é uma superação da vida moral, pelo fato de que a alma é conduzida por vias desconhecidas, onde ela segue sem ver, onde é submetida a uma teopatia que a eleva acima de si mesma; no outro caso, trata-se, pelo contrário, de um êxtase no sensível, em que a alma se dissolve na miragem das aparências. É digno de nota que sejam as mesmas palavras que exprimem essa dupla experiência: "embriaguez", "eros", "sono", "êxtase" são ao mesmo tempo as palavras mais pejorativas e mais laudativas. A negatividade é igualmente de sentido contrário; num caso são, nos místicos, todas as imagens sensíveis, todas as vontades próprias, que cedem à invasão de uma luz que brilha e purifica; no outro é, ao contrário, a sensação que absorve totalmente a consciência no instante. Da mesma maneira, enfim, a comunicação se faz num caso pela destruição de tudo o que não é o meio espiritual mais profundo; no outro, é, ao contrário, esse núcleo mesmo que é desintegrado nas descargas sensuais.

Assim, a classificação do Sr. Bataille reúne objetos em realidade contrários. Poderíamos dizer que há no pecado uma busca de um equivalente do êxtase para seres que não têm a coragem de afrontar o deserto, as noites, os despojamentos que conduzem a este. Tal é, no fundo, acredito, o caso do Sr. Bataille. Mas é claro que ele não vai concordar com isso. E por uma razão muito clara. É que para ele o pecado não é um meio inferior de acesso ao sagrado, e sim um meio privilegiado. E por que isso? É que o Sr. Bataille desconfia do êxtase dos místicos, considera-o estragado por um desejo de salvação, de tal forma que corre o risco de se solidificar numa posse fechada. O pecado, ao contrário, comporta sempre um desespero que impede de se fechar em si, que mantém a ferida escancarada. Isso que é importante para o Sr. Bataille — em quem se sente acima de tudo o horror pelo que seria um mundo fechado, "suficiente", e uma vontade de impedir essa solidificação — me parece muito inexato. Nada está menos instalado do que o místico, que Deus perturba perpetuamente e impede de se fechar em si mesmo, cuja vida inteira é progresso e que realiza no êxtase esse descentramento total de si que é, de fato, aquilo a que tendemos — e que torna totalmente comunicável aos outros.

Resta mesmo assim que o pecado é uma via de acesso ao sagrado. Mas, para ver isso, é preciso que aprofundemos nossa análise dessa noção. Até hoje, de fato, definimos o sagrado unicamente por traços formais. Mas há também nele um conteúdo que é precisamente comum ao pecado e à graça — e que é a referência a Deus. O que constitui o pecado como tal, o que o distingue de uma simples falha, do πλημμέλημα, não é de modo algum que ele seja o fato de não tender para o seu fim — ser um *peccatum*, um passo em falso —, caso em que disporíamos dele, e ele não seria mais o pecado. E sim que ele ofende Deus, que ele é sacrílego. Está aí o que lhe dá seu caráter absolutamente irreparável, irrevogável. Ora, os homens estão sob o pecado e são totalmente impotentes por si mesmos a se liberar dele. "Tudo o que não é a fé é pecado", diz São Paulo. A tomada de consciência do pecado é, portanto, o ato decisivo que torna possível o encontro com o sagrado — e que permite sair da esfera do moralismo.

O moralismo é, de fato, em certo sentido, o grande obstáculo à graça. A razão disso é que ele cria uma satisfação de si, aquela dos fariseus dizendo: "Senhor, agradeço-vos por não ser como os outros homens, que são ladrões, mentirosos e adúlteros". Ao contrário, o pecado, sendo tomada de consciência de nossa conspurcação radical e de nossa total impotência de nos liberar dela, é a condição do recurso a Deus. É digno de nota, nesse sentido, que Cristo, no Evangelho, esteja cercado por pecadores: Madalena, a mulher adúltera, e tantos outros. E Celso, o adversário dos cristãos, atacava a Igreja no século IV acusando-a de acolher os bandidos e os impudicos. Esse aspecto do cristianismo é muito fortemente acentuado no protestantismo, a ponto de fazer do pecado um elemento constitutivo do homem durante sua vida terrestre. Ele é fundamental também no catolicismo.

Porém, vê-se assim em que sentido o pecado está ligado à graça. É na medida em que destrói a suficiência, o espírito de avareza e de pertencimento. E, nesse ponto também, o Sr. Bataille tem razão. Mas isso, o pecado só o opera na medida em que é *detestado*. É pela presença na alma de um mal irrevogável e detestado que ele determina a experiência da total impotência e provoca o retorno a Deus como fonte da graça que é desejada. É pela dualidade trágica que ele estabelece na alma, que é como que alienada a si mesma, que ele se torna um meio de salvação, na medida em que manifesta o fato do pertencimento a si, revela-o como culpado e abre a partir de então para a graça. Não é de modo algum por ter um valor em si mesmo, de subversão da ordem, do interesse mesquinho, do *status quo*.

É preciso insistir aqui para afastar toda e qualquer ambiguidade, para afastar a ambiguidade que está no coração da argumentação do Sr. Bataille. A dileção, tão marcada, de Cristo pelos pecadores: "Não vim para os justos e sim para os pecadores" não é em nenhum grau complacência pelo pecado. Visa tão somente destruí-lo. Seria deturpar completamente as palavras de Cristo usá-las para desculpar a fraqueza. "Existe uma hipocrisia pior que a dos fariseus, a de se cobrir do exemplo de Cristo para seguir sua própria cobiça. Cristo é um caçador que procura as almas onde elas se enterram; não procura seu prazer nas criaturas fáceis. Mas a nós, elas nos perdem – e não as salvamos" (MAURIAC. *Vie de Jésus*, p. 101).

Vê-se em que sentido o pecado é uma via de introdução ao sagrado. É na medida em que obriga ao desespero e força o homem ao ato de fé que ele opera a transfiguração do mundo. Há, portanto, de acordo com o esquema kierkegaardiano, inocência, pecado, glória. Mas glória e pecado são duas realidades opostas que não podem coexistir, ainda que estejam estreitamente ligadas. Ora, precisamente, é a fazê-las coexistir que o Sr.

Bataille se aplica. Para ele, ainda uma vez, o sagrado é definido pela comunicação; a comunicação pela dissolução. Ora, é o pecado que opera a dissolução. E, por isso mesmo, que permite a fusão que é a glória, a fulguração, o êxtase. Poderíamos dizer que se trata apenas de uma questão de palavras, que se trata de saber o que entendemos pelo sagrado; que a partir do momento em que se o esvazia de sua relação com Deus, não há razão para não considerar sagrado o estado de fusão no pecado. Mas o Sr. Bataille pretende que o pecado mantenha seu caráter culpado – e, portanto, sua referência a Deus.

Se buscamos a razão dessa necessidade da presença do pecado no seio da graça, da maldição na glória, é porque, nos dirão, o triunfo de um dos elementos levaria a uma espécie de parada, uma reconstituição do ser – e, portanto, ao fim desse estado de desagregação, de dissolução, que é a própria condição da comunicação se esta é constituída precisamente pela supressão dos seres como existências separadas. Mas podemos nos perguntar se esse estado de comunicabilidade está necessariamente ligado ao pecado. Há, me parece, na base do pensamento do Sr. Bataille sobre esse ponto, o temor de encontrar uma parada, de ser fechado numa ordem definida. É desse ponto de vista que Deus, na medida em que aparece como fundamento dessa ordem, lhe parece uma realidade fixa e, portanto, também um limite.

Penso que há aí uma impotência de conceber, por um lado, a ausência de limite, por outro, a total comunicabilidade fora do pecado. Ora, acredito que precisamente o dogma cristão fundamental da ressurreição representa a realização dessa existência sem limite, a superação dos limites da individualidade biológica, um estado corporal como que líquido e, portanto, totalmente permeável e transparente. A negatividade tão acentuada pelo Sr. Bataille, o gosto pelo Nada buscado além de todos os seres, me parece exprimir essa necessidade de destruição do corpo individual, que aparece tanto no sacrifício quanto no amor; mas que é menos apetite de destruição do corpo que dos limites do corpo e furor do espírito, ligado à mortalidade, por possuir um corpo que participa de seu modo de existir.

Penso, em segundo lugar, que o temor de uma parada na posse de Deus vem também de uma falsa concepção dessa posse. Compreendo muito bem o que o Sr. Bataille quer dizer quando vê no pecado a condição necessária da glória, porque o pecado destrói a integridade, e essa desintegração é necessária para colocar o ser em estado comunicável. Eu mesmo já me deparei com esse problema. Mas penso que não é apenas o pecado que é essa condição, ou, antes, que o pecado é o estado inferior dessa ferida. Sob suas formas mais altas, é uma outra ferida, ou seja, o desespero de não possuir Deus. A santidade é a aceitação desse desespero como condição normal da alma, ou seja, total desapossamento, pelo qual ela não se apropria de nada e se remete inteiramente a Deus.

Um terceiro ponto que me parece digno de nota é que a concepção que o Sr. Bataille tem de Deus é a do deus dos filósofos, que, de fato, aparece como suficiência perfeita a si mesmo. Mas o Deus cristão é esse Deus em Três Pessoas que se comunicam totalmente uma à outra, de maneira que nenhuma possui nada de próprio, mas que possuem em comum sua natureza. Temos aí o ideal mesmo da comunicação, em que tudo o que é comunicável é comunicado e em que subsiste apenas a distinção das pessoas, necessária para tornar a comunicação possível. O Sr. Bataille dirá talvez que essa reserva basta para impedir a comunicação no sentido em que ele a entende, que para ela é necessária a dissolução das próprias pessoas. Mas, aí, parece-nos que não há mais comunicação, no sentido de que, para que possa haver colocação em comum, é preciso que haja quem colocar em comum – e para que a integridade de um ser seja destruída, é preciso que o ser ferido subsista.

Isso coloca uma questão que me parece fundamental em nosso debate. Para o Sr. Bataille – não sei se há aí alguma influência do pensamento budista –, a personalidade é concebida como um limite que impede a comunicação. Há para ele identidade entre a destruição dos limites e a destruição do eu, a existência deste sendo um obstáculo à passagem onde existe tão somente um estado de fusão que é a comunicação, onde não há mais existentes separados. Toda pessoa é egoísta, e o egoísmo só pode ser totalmente vencido com a desaparição da pessoa; daí o pecado que desintegra esta, que atinge sua integridade – e por isso mesmo a torna comunicável. Há aí uma equação que rejeito entre a pessoa e o limite. A individualidade biológica é fechada, mas não a pessoa, que pode ser totalmente comunicada, que é sem limite, que pode ser totalmente imanente a um outro.

Essas observações relativas à noção de pecado poderiam ser estendidas relativamente às outras noções teológicas de que o Sr. Bataille faz uso. Penso, em particular, na noção de sacrifício, tão importante para ele, e na passagem, aliás muito bonita, sobre o sacrifício da Cruz como meio de comunicação. O sacrifício é considerado pelo Sr. Bataille como crime sagrado e, portanto, como um mal que é o meio de um bem, ou seja, a comunicação. A ideia de que a morte de Cristo torna Deus comunicável é rica de sentidos. Mas não se deve esquecer que a morte na Cruz é um sacrifício na medida em que é oferecida por Cristo pelos pecados do mundo – e que é, portanto, num sentido figurado que se pode dizer que são os pecadores que crucificam Cristo: no sentido de que é por causa deles e por eles que Cristo oferece livremente sua vida.

Deixo inteiramente de lado os problemas morais e filosóficos colocados pelo texto do Sr. Bataille. No terreno onde me posicionei, de uma apreciação do alcance místico de sua atitude, resumirei assim meu pensamento: penso que há na negatividade, no excesso, na comunicação, no sacrifício valores místicos para cuja revalorização o Sr. Bataille pode contribuir. Penso que esses valores só adquirem seu sentido pleno na medida em que têm da mística não apenas a forma, mas também o conteúdo. Penso que o que afasta o Sr. Bataille dessa realização superior é um temor obsedante do conforto espiritual que ele acredita pressentir nela, e de uma satisfação de si. Ora, acredito que, muito pelo contrário, a mensagem de Cristo é uma mensagem de gratuidade e de dispêndio luxuoso.

III. Discussão

M. DE GANDILLAC: Antes de retomar e desenvolver o diálogo iniciado pelas duas exposições que acabamos de ouvir, talvez seja o caso de acolher o ponto de vista de vários de nossos amigos presentes, que poderão enriquecer a discussão e orientá-la de diversas maneiras. E para começar darei a palavra a Klossowski, que deseja introduzir no debate uma questão realmente essencial: a da ambivalência do Sagrado.

P. KLOSSOWSKI: A questão particular colocada por Bataille não pertence, por sua natureza, ao seguinte problema crucial?

A esfera do Sagrado sendo a esfera das relações ambivalentes com Deus determinadas pelo pecado, o Cristianismo consuma e consagra essa esfera definitivamente? Nesse caso, Bataille traria certamente uma contribuição preciosa, uma renovação, uma recolocação em evidência de nosso comportamento religioso autêntico. Não parece, de fato, que nossa Teologia racionalizou demais e, assim, desarticulou nossa relação com Deus, particularmente no que diz respeito ao pecado, de maneira que a Redenção surge hoje apenas sob o aspecto jurídico de um simples acerto de contas?

Se é uma coisa terrível para o homem cair nas mãos do Deus vivo, como diz a Epístola aos hebreus, Bataille disse isso muito bem, embora fingindo não conhecer esse Deus. Cair nas mãos do Deus vivo é em primeiro lugar reconhecer-se culpado diante dele. Mas, para Bataille, *não ser culpado é verdadeiramente não ser de modo algum*. Ser culpado ou não ser, eis o dilema, porque ser sem culpa, para Bataille, é não gastar, é não poder gastar, e não ter nada para dar é ser aniquilado por Aquele que tudo dá, inclusive aquilo que somos.

Acredito, portanto, que aquilo que Bataille reprova como *moral do declínio* é o ser puro e simples. Assim, será ainda mais intolerável ser *um tal* diante de Deus. Ser, para Bataille, é se entediar. É bem esse o sentido da *Langeweile* de Heidegger. Ser culpado, ao contrário, é ganhar em interesse contra Deus.

A culpa, de fato, distrai dessa servidão que é o fato de ser, alivia do peso do ser imóvel e engaja o homem no movimento pelo movimento, que é sempre um movimento ofensivo contra Deus. E a vantagem desse movimento é que o homem não tem mais o sentimento de ser uma simples criatura, que Deus não é mais simplesmente o criador, mas que uma contestação entre Deus e o homem dá ao homem a chance de sair vencedor daí. E o pivô desse movimento ofensivo é sempre o pecado. Daí a necessidade constante do pecado, a função positiva do crime gerador de comunicação.

Aqui, chego ao segundo termo da alternativa. Se o Cristianismo, pelo contrário, liberou-nos de uma vez por todas do sagrado ambivalente, ele desenraizou, desse modo, o pecado como pivô de nossa relação com Deus. O dom é então ser, e não a culpa. E então, o que há de terrível em cair entre as mãos do Deus vivo é que nossa relação não pode mais ser ambivalente com Ele. É que o pivô de nossa relação com Deus não pode mais ser o pecado, e sim o fato de ser um tal diante de Deus.

Aqui começa então a responsabilidade. Devemos deixar de ser culpados e nos tornar responsáveis. E embora seja certo que o estágio religioso é transcendente em relação ao estágio ético, essa transcendência do religioso não deixa de integrar a ética. A ética se torna religiosa, e é por isso que um ato conforme à lei natural pode ser um ato sagrado no sentido cristão do termo. Mas é disso que Bataille tem horror, pois o sagrado para ele, por não integrar a ética, por tê-la desintegrado, se confunde com o estágio estético. É por isso que sua a-teologia implica uma valorização do mal que lhe é tão necessária quanto a cena do crime de Macbeth é indispensável para a integridade do drama de Shakespeare. Movemo-nos aqui em cheio na categoria do *interessante* delimitada por Kierkegaard.

G. BATAILLE: O que Klossowski acaba de dizer me parece de uma importância primordial, no sentido de que a diferença que ele sublinha é, ao que parece, aquela que se desenvolve através da história, que opõe o período anterior ao Cristianismo ao próprio Cristianismo. O que é impressionante no sacrifício não cristão é, de fato, que o sacrifício é assumido, que exatamente o crime do sacrifício é assumido por aqueles mesmos que solicitam seu benefício, ao passo que, no Cristianismo, aquele que se beneficia do sacrifício é ao mesmo tempo aquele que o maldiz e joga sua culpa em outrem. Há no Cristianismo uma vontade de não ser culpado, uma vontade de situar o culpado fora do seio da Igreja, de encontrar uma transcendência do homem em relação à culpa.

Parece-me haver certa puerilidade na nostalgia de um estado de coisas primitivo; se a atitude pré-cristã foi superada, é porque devia ser. Todavia, na medida em que acredito ainda numa possibilidade de dar a uma atitude consequente seu desenvolvimento mesmo nas circunstâncias atuais, me parece que essa atitude poderia se aproximar muito mais daquela do homem que, não sendo cristão, assumia a totalidade desse ato, a um só tempo a causa e a consequência do sacrifício. Quando o sacrificador que se aproximava da vítima não tinha a possibilidade, senão por meio de comédias bastante grosseiras e que, por conseguinte, não reservavam nada, não tinha a possibilidade de escapar do sentimento de culpa que ele provocava pelo fato de que o machado se abatia sobre a cabeça da vítima, me parece que o sacrifício antigo era mais inteiro, era o mesmo que seria o sacrifício assumido por um cristão que se afundasse voluntariamente no pecado e pensasse não poder evitar descer no abismo para que a redenção se consumasse. Este evitaria, acredito, o que me parece o obstáculo essencial do Cristianismo. Se é verdade, por outro lado, que o sacrifício cristão se perde num mundo benéfico que me parece até, em relação à Cidade, representar uma espécie de perfeição no ser, digo isso no sentido em que você mesmo o disse agora há pouco, no Ser que é apenas tédio, apenas fatalidade, no qual acabamos por nos ver fechados por limites de que podemos decerto sair, mas no interior dos quais o ar se torna cada vez mais irrespirável. O ar que respira aquele que se deixa fechar na esfera propriamente cristã se torna talvez, por certas aberturas, relativamente fresco algumas vezes, mas sou obrigado a atacar o conjunto. E sou obrigado a sublinhar que esse ar se tornou irrespirável. Todos sabemos disso, e os próprios cristãos o denunciam. Há, na fatalidade com que o Cristianismo se fechou sobre si mesmo no tédio, alguma coisa que domina a situação cristã atual, quando estamos diante dos espetáculos que a Igreja em sua sobrevivência nos oferece ainda, com seus aspectos desconcertantes de carolice, de beatice e de tudo o que se tornou o mais impressionante na sobrevida do mundo católico atual visto de fora. Será possível suprimir de uma vez esse aspecto das coisas? Não acredito. Que no interior desse desenvolvimento continue a arder não sei que chama, aqui ou ali, ninguém nega, mas que essa ausência de chama, que esse tédio que impera exteriormente esteja ligado a essa rejeição da culpa, a essa separação completa entre o Cristianismo e o mundo do pecado, é o que me parece de uma evidência gritante, pois, no que culmina finalmente o Cristianismo? É que há por um lado, de qualquer jeito, a ausência de tédio* que é o mundo cristão. Entendo que, é claro, trata-se apenas do mundo cristão tomado em sua realidade total e grosseira, mas, enfim, as coisas não deixam de estar nesse pé.

R. P. DANIÉLOU: Acredito antes que é por ter se deixado invadir pelo pecado que a Igreja se degradou, já que por pecado entendemos aquilo que é obstáculo à comunicação, ou seja, o egoísmo e o fechamento em si mesmo. Talvez na Idade Média houvesse menos separação entre a Igreja e o mundo do pecado e a Igreja fosse menos tediosa, é possível; mas, de minha parte, não vejo como a invasão dos cristãos pelo pecado os tornaria menos tediosos.

G. BATAILLE: Não proponho a salvação da Igreja, limito-me a constatar aquilo que, infelizmente, outros já constataram.

---

* Deve ter havido aqui um deslize seja na própria fala de Bataille, seja em sua transcrição. Tudo me leva a crer que o que Bataille falou (ou pensou) foi novamente "ausência de chama" (*absence de flamme*) e não "ausência de tédio" (*absence d'ennui*). (N.T.)

P. KLOSSOWSKI: Acredito que nosso mundo está esmagado pelo sentimento de culpa e que, em sua impotência de tomar consciência de sua responsabilidade diante de Deus, ele permanece fechado no tédio. Concedo que, na medida em que certos membros da Igreja participam dessa doença do mundo atual, eles são "tediosos", assim como o mundo atual é "tedioso".

Por que o mundo do pecado é tedioso? Porque ele gosta do seu pecado sem querer conhecê-lo. Você nos fala sempre do brilho do mundo do pecado. Esse mundo, na verdade, é bem opaco e morno.

G. BATAILLE: Pareceu-me por vezes que o mundo cristão era mais particularmente tedioso do lado em que o pecado se encontrava completamente ausente.

M. DE GANDILLAC: Não é a esse tédio que aludia o padre Daniélou quando falava agora há pouco de "conforto espiritual"?

R. P. DANIÉLOU: Para mim, o conforto espiritual é o pecado por excelência.

M. DE GANDILLAC: Estamos jogando um pouco com as palavras.

R. P. DANIÉLOU: Todo mundo joga com as palavras. A palavra "pecado" cria uma ambivalência.

J. HYPPOLITE: O que é grave não é, portanto, o pecado, é a mediocridade, que não é nem a graça nem o pecado.

M. DE GANDILLAC: Mas essa mediocridade não tem o sentido trágico do pecado sentido como tal. Transcendemos radicalmente a esfera do tédio assim que penetramos na esfera da culpa dramaticamente consciente.

J. HYPPOLITE: Há um envelhecimento histórico que é inelutável.

M. DE GANDILLAC: É melhor não transpormos o debate para o plano institucional. O que buscamos definir aqui é antes uma experiência que, de qualquer jeito, caberá sempre a uma pequena minoria, que permanecerá sempre inacessível à massa anônima e ordinária.

A. ADAMOV: O que mais me impressiona nesta discussão é o tom de voz de Bataille: ele me parece absolutamente autêntico. Os egípcios tinham razão ao fazer da entonação "justa da voz" a condição prévia à enunciação de toda e qualquer verdade. É muito raro hoje em dia escutar simplesmente um homem falar com uma entonação que seja verdadeiramente a sua, que traduza uma experiência pessoal.

Dou razão a Bataille quando diz que é a ausência do pecado que torna o mundo cristão tão tedioso. Mas, para mim, a noção de pecado é inseparável da de existência independente de qualquer pecado distinto. Basta pensar na etimologia da palavra: *exstare*: ser lançado para fora, e me compreenderão. Só o êxtase, lançando o homem para fora da existência, lhe permite reencontrar o estado de que foi excluído.

Por outro lado, como Klossowski admitiu agora há pouco, o Cristianismo hoje em dia não tem mais nenhum caráter sagrado. Klossowski, pensando decerto numa nova era histórica em que o senso religioso se deslocaria, vê nisso um bem. Mas se entrevejo esse bem, vejo também o mal que ele implica.

Se as religiões faliram foi porque perderam o senso da identidade dos contrários. Todo mundo ataca hoje a razão em nome do irracional. Isso acontece porque o racionalismo, pelo simples fato de se basear no princípio de não contradição, traz em si todos os argumentos que se pode opor a ele.

Para voltar ao cristianismo, acho muito significativo que esse princípio da razão triunfante tenha acabado por expulsar das catedrais as figuras dos demônios. Que o cristianismo tenha ainda um sentido para alguns homens, que ele lhes seja de real ajuda, não muda nada. Estamos dentro da noite. Querer ainda hoje pertencer a uma religião definida, digo em nome mesmo do espírito religioso que isso não é mais possível.

R. P. MAYDIEU: Gostaria de fazer duas observações. Se as pessoas parecem eliminar a alegria no Cristianismo é porque, para muitos, o Cristianismo não é mais criador. É, ao menos, a impressão que se tem numa massa burguesa. Mas existem, ao contrário, ambientes onde o Cristianismo é essencialmente criador. Eu mesmo, em Paris, num momento em que tantas pessoas pareciam hipnotizadas, vi uma tripla criação num pequeno círculo:

1º Uma universidade popular criada nos arredores de Paris, bem ao lado da escola dos suboficiais S.S., quando isso era proibido pelos regulamentos;

2º Uma organização criada por um abade, a capelania dos prisioneiros de guerra e depois a capelania dos prisioneiros civis. Isso, com uma coragem enorme;

3º Finalmente, bem recentemente (e é o problema colocado por um livro que, de resto, não deixa de ter seus defeitos: *France, pays de mission* [França, país de missão]), vi um grupo de padres (seis ou oito padres pobres, embora tendo dinheiro) que deram tudo o que tinham e um grupo de laicos criar, fazer surgir uma Ordem que talvez não venha a ser definitiva (vocês sabem que há muitos inícios de ordens, que uma Ordem às vezes leva muito tempo para nascer), mas fazer nascer uma nova ordem que é a Missão de Paris.

O segundo ponto que gostaria de abordar é relativo ao pecado. Acredito que temos muito a aprender com os pecadores. Primeiro, porque cada um de nós é pecador; além disso, penso que, no pecado, há às vezes uma riqueza que o homem "sábio" (tomo aqui sábio no mau sentido da palavra) elimina. Penso, como o R. P. Daniélou, que o cristão não se tornaria mais divertido se começasse a afundar no mundo do pecado, mas que ele devia manter o contato com o que é chamado de mundo do pecado, mundo a que ele pertence, tomar consciência do que são os pecadores. O que me impressionou nessa missão de Paris foi a noção de um novo apóstolo, o que eles chamam de "militante intermediário", ou seja, o apóstolo cristão que, em vez de sair do meio a que quer oferecer o testemunho de Cristo, permanece solidário desse meio com todas as suas características e seus defeitos. Seria preciso ir beber, não para agradar, mas porque se tem vontade de beber. É na medida em que comunicarmos com aqueles que têm essa mesma vida, essas mesmas aspirações, essas mesmas preocupações que seremos capazes de lhes trazer o testemunho de Cristo. Nesses ambientes de apostolado que assumem a vida em sua realidade, parece que vemos a alegria surgir. Nunca vi o tédio lá. Entrei tarde nas ordens. Aconteceu-me de frequentar o mundo do pecado, devo confessar que foi uma maçada só... Pelo contrário, desde que vesti este hábito, nunca mais me entediei. Convenhamos, 15 anos sem tédio não está nada mal.

P. BURGELIN: Não tenho nada de particular a acrescentar senão o fato de que fiquei incomodado, sob certos aspectos, por certas dissociações que foram feitas; por exemplo, pela oposição da Moral e da Mística, sem deixar uma terceira via. Essas duas vias concebidas como opostas, definitiva e absolutamente, e, a seguir, mais nada.

Parece-me que seria o caso – embora, de minha parte, eu não esteja nem um pouco seguro sobre essa questão – de procurar uma terceira via, que seria a meu ver a via da Fé, que não seria nem exatamente a via da Mística nem, sobretudo, a via da Moral.

Vocês deveriam desenvolver esse ponto. Constato meu incômodo diante dessa escolha entre um erotismo extático e a moral pura.

M. DE GANDILLAC: Quando Adamov falava agora há pouco de uma lógica do contraditório e de uma dialética possível, eu pensava em Karl Barth e me perguntava se um verdadeiro barthiano colocaria o problema nos mesmos termos; gostaria de saber se Burgelin teve a mesma sensação.

P. BURGELIN: De minha parte, não reconheço isso de modo algum. Em particular, o que me incomoda é talvez a ideia de que se possa buscar o êxtase como um bem; que o êxtase seja dado a alguém é bem possível, mas que se possa orientar sua vida para uma busca sistemática do êxtase, está aí uma coisa que me choca. Em todo caso, do ponto de vista cristão, parece-me que tudo vem de Deus, nada do homem, e que, por conseguinte, uma busca que vem do homem não tem nenhuma espécie de sentido nessas matérias. Que o cristianismo seja tedioso ou não é uma questão que não me toca de modo algum. Isso não me diz respeito. De minha parte, não seria nesse plano que eu colocaria a questão. Haveria uma quantidade de pontos desse tipo. Fiquei um pouco incomodado pela oposição feita pelo Sr. Bataille no momento em que identificou, em suma, a noção de mérito e a noção de salvação, a noção de perdição e a noção de graça. Aqui também não me sentiria de modo algum disposto a colocar o problema dessa maneira. Em primeiro lugar, porque entre a noção de mérito e a noção de salvação eu faria um corte radical, é claro. Além disso, porque a perdição me parece ser demais a vida normal do homem para que eu possa falar aqui de chance, a chance parecendo sempre alguma coisa de necessariamente excepcional.

É justamente porque o mundo da perdição é o mundo "normal" que a ideia de uma separação do mundo cristão e do mundo do pecado é uma separação que me choca profundamente.

Não há dois mundos, há apenas um, e é evidentemente o mundo do pecado. No mundo do pecado, a graça se insinua como pode, isso é outra questão.

L. MASSIGNON: Fiquei muito impressionado com o tom de simplicidade, de confissão direta do Sr. Bataille. Ele falou como um homem, como um homem que tem uma experiência, só que é necessário, afinal, introduzir um pouquinho, não diria de filosofia, mas há o corpo e a alma, há a questão da morte do corpo. Você falou da morte do corpo sob a forma do êxtase. Concebeu o êxtase como uma coisa que era buscada. Ora, o êxtase não é buscado. Ele é buscado por Plotino, mas não pelos cristãos. Recuso a Plotino o título de místico completo. Essa busca pelo êxtase é uma busca intelectual, levada ao paroxismo. É isso o que o você busca? Parece que busca alguma coisa de mais direto do composto humano que faça intervir a atração, o gosto interior da vida. Não é por meio do signo da inteligência que quer definir o êxtase. O êxtase é um desfalecimento físico. Não é através de um desejo concertado da inteligência, e sim através de um gosto surdo, um abandono da vontade amorosa, que se buscará o êxtase. O êxtase é uma coisa negativa, que mostra a deficiência do corpo. Isso pode acontecer com um santo. Acontece em geral com um santo. Mas sua santidade não é consagrada a esse momento. Ela se encontra mesmo em estado de suspensão, já que é uma marca de que o corpo deve morrer. É uma espécie de disjunção. Uma disjunção misteriosa. Não se deve sequer fazer dela um dolorismo, supondo que, tendo tido um êxtase, desejaríamos ter outro. É uma espécie de disjunção que prepara a morte do corpo (exceto em Cristo, cujo corpo era imarcescível).

Há outra morte de que você falou mais, já que tocou em coisas muito diretas e muito profundas, interiores a nós; é uma espécie de morte espiritual, aquilo que seu precursor nisso, Nietzsche, chamava de "a morte de Deus". Mas ainda aí, depois da morte do corpo, há uma espécie de morte espiritual para renascer. É preciso, acredito, realmente passar por aí e é nessa espécie de morte que o místico se entregou inteiramente a Deus e em que Deus se retira dele. Mas não se deve considerar essa espécie de maneira de se retirar dele que o místico padece de Deus como uma figura de retórica. É uma realidade apavorante e que ele próprio exprime como muito mais dura que o inferno. Acredito que essa morte espiritual de que você fala não possa ser realizada mais fortemente do que pelo místico que acredita em Deus, porque, por aí mesmo, se você quiser, dialeticamente, ele é obrigado a uma espécie de Nada que o supera. O Nada de seu ápice é uma coisa que está além do inferno, e não acredito que isso seja literatura de modo algum.

Em todo caso, há duas perspectivas: primeiro a perspectiva da separação do corpo e da alma, a morte do corpo que é prefigurada pelo êxtase; a seguir, essa espécie de morte do espírito que é preparada pelo abandono. Você fez duas ou três alusões a Cristo. É preciso sublinhá-las com infinito pudor pela sua confissão, mas também com infinito amor pela pessoa; porém, na agonia de Cristo e no abandono há precisamente a prefiguração dessas duas espécies de morte, do fim do corpo e de uma espécie de abandono do espírito: "por que me abandonastes...".

Há para o homem, para atravessar e chegar a esse ápice que persisto em acreditar real – não que sejamos impelidos a ele por uma atração que possamos gerar, mas porque somos chamados a ele, que não buscamos, é ele que nos busca –, uma espécie de atração magnética. É o que faz com que o vocabulário do místico se aproxime do seu. É algo que é do mais profundo de nós. Que só pode se consumar através dessas duas espécies de morte. Há uma distinção entre o corpo e a alma que está na base de todo este debate. Sabemos que temos uma personalidade, mas sabemos a diferença que há entre nosso corpo e nossa alma, e não creio que ela tenha sido indicada por um termo técnico no debate até aqui.

G. BATAILLE: Evidentemente, fiz questão de evitar, de maneira realmente sistemática, o emprego de noções como as de corpo e de alma; elas são completamente estranhas ao que posso ter de noções gerais no plano da ontologia.

L. MASSIGNON: Mesmo da experiência interior?

G. BATAILLE: Não vejo a necessidade de fazer intervir essa dualidade do corpo e da alma numa descrição da experiência interior ou da experiência mística, já que esta não é ela própria construída sobre essas noções, como acontece, é verdade, no cristianismo ou no conjunto das experiências místicas.

L. MASSIGNON: O êxtase, no entanto, não é uma coisa da alma. É uma coisa puramente física, nos signos que encontramos dele. Você mesmo apontou e analisou tudo o que o presidente De Brosses indicava no que ele via no Êxtase de Santa Teresa, de Bernini. Não vejo razão para atribuir a êxtases tais como os de São João da Cruz ou de Santa Teresa um valor tão estreitamente ligado ao corpo.

Não creio que a experiência de distinção da alma e do corpo seja uma distinção puramente abstrata, escolástica. Tenho a impressão de que é uma coisa que devemos atravessar sob uma forma de ruptura e disjunção.

G. BATAILLE: De minha parte, ao menos, sou completamente alheio a isso. Fiquei impressionado com o que você diz, assim como com o que disse Burgelin, por perceber – e foi para isso mesmo que desejei que esta reunião ocorresse – que nas diferentes experiências que puderam ser feitas da vida mística as mesmas dificuldades que aquela que eu quis sublinhar sob sua forma mais exagerada tenham aparecido. Foram vocês mesmos que colocaram essas dificuldades fundamentais em evidência, sem que eu o quisesse, quando Burgelin disse – e o Sr. Massignon retomou – que, de fato, não podemos buscar o êxtase. Está aí um princípio que me parece dominar a situação. No entanto, ainda que do lado do Sr. Burgelin, ou seja, do lado protestante, não acredito que a coisa seja transgredida, o mesmo não se dá com o mundo católico, por exemplo, nem, decerto, nos outros mundos onde a experiência mística foi conhecida, a partir do momento em que existe uma experiência mística. Essa experiência existe, ainda que devamos antes fazer esta reserva fundamental, ela existe, sob forma de projeto, e até sob forma de manual. Em qualquer sebo se encontram tratados desse tipo. Existem por toda parte livros que têm por objetivo comunicar a experiência e, consequentemente, facilitar o caminho até ela. Fique claro que não estou dizendo que esses livros não deveriam existir, que os místicos, tendo tido suas experiências, tendo sentido talvez a necessidade de descrevê-las, teriam devido jogar seus livros no fogo: suponho, no entanto, que todos eles foram tentados a isso na medida mesma da autenticidade de sua experiência. Imagino que o problema que tentei trazer à tona hoje devia ser uma espécie de problema dominante para eles. Há algo de repugnante, de perfeitamente nojento mesmo, no fato de querer comunicar a experiência, não porque se possa escapar a essa possibilidade de comunicar – a necessidade de comunicá-la é forte demais –, mas porque, comunicando-a, nós a comunicamos a outros como um projeto, indicando-lhes o caminho que podem seguir, nós a comunicamos a outros já como o embrião de uma degradação da experiência. Parece-me que havia certo interesse em apontar, como vocês fizeram, que esse sentimento devia ser experimentado por outros em domínios que podem aliás parecer bastante divergentes.

M. DE GANDILLAC: Voltaremos talvez a esse aspecto da questão. Por ora, me parece preferível dar a palavra a Hyppolite, que gostaria de interrogar Bataille sobre o tema tão ambíguo do Nada.

J. HYPPOLITE: Na fala de Bataille, agora há pouco, me pareceu que havia fontes bastante diversas, cimentadas pela sinceridade interior, mas que, filosoficamente, me pareciam diferentes. Uma delas, bastante nietzschiana, ligava-se ao problema da Moral, a outra colocava um problema ontológico que é de uma ordem diferente. Gostaria de saber simplesmente se essa necessidade de ir além de si mesmo, que era, por conseguinte, a negação de nosso ser próprio, colocava o Nada em nosso próprio desejo ou o colocava além de nosso desejo. Há aí duas perspectivas opostas: nós é que somos Nada se o desejo está em nós, Nada no próprio desejo; ou, ao contrário, é para sair de nós que vamos ao Nada. Há aí um problema de situação que me parece bastante complexo.

G. BATAILLE: Quando emprego a palavra "Nada" é no plano ontológico que me coloco e designo assim aquilo que se situa além dos limites do ser.

J. HYPPOLITE: O ser é nós ou está fora de nós?

G. BATAILLE: Quando falo de um ser, falo de um ser particular e designo-me em particular a mim mesmo e, de modo geral, também o eu dos outros homens. Em relação a esse eu, existe uma ausência desse eu, que podemos chamar de Nada se quisermos e sobre o qual o desejo não incide exatamente como sobre um objeto, já que esse objeto não é nada, mas como sobre uma região através da qual aparecem os seres dos outros.

J. HYPPOLITE: Note a importância disso para a questão que foi agitada agora há pouco; você descreveu esse êxtase; essa necessidade de sair de si, como uma espécie de aniquilação de seu próprio ser.

G. BATAILLE: Não, não a descrevi; simplesmente disse que, no êxtase não cristão, podíamos encontrar, num ponto qualquer, a aniquilação do ser. E, referindo-me assim a possibilidades bastante diversas, empreguei uma expressão bastante vaga e acredito que não poderia ter feito de outro modo. Queria simplesmente indicar assim que o Nada se encontrava num ponto qualquer da experiência, e o Nada é sempre a aniquilação do ser, o ponto onde o ser se aniquila.

J. HYPPOLITE: Suponha que o Nada esteja em nós, que, precisamente, ele esteja no próprio desejo, no que você chama de ser. Isso não inverteria profundamente os papéis? Será que a necessidade que temos de sair de nós não seria uma necessidade de sair do nosso Nada, se o Nada estivesse contido no próprio desejo?

G. BATAILLE: Você fala de noções que são completamente estranhas às que desenvolvi. Pode ser que, de fato, o Nada esteja em nosso desejo. Não tento negá-lo de uma maneira particular. Isso seria bastante contrário à posição que tenho de modo geral. Mas resta que, desenvolvendo certo número de ideias, a que dei a coerência que podia, essa noção de que você fala atualmente não apareceu e permaneceu realmente fora do meu horizonte.

J. HYPPOLITE: Ela conduz a valorizações muito diferentes do além.

G. BATAILLE: Provavelmente.

J. HYPPOLITE: Porque há de qualquer jeito uma escolha implicada na terminologia que você usou, chamando de Nada o que está fora e de ser aquilo que somos.

Se, ao contrário, o vazio está em nós e é o ser que buscamos fora, isso não modificaria profundamente sua posição?

G. BATAILLE: Isso modificaria tudo.

J. HYPPOLITE: Se você escolheu essa terminologia, essa escolha não traduz de antemão certa posição que não deriva da descrição puramente fenomenológica das coisas?

G. BATAILLE: Como todo tipo de escolha.

Tentei, naturalmente, fornecer uma descrição fiel de uma experiência que eu tinha, e me parece que se nos atemos à primeira experiência, podemos admitir o que propus; se levamos a experiência mais longe, podemos decerto perceber no desejo que somos o Nada. Confesso, de minha parte, que não percebo ainda claramente as possibilidades de avançar no caminho de que você fala. Ainda não sei claramente aonde ele leva e não vejo como esse caminho que me levaria não sei aonde poderia se situar em relação àquele de que acabo de falar.

M. DE GANDILLAC: Acho que todos gostaríamos de conhecer a opinião de Sartre sobre esse problema.

J.-P. SARTRE: O que me chama mais a atenção é que você diz que há um além do ser que é o Nada. Mas é você que o batiza assim. Se o batiza assim, é porque tem em si mesmo a possibilidade de fazer aparecer a coisa como Nada. De onde vem essa possibilidade? Se você está cheio, não carrega o Nada em si mesmo, sem o que não poderia nomeá-lo assim.

G. BATAILLE: Carrego o Nada em mim mesmo como negação.

J.-P. SARTRE: Daí vem a possibilidade para você de ter uma negação. Voltamos à ideia do desejo. Se o desejo não é em certo sentido Nada, se em si mesmo você não tem a possibilidade de fazer aparecer o Nada, o que há fora de você não é nada em certo sentido. É igualmente um cheio. Não pode nomeá-lo nem fazê-lo aparecer. Você acaba de fazê-lo aparecer como Nada, é porque tem a possibilidade disso.

Ao passo que em sua fala, você parece apresentar o ser como um ser cheio e apresentar o que está fora como o vazio. Pergunto-me se Hyppolite não tem razão e se o próprio fato de você chamá-lo Nada não leva a inverter as posições.

G. BATAILLE: Tudo o que posso dizer é isto: é que essas preocupações que não afastei, que desde o princípio reconheci como podendo entrar em linha de conta a partir do que eu tinha avançado, não me apareceram quando construí essa concepção, que é relativamente simples em relação às possibilidades que vocês evocam. E, não importa como, o ser aparece para si mesmo como um cheio num momento qualquer, por mais contestável que essa primeira noção possa parecer a seguir, e sempre resta que, num outro momento, a ausência do ser, o fato de que fora de mim não há mais eu, pode ser nomeado o Nada.

Naturalmente, não excluo, dessa maneira, possibilidades de prosseguir a análise. Também não prejulgo as consequências que poderia ter sobre a descrição e sobre o conjunto do que tentei introduzir semelhante desenvolvimento da análise.

J.-P. SARTRE: Vejo que as consequências são bastante importantes, porque, se você admitisse isso, poderíamos dizer que você busca o ser, e não o Nada, e que o êxtase é uma perda no ser, e não no Nada. É uma posição que seria preciso examinar. São as duas posições possíveis: ou somos plenitudes e o que buscamos é o Nada, ou somos vazios e o que buscamos é o ser.

G. BATAILLE: Para dizer a verdade, sou levado a voltar, até certo ponto, sobre o que postulei em primeiro lugar. Parece-me que, na dialética de minha exposição, o movimento que você indica está bem claramente implicado. Em primeiro lugar, o ser que busca um além de si mesmo não toma por objeto expressamente o Nada, e sim um outro ser. Só que esse outro ser, me parecia que ele não podia ser atingido senão através do Nada, e o Nada, nesse momento, deve coincidir até certo ponto com uma espécie de desvalorização do ser que deseja, com uma espécie de aniquilação do ser que deseja, já que esse ser que deseja é representado como o tédio e que, no tédio, há já a percepção de um vazio. Não busco, aliás, nesse momento, fazer outra coisa além de responder, mais ou menos como se tenta tapar um buraco e da maneira mais grosseira, mas me parece poder indicar suficientemente por aí que não apenas a perspectiva que você descreve agora poderia ser integrada no desenvolvimento que me é pessoal, mas que ela poderia sê-lo no sentido de uma informação.

J. HYPPOLITE: Graças à noção de pecado? Eu não teria tanta certeza. É sempre possível, mas é ambíguo. E se o desejo devesse incidir sobre o ser e se a comunicação se fizesse pelo ser em vez de se fazer pelo Nada, isso mudaria tudo.

G. BATAILLE: A questão do ser está em jogo na dialética de que falei, que opõe o eu e o outro, e é exato que considero o outro sempre como objeto de um desejo, que o eu é sujeito do desejo e que esse sujeito do desejo é *a priori* uma contestação de si mesmo na medida em que é desejo de um outro. Ao mesmo tempo que um cheio dentro do ser, há também o sentimento de um vazio, já que é esse sentimento do vazio que o lança para fora.

Confesso ter a sensação de só falar dessas coisas de uma maneira aproximativa e de improviso. Elas não me incomodam, é tudo o que posso dizer.

J. HYPPOLITE: Se intervim a propósito dessa inversão foi porque tinha me parecido que sua noção de pecado e que sua noção de êxtase, das duas formas do eros, o eros místico e o eros sensual, que essas duas noções estavam ligadas a sua concepção do Nada.

G. BATAILLE: Elas estão ligadas a minha concepção do Nada no sentido de que a passagem através do Nada é exatamente o pecado. Isso pode ser o pecado de um duplo ponto de vista; o fato de buscar seu Nada além de si mesmo é já um pecado.

J. HYPPOLITE: Buscar *seu* Nada!

G. BATAILLE: Seu próprio Nada. É já o movimento da queda que é descrito por esse movimento. Ao mesmo tempo, o ser outro que é absorvido pelo desejo e que pode ser percebido através do Nada deve, para ser assim percebido, atingido em sua integridade, deve estar de algum modo em comunicação com seu próprio Nada.

J. HYPPOLITE: No Nada, comunicamos uns com os outros. Mas se esse Nada está em nós, será que o pecado não está já em nós?

G. BATAILLE: O pecado é simplesmente a violação dos seres, não exatamente o Nada. Mesmo se o Nada está em nós, o Nada não seria necessariamente o pecado, já que o pecado é a violação dos seres. Ora, o Nada que está em nós aí permanece sem que haja qualquer violação à nossa integridade, assim como não há violação alguma do ser em nós enquanto não saímos dele ou enquanto ninguém viola nossa integridade.

P. BURGELIN: O pecado, para você, é um ato, e não um estado?

G. BATAILLE: Pode haver também um estado resultante desse ato. O estado de decomposição, por exemplo.

M. DE GANDILLAC: O pecado não é em primeiro lugar recusa?

G. BATAILLE: Para dizer a verdade, a multiplicidade das situações é tal que se pode sempre considerar que num momento qualquer o pecado assuma o aspecto de uma recusa.

P. BURGELIN: Mas não essencialmente?

G. BATAILLE: Essencialmente não. Concebo-o como um ato. Para dizer a verdade, isso não se encaixa, essa estreiteza de espírito não se encaixa com a descrição da Igreja para a qual o pecado é ora a avareza...

M. DE GANDILLAC: Historicamente, o pecado fundamental se apresenta inicialmente como uma recusa voluntária e consciente.

G. BATAILLE: Não é exatamente a concepção que desenvolvi.

J. MADAULE: Pecado contra o Espírito Santo.

G. BATAILLE: É uma noção obscura para mim, e acredito que para a maioria.

M. DE GANDILLAC: Permitam-me precisar minha questão: parece que você via no pecado um meio realmente essencial para o ser de escapar a certo emburguesamento, a certo endurecimento, a certa satisfação de si, a uma suficiência em si e em seu próprio tédio. Ora, esse pecado liberador é para você o pecado enquanto pecado, ou seja, essencialmente a recusa de um dom oferecido, ou o considera antes como uma série de atos por meio dos quais se exprimem a vida, o gosto pela aventura, o gosto pelo risco?

G. BATAILLE: Não tive a intenção de falar do pecado em si nem de falar do pecado tal como a Igreja católica o descreve num sentido realmente preciso e geral; quis partir de uma noção, aliás nem tão simples assim, que associava o crime e a sensualidade. Foi nessas representações de crime e de sensualidade que tentei situar o que chamo de pecado.

M. DE GANDILLAC: Na verdade, a palavra "pecado" está tão ligada ao Cristianismo que é difícil empregá-la num outro sentido, sem definir primeiro esse outro sentido. Por isso me permiti interrogá-lo. Por isso coloquei a questão. Na perspectiva cristã, parece que o pecado não é essencialmente nem o crime nem a sensualidade. Quer se trate do pecado de Adão, quer do pecado de Satã, que, convenhamos, são fundamentais, encontramos aí recusa e desobediência, revolta e ambição, mas nem sensualidade nem crime.

G. BATAILLE: Provavelmente.

M. DE GANDILLAC: O assassinato só aparece com Caim. É uma consequência, não o fato primitivo.

G. BATAILLE: É que não vejo muito bem o que pode ser o pecado no valor que assume na alma se ele não é um ato. Se me refiro à experiência que pude ter disso, seja através de recordações pessoais, seja pelo conhecimento de outrem, tenho a impressão de que o horror pelo pecado está ligado em nós a uma ação positiva, à ideia de uma intervenção que é ao mesmo tempo uma queda, porque esse ato nos faz passar de um estado a um outro, de um estado de pureza a um estado de decomposição. E, na minha cabeça, além do mais, de um estado de autonomia e de fechamento em si mesmo a um estado de abertura, de ferimento.

J. HYPPOLITE: É a própria graça; o que você valoriza tanto quanto o pecado no fato de se negar a si mesmo é o fato de chegar a negar esse fechamento em si, que você valoriza seja sob a forma de pecado, seja sob a forma do êxtase; e opõe assim essa saída de si, essa negação de si, a uma moral que considera no plano nietzschiano como uma espécie de avareza, como o resultado de uma decadência, de uma deficiência vital pela qual tentamos prever e acumular.

G. BATAILLE: É isso.

J. HYPPOLITE: Você opõe então a uma moral inteiramente focada na preservação de seu próprio ser um ato que é a saída de si.

G. BATAILLE: É isso.

J. HYPPOLITE: Saída de si que, pelo fato de chamá-la de Nada, torna fácil a assimilação do pecado àquilo que os cristãos poderiam talvez chamar de graça.

Será que o uso da palavra "Nada" – veja por que insisti nessa terminologia – como sendo justamente o que está fora de nós não torna mais fácil para você a assimilação do pecado à graça, por exemplo, permitindo-lhe opor ambos, no plano de uma moral nietzschiana, a uma conservação de si?

G. BATAILLE: Essa assimilação não me parece fácil, já que não a faço, e, se não a faço, evidentemente, é para não fazer entrar em linha de conta uma noção como a de graça, que intervém talvez na construção bastante frágil que desenvolvi hoje, mas que intervém sob uma forma completamente diferente, sob a forma da chance. Por isso não me preocupei em saber se a graça, na medida em que intervém na alma daquele que tem uma experiência, vinha de fora ou de dentro. Concebo-a como uma chance, e a chance engloba o conjunto dos elementos em causa. Por conseguinte, ela não pode vir nem de dentro nem de fora. A chance é a coincidência do conjunto dos elementos, coincidência tal que a possibilidade esteja aberta. E, nesse sentido, evidentemente, há finalmente uma assimilação da graça e do pecado, já que a chance, e só a chance, torna o pecado possível. Mas a chance não pode ser identificada ao próprio pecado, já que ela é simplesmente o conjunto das coincidências que o tornam possível.

J.-P. SARTRE: Gostaria de saber por que Bataille utiliza a palavra "pecado" e se ele não poderia defender as mesmas ideias sem a noção de pecado, que me parece referir-se a valores que, de resto, ele rejeita.

G. BATAILLE: Pareceu-me poder utilizá-la para simplificar e, ao mesmo tempo, dar uma acentuação ao debate.

J.-P. SARTRE: Não acha que assim torna o debate possível quando ele devia ser impossível?

G. BATAILLE: Parece-me que não. O que o padre Daniélou disse há pouco ia evidentemente no sentido da possibilidade do debate.

J.-P. SARTRE: Quando o padre Daniélou fala do pecado cristão, para ele isso tem uma significação muito clara. Quando pergunta se o pecado está mais próximo de Deus ou dá uma abertura maior à criatura, isso tem um sentido muito preciso para ele, sentido que se refere, aliás, ao conjunto da vida cristã. Quando você fala do pecado, parece que, sob a cobertura de uma palavra, fala de coisas inteiramente diferentes.

G. BATAILLE: Inteiramente, não. Acredito que não. Pareceu-me que a possibilidade de lançar uma ponte entre os dois existia. De que isso seja lançar uma ponte e que, por conseguinte, do ponto de vista de uma certa lógica, isso seja uma noção absurda não duvido. Mas, muitas vezes, essas pontes lançadas através dos elementos que são postos em questão não têm um grande valor? Parece-me que elas intervêm constantemente. Por que não interviriam num debate?

J.-P. SARTRE: Você, pessoalmente, quando diz "pecado", aceita implicitamente a existência de certo número de valores. Mas em relação a quê? Será que realmente aceita valores? Você falou de sensualidade e de crime, em que medida o crime é um pecado? Porque é uma violação dos seres? Quem proibiu violar os seres em sua opinião?

Não vejo por que, segundo seus princípios, não violaríamos os seres como bebemos um cafezinho.

G. BATAILLE: É evidente que fui um pouco rápido e que devia ter entrado em considerações muito mais precisas. O pecado é, por um lado, definido pelos mandamentos de Deus. É evidente que, desses mandamentos de Deus, retive apenas uma parte; por outro lado, calei o fato de que me referia a uma experiência universal da separação dos atos em bem e mal.

J.-P. SARTRE: Isso muda tudo. Há um bem para você. E esse bem, então, você começa por querê-lo, por postulá-lo, para a seguir não mais querê-lo. Isso vira uma posição de moral e de metafísica que é aliás sustentável, mas que é muito difícil e que é bastante diferente daquela que você defendeu esta noite.

G. BATAILLE: Você expressou exatamente minha posição. Faço minhas definições que existem de modo bastante geral.

J.-P. SARTRE: E essas definições do bem tais como você as faz suas vêm precisamente de um mundo moral que, por outro lado, você recusa, de maneira que no momento em que faz o pecado, está num plano em que essa moral perde para você qualquer significação. O que você faz não é mais o pecado, é...

G. BATAILLE: Você exagera minha posição quando diz que eu o recuso. Decerto, introduzo um ponto de vista a partir do qual essas noções devem ser recusadas. Mas resta que vejo essas noções como existentes, como o fundamento das reações que as contestam.

J.-P. SARTRE: Uma vez que as contesta, elas caem completamente fora de você, e, dessa forma, o pecado deixa de ser pecado. Você se evade delas e nega-as por meio desse ato. Não pode olhar ao mesmo tempo aquilo que faz do ponto de vista dessa moral que você contesta chamando o que você faz de pecado. Poderíamos dizer: "ato revolucionário", ato que rejeita toda a Moral; há aí uma curiosa maneira de manter uma moral ao mesmo tempo que se a nega, e, além do mais, mesmo que aceitássemos essa moral, teríamos a ideia de culpa, e não necessariamente a ideia de pecado.

G. BATAILLE: Pareceu-me que havia uma espécie de ironia no fato de manter assim noções de bem e de mal nas quais não acreditava. Não penso ter ligado outro sentido a elas. É possível que isso seja considerado como vicioso, e, aliás, a ironia é, por definição, viciosa.

J.-P. SARTRE: Na verdade, a moral não deve atormentá-lo muito quando comete o pecado. E, assim, o pecado se torna menos angustiante e menos trágico.

G. BATAILLE: Para dizer a verdade, acho que você peca por um exagero no sentido lógico. Não somos os seres simples que a lógica exigiria que fôssemos. A lógica exigiria que nos separássemos, que nos cindíssemos, que colocássemos isso à esquerda, aquilo à direita, e, na realidade, somos essa esquerda e essa direita. Existe em mim alguém que, se, por exemplo, matasse outra pessoa, sentiria esse ato como abominável. Isso existe fortemente em mim, não duvido disso, não que já tenha feito essa experiência... Tenho a impressão muito clara de que, se cometesse esse ato, cairia numa espécie de buraco e faria a experiência do que é o pecado, acredito. Isso não me impede de transgredir as possibilidades que acabo de descrever, de vislumbrar um além em relação a essas possibilidades, e um além que, precisamente, implica o sentimento de pecado ou o sentimento de mal que eu poderia ter.

A. ADAMOV: Você não acha – peço desculpas por me afastar mais uma vez do assunto – que se um homem é levado, fazendo apelo a certos estados, a cometer um ato condenado pela moral, digamos que se entregue a uma forma de devassidão peculiar, a suruba, por exemplo, que esse homem conhecerá necessariamente a desmoralização – acredite ou não no pecado? A desmoralização decorre da própria natureza de sua busca. É a consequência inelutável da dispersão que essa busca acarreta.

J.-P. SARTRE: Penso que, se postulasse essa desmoralização como valor, faria aparecer por aí mesmo uma outra espécie de moral. Há também uma coisa que me incomoda: você atribui ou não um valor aos estados obtidos pelo pecado ou no pecado? Por exemplo, ao êxtase do pecador. Se faz isso, está construindo uma outra moral. Da mesma forma, podemos muito bem, através dos entorpecentes, obter uma espécie de desagregação, mas, se a buscamos, ela se torna valor.

G. BATAILLE: Indiquei sobre isso qual era mais ou menos minha opinião. Falei de uma moral do ápice que eu opunha à moral do declínio e acabei por constatar simplesmente isto: que, a partir do momento em que eu falava de moral do ápice, na verdade falava em nome da moral do declínio.

J.-P. SARTRE: Isso torna a posição bastante delicada.

G. BATAILLE: Isso torna a posição perfeitamente fraca, perfeitamente frágil. E é exatamente nesse sentido que falei o tempo todo. Só falei de uma posição insustentável.

J.-P. SARTRE: Você disse bem: "quando eu falo". E pode muito bem colocar a culpa na linguagem. Mas há, de um lado, a exposição que você faz e, de outro, sua pesquisa concreta. É unicamente essa pesquisa que me interessa. Se a linguagem é deformadora, então você está errado. Nós estamos errados ao escutá-lo. O que conta é a hora, o momento em que, sem falar ou falando o mínimo possível, você realiza o pecado. Esse momento existe e é esse momento que importa. Ele não está aqui hoje, mas é dele que falamos. Não pode buscar realizá-lo sem postular um valor.

G. BATAILLE: Naturalmente, postulo valores, e indiquei que, ao postular valores de várias maneiras, metia-me numa situação inextricável.

J.-P. SARTRE: Então não se trata mais de uma contestação da moral por um não sei quê que estaria para além da moral. Isso nos leva a uma coexistência de duas morais: uma inferior, outra superior.

G. BATAILLE: Naturalmente, e a superior é obrigada a renunciar a si mesma, porque, num dado momento, percebe que seus próprios valores são desenvolvidos em nome da moral inferior. Consequentemente, ela renuncia a si mesma e desaparece, e tudo entra na noite.

J. HYPPOLITE: Isso gera uma terceira moral; essa renúncia mesma é um terceiro sentido do valor.

G. BATAILLE: O movimento de contestação tendo começado na segunda, não há diferença entre a segunda e a terceira; é a contestação que prossegue. Percebe-se, num dado momento, que a contestação não pode se deter sobre si mesma e que ela é como um ácido que corroeria a si próprio.

J. MADAULE: O valor não é mais, em suma, que a contestação de toda e qualquer espécie de valor. Só há um valor, que é a contestação dos valores, seja ele superior ou inferior.

G. BATAILLE: Exatamente. É disso, no fim das contas, que se trata.

J.-P. SARTRE: Estamos de acordo. Mas isso é uma moral, a moral da busca.

G. BATAILLE: A partir do momento em que dissemos isso, dissemos demais.

J.-P. SARTRE: No fim das contas, não é a segunda moral que se destrói para originar uma terceira, ela continua. São os avatares de uma mesma moral; no momento em que percebe que busca valores por razões de conforto moral, você os abandona, mas suas exigências permanecem as mesmas, e você está sempre no mesmo plano.

G. BATAILLE: Em todas as morais, quaisquer que elas sejam, os valores só foram compostos pelas interferências dos dois sistemas: sistema da contestação, de um lado, e sistema positivo da separação do bem e do mal, de outro. Este corresponde ao declínio, aquele ao ápice.

O que parece grave é que, a partir de certo ponto, é possível ser privado da faculdade de descrever um bem e um mal que sejam suficientemente persuasivos para que se possa manter o outro lado das coisas, o que chamo de subida até o ápice.

Para subir até o ápice, é preciso um pretexto, ou seja, para se entregar a contestações e a um sistema de contestação de si mesmo, para consumar essas violações da integridade do ser de que falei, é preciso um pretexto emprestado às noções de bem e de mal, e, dessa forma, quase se pode dizer que as cartas já estão dadas. Foi o que, em suma, o padre Daniélou sublinhou agora há pouco, quando disse que a Igreja católica descrevia possibilidades completamente diferentes, que o Cristianismo permitia, a partir do pecado, chegar a um estado das coisas que não seja mais o pecado e situar assim o cristão fora do pecado. Mas, precisamente, num dado momento, o que tentei mostrar – me parece que as condições atuais são propícias a isso – é que essa possibilidade não existia mais, que, por conseguinte, o homem se vê obrigado a escolher entre dois caminhos: um que consistiria em aniquilar a si mesmo, em renunciar a qualquer espécie de saída fora de si mesmo, em suma, em fabricar uma economia da despesa racional, que seria limitada à produção da soma de energia necessária à fabricação, que, por conseguinte, eliminaria da vida tudo o que é puro desperdício, puro dispêndio, puro luxo, puro absurdo; o outro, em que ele manteria um dispêndio, um luxo, um desperdício que não teriam nenhuma razão de ser senão em si mesmos. Parece-me, aliás, que esse problema moral é mais fácil de conceber e de perceber em formas extremamente grosseiras, porque, de fato, nada há de mais banal do que dizer, a propósito de tal luxo, a propósito de tal desperdício, que ele ocorre por tal ou tal razão, que é por isso ou por aquilo que o Sr. ou a Sra. Fulana dá uma festa, que é por isso ou por aquilo que um povo ou uma tribo faz uma festa. Mas, a partir de certo momento, não se pode mais dizer isso. Parece-me que estamos chegando, por mais razoáveis que tenhamos afinal nos tornado (digo "nós" porque, apesar das aparências contrárias, incluo-me aí), a perder a faculdade de atribuir um motivo a nossos dispêndios. Nem por isso ganhamos a faculdade de fornecer a esses dispêndios uma limitação que os reduza aos valores de energia necessária à produção. Não. Existe ainda um excedente considerável, um excedente que é preciso gastar de algum jeito, e está chegando o momento em que, para gastar esse excedente, não teremos mais nenhum tipo de motivo, porque ficará claro que se trata de um não-sentido.

J.-P. SARTRE: O pecado tem para você um valor dialético, ou seja, ele se desvanece por si mesmo; tem o papel de levá-lo a um estado em que você não pode mais reconhecê-lo como pecado.

G. BATAILLE: Naturalmente.

J.-P. SARTRE: Ao passo que, para os cristãos, ao contrário, mesmo se escapa, o pecado permanece o que é. Por conseguinte, não é de modo algum a mesma noção. É algo que aparece num dado momento, que serve de adjuvante, que o leva a uma espécie de escândalo, de onde, a seguir, você chega, através da contestação, a um estado que é o que você busca. Nesse momento, não pode mais tomá-lo como pecado.

G. BATAILLE: Como em toda dialética, há superação, e não supressão. Refiro-me aí à dialética hegeliana, e não faço mistério de que sou mais que qualquer outra coisa, mas sem ser inteiramente, hegeliano.

A noção de pecado ligada à ação, vocês a reconhecerão facilmente; é a negatividade hegeliana, a negatividade que é a ação.

J. HYPPOLITE: Em Hegel, não estou seguro de que ela não perca esse caráter de pecado. É o pecado que se reconduz à negação ou a negação ao pecado?

G. BATAILLE: Parece que a negatividade que é a ação é sempre destrutiva.

J. HYPPOLITE: Há em seu discurso, como dizia Sartre, uma linguagem cristã e uma ambiguidade cristã; isso talvez seja hegeliano também. Você precisava disso para sua ética humana?

G. BATAILLE: Eu precisava disso para esta discussão, para que o debate efetivo fosse facilitado.

J. HYPPOLITE: Certamente não apenas para isso, não é para facilitar um debate. Precisa dessa noção cristã de pecado para você mesmo, para a moral do ápice.

G. BATAILLE: Empreguei-a em meu livro com mais prudência do que fiz hoje, e com muito menor frequência. Hoje insisti muito mais nela.

J. HYPPOLITE: A questão é: você pode prescindir dessa linguagem? Poderia transcrever sua experiência sem utilizá-la?

G. BATAILLE: Não seria cômodo. Teria de empregar perífrases.

A. ADAMOV: Pelo menos, em vez de "pecado", poderia dizer "infração".

G. BATAILLE: A ambiguidade permaneceria.

J. HYPPOLITE: A infração não é a mesma coisa; a infração se situa na moral do declínio, não é da mesma ordem que o pecado. Você precisa do que há de infinito no pecado.

G. BATAILLE: Essa noção me parece cômoda, porque se refere a estados vividos com uma grande intensidade, ao passo que, se falo de infração, faço intervir uma abstração.

R. P. DANIÉLOU: Acho que, sem essa noção, sua obra perderia inteiramente sua coloração; e, em certo sentido, é um elemento que me parece lhe ser essencial. Tenho a impressão de que Sartre, agora há pouco, tentava fechá-lo na posição dele e que, na realidade, você a transborda precisamente por meio daquilo que o constitui, que é essa espécie de recusa de se deixar fechar em qualquer posição. Tenho a impressão de que se você não tivesse mais essa noção de pecado, imediatamente perderia o que torna sua posição específica. Não sei se estou me expressando muito claramente. Há aí um ponto que, a meu ver, você não pode deixar escapar sem abandonar praticamente, de maneira quase total, sua posição.

J. HYPPOLITE: Depois de ler seu livro – eu ainda não o conhecia – minha impressão era a seguinte: alguém que tinha absoluta necessidade da posição cristã, pois, para contestar essa posição cristã, essa posição cristã é indispensável. Não é uma questão de outra linguagem, é a questão da ambiguidade dessa posição cristã, ambiguidade pela qual você pode ser acusado tanto do lado cristão quanto do outro. É ela que faz sua originalidade. Se eu a suprimisse, não teria mais seu livro.

G. BATAILLE: Sua impressão é totalmente justa. O que acredito mesmo assim errôneo é a ilusão que criei de ter necessidade dessa posição para me entregar a sacrilégios e, dessa maneira, encontrar uma vida moral que não teria encontrado sem o sacrilégio e, por conseguinte, de permanecer na órbita cristã. É evidente, aliás, que me exponho a essa acusação, por minha culpa. Acho que não previ que ela devia ser tão nítida. Não previ, sobretudo, que as pessoas não perceberiam outra coisa, aquilo que poderia chamar de desenvoltura. Se fiz isso, foi porque não estou nem aí, porque não estou trancado em nenhum lugar, porque, de um extremo ao outro, experimentei um sentimento de desembaraço que ultrapassava todas as regras comuns a essas situações.

Devo dizer que não me senti minimamente sacrílego, que isso me era completamente indiferente, que tudo o que me importava era não me deixar fechar por nenhuma noção, era superar infinitamente as noções, e, para poder superá-las assim e provar para mim mesmo – e, eventualmente, provar para os outros (o que até aqui não deu muito certo) – essa desenvoltura, eu precisava me trancar ou partir de situações que trancavam antes outros seres. Parece-me que eu não podia encontrar outra coisa. Se estivesse em outro país, se estivesse no Oriente, ou num meio muçulmano, ou budista, teria partido de noções bastante diferentes, acredito. Parti de noções que costumavam trancar certos seres ao meu redor e joguei com elas. Foi tudo o que fiz. Tive muito pouco sucesso em expressar isso. Acho que, sobretudo, o que não consegui expressar direito foi a alegria com que fiz isso. Isso é talvez inerente a uma dificuldade profunda, que, talvez, não consegui fazer sentir e que encontro ainda hoje: a partir de certo ponto, afundando-me em minhas dificuldades, via-me traído pela linguagem, porque é mais ou menos necessário definir, em termos de angústia, o que é experimentado talvez como uma alegria desmesurada, e, se eu exprimisse a alegria, exprimiria outra coisa que não o que experimento, porque o que é experimentado é num dado momento a desenvoltura em relação à angústia, e é preciso que a angústia seja sensível para que a desenvoltura o seja, e a desenvoltura é num dado momento tal que chega a não mais saber se expressar, que chega a deixar sua expressão aquém dela de uma maneira normal. Parece-me, aliás, que poderíamos dar conta dessa dificuldade facilmente, até de uma maneira terra a terra, dizendo o seguinte: que, não importa como, a linguagem não é adequada, a linguagem não pode exprimir, por exemplo, uma noção extremamente simples, a saber, a noção de um bem que seria um gasto consistindo numa perda pura e simples. Se, no que diz respeito ao homem, sou obrigado a me referir ao ser – e logo se vê que estou introduzindo uma dificuldade –, se, para o homem, num dado momento, a perda, e a perda sem nenhuma compensação, é um bem, não podemos chegar a expressar essa ideia. A linguagem falha, porque a linguagem é feita de proposições que fazem intervir identidades, e, a partir do momento em que, por conta do excedente de somas a gastar, somos obrigados a não mais gastar para ganhar, mas a gastar para gastar, não podemos mais nos manter no plano da identidade. Somos obrigados a abrir as noções para além de si mesmas. Acredito, aliás, que é nisso que consiste provavelmente a maior singularidade da posição que desenvolvi. No conjunto, de uma maneira realmente geral, aqueles a que viso consistem em seres abertos por oposição aos seres fechados. O que me separa claramente daquilo que o padre Daniélou disse agora há pouco é que, no fim das contas, ele era obrigado a visar a um ser que, de algum modo, fecha-se. Falo de um ser que se fecha apesar do desejo que tem de ser aberto, e esse desejo é sensível demais através da história da teologia. Se me refiro em particular a Gregório de Nazianzo, isso fica particularmente evidente. Mas resta que, de algum modo, o movimento é mais forte que esses lamentos; de algum modo, o ser se fecha, e o ser de Deus, o ser da Igreja são seres fechados, enquanto aqueles a que viso são seres abertos, ou seja, no fundo, seres inefáveis, seres que não podem ser expressos enquanto tais, já que, sendo abertos, mal chegam a ser seres, já que são decomposições permanentes, já que, no fundo, o próprio pensamento não pode apreendê-los, mas é destruído por eles.

J. HYPPOLITE: O que tinha me impressionado também em seu livro é, por um lado, o problema do luxo, do dispêndio completo; por outro, o da comunicação. O que se atinge pelo dispêndio é a comunicação.

G. BATAILLE: Exatamente.

J. HYPPOLITE: Ao passo que nunca se atinge a comunicação através de um projeto moral; só se atinge a comunicação por meio do dispêndio. Seria portanto a comunicação que buscamos por meio do dispêndio? Ou o puro dispêndio? Você faz da comunicação um valor a ser obtido por meio do dispêndio, ou faz do dispêndio o valor supremo? É muito diferente. Se é através do dispêndio, do luxo, que obtenho a comunicação com outros seres, o que é essencial para mim é essa comunicação. O dispêndio não passa de um meio, ou o dispêndio é o essencial?

G. BATAILLE: Parece-me que, na realidade, é impossível separar essas noções, já que, no dispêndio, o desejo incide sobre o ser que é outro, e, por conseguinte, não mais sobre o próprio dispêndio, e sim sobre a comunicação.

J. HYPPOLITE: Há mesmo assim uma ambiguidade com essas noções vitalistas de dispêndio.

Você teria podido escrever seu livro na linguagem vitalista que empregou a propósito do exemplo de uma sociedade de produção? Teria podido escrever todo o seu livro, fechar todo o seu pensamento nesta única linguagem: acumulação das reservas, reserva de energia e, do outro lado, dispêndio?

A palavra "comunicação" pode ter dois sentidos. Pode significar negação de si, e eu me perco nessa aniquilação... ou pode significar encontrar um outro "eu", um outro ser para si. Não é a mesma coisa. É o mesmo problema que o do Nada que você postulava agora há pouco. Será que essa comunicação é a comunicação com um outro eu, um "para si"? E por que o dispêndio me torna possível essa comunicação? No sentido de "quem quer salvar sua alma a perde"? É isso mesmo? É, no fundo, querendo me salvar que me perco; é me perdendo que chego a encontrar o outro eu. De tal maneira que a comunicação é superior ao dispêndio. O dispêndio é o único meio de atingir a comunicação.

G. BATAILLE: Você fez intervir uma logo após outra essas diferenças entre dois tipos de comunicação que são da ordem daquelas que fizemos intervir agora há pouco entre o ser fechado e o ser aberto. A comunicação pode, de fato, visar ao ser aberto ou visar ao ser fechado. No segundo caso, pode-se falar antes de união, ou de desejo de união. Pode-se exatamente falar de desejo de união, e a gente acaba justamente por voltar a se fechar em si mesmo a partir de uma união. É o que se encontra tanto no tema do casamento quanto no tema da Igreja. O tema do casamento que pode ser oposto à vida mística pura. Você introduziu agora há pouco de maneira adequada essas duas noções. Se essa diferença deve ser mantida, não vejo a possibilidade de fazer intervir, quanto a julgamentos de valor, uma precisão tão grande no que concerne à diferença entre o dispêndio e a comunicação. O julgamento de valor que introduzo incide sobre a diferença entre o ser fechado e o ser aberto. Mas não pode incidir sobre a diferença entre a comunicação e o dispêndio, que me parecem antes maneiras de falar de uma mesma coisa – evidentemente, com diferenças entre essas duas maneiras de falar – do que diferenças sobre as quais poderia incidir um juízo de valor.

J. HYPPOLITE: Isso é muito grave, no entanto, porque me parece que o que busco através do dispêndio é verdadeiramente a comunicação com os outros. Podemos não atingi-la no casamento, ou na Igreja, ou num ser fechado; mas comunicação acaba por significar para você simples negação, e não mais comunicação positiva, uma positividade que seria a negação de uma negação. O emprego dessa palavra "comunicação" tal como ela se encontra, por exemplo, em Jaspers ou alguns outros significa não apenas negação de mim, mas ainda encontrar um outro eu, ou entrar em relação com o outro, e isso tem um sentido muito diferente da simples negação de si.

G. BATAILLE: Não diria exatamente negação. Utilizo a expressão "colocação em questão". Evidentemente, o que postulo é a colocação em questão de si mesmo e do outro na comunicação; e não se trata apenas da comunicação que culminaria numa união que, precisamente, eu colocaria em questão por sua vez.

J. HYPPOLITE: Concordo plenamente.

G. BATAILLE: Colocar em questão não é exatamente negar, porque colocar em questão é mesmo assim viver.

X: O que me impressionou é o que Bataille acaba de dizer rapidamente. Bataille identificou o mundo do pecado com aquilo que ele chama de ausência de tédio e o opôs ao mundo cristão, que ele caracteriza como o mundo do tédio.

Pois bem, como cristão, devo reconhecer que há certa verdade no que você diz, só que essa oposição não estaria plenamente justificada, porque não se pode opor o mundo cristão como tal ao mundo do pecado, já que a Igreja é composta de pecadores. Essas noções se interpenetram. Somos todos pecadores e não podemos deixar de reconhecer isso. Mas, por outro lado, se opomos a Igreja ao mundo do tédio, ao mundo do pecado, isso talvez se justifique no sentido de que há um certo Cristianismo – querendo, um Cristianismo de fariseus – que opõe ao pecado algo bastante tedioso, algo que não é capaz de contrabalançar o pecado, as virtudes, por exemplo, uma certa moral, e isso, certamente, é um mundo do tédio.

O padre Daniélou, evocando Kierkegaard, para quem o pecado está ligado à graça na medida em que destrói a suficiência, mostrou que o pecado é um pivô, que ele faz a mediação entre a ignorância e a graça; nesse sentido, me parece que, se podemos opor algo ao pecado, não são as virtudes, mas a graça. Você diz: – "Para mim o pecado é uma certa saída de si mesmo". Podemos reconhecer certo valor ao pecado na medida em que ele destrói a suficiência. Mas podemos ir mais longe, podemos dizer que no pecado sentimos certo valor – negativo, se quiserem –

que designa uma meta final, uma meta que devemos atingir e que não podemos atingir aqui embaixo. O pecado ocupa em nós tamanho espaço! Vivemos unicamente no pecado. Vivemos no pecado de tal maneira que cessamos de vê-lo. Respiramo-lo como respiramos o ar. Esse grande espaço que o pecado ocupa em nós é justamente aquele que deveria ser ocupado pela graça para a qual somos chamados e na qual nos realizamos. Realizamo-nos saindo de nós mesmos. Para se realizar como pessoa, é preciso sair de si mesmo, sair desse pequeno invólucro que temos de quebrar e que é a suficiência, a arrogante suficiência de um indivíduo. Há duas saídas; uma é o pecado; a outra é a santidade. Parece-me que essa saída através do Nada de que você falava é uma falsa saída, na falta justamente de uma outra que é a única válida para o cristão: a saída rumo à plenitude da graça.

G. BATAILLE: Impressionou-me, a esse respeito, a evocação de Kierkegaard feita pelo padre Daniélou, evocação que sublinhava que a Igreja sempre viu nos grandes pecadores pessoas que estavam bastante próximas da santidade. Acrescentarei isto: que é fácil, de um ponto de vista completamente diferente, ver nos grandes santos pessoas que estavam muito próximas dos maiores pecados. Talvez se possa considerar de ambos os lados os santos e os devassos como fracassados, como pessoas que falharam, e acho que, na verdade, tanto uns quanto outros têm suas razões. Aquilo que é a realização do homem, a totalidade do homem, supõe ao mesmo tempo a santidade e o pecado da santidade num só homem, na verdade, não como o que seria o melhor para o homem, mas como, de algum modo, seu fim, ou seja, sua impossibilidade, aquilo a que talvez ele esteja definitivamente acuado.

R. P. DANIÉLOU: Acho que é essa tensão trágica entre o pecado e a santidade que aproxima o santo e o pecador, em oposição àqueles que permanecem no domínio do moralismo.

G. BATAILLE: Parece-me que o que me diferencia mais claramente de você é que devo abandonar qualquer espécie de bem a realizar na terra, qualquer espécie de ação que possa me aparecer como devendo ser realizada, o que me priva de qualquer possibilidade de estabilidade a partir do momento em que não tenho mais esse apoio que você tem e que o arrasta pelas vias do ser que se fecha, que o arrasta ora à sua revelia, quando se trata de você mesmo, ora voluntariamente, quando se trata da Igreja em seu conjunto. A partir do momento em que não se tem mais esse ponto de apoio, torna-se impossível também encontrar a menor estabilidade, já que por todos os lados aquilo que encontramos desaba. Só resta falar na noite, ao acaso, e ter apenas uma devoção, a da chance. É preciso dizer, é uma das devoções mais penosas, mais custosas, aquela que deixa constantemente à mercê do pior, diante da qual até os cristãos que estavam à mercê da graça não me pareciam tão desfavoreci-dos. Parece-me que os cristãos falaram muito da graça e da infelicidade que ela pode fazer intervir a cada instante, já que ela pode vir a faltar, mas resta que aqueles que falaram dela são aqueles a quem a graça, em geral, não veio a faltar. E isso me parece muito impressionante, pois, em definitivo, no sistema cristão, nesse sistema que é fundado, nesse sistema que é ordenado com a ordem das coisas, não se vê por que a graça viria a faltar àquele que tem méritos.

R. P. MAYDIEU: Não é quando a graça falta que essa instabilida-de se produz, é, ao contrário, quando a graça superabunda que é preciso encontrar uma estabilidade que não esteja mais ordenada à ordem das coisas. Não estando mais obrigado a tal ou tal ação precisa, o cristão deve incessantemente inventar novas ações, ir além de um bem que supera todo bem. Não é quando a graça falta, é quando ela superabunda que o cristão se depara com algumas das exigências que você acaba de enumerar.

G. BATAILLE: Parece que no excesso da graça encontra-se uma situação próxima daquelas que designei.

R. P. DANIÉLOU: "Aquele que perde sua vida..." é uma expres-são evangélica.

G. BATAILLE: Com a ressalva de que não admito o segundo termo. O que muda tudo.

R. P. DANIÉLOU: Você não o admite porque o interpreta de uma certa maneira. Salvação não quer dizer – está aí o ponto em que entramos em choque com você –, salvação não quer dizer avareza, posse, fechamento em si, salvação quer dizer simplesmente orientação, valor. Parece-me que o ponto fraco de sua tese é essa identificação entre a avareza e todo e qualquer valor.

J. HYPPOLITE: Agora ficou claramente expressa – melhor do que eu tinha compreendido no início – sua concepção, no plano onto-lógico, de dois termos: o Outro e eu. Há apenas esses dois termos. Para um cristão, o Outro, apesar de tudo, é qualificado, está acima de toda determinação, mas acima de tudo está Deus, que não é fechado.

M. DE GANDILLAC: Negação por transcendência.

J. HYPPOLITE: Está bem aí o problema do Nada, que é fundamental.

M. DE GANDILLAC: Se colocamos o acento na negação ou na transcendência, temos formas de espiritualidade diferentes. Mas nem num caso nem no outro estou muito seguro de que você possa acuar o Cristão, como parece fazer, a uma única saída: consciente ou inconscientemente buscar o fechado.

Acho que o esforço de despojamento espiritual sempre foi descrito por aqueles que o viveram de uma maneira intensa e autêntica como um despojamento total, incluindo mesmo a renúncia a qualquer busca de um Deus definido de maneira perfeitamente positiva, que permitisse saber de antemão o programa da salvação. O místico tende para uma plenitude que não corresponde a nenhum projeto propriamente dito e que é uma espécie de promessa em branco.

R. P. MAYDIEU: Como exemplo de instabilidade, podemos citar o pároco de Ars, que parecia àqueles que aconselhava o homem mais estável, mais decidido, mas que, quanto a ele próprio, não sabia mais o que devia fazer. Era pároco e queria entrar num monastério. Os grandes santos são sempre seres instáveis por plenitude.

G. BATAILLE: O que acontecerá se, fundando-se numa ordem das coisas bem claras, vocês atingirem, apesar de tudo, a instabilidade; o que acontecerá com aqueles que não tiverem essa base inicial? O que se pode augurar do que lhes ocorrerá na sequência? Parece-me, aliás, em geral, que eles são destruídos. E por que não o seriam? A menos que haja verdadeiramente na existência humana uma faculdade de ir incessantemente além de si mesma e de se torturar até os limites da tortura, de tal maneira que, renascendo então indefinidamente apesar do penar que terá padecido e a despeito dessa instabilidade que será continuamente sentida como tal, a existência prossiga como algo talvez de rastejante em certo sentido, de triunfante em outro, sem que se possa tirar nada daí, talvez mesmo nada saber.

M. DE GANDILLAC: Não queria lhe fazer uma pergunta indiscreta, mas me sinto agora mais à vontade com você, porque fomos convencidos por seu tom. Como dizia Adamov, se havia entre nós alguém que podia às vezes duvidar do caráter de autenticidade profunda de sua experiência e de todo o seu livro, essa suspeita foi absolutamente afastada pelo próprio tom de nossa conversa. Acho que posso lhe fazer a pergunta com toda sinceridade: será que não há uma certa contradição de fato entre a desenvoltura de que você falava agora há pouco, essa espécie de alegria e de indiferença, e, apesar de tudo, a tragicidade da situação em que você voluntariamente se fecha?

G. BATAILLE: Não me parece. Não percebo essa contradição.

M. DE GANDILLAC: Você não habita sua contradição de maneira permanente.

G. BATAILLE: Nietzsche disse que é preciso perceber o trágico e poder rir dele. Parece-me que há aí uma descrição bastante completa dessas possibilidades.

M. DE GANDILLAC: Há dois risos.

G. BATAILLE: Pensa-se, a propósito da risada de Nietzsche, no riso de troça. Falei do riso, representaram-me como alguém que ri amarelo.

M. DE GANDILLAC: É um outro riso, que não é o riso da paz.

G. BATAILLE: Não é o riso da paz; quanto ao riso amarelo, é o que me é mais estranho.

M. DE GANDILLAC: A ironia romântica...

G. BATAILLE: Só posso falar de um riso muito feliz, muito pueril.

R. P. MAYDIEU: No Cristianismo, vemos esse encontro entre o trágico e o riso. E Claudel fez uma transposição disso na Paixão quando aplicou à Virgem Maria o texto da mulher: ela ri para o novo dia...

G. BATAILLE: Isso é mais claudeliano que cristão. É impressionante como é difícil citar passagens do Velho ou do Novo Testamento em que alguém ri. A Bíblia é verdadeiramente o livro em que nunca se ri.

R. P. MAYDIEU: Há sim, há o riso da mulher forte. Não é o mesmo riso que esse de que você fala.

Gostei muito do que Burgelin disse a respeito da volta à fé. Seja a fé, seja o êxtase, parece que a moral só se justifica naquilo que a supera.

G. BATAILLE: Em todo caso, você está preservado daquilo que me espera, ao menos no espírito que você tem.

M. DE GANDILLAC: O Cristão é o menos preservado.

G. BATAILLE: Falo isso alegremente. Não falo isso para me queixar.

M. DE GANDILLAC: Gostaria de saber a opinião de Gabriel Marcel.

G. MARCEL: Teria coisas demais a dizer. Estou de acordo sobretudo com o que Hyppolite e Sartre disseram.

A única coisa que direi se refere a um detalhe: o que percebo no livro de Bataille não é a desenvoltura, mas a vontade de desenvoltura. Acho que há uma grande diferença entre as duas. Ao menos é essa a perspectiva do leitor.

G. BATAILLE: Disse há pouco que não tive sucesso em expressar essa desenvoltura. Não creio estar em condições, hoje, de fazê-lo melhor.

M. DE GANDILLAC: É antes a perspectiva do livro que a perspectiva da conversa.

J. HYPPOLITE: Eu também estabelecerei uma diferença entre a perspectiva que o livro fornece e a perspectiva da conversa. Eu não o conhecia, verdadeiramente consegui compreender melhor sua posição aqui do que através de seu livro – na medida em que me conceder que consegui. Acha que quisemos fechá-lo num sistema lógico demais para você...

G. BATAILLE: Não creio.

M. DE GANDILLAC: O Sr. Massignon teve de nos deixar antes do fim do debate. Se tivesse podido tomar de novo a palavra, ele teria censurado Hyppolite e Sartre por terem encerrado você no quadro de uma lógica puramente abstrata que não corresponde à sua experiência.

G. BATAILLE: Não vejo por que eu recusaria a contestação que foi oferecida nesse plano. Aliás, minha experiência não está tão desconfortável nele. Não vejo por que não estaria conectada a outros pontos de vista.

J. HYPPOLITE: Eu queria obrigá-lo a isso para manifestar a superação lógica em sua experiência. Escrita numa outra linguagem, sua obra não produziria a mesma impressão; se, por exemplo, você prescindisse dos conceitos cristãos de que poderia talvez, logicamente, prescindir. Seu livro teria me interessado infinitamente menos se tivesse sido escrito de outro modo. Não falo do interesse "desenvoltura". Mas esses conceitos cristãos, apesar de tudo, você poderia talvez, logicamente, prescindir deles. Parece-me que então a experiência sairia perdendo. Há uma profundidade em sua experiência que supera qualquer sistema lógico.

G. BATAILLE: Pareceu-me que, a maior parte dos meus amigos tendo tomado o partido de se referir de maneira exclusiva a não cristãos – se quiserem, à experiência poética –, pareceu-me que eu tinha ganhado ao sair dessa estreiteza de espírito e me referir frequentemente ao mundo cristão, e ao perceber, ao não hesitar em perceber, possibilidades de ligação, a despeito de uma oposição que acredito fundamental e que penso ter sublinhado com bastante violência, já que, no fim das contas, à exceção de um pequeníssimo número de representantes da Igreja ou do cristianismo em geral, duvido que muita gente poderia ouvir tranquilamente o que pude dizer hoje.

Todavia, seja qual for essa diferença a que continuo a atribuir a maior importância, não lamento que hoje a possibilidade de uma ponte por cima de um abismo, aliás extremamente profundo, tenha parecido possível, não de uma ponte sobre a qual se possa passar – não se trata de passar de um lado do abismo ao outro –, mas de uma ponte da qual possamos nos aproximar e que permita perceber a continuidade de uma experiência humana que prossegue, assim como prosseguiu desde a época pré-cristã até o cristianismo, desde o cristianismo até outras possibilidades.

M. DE GANDILLAC: Será que essa ponte, que você tem toda razão de perceber, não implica, ela própria, uma forma de comunicação que é precisamente a que experimentamos nesse momento, totalmente diferente da que você nos descreveu como a única possível, uma outra comunicação que não aquela da destruição mútua?

G. BATAILLE: Isso não exclui a destruição mútua.

M. DE GANDILLAC: Será que a amizade é uma coisa possível para você?

G. BATAILLE: Certamente não. A amizade no plano de que falamos não é possível. Minhas relações com o Cristianismo não podem ser relações de amizade; são relações puras e simples de hostilidade.

M. DE GANDILLAC: Estava falando de amizade num sentido muito mais geral.

G. BATAILLE: Por que não? Um pouco a amizade na consciência de uma cumplicidade.

R. P. DANIÉLOU: Parece-me haver mesmo assim certo número de coisas que rejeitamos juntos, e que isso permite a unidade do debate.

G. BATAILLE: A unidade do debate se deve ao fato de que vocês situam a vida mística acima da Igreja, o que é no fundo exatamente o essencial de minha posição.

R. P. DANIÉLOU: Sim, no sentido em que você opõe vida mística e Igreja, como o que é aberto e o que é fechado.

Mas essa fórmula é evidentemente inaceitável se damos às palavras seu verdadeiro sentido.

G. BATAILLE: Sinto-me diante de vocês como o contrário daquele que olha tranquilamente da margem os barcos desmastreados.

Tenho certeza de que o barco está desmastreado. E devo insistir nisso. Divirto-me pra valer e olho para as pessoas da margem, rindo, acredito, muito mais do que se pode rir olhando da margem o barco desmastreado, porque, de fato, apesar de tudo, não vejo alguém tão cruel que, da margem, poderia perceber o desmastreado com um riso muito livre. Afundando, é outra coisa, podemos nos entregar plenamente à alegria.

J. HYPPOLITE: É a risada de Zaratustra.

G. BATAILLE: Se quiser. Uma risada, em todo caso, muito menos amarga do que se costuma crer.

J. HYPPOLITE: Não amarga.

G. BATAILLE: Para dizer a verdade, também tenho meus momentos de infelicidade.

G. MARCEL: Não deixa de ser uma história que acabou mal... Simples referência histórica.

G. BATAILLE: E depois?

G. MARCEL: Nietzsche ainda ria em Torino? Não tenho muita certeza.

G. BATAILLE: Acho, pelo contrário, que ele ria naquele momento.

M. DE GANDILLAC: Não estamos falando do riso de Torino.

G. BATAILLE: O que significa qualquer coisa nesse momento?

Zaratustra e o encantamento do jogo[*]

De *Zaratustra* o próprio Nietzsche falou como de "uma obra perigosa e dificilmente inteligível".

"Perigosa", sem dúvida. É em *Zaratustra* que nos é proposto o "tornar-se duro". É em *Zaratustra* que nos é dito: "Deveis amar a paz como o meio de novas guerras... A paz curta mais que a longa".

Duvido que Nietzsche tenha ele próprio pensado imediatamente no perigo que os desencadeamentos de violência são para as massas humanas. Mas aqueles que convocaram esses desencadeamentos – e os provocaram – apresentavam ao menos, em si mesmos, o perigo de um mal-entendido.

Desde a guerra de 1914, muitos combatentes alemães caíram levando no bolso uma edição de *Zaratustra*. Isso faz pensar que, o mais das vezes, como temia o autor, o livro foi mal compreendido.

De fato, o que há em comum entre as tarefas exigidas aos combatentes de diversos países nas guerras que grassaram desde o tempo em que Nietzsche escrevia e o ensinamento de *Zaratustra*? Uma frase que já citei mostra, é bem verdade, que não se trata de um pacifismo de princípio; porém, devemos procurar em primeiro lugar o que o herói de Nietzsche viu de fascinante na guerra...

---

[*] Texto publicado por Bataille em 1959 no *Bulletin du Club du Meilleur Livre*. Retomado no volume XII das *Œuvres complètes*, p. 491-493.

Para tanto, devemos obter a chave do livro: ela não é fácil de encontrar. Decerto, devemos mesmo dizer *a priori* que, em certo sentido, o livro a dissimula...

No entanto, o sentido do livro é até explícito. Seu ensinamento versa sobre dois objetos: o Super-Homem e o Eterno Retorno. O primeiro, compreendido no sentido de uma consumação da Vontade de Potência, pode aparentemente combinar com os valores aristocráticos que ainda sobreviviam nas guerras mundiais. Mas a desconfiança se impõe. Desde 1914 (é bem verdade, mais que em 1939) a guerra moderna acabou de marcar a oposição com a maneira de ver arcaica que fazia da guerra um jogo convencional, ao mesmo tempo jogo supremo e jogo trágico. A guerra moderna, pelo contrário, pôs o acento na *meta*, no *resultado* das operações, subordinando tudo a cálculos razoáveis.

É verdade: *Zaratustra* não faz a crítica da *guerra total*. O livro sequer formula, ao menos de maneira explícita, a rejeição da ideia de *meta*.

Mas viramos as costas ao que ele é profundamente enquanto não o ligamos à louca exaltação do acaso e do *jogo*, ou seja, ao desprezo pelo mundo tal como o cálculo o concebeu e ordenou.

Zaratustra não é um livro filosófico, e, aliás, não pode haver uma filosofia do jogo. Uma filosofia do jogo só poderia existir enquanto tal se a própria filosofia pudesse ser um jogo. Mas ela é inevitavelmente um empreendimento.

É verdade que, aparentemente, *Zaratustra* poderia passar por um empreendimento. O livro não ensina o Eterno Retorno? Não ensina o Super-Homem?

Mas ele não é deficiente justamente na medida em que ensina? *Zaratustra* não é antes de tudo o impossível?... Há nesse livro o mesmo desfalecimento que observamos na dança, se buscamos no movimento que a anima um equivalente da marcha, determinada pela meta a que responde.

Zaratustra não tem nada mais a ver com um ensinamento razoável do que a dança com a marcha. Há uma distância miraculosa entre esse livro e aquilo pelo que é tomado ordinariamente: é a distância que separa da marcha a dança! *Zaratustra* só pode ser compreendido no encantamento do riso, que, por não vivermos no riso e sim ordenando em nós a explicação das coisas, está fechado para nós; no encantamento do salto, que é o riso da dança.

Nietzsche se expressa assim em *Zaratustra* (3ª parte, "Antes do nascer do sol"):

Em verdade, é uma benção e não uma maldição ensinar: "Sobre todas as coisas, encontra-se o céu acaso, o céu inocência, o céu incerteza, o céu temeridade".

"Por acaso" – é a mais antiga nobreza do mundo, eu a devolvi a todas as coisas, eu as libertei da servidão da... meta ....

....

....

Ó céu sobre mim, céu puro e alto! É para mim agora tua pureza que não exista aranha e teia de aranha da razão; que sejas um tablado onde dançam os acasos divinos, que sejas um tabuleiro divino, para os dados e os jogadores divinos.

Em verdade, *Zaratustra* põe em causa tudo o que funda a ordem humana e o sistema de nossos pensamentos.

Zaratustra nos abre um mundo onde só o jogo é soberano, onde a servidão do trabalho é denunciada: é o mundo da tragédia.

Notas da edição francesa
das obras completas de
Georges Bataille

Redigido *"de fevereiro a agosto de 1944"*, Sobre Nietzsche: vontade de chance *foi publicado em 1945 pelas Éditions Gallimard. (Extratos das páginas 134-144 tinham saído sob o título "À altura de amizade" nos* Cahiers d'Art 1940-1944.*)*

Anunciado em 1954, na reedição de A experiência interior, *como terceiro tomo da* Suma Ateológica *(seguido de uma coletânea de citações de Nietzsche,* Memorandum, *publicado em 1945),* Sobre Nietzsche *não foi reeditado durante a vida de Bataille.*

Vamos nos referir nestas notas aos seguintes manuscritos:

Ff. [Caixa 13, C, 77-84] = oito folhas destacadas de um caderno, datadas de 25 e 26 de janeiro de 1943, correspondente a nossas páginas 114-121.

A [MS 6] = dois maços de folhas destacadas de dois cadernos:

a) 57 folhas datadas de janeiro-março de 1944, correspondentes a nossas páginas 89-107;

b) folhas 1-86, datadas de abril-junho de 1944, correspondentes a nossas páginas 109-155.

B [MS 5] = 220 folhas não paginadas, correspondentes a nossas páginas 21-77; 157-192; e 207-227.

(Não encontramos manuscritos para as páginas 85-88 e 195-203).

C [Envelope 115, 1-43 e 10 folhas não paginadas] = manuscrito de uma "conferência sobre o bem e o mal" proferida em 5 de março de 1944 na casa de Marcel Moré [Trata-se da conferência a que se seguiu a Discussão sobre o pecado*] e retomada aqui sob o título* O ápice e o declínio *(p. 55-77).*

D [Caixa 9, A] = 141 folhas de notas e esboços e o manuscrito de uma "quarta parte", o Epílogo filosófico, *que ficou inédita.*

M [Caixa 14, P] = *dossiê de* Memorandum, *30 páginas de "notas para o prefácio".*

E = *numerosas correções de estilo no exemplar de Bataille.*

O leitor encontrará abaixo:

a) as variantes;

b) notas e esboços de A, D e M (cf. p. 410).

c) o Epílogo filosófico *e as notas que o acompanham (cf. p. 431)*

a) *Variantes:*

Eis, para começar, a prière d'insérer *de 1945:*

Este livro deveria ter saído por ocasião do centenário do nascimento de Nietzsche (15 de outubro de 1944); para tanto, deveria ter sido enviado à gráfica em agosto...

O autor, ainda por cima, emaranhava-se então em seu pensamento, não conseguia se desembaraçar. Ninguém deveria ler este livro sem acolher ao mesmo tempo este princípio: "Ir até o limite da pior impossibilidade". Até o limite do mais incômodo. Imagine-se a inteligência em tão maus lençóis quanto um personagem de sonho, de pijama, numa reunião tediosa.

Nem o afrouxamento nem a ausência de lucidez impõem hoje o desprezo pelas regras: mas o pensamento sozinho consigo mesmo é convocado ao impossível derradeiro.

Mas que não se enganem: o exercício do pensamento se torna difícil – e mais pesado do que se imagina; os desenvolvimentos regulares "nos" espantam. Quando "nós" os ouvimos, dizemo-nos: "Sério, ele não sabe? Será que ainda não tem o sentimento do impossível?". Nós viemos depois de Nietzsche.

E no entanto...

Devemos – nosso pensamento deve – chegar lá, liberar a ação.

O problema colocado neste livro é o do homem que não pode mais nem enganar a si mesmo nem se fragmentar, tendo de enfrentar as necessidades de um mundo cada vez mais cambiante. Este livro ao mesmo tempo sela o acordo entre a loucura pura e a mais simples razão (a mais exigente).

Nada mais risível diante das dificuldades encontradas do que as confusões de um "nietzschianismo fascista": o fascismo é a obra daqueles que pensaram se safar gritando, que viram o mundo à mercê de quem falava alto – e desonestamente.

[1] *E, à margem:*
Escrito em outubro de 1944.

2   *B:*

   [...] não "homem inteiro". Reciprocamente, é "homem inteiro" *qualquer um que apreenda em si mesmo a razão de ser soberana*. Ele define nesse momento essa totalidade de ser que não pode ser subordinada ao resultado de uma ação. A partir de então a tragédia começa: se só é inteiro esse homem em quem o ser não está subordinado a nenhum resultado exterior a ele, o homem inteiro não tem nada *a fazer*. Em outros termos, ele próprio é esse resultado desejado – que nenhum resultado interior poderá completar. Com toda evidência, ele não pode ter um fim moral: ele próprio é o fim... A totalidade é nele aquilo que não tem mais tarefa a cumprir: ela é apenas uma aspiração vazia, um desejo infeliz de se conservar sem outra razão além desse desejo – que ela é "inteiramente" – de queimar. É nisso que ela é a "louca vontade de rir" de que falei: prurido de orgia, de santidade, de morte...

3   *B:*

   [...] é a transparência perfeita.

7

   [*Riscado:* Ao mesmo tempo, o homem inteiro é a ausência de meta.]
   Mas – já disse – é a perfeita inoperância. A leviandade necessária com que falei disso não deve impedir de ver que um salto na totalidade é para o homem a mais angustiante provação. É a renúncia à solidez adquirida desde os tempos em que a atividade e seu resultado permitiram aos homens inserir sem solavancos sua existência no tempo. O homem inteiro é também desejo [*riscado:* é o próprio desejo. Não é o homem satisfeito. O homem satisfeito seria o vazio. A totalidade nele é a totalidade do amor, a exasperação do desejo.], e sua totalidade procede da liberdade, da ausência de limites do desejo. O estado fragmentário do homem [...]
   [...] A possibilidade lhe é dada a cada instante de avançar rumo à meta escolhida: seu tempo se torna uma marcha rumo a essa meta (é o que se costuma tomar pela vida). O mesmo ocorre se ele tem por objeto sua salvação.* O homem inteiro já *tem* tudo o que outros procuram: ainda que seja essa soberania cuja sede faz correr tanto sangue (quanto à salvação...[*riscado:* ele odeia a mentira da salvação] como ele fugiria *daquilo que ele é?*). Ele não pode desejar adquirir, e sim apenas dar. Em outros termos, o objeto de seu desejo não pode ser um bem, não pode consistir no bem de um ser, e sim apenas no puro e simples dispêndio. Ele considera sob esse aspecto o bem

---

*   *Nota de Bataille:* O mesmo ainda se tenta em vão devir o todo. O homem inteiro não é o todo nem aquele que tenta sê-lo, mas aquele que não pode escolher uma atividade particular.

de um outro como um engodo, pois se quer o bem de um outro é sob a condição de que encontre dessa maneira seu próprio bem. Trata-se no final de se gastar sem razão e de não mais dar para adquirir.

Daí este estranho estado: ele não sabe o que fazer neste mundo, mede seu silêncio...

8

Para ter consciência de minha totalidade, devo me remeter [...]

[4] B *(uma primeira redação):*
[...] de uma pavorosa desordem de espírito. A humanidade como uma existência comum corre esse risco na pessoa de aventureiros soltos dela.

[5] B:
[...] Seria sem dúvida alguma um aborto lamentável percebido nas perspectivas da ação. Não apenas a vida de Nietzsche é uma vida falha desse ponto de vista como também a de quem quer que tente pôr sua doutrina em prática. É preciso dizer também que de um ponto de vista que supera a ação não há mais sucesso, resultado que corresponda à intenção, mas um salto no imprevisível. A vontade fundamental de Nietzsche era a de liberar o porvir das cadeias do passado: isso supõe o jogo, o calhar livre de uma realidade criando-se sem que a limite uma determinação prévia. A ação que visa a uma meta definida, portanto conhecida, não corresponde de modo algum a essa exigência de criação. Somente a álea de um jogo o faz. Para além dos limites da ação, após o desespero resultante do abandono das perspectivas tranquilizadoras do *homo faber,* a palavra [*falta uma folha*].

[6] B, *à margem:*
voltar no final ao tema do início
uma tensão de ficar louco

[7] B:
O resto é a festa, é a chance do homem inteiro: e como não há dique que se possa opor à chance...

[8] B, *primeira redação:*
Por que todo esse apego à doutrina, à lembrança de um homem – de Nietzsche, a respeito do qual penso que frequentemente errou, que ninguém o seguiu, não pode segui-lo...? teria ele definido o ápice, a possibilidade do impossível?

A doença, imagino, forçou-o a isso. Isso não nos importa mais. Vivo, caso se queira ver [...]

[*segunda redação:*]
[...] ninguém o seguiu, não pode segui-lo?...
É que ele rompeu os limites do homem dados por sua condição.
Um possível ao além dos limites humanos,
a deslocação, como uma festa, numa risada leviana, dos entraves,
e não apenas o fim do ajoelhamento,
o avanço ousado, angustiante, sobre um chão desconhecido, impossível.
[*terceira redação:*]
Nele se quebraram os limites que nossa condição nos dá.
Ele designa um possível além dos limites humanos,
ruptura, como numa festa, numa risada leviana, dos entraves,
e terminados os ajoelhamentos,
um avanço ousado, angustiante, sobre um chão desconhecido, impossível...
Vivo, caso se queira ver [...]

9   *B, primeira redação dos parágrafos precedentes:*
Esses homens evidentemente não existem. É o que devo dizer o quanto antes. Mal entraram na problemática: espécie de vida livresca, duvidosa, larvar. O próprio Sr. Nietzsche, suas obras e sua vida são parte desse acidente: *os limites, um belo dia, faltaram ao homem.*

A inteligência perdeu pé. O homem é esse animal que, em seu limite – em sua necessidade particular –, percebe a fraqueza... e, desde então, conhece a si mesmo como sendo um obstáculo *ao que ele é*: a ausência dos limites.

Pois o que ele é, ele não o é. Nietzsche dizia: *Torna-te o que és.* O que significa: torna-te o possível existente em ti. *O que é* possível, "no fundo"? uma ausência de limite. Mas a ausência de limites é o *impossível.*

As perspectivas fornecidas na crença em Deus reduzem esse problema a nada. Não se atinge esse problema maior antes de se andar com as próprias pernas. Antes de se jogar fora a muleta.

O homem à altura do impossível – *que ele é*: enquanto a luta é necessária, trata-se de um problema antecipado... Dado todavia na ausência de Deus.

Deus não foi mais que um momento da luta que travamos contra nós mesmos.

Repousar uns sobre os outros = a luta.

Ouço ribombos de trovão, o rugir do vento [...]

10 *B. primeira redação:*
Eu o disse, sim:

comunicado, como a vida o é numa comunidade de pessoas *votadas*, votadas voluntariamente a uma provação: *ir até o limite do possível*. Nada menos besta sobretudo...

Toda frase está fadada [...]

[11] *B fornece esta referência: Z.*, notas, p. 343, XIV, 305.

[12] *B:* [*À margem:* como epígrafe às notas sobre a comunidade.]

"Torna-te incessantemente aquele que és, sê o senhor e o escultor de ti mesmo. Não és um escritor, escreves apenas para ti mesmo. Conservarás assim a lembrança dos teus melhores momentos. Estás te preparando para o momento [...]

[13] *B, à margem:*

o canto da noite.

[14] *B:*

"Uma filosofia que não promete nos tornar mais felizes nem mais virtuosos, que, muito pelo contrário, dá a entender que com toda probabilidade pereceremos a seu serviço, que seremos isolados de nosso tempo, queimados e escaldados, que enfrentaremos todo tipo de desconfiança e ódio, que precisaremos de muita dureza para com nós mesmos e, infelizmente, também para com os outros, tal filosofia não se insinua facilmente junto a ninguém, é preciso ter *nascido* para ela."

1884. II, p. 234.

Minha vida é comunidade com o Sr. Nietzsche...

Este livro é essa comunidade, não é outra coisa senão ela.

Escrevo eu mesmo, por minha conta:

"Não quero me tornar um santo... a verdade fala por minha boca..."

[*Riscado:* Nessa comunidade] E nós vivemos, é preciso dizer, na ignorância uns dos outros...

O que sei do Sr. Nietzsche?

Forçados ao mal-estar, aos silêncios...

O que temos ainda de comum?

Odiando os cristãos.

Nem falemos dos outros.

Mas nós, que somos tão pouco? o que seríamos, senão...?

[15] *Essa Segunda parte é a retomada (com algumas modificações que o leitor encontrará abaixo) de uma exposição sobre o pecado feita em 5 de março de 1944 na casa de*

Marcel Moré. Uma discussão se seguiu a essa conferência: reproduzimos aqui (cf. p. 311) o artigo da revista Dieu Vivant *(n. 4), que publicou em 1945 o texto dessa discussão, acompanhado de uma carta de Bataille, de um* extrato das teses fundamentais *redigido por Pierre Klossowski e de uma arguição do R. P. Daniélou.*

[16] C:

[*Riscado:* As questões que colocarei me parecem do interesse de um homem independentemente das opiniões que ele afirma em geral. Naturalmente, nossa natureza opõe uma exceção peremptória, uma espécie de opacidade ausente às questões mais insidiosas que a aguardam. Não deixaria de ser um excesso, no entanto, afastar as questões que seguem em nome de respostas já dadas. Seria uma pena, parece-me, escapar por meio de alguma facilidade à interrogação dilacerante.]
As questões que introduzirei...

[17] C:

[...] sua violação. Evitarei me referir a textos. Ou esses julgamentos são necessários em nós e os extraímos de nossos sentimentos, ou são ficções sem consistência. Seja como for, nossos sentimentos e nossos julgamentos têm decerto uma grande complexidade: em contradição com uma primeira afirmação, o bem parece ligado ao desprezo [...]

[18] C:

Mostrarei em primeiro lugar que o ápice que é a morte na cruz é a violação do maior ser: ele o é não apenas do ser de Deus, mas, por ricochete, daquele de todos os culpados, ou seja, de todos os homens. É assim que ele garante a Redenção, vale dizer que ele restabelece uma comunicação entre Deus e o gênero humano.

[19] C:

[...] Na medida em que um homem faz o mal, ele põe Cristo na cruz. Não são os carrascos de Pilatos, mas os pecados do mundo desde Adão que crucificam, ou, antes, *sacrificam* Deus. Essa ação é o próprio horror, mas seus agentes históricos são relativamente inocentes: o que a vida humana esconde [...]

[20] C:

[...] Dessa maneira, um Deus ferido e seres culpados, igualmente feridos, comunicam. Essa comunicação constitui o mistério da redenção: na noite da crucificação, a integridade dos seres é violada de ambos os lados, os homens e Deus se entredilaceram e sangram juntos.

Na noite da crucificação, pode-se dizer que o mal atinge o ápice do mal [...]

[21] *C, no final do manuscrito, riscado:*

[...] A "comunicação" é o amor; o amor está ligado ao dilaceramento e não pode ser separado do amargor. O sentimento de maldição no amor testemunha no fundo a presença do sagrado.

[22] *C, no final do manuscrito:*

Mostrarei agora que na "comunicação" que é o amor o desejo tem por objeto o além do ser que deseja. E o além do ser é inicialmente o Nada. É na transparência do Nada que, durante o sacrifício, o desejo tem o sagrado por objeto. É essa necessidade de encontrar o além do ser através do Nada que dá à comunicação seu caráter de violação, de pecado.

[23] *C:*

A situação dos homens é na verdade tão estranha que eles se condenam por todos os lados. Devem comunicar entre si: a ausência de comunicação, o fechamento egoísta em si mesmo, é evidentemente o mais condenável. Mas a comunicação, não podendo se fazer sem atingir a integridade dos seres, é ela própria culpada. O bem, sem dúvida alguma, é o bem dos seres, mas não o alcançamos sem pôr em jogo os próprios seres.

Não é apenas o sacrifício cristão que dá ao mal uma ação necessária ao bem. De modo geral, o sacrifício parece ter sido visto como um crime. Ora, podemos identificar o sacrifício à comunicação. [*À margem:* aqui retomar a partir de Mauss.] Para tornar mais sensível [...]

[24] *C:*

[...] (se ele morre). Por esse deslizamento, encontro o ser além de mim mesmo. O ser do outro e o meu próprio deslizando juntos num mesmo Nada coincidem: o além de meu ser, no choque sempre perturbador que é a comunicação, responde a um desejo exasperado no momento.

Essa maneira de ver [...]

[25] *C:*

[...] mesma explicação. No sacrifício, a comunicação ocorre entre o sacrificador (ou aquele que assiste) e a vítima. O desejo do sacrificador incide sobre o além de seu ser, ou seja, imediatamente, o Nada da vítima. Mas o Nada da vítima em nada é distinto do Nada do sacrificador, e é nessa região de Nada descoberta de repente pela morte da vítima que é revelada uma presença sagrada. Essa presença de além nada mais é que uma inversão do Nada: é, se quisermos, o Nada substantificado, derivado da ação – da execução – que a engendrou, o caráter ativo mas que guarda do Nada o caráter ilimitado, perigoso, o valor de uma destruição contagiosa. Esse além do ser no fundo é feito tão somente de uma destruição dos limites do ser, mas essa destruição resultante de um desejo é ativa e substantificada. (Como substância, o corpo da vítima a suporta e a simboliza.) Na ação de execução e no resultado sagrado, nada há que não seja dilacerante, nada que possa ser imediatamente tomado pelo bem do ser: trata-se, ao contrário, de seu perigo, de seu mal. É decerto uma resposta ao *desejo* do ser, mas o desejo não é equivocadamente visto como um perigo, talvez o desejo pouco difira da angústia.

Imagino que o desejo soberano do ser [...]

B, primeira redação riscada:

[...] No sacrifício, a "comunicação" une primeiro o sacrificador (ou aquele que assiste) à vítima. O desejo do sacrificador incide imediatamente sobre o Nada da vítima. Esse Nada, todavia, em que ele introduz a vítima, inicialmente não é mais que um reflexo de seu próprio Nada. A execução efetua o vazio sobre o qual se inclinam os sobreviventes.

Na concepção dos antigos, a presença sagrada que se segue é a inversão total desse vazio: é o Nada substantificado derivado da ação – da execução – que o engendrou, o caráter ativo mas que guarda do Nada a natureza infinita, perigosa, o valor de uma destruição contagiosa. A "comunicação" do sacrifício, como aquela da carne ou do riso, ocorre nesse deslizamento confuso. Ou, mais precisamente, a "comunicação" é ela própria esse deslizamento. O que justifica a inversão é esse fato de que uma "comunicação" substitui os seres e os vazios. A "comunicação" não é um ser: ela não é exprimível em termos de coisas. A concepção de um objeto sagrado trai essa impotência da linguagem. Além do mais, ela foi necessária à orientação constante das condutas.

[26] *B:*

No domínio da sensualidade, [*riscado:* – lugar de eleição do desejo, da angústia – escolho o exemplo das tentações.

A tentação é o ato carnal representado como um possível ao mesmo tempo desejável e perigoso.

O desvio sexual é muitas vezes prejudicial, e o estado de tentação nem sempre está ligado à atitude moral que o odeia por si mesmo.

A tentação da carne não tem nada a ver com a miséria que se costuma imaginar: ela inclusive revela a miséria de toda vida moral. Na tentação, na angústia, o que encerra e pesa é a solidão. O que o desejo denuncia como sendo o inimigo é o círculo limitado do ser sozinho. O ser sem ar – sem "comunicação" – limitado a si mesmo na solidão experimenta um sentimento de tristeza acabrunhada. A conversa amiga falta ou frustra. O falatório alimenta, mais do que afasta, um sentimento de vazio.] Um ser de carne [...]

[27] *Em D, estas notas:*

Na tentação, o tédio suspende o ser sobre o Nada que ele encontra em si mesmo.

Do lado da duração, necessidade de encontrar formas dignas de durar
> cidade
> Deus–Igreja
> indivíduo: *não*
> a liberdade?

Diferença entre o Nada que encontramos em nós mesmos e o Nada do além de si.

De fato: por um lado, o ser sem a comunicação é o Nada; por outro, a comunicação introduz o risco do Nada.

Preciso introduzir um parágrafo desenvolvendo essa oposição.

★

A tentação prolonga a espera dentro do círculo.

Ela pode ser obra de devotos. Porém, mais simplesmente, de um homem fechado pela ausência de ocasiões a seu gosto. Nos dois casos, a tentação situa o desvio possível em face do tédio. O tédio não atua nas condições ordinárias. A vida normalmente tem possibilidades de comunicação suficientes. Quaisquer que sejam, mesmo [indiferentes] disponíveis como as do devoto – Deus disponível a qualquer hora –, elas podem vir a faltar. Aquilo que o tédio revela então é o Nada do ser fechado em si mesmo e sem poder "comunicar". Decerto, a "comunicação" não é um ser, mas, se cessa de "comunicar", o próprio ser se estiola: ele definha, sentindo (obscuramente) *que, sozinho, não é.* Desse Nada interior, o tédio remete àquele de fora, à angústia.

A tentação é precisamente essa remissão.

O tédio pode remeter a tal "comunicação" possível. Mas "comunicar" geralmente não é fácil. O mais normal é que a "comunicação" possível apareça como um perigo.

Não "comunicar" me condena ao tédio, é verdade, mas "comunicar" é escorregar para fora, perder-se. Não é apenas uma loucura romântica que leva a dizer a propósito dos diversos meios que para bem fazer seria preciso morrer. Os amantes, quer tenham a criatura, quer tenham Deus (ou o desconhecido absurdo) por objeto, dificilmente evitam vê-lo. Por outro lado, dar-se a alguma causa comum (no plano da vida social) compromete realmente até a morte. O que torna difícil discernir as coisas é que a morte é implicada, de acordo com cada caso, de maneiras muito diferentes. Em cada caso existe uma possibilidade de equilíbrio além da qual encontra-se a morte. O desejo de comunicar se reporta ao equilíbrio. A comunicação parece inicialmente a quem se entedia a própria sedução.

[*À margem*: A dificuldade que suscitei foi a de mostrar que a comunicação passa necessariamente pela angústia – que, sem angústia, não há comunicação verdadeira, mas apenas possibilidade de tédio. Para demonstrar isso é preciso opor as formas fechadas (sem angústia) às formas abertas (sem tédio): preciso me servir mais ou menos dessas duas frases mais adiante.]

Essa sedução exerce um poder – sobre um homem que se entedia. A "comunicação" é a vida.

[*À margem:* Em certo sentido, não haveria diferença entre "comunicar" e ser se comunicar não fosse ao mesmo tempo perder o ser (a dizer um pouco mais adiante).]

[28] *B fornece esta outra citação:*

Negar o mérito mas fazer aquilo que ultrapassa qualquer elogio, e até mesmo qualquer compreensão.
Nachlass, 1885-1886; citado em *V.P.*, II, p. 384.

[29] *B, primeira redação riscada:*

Mas o ódio da lassidão se exerce antes de tudo e principalmente contra [*riscado:* os excessos sexuais, com toda evidência prejudiciais] os sentidos.

A obscenidade como um ápice nu é o tipo daquilo que eles condenam.

Fica claro assim que a essência de um ato moral – no sentido vulgar – é subordinar a alguma utilidade – reportar ao bem de algum ser esse movimento através do qual o ser supera o ser. É assim

[30] *C fornece a seguinte versão dos parágrafos 3, 4 e 5:*

[...] Imagino que o desejo soberano do ser tem o além do ser por objeto, que a angústia é o medo ligado à consciência dos perigos que esse desejo soberano faz o ser correr. É claro que percebemos mais comumente o efeito do desejo no domínio da sensualidade do que no das coisas sagradas. Escolherei como o de mais fácil apreensão o tema da tentação, ou seja, do ato carnal que aparece como um possível ao mesmo tempo desejável e perigoso. Os desvios sexuais são sempre bastante prejudiciais, e o estado de tentação ou de resistência não está necessariamente ligado à atitude moral que os condena como pecados. Em todo caso, acredito que a tentação da carne implica mais que uma vontade de prazer momentâneo. Na tentação, ou seja, na angústia, o que fecha e pesa é a solidão. O que o desejo denuncia como sendo o tédio encarnado é o ser próprio: o círculo limitado que sou para mim mesmo. O ser que não comunica mais, limitado a si mesmo na solidão, experimenta num sentimento de tristeza acabrunhada sua ausência de comunicação. As possibilidades de conversa amiga podem vir a faltar ou parecer frustrar. Os contatos superficiais por vezes intensificam mais do que adiam uma impressão de falta. Quando se trata de um crente, as presenças sagradas parecem muitas vezes enfadonhas ou inapreensíveis comparadas a outros possíveis. Chega o momento em que o ser é mordido pelo desejo do além do ser, e é então que ele aspira ao Nada, que exige o Nada como a condição ou o ponto de partida desse além.

[*No fim do manuscrito:* Tentarei agora dar conta das razões pelas quais a sensualidade, a forma de comunicação mais acessível, é no entanto o domínio privilegiado do Nada.]

É só o Nada a que é tentado a se abandonar que prova ao ser que se trata mesmo de um além de seus limites. O que caracteriza nesse momento aspirações de que posso dizer com insistência que elas são as mais *profundas* é o sentimento de que os seres desejados normalmente como podem ser, de acordo com os casos, um Deus ou uma mulher amada, não estão situados no além do ser, mas num prolongamento próximo demais, no próprio domínio do tédio do sujeito. Em última instância, o devoto se esforçará para se convencer a si mesmo imaginando as chagas de seu deus, ou seja, as marcas do pecado de que esse deus foi a vítima: a visão de Cristo morto na cruz, a visão do pecado inexpiável projeta Deus, de fato, nesse Nada que só ele define o além do ser. Do mesmo modo, o amante faz o que pode para reencontrar a amante no além das partes escondidas debaixo da saia. Mas, em princípio, esses esforços são vãos, acabam ao menos por ser vãos, pois nosso Nada (ou, querendo, o poder de evocá-lo) não pode permanecer no lugar que lhe atribuímos. O que costuma de fato esgotar os Nadas da devoção ou da paixão amorosa é que, a longo prazo, eles não significam mais que o ser a que nos ligam a ternura ou a crença. O que assume a nossos olhos valor de verdadeiro Nada, valor de noite em que o ser se abisma, não pode se encontrar por muito tempo do lado para o qual nossa vontade confessa nos arrasta. Só podemos encontrar o Nada do lado para o qual justamente não queríamos ir.

A tentação é em certo sentido o momento extremo da sensualidade. É, de fato, na medida em que a rejeitamos, em que ela nos mete medo, que a sensualidade tem o poder de nos fazer alcançar o Nada. Na medida em que é maldita, a sensualidade determina ao nosso limite um abismo cuja profundidade não pode ser esgotada, um Nada que nunca é cumulado por um curso regular das coisas. Suas desordens ruinosas e a fatalidade dos excessos privam o mundo sensual de qualquer possibilidade de felicidade, de apaziguamento, de quietude: nenhuma substantificação é pensável se o horizonte é a obscenidade. Entramos nesse mundo pelo lado da imundice, e a impressão do vazio que ele nos dá logo de cara abre em nós uma ferida evidentemente incurável.

É o fato de que na sensualidade o homem cai apesar de si mesmo que faz do Nada que ela significa o Nada dos Nadas: o Nada que é mais difícil de transformar em insignificância, em prolongamento do vazio tedioso do ser.

[*No final do manuscrito:* Mas não apenas a sensualidade está ligada negativamente ao Nada. Em suas contrapartidas positivas, ela é ainda a negação de um princípio essencial da moral que é o mérito, a que ela opõe a chance.]

Ao mesmo tempo que, pela ascese e pela resistência, a sensualidade se tornou o fundo do abismo, suas desordens positivas receberam como sua profundidade negativa um sentido privilegiado. Os horrores da tentação, os dilaceramentos que ela introduz na vida dos ascetas correspondem tanto quanto os excessos dos homens e das mulheres livres à significação extrema da carne. É precisamente na medida em que o Nada da carne é profundo, amargo, que alcançamos através dele o ápice. No limite, para o devasso, a sensualidade se torna a longo prazo insignificante, insípida: o mesmo não ocorre de maneira geral; sobretudo no caso do devoto. Ela constitui para este um dos polos, o polo negro, do mundo espiritual. Evidentemente, trata-se de alegria, de alegria dilacerante. Trata-se tanto mais de alegria, tanto mais de dilaceramento maravilhado, já que os princípios da devoção se opõem a isso. A objeção última é o mal que a devassidão faz àqueles que se entregam a ela: ela põe em risco o bem e o interesse desses seres, compromete gravemente seu futuro. Mas, para o não-cristão, trata-se apenas de evitar o desperdício excessivo, o desequilíbrio sem fim: já o cristão está diante do castigo eterno. Por um lado, é-lhe possível penar, trabalhando pelo bem eterno de [*riscado:* seu ser] sua alma; por outro, ele comunica com o além desse mesmo ser – esse além de uma liberdade desavergonhada, desvairada, evidente, que a nudez significa –, mas ele se perde. Na situação mais comum, essa escolha opõe o mérito, do lado da salvação, à chance, que dá à perdição suas cores mais sedutoras, mas que a torna ao mesmo tempo, ao que parece, moralmente insustentável: a beleza excepcional e a riqueza são evocadas pelas desordens da carne. Se a luz atraente dessas desordens é o signo de um ápice, esse ápice só está aberto à chance; a virtude a que um objetivo moral é proposto normalmente é afastada em contrapartida, ridicularizada.

[*No final do manuscrito:* Na verdade, o que caracteriza a sensualidade é que ela se opõe diametralmente à moral (à moral que decreta regras). A moral se funda na preocupação com o porvir, a sensualidade, na indiferença ao porvir.]

Imagino que a natureza da moral seja mais claramente evidenciada no caso da desordem sexual. Na medida em que nos encarregamos de dar a outros uma regra de vida, só podemos fazer apelo ao mérito e propor como fim o bem do ser – que se consuma no tempo por vir. A chance e a consumação no tempo atual representam de um ponto de vista moral o não-sentido. A moral é sempre uma especulação que remete ao porvir atos meritórios. As doutrinas da graça e sua influência persistente em segundo plano demonstram bem que as aspirações em jogo na moral estão longe de ser satisfeitas por essa pobre especulação. Que o acesso a um ápice dependa não dos cálculos que são os méritos, mas de chances atribuídas por inexplicáveis razões é a única coisa que manteve, aos olhos de homens mais difíceis, o valor da recompensa esperada. Todavia, ninguém falou de pura e simples chance nem, sobretudo, abandonou a preocupação com o tempo por vir. Afirmar que o ser e sua egoísta vontade de conservação são em certo sentido maus, e a pura preocupação com o presente, a negligência pelo porvir, pelo contrário, louváveis é o que parece exceder nossas forças.

[*No final do manuscrito:* Mostrarei de qualquer modo no domínio da sensualidade mais do que o relaxamento normalmente representado. A audácia e a extrema coragem podem ser necessárias à liberdade sexual. A castidade, por outro lado, é um cálculo interessado. A inibição está do lado da conservação egoísta.]

É claro que remeter o bem ao ser [*à margem:* considerado como uma duração] é contestável e que querer durar não é glorioso. A moral costuma sair dessa substituindo até certo ponto o bem próprio pelo bem dos outros, o que não faz mais que eludir a questão por algum tempo. Podemos, por outro lado, imaginar o quanto seria dura uma moral do desejo. É uma banalidade retratar como um inferno a vida de um homem entregue ao prazer. Nada reservar, queimar sem esperança é decerto a conduta mais oposta ao repouso. Como repetiram os moralistas cristãos, o prazer dos sentidos é mais do que perigoso: é um engodo, de qualquer jeito. Dizer de um prazer tão esgotante que ele é um ápice moral (nessa expressão a palavra "moral" tem o sentido mais amplo) não tem nada a ver com a covardia abandonada que se imagina de costume. A covardia, pelo contrário, leva muitas vezes à abstenção sexual, à prudência. Não se pode negar que os transportes eróticos queimam e levam a interrogação humana a dilaceramentos extremos. A recusa dessa evidência não é ela própria uma expressão do medo ligado ao sentimento de um inegável perigo, de uma desordem esgotante que é preciso limitar?

[*No final do manuscrito:* Decerto, devemos levar em conta diferenças entre as diversas possibilidades de bem egoísta. Um determinado egoísmo tem para a sociedade um valor corrosivo, outro é benéfico, outro ainda implica a renúncia ao egoísmo imediato. É, de fato, a tarefa da moral, na medida em que propõe regras de vida, enfatizar essas importantes diferenças. Mas aspiramos ao além das regras, em nós o desejo aspira ao ápice moral. E o ápice moral não estaria, se olhamos até a borra, do lado da sensualidade, mais precisamente do lado do crime? Do crime, é verdade, que não tem a satisfação de um bem egoísta por objeto.]

Não se poderia ver que a moral não é de modo algum a resposta a nossos ardentes desejos de um ápice e sim, ao contrário, os ferrolhos que opomos a esses desejos? Uma meta ulterior é necessária à recusa de satisfazer o desejo atual. Essa meta é o bem do ser, e o dispêndio desordenado de energia a que nos leva o desejo de superar o limite ordinário do ser não é favorável à conservação, ou seja, ao bem desse ser. Quer se trate [...]

[31] *C:* [...]

As regiões dilaceradas que o vício e o crime designam não deixam por isso de indicar o ápice que a aflição ou a força do homem têm o poder de atingir.

[*No final do manuscrito:* Acho que preciso agora fornecer a definição de tal ápice. Se, no limite, o ápice é o crime, é porque ele é essencialmente colocação em questão de nós mesmos e de tudo o que é.]

O que chamo assim de ápice é o ponto a que só chegamos esgotando nossas forças, sempre de algum modo a um dedo da morte. Trata-se com toda evidência daquilo que o amor revela, ou seja, a queimação do desejo em busca da "comunicação". O desejo na "comunicação" incide essencialmente sobre o além do ser. Mas esse além não é apenas o Nada que nos limita, com que esbarramos ao tentar tocar um ser que seja o outro, é ao mesmo tempo a colocação em questão do ser que somos. Em outros termos, o Nada e o ser-outro, objetos de nosso desejo, não nos aparecem tanto em sua exterioridade objetiva. Só podemos superar nossos limites colocando a nós mesmos em jogo, e é essa colocação em jogo de nós mesmos que transfigura o objeto do desejo. Fica claro assim que, no limite, o desejo humano, e o desejo é aquilo que somos, incide com exatidão sobre a colocação em questão de nós mesmos e de tudo o que é. Está aí o que dá conta da inquietude humana que engaja incessantemente o destino do ser através dos maiores perigos.

Nosso desejo nos coloca em jogo, e percebemos seu objeto ornado das cores dessa colocação em jogo de nós mesmos, nós o percebemos com o aspecto de uma colocação em jogo de nós mesmos.

[*No final do manuscrito:* Mas, se é verdade que através da sensualidade e do crime o homem pode colocar em jogo seu ser e o dos outros, devemos ver aí um limite? Não podemos ir mais longe, chegar a uma colocação em jogo mais completa, eliminando – talvez – as consequências vergonhosas que ações como o assassinato e a orgia têm?]

Se considero o êxtase cristão à luz dos princípios que forneci [...]

32 *B:*

Mas se é verdade que através da sensualidade e do crime o homem pode colocar em jogo seu ser e o dos outros, devemos ver aí um limite? Não podemos ir mais longe, chegar a uma colocação em jogo mais completa, eliminando – talvez – as consequências vergonhosas que o assassinato e a orgia têm?

[*À margem:* lado incondicionado – sem mais necessidade de chance]

Se agora considero [...]

33 *C (e B):*

[...] trabalho de liberação. Mas a consciência de sua miséria por si só não bastaria a seu esforço: ao medo ele deve associar essa abominação que é a *espera*. Os exercícios do asceta são *humanos* [...]

34 *C:*

[...] A noite extrema da carne exige uma inocência autêntica, ou seja, a ausência de pretensão moral; assim, por tabela, o sentimento de ser culpado. E o resto é literatura.

Opondo-me a uma confusão vulgar [...]

35 *C (e B, riscado) na sequência:*

Devemos tomar* os valores de declínio pelo que são: julgamentos formulados pela prudência, inspirados pelo medo. É preciso retirar deles o prestígio que ganharam na oposição do bem ao mal, na qual o bem *devia* ser feito, o mal destruído. Não pode haver positivamente moral do ápice. Mas a crítica das morais do declínio, sua redução ao que são representam nesse sentido uma possibilidade negativa. Ainda que seja verdade que nossa sorte está em parte e fundamentalmente ligada à faculdade de subordinar o presente ao futuro, é mau nos embriagarmos com as tarefas que assumimos para isso, mau nos orgulharmos de servidões simplesmente inevitáveis.

Volto agora aos enunciados do início. Apresentei o mal ligado por um lado ao prejuízo causado a seres – por outro lado, de maneira contraditória, à existência dos seres particulares (não aceitando confusão com os outros). Acrescentarei a conciliação possível, segundo a qual o mal seria o interesse

---

* Em C (no final do manuscrito) e em B estas linhas em itálico vêm antes: Enunciarei, para concluir, um princípio: só falamos do ápice adulterando-o, colocando-o à medida do declínio. Mas podemos reduzir as regras morais a comodidades que nada têm a ver com o ápice. (N.E.)

382   **FILÔ**BATAILLE

próprio, em oposição ao interesse de outrem, que seria o bem, a que *devemos* servir. Antes de formular as questões de que a exposição precedente é a introdução, tentarei ainda mostrar que uma moral real (ou que um conjunto de atitudes) é normalmente uma interferência que combina valores que se reportam uns ao ápice, outros ao declínio – uns à satisfação do desejo, outros à preocupação com o tempo por vir. É o caso dos comportamentos místicos, cristãos ou não. Mas, de uma maneira regular, abertamente, tudo se inscreve no benefício dos seres. Na existência real dos místicos, violentos desejos costumam arrastar os movimentos muito além de uma miserável preocupação com a salvação. Todavia, no conjunto das atitudes, a balança está longe de pender sempre no sentido do desejo. Se consideramos sob esse aspecto as interferências comuns a todas as morais altruístas, é preciso reconhecer que os momentos de resposta ao desejo têm nelas pouca importância. O equívoco permanece sempre entre os movimentos ascendentes que nos impelem a nos dar queimando e a consideração necessária concedida à preocupação de durar e de enriquecer. Esses equívocos constituem aliás sistemas bastante estáveis [...]

[36] *C (e B):*
    [...] Mas o difícil além é ir até o ápice, colocar-se em jogo *sem razão*, pelo menos falar dele, *propor* o ápice pelo ápice, a colocação em jogo pelo simples amor pela angústia.
    Em outros termos [...]

[37] *C:*
    [...] limites atingidos. Nada mais de bem do outro servindo de pretexto a movimentos que me ultrapassam: se esse bem estivesse assegurado de uma vez por todas, ao menos, na medida em que o estivesse, já não restaria meio de assegurá-lo ainda mais: já nenhum projeto de reforma que suscitasse uma grande esperança. Mas devo fazer uma observação [...]

[38] *C:*
    [...] uma possibilidade de recuperar o fôlego. Mas nessas condições ela encerraria por assim dizer em seu seio a necessidade do *mal*, ou seja, da colocação em jogo dilapidadora. O excesso de energia a dispender, a parte maléfica de que falei, acabaria, ao que parece, de envenenar a existência social.
    Fiz questão de mostrar [...]
    B:
    [...] uma possibilidade de recuperar o fôlego. Deveria ela, nessas condições, encerrar em seu seio a necessidade do *mal*, da colocação em jogo dilapidadora? Deveria ela acabar de envenenar o próprio sangue?

Fiz questão de mostrar [...]

³⁹ *C (e B):*

[...] Na medida em que coloquei o interesse geral em jogo, tive de lhe subordinar considerações introduzidas por uma negação do primado desse interesse. Em definitivo, situei a questão do ápice em termos de declínio. Mostrei há pouco uma primeira vez essa dificuldade fundamental. E o fato de passar para o plano da interrogação individual não pode afastá-la completamente. Todavia, se permanecemos no plano da vida pessoal, é mais fácil escapar das leis da linguagem. De homem a homem temos uma chance de despistar uma vigilância; ao passo que, se nos dirigimos à humanidade inteira, sabemo-la de antemão surda ao que não é exprimível em termos de *bem*. Tentarei agora formular [...]

⁴⁰ *C (e B):*

[...] a questão precisa implicada em minha exposição.

Não posso atingir ou buscar, na falta de um bem, um ápice moral que não seja redutível ao bem, à conservação, ao enriquecimento de qualquer ser? Não duvido que tal ápice tenha sido, se não atingido, ao menos buscado sob o pretexto do bem de um ser, abertamente dado como um fim. [*Riscado:* Mas a possibilidade de um bem a realizar pode faltar: posso não ter nada a fazer que dê a minhas dilapidações uma razão de ser exterior. Posso, mais simplesmente, perceber o engodo que é essa pretensa razão de ser. Mas suponhamos minha recusa de perder em troca de um ganho: eu ainda poderia perder nesse momento? Não devo honestamente renunciar? Temos, numa palavra, uma possibilidade de vida lúcida?] Mas falo em meu nome, pessoalmente não tenho mais bem que possa invocar. Encontro-me neste mundo sem nada a fazer nele. Nenhuma razão para me superar, devo viver à mercê do riso [...]

⁴¹ *C:*

[...] poderia ser? mesmo falar de um ápice não é renunciar ao ápice?

B:

[...] poderia ser? quando ao falar do ápice renuncio ao ápice?

⁴² *C (e B):*

[...] Considero a extrema dificuldade de minha situação como uma chance e não hesito em me dizer embriagado dela.

Minha questão assim colocada [...]

E:

[...] EXIGÊNCIA SEM CONSIDERAÇÕES.

O QUE ELE PODE FAZER NO ÁPICE DOS POSSÍVEIS?

[43] *E:*

[...] Aquele que tem violentamente sede da verdade vale que seja respondido indefinidamente a cada questão que se coloca nele. Saber pôde responder à necessidade que ele tinha de mudar o mundo e ver reinar nele sua autonomia; mas, *além* dessa possibilidade, o saber, de repente, transforma-se em seu contrário e, *engodo*, abandona à violência de um desejo sem objeto possível: não posso, *além,* esperar nada, e assim como o tecido vermelho anuncia ao touro o paroxismo da raiva e a morte, o saber que não pode responder à interrogação desesperada é o sinal de uma noite definitiva, que enclausura tanto melhor na medida em que toda claridade concebível está escondida nela. Mas, sem a noite, sem o desespero e sem o irremediável terror que me abatem, teria conhecido a inacessível felicidade do ápice...? Respondendo, sem fôlego, à interrogação moral que me colocava na angústia, teria me afastado para sempre dela. Foi deixando a interrogação se abrir em mim como uma chaga que me estendi para sofrer e que, gemendo, tive a medida do poder inaudito da morte. Não costumo levá-la em conta, quando reflito, quando falo, mas a morte me interromperá! Não terei de continuar para sempre a subordinadora busca do verdadeiro. Toda questão ficará finalmente sem resposta. E me esquivarei de tal maneira que o silêncio, depois de mim, como o raio, terá caído. Outros, retomando a tarefa, tampouco a concluirão, e a morte enfim cortando-lhes a palavra... O ser – ou a ausência de ser – terão então a autonomia!

No instante, fico sem fôlego, mas o ar que alcanço é o ar livre do ápice.

[Fornecemos aqui notas de D que prolongam as primeiras páginas de A]:

A questão do bem e do mal.

O mal é inevitável. É em geral aquilo que de fora é sentido como tal.

Ao dizer o mal, o homem atribui a si mesmo uma responsabilidade nas aflições que experimenta.

Mas essa responsabilidade possui um caráter sagrado.

A afirmação do mal implica uma luta contra o mal, ou seja, o bem, a ação em favor do bem.

[À margem: este parágrafo é o pivô]

Esses movimentos de repulsão ou de atração ocorrem em relação a seres, indivíduo, família, cidade, humanidade em geral. É para si mesmo, para sua família ou para a cidade ou para a humanidade em geral que os homens agem bem. Mas essas diferentes metas podem ser contestadas, ou seja, rejeitadas como o mal na busca do bem. O mal é em sua essência uma responsabilidade. Chegam a dizer que ele é o efeito de uma particularidade, que só se pode suprimi-lo suprimindo a própria particularidade. E mesmo que a particularidade é o mal. Até os homens em geral podem ser considerados como o mal.

Enquanto há uma possibilidade de luta, em algum grau, não é difícil resolver a questão. Não apenas a luta satisfaz o desejo de bem como também legitima a parte de mal que o homem não pode deixar de assumir. O bem da cidade, o cristianismo, etc. implicam o mal.

A partir daí, penetrar ainda mais no fundo das coisas. O mal ou o pecado não é, no fundo, a comunicação? Ou seja, o sagrado. Há de fato um sagrado maléfico, outro benéfico. Mas o sagrado é sempre perigoso. O sagrado é a fusão dos seres substituindo sua separação. O ato sexual. O sacrifício, a morte, é a perda dos limites, mas ligando o Nada que ela descobre a uma espécie de além do ser (além do Nada) que se revela como desejável e mais desejável que o ser.

As comunicações benéficas são do tipo do casamento e da Igreja cristã. Elas se opõem à comunicação aberta. A comunicação aberta é maléfica, a outra, benéfica. A luta, o empreendimento travados por seres são necessários para tornar a comunicação benéfica. Mas voltamos a encontrar aí o interesse miserável, uma justificação do pecado.

A partir dessas considerações, a moral deixa de estar subordinada às categorias do bem e do mal. Não há mais de um lado o que é preciso suprimir, de outro o dever. Mas uma simples diferença de valor entre um ápice das possibilidades humanas e o inevitável declínio. O ápice é o máximo de dilaceramento – de comunicação – possível sem perecer. Não se chega a ele sem excesso de forças. Toda fraqueza, pelo contrário, prescreve o declínio.

O que se chama de bem – o dever costuma combinar duas espécies de valores – são os valores de ápice a serviço dos valores de declínio.

O declínio é declínio das forças, o ápice, o excesso de forças. Não se deve confundir os valores de ápice com a colocação das forças a serviço de um pequeno número. Os mundos aristocráticos tiram proveito dos valores do ápice, servem-se deles tanto quanto possível evitando liquidar. Formam excrescências doentias que são simulacros de ápices.

O ápice é naturalmente a festa.

★

O imperativo do ápice não é o prazer.
Todavia, o prazer é um juízo de valor elementar.
O prazer define os momentos de deslizamento para o além como os mais importantes.

Os juízos de valor opostos ao prazer são cálculos das consequências ulteriores

alguns sob forma de proibição sagrada

outros de reserva prudente.

O prazer não deixa de ser por isso o signo de um valor dos outros prazeres contestados.

Num outro sentido o prazer é

★

Na tortura, a recusa de falar tange à integridade do ser.

Falar é deixar violar a integridade do ser em si mesmo, mas não nas condições em que a comunicação é deliberada (é objeto de um desejo).

No fundo, a questão do bem e do mal não se coloca na tortura. É o ser que é quebrado, eis tudo.

Quanto àquele que entrega sua alma sob a ameaça de uma coação menor, sem ter sido forçado até o limite, a questão é diferente: ele não considerou o laço de amizade e de fidelidade como um bem que valesse manter. Valorizo esse bem de minha parte, e minha valorização é exigência da dos outros.

★

Em seu princípio independentes do declínio, sem relação necessária com o ápice, situam-se condutas *sem as quais a comunicação seria impossível*: ódio pela mentira, lealdade, fidelidade mesmo nos suplícios.

As condutas contrárias testemunham o pouco valor atribuído à *comunicação*, consequentemente denotam um caráter vil, incapaz de se orientar rumo ao espaço livre.

Uma moral coerente é ainda possível a partir daí. Não contesto seu interesse. Essencialmente, eu tinha a falar do ápice: nada vale em matéria de moral que não obrigue primeiro ao silêncio.

[44] *Em A, estas páginas precedem:*

28 de janeiro de 1944.

Se digo do prazer que ele é a medida e o fundamento dos valores, suscito uma provação. Tenho não apenas de rememorar, nos termos de Racine, "essa tristeza majestosa que faz todo o prazer da tragédia", mas nos momentos mais dilacerados e mais...

Interrompido. Retomarei mais adiante.

Volto à noite da casa do padre Daniélou depois de uma discussão teológica (sobre a comunicação e o pecado). Na rua escura, saindo do metrô, um grupo de garotas e rapazes cantava bem alto:

faut-'i' donc que tu sois saoul
pour ne pas trouver le trou
qui pisse
[Tu tem que tá muito mamado
pra não encontrar o buraco
que mija]

Segui o grupo até um mijadouro, feliz por escutar as garotas cantarem aquilo na noite. Na rua que leva à mansarda onde moro, feliz se tiver de findar de findar ali, num lugar tão nefasto de aparência. Levaram embora à tarde o quadro de B. [*Balthus*], a rapariga na janela. À tarde ainda, eu estava feliz até o arrebatamento, que extravagância!

O que eu disse ao padre D.:

Que o bem é o bem de algum ser, em algum grau. Mas que o bem não deixa de ser contrário ao ser, a seu egoísmo (quer se trate do indivíduo, da família, etc., pouco importa).

Que o pecado é a violação de uma proibição (a proibição necessária à conservação da integridade dos seres). Não há comunicação sem pecado. Pecar é a obra do ser que cede ao desejo de ir além de seu ser. Ele precisa para isso quebrar a integridade de seu próprio ser (e a integridade de outrem). Isso ocorre nas relações sexuais e no sacrifício da cruz.

Cristo é executado pelos pecados.

A natureza é assim superada. O padre D. me diz que o pecado introduz uma ordem espiritual – superior à ordem natural prévia ao pecado.

Concebo a oposição entre o pecado da carne e a vida espiritual, o primeiro desprezando a [*duração?*], a segunda fundada na preocupação com a eternidade.

Dessa oposição, passo a outra mais profunda.

A comunicação tem ora o ser fechado por fim. O pecado da carne pode ser subordinado ao casamento, a vida espiritual ao poder da Igreja. Ora o ser aberto ou dilacerado: o ato carnal é cometido por vício, a vida mística é preferida à Igreja. A oposição se encontra tanto no interior do mundo da carne quanto no interior do mundo do espírito.

Há de um lado ápice, do outro declínio.

Impossibilidade de opor uma moral do ápice à liberdade sexual. Inquietude, ausência de repouso. Renúncia ao abrigo. Importância da ideia de força prévia, de dispêndio. Dificuldades e vantagens dessa noção materialista. Partir do ser, do ser forte, e dirigir-se a uma perda do ser: comunicação, não Nada, além do ser.

Necessidade de conceder sua parte à virtude, mas na formação, não no fim que o ser se atribui: a virtude acumula as forças. O que significa o prazer da virtude?

1º de fevereiro.

O tema da ação, ou seja, do adiamento, deve ser reapresentado para terminar. A cessação da possibilidade do adiamento é a situação em que a questão se coloca uma primeira vez sem reserva imaginável.

A oposição da moral que diz: não entregarás nenhum nome na tortura. Esse preceito significa: não deixarás contra tua vontade que violem a integridade de teu ser.

7 de março.

Pareceu-me que alguns de meus amigos confundiam seu anseio por um valor desejável com a repugnância que uma certa categoria de seres lhes inspira. Fico surpreso com essa repugnância. O valor ou, querendo, o bem são inacessíveis. Gosto de homens de todos os tipos: adivinhando uns e outros com uma simpatia revoltada. Não paro de me espantar: a meus olhos, as fraquezas dos melhores, a completa insuficiência da maioria, a impudência de alguns traem todo o caráter dos homens. Não vejo mais uma natureza humana ideal de um lado e do outro um enfraquecimento geral [a maldizer?], mas triste e pungente como uma prisão para forçados. Nossa natureza é indivisível, e vivemos profundamente colados às pobrezas que nos dão ânsia de vômito.

Em nossas condenações [...]

[45] *No momento desta conversa de Bataille com seus amigos, o doutor Petiot estava foragido, mas tinham acabado de descobrir, numa casa da Rua Lesueur que lhe pertencia, restos de cadáveres incompletamente calcinados. Fazendo-se passar, sob o pseudônimo de doutor Eugène, por um resistente em relação com uma rede de evasão, Petiot atraía para sua casa pessoas que, ameaçadas pela Gestapo, queriam fugir da França, levando em suas malas dinheiro e joias. Sob pretexto de vaciná-las para satisfazer o regulamento da imigração, Petiot lhes dava uma injeção e então, da peça vizinha, vigiava sua agonia através de um visor (o "periscópio"). A seguir, dissecava o cadáver, jogava numa fossa de cal virgem uma parte dos fragmentos, outra nos campos ou no Sena. Tendo ouvido falar de uma rede de evasão, a polícia alemã deteve o "doutor Eugène", tentou fazê-lo falar sob tortura e depois o prendeu. Foi saindo de Fresnes, oito meses mais tarde, que Petiot, que residia na Rua Caumartin, quis queimar o que restava dos cadáveres, mas foi embora rápido demais. A caldeira se desregulou, e a chaminé pegou fogo. Os bombeiros descobriram os restos macabros no porão. Sessenta e três pessoas tinham sido mortas assim na Rua Lesueur. Petiot, que conseguira, após a Liberação, ser incorporado à caserna Valmy sob uma identidade falsa, foi detido no dia 31 de outubro de 1944, julgado e executado em 1946.*

[46] *A, na sequência:*
Valor de acordo com o quê?

Na indiferença a mim mesmo
(olho)
o que me cerca
extensão vazia e calma
que não é nada
a ausência de limites
me escapa em todos os sentidos

a imensidão se aniquila sozinha
ao mesmo tempo que me aniquila

(não sou mais nada)
além de um deslizamento para essa extensão vazia

Tudo se esquiva
lentamente
(estou preso pela gravidade à terra
mas) a terra se esquiva
num movimento em que cada coisa se solta
e flutua
levado pelo movimento imenso
que não é nem a queda nem a ausência de queda
mas que se abre infinitamente
vertiginosamente
em todo o espaço

21 de março
Um pouco antes da guerra [...]

[47] *A:*

A embriaguez tem por condição que a gente se lixe para tudo, para si mesmo.

O *entrechat* de Kierkegaard.

O maior amor [...]

[48] *A:*

Amo perdidamente a escapada, a porta aberta – *que ela é*. O movimento brusco – a exigência – *que ela é* aniquila deliciosamente este mundo pesado.

No espaço do teu coração
caio é o vazio
ao amanhecer andorinhas

rasgam tua imensidão
eu riria neste céu

risquei como uma flecha
tua ausência o sangue corria
para além de meu riso estranho
estás no vento puro
és a luz do dia

tua felicidade
irradia os tetos
rasga as nuvens
és minha flecha minha espada
o fio o sol

és a chama que morre
a transparência dos gritos
teu riso é a louca aurora
a pura liberdade
dos seios nus.

[49] *A, na sequência do poema da nota precedente:*
    23 de março de 1944.
    Seria uma pilhéria de minha parte dizer de uma mulher que se ligasse
a mim (não digo que me amasse) *que ela entraria em religião.*
    Ela não *federia* menos, feliz por feder, para aqueles que *vivem no mundo*
(do lado moral ou do outro). (Decerto ela só federia sob a condição de ter
tido seu mau cheiro de antemão: não obstante, seu encontro comigo seria
a consagração disso.)
    Ela deveria ao mesmo tempo se saber para ela e para mim mais pura
que o azul do céu.
    Existe entre todos uma separação profunda: de um lado, um mundo que se
fecha sobre si mesmo, e, de outro, uma vertigem – que rasga e que se abre –,
a existência sem limitação. Escolher é *se saber* do lado da vertigem.
    Acordei [...]

[50] *A:*
    [...] um nome como às flores. O *yoga* é uma forma bem distinta a que é
preciso ligar a *meditação* dos budistas. O zen está ligado à *meditação budista.*
O *yoga* se distingue pelos exercícios respiratórios. A meditação se distingue (bem pouco) do *yoga* pelas concepções budistas que são associadas

a ela. O zen se define por um movimento de *virilidade desconcertante* que lhe é peculiar.

O *pau* difere do zen pela pilhéria essencial. Era uma espécie de palhaçada iluminada dizer a seu respeito [...]

51 *A:*

[...] Hoje insisto dizendo o *pau*: isso me parece antes erótico.

Uma pilhéria *que fosse verdadeira*: seria um cúmulo em matéria de pilhéria? Em geral, imaginam-me triste: é de morrer de rir.

Etiqueta a ser colada em meus livros: desarticular-se um pouco de manhã antes de ler.

Desde o começo, ensinar o *exercício do pau* é uma tarefa bufa. Ela implica uma convicção: a de que não se pode ensinar o *exercício do pau*.

Ninguém se enganará desta vez: eu o faço. Desenrolo o tapete: os palhaços saltam em todos os sentidos.

Que o *pau* seja, para a vítima, um inacessível ápice, não é a verdade fundamental?

Uma possibilidade de brincadeirinha tacanha me revolta – não deixarão de fazê-la a respeito de Proust e do *pau*. Meu asco se prolonga: tudo chafurda na lama. E grito – sinto necessidade de esgarçar minha voz: *que assim prossiga!*

O *pau* está portanto na *xícara de chá*, sobretudo se a tomam pelo que ela é (queda do divino – da transcendência – no derrisório).

O caráter duplo do ápice [...]

52 *A, na sequência:*

Há 20 anos ou mais, ia com frequência à casa do velho filósofo russo Lev Shestov. Ele me desconcertou por sua falta de humor. Eu era alegre, provocador, e, sendo assim, só podia imaginar uma profunda seriedade em proveito da insolência e do riso. Aparentemente, meu livro sobre a *Experiência* é a austeridade encarnada. É enganador: o rigor abre aqui para o vazio e traça os caminhos para uma desconcertante liberdade.

O movimento da liberdade é sagaz ou vão: mina as posições contrárias com a mesma aplicação usada para fundá-las.

Os suportes do Nada, do trágico e do desespero humilhado do homem logo se regozijaram com o ataque. "Estão nos atacando, estamos vivos!" Os devotos modernos ficam encantados com blasfêmias: imaginando-se levados a sério.

Em minhas blasfêmias, levo a *mim mesmo* a sério, eu mesmo sou a soberana alegria que elas indicam, não esse Deus que só está aí para tornar minha alegria ainda mais leve – por contraste.

Não falar de Deus significa [...]

[53] *A:*

[...] Falo evidentemente de estados agudos, fora dos quais rio – às gargalhadas – e fico de pau duro.

[54] *A:*

[...] invadiu-me, elevou-me, liberou-me de todas as amarras. Eu não imaginava que se pudesse ver nisso um sarcasmo desesperado. Tinha o sentimento [...]

[55] *Em vez dessas duas linhas, em A encontramos aqui o rascunho de um soneto publicado em* A oréstia *(Éditions des Quatre Vents, 1945):*

Tua longa nudez a animal floresta
o caminho desgarrado de tua boca profunda
sonho iluminar a tristeza do mundo

Sonhava tocar a tristeza do mundo
à beira desencantada de um estranho pântano
sonhava com uma água pesada onde encontraria
os caminhos desgarrados de tua boca profunda

Senti em minhas mãos um animal imundo
fugido da noite de uma pavorosa floresta
e vi que era o mal de que morrias
a que chamo rindo de tristeza do mundo

uma luz louca um clarão de trovoada
uma risada liberando tua longa nudez
um esplendor imenso enfim me iluminaram

e vi tua dor como uma caridade
irradiando na noite a longa forma clara
e o grito delirante de tua infinidade.

Preciso agora cantar *minha mais bela canção.* Aquela que exige não a tempestade, mas o longo, o interminável céu encoberto do isolamento.
"Somos feitos, você e eu, para deixar uma suja luz nos desfigurar?
Ou para ser um fogo que canta na sombra?
etc..."
31 de março.
Em mim o amor é um sentimento tão exorbitante [...]

[56] *A:*

A que responderia, no entanto, a magnificência do mundo se alguém – inserido na trama do tecido – não nos ajudasse a adivinhar aquilo sem o que as coisas "seriam o que são", que tantas belas pobrezas nos comunicam uma mensagem decerto indecifrável – a noite cai em nós, sobre nós – e, todavia, dizendo-nos: "Este destino que te calha [...]

[57] *A:*

[...] – mas o repercute ao infinito. Se não fosse oculto, mudo, deixando o espírito aberto à ação rápida, seria repugnante mesmo para os idiotas.

[58] *A:*

Todos os seres, no fundo, não são mais que um só, e fico enjoado só de pensar. Mas, ao mesmo tempo que são um, existe em cada um deles o obstáculo pessoal que anula essa identidade.

Entre dois seres, excepcionalmente, os obstáculos vêm a faltar. A impressão de *déjà vu* significa justamente a queda (súbita e pouco duradoura) dos obstáculos que separam.

Se a impressão de *déjà vu* significa todo obstáculo superado, é natural deter-se nela. Se pudéssemos fixá-la, nos sentiríamos liberados. A totalidade das coisas seria de repente transparente, e o que encontraríamos através da opacidade vencida seria a nós mesmos.

Os seres são desigualmente opacos; a opacidade é a mais forte na maioria, não somos igualmente transparentes uns para os outros.

Não se encontra a transparência *procurando-a*: é por isso que um encontro tem tanto sentido: ele é fortuito e nos ilumina de repente de dentro – quando menos esperamos.

A luz não é evidente logo de cara, mas acrescenta à interpretação banal – através da qual *nos esforçamos* por reduzi-la – um sentimento de mundo virado do avesso de que o pudor afasta. Como são irritantes, em razão de seu caráter inapreensível, todas as impressões de *déjà vu*.

A beleza física é *transparência*. A feiura é opacidade. Um homem feio, pelo próprio movimento de sua virilidade, atravessa sua opacidade física: a transparência é ativa nele, é um poder de virar do avesso mais sedutor que a ausência de obstáculo. Uma mulher deve ser bela, já que não pode ser agressiva.

Gostaria de não ter nada em comum com monges [...]

[59] *A:*

[...] Sartre – e eu.

Que ideia a de me associar (como fizeram os cristãos) a Sartre e a Camus. Não temos quase nada em comum afora a aspereza de nossas preocupações morais e o gosto por certos regozijos, inocentes, é verdade, mas endiabrados.

No plano das ideias, sem sermos inimigos, somos arrastados em direções diferentes.

Por outro lado, é penoso para mim perceber um parentesco com os monges zen que não bebem, não dançam e não têm amores. A devoção zen não repugna (como a da Espanha ou da Índia). No entanto, os monges zen salmodiam, incensam as imagens e os mestres, e, como os cristãos, fazem voto de castidade e de pobreza. [*riscado:* Blergh!]

[*Depois este desenvolvimento que acabou indo parar no Apêndice.*]

A seita budista zen existe na China desde o século VI de nossa era. Hoje em dia ela é florescente no Japão. A palavra japonesa *zen* traduz o sânscrito *dhyâna*, que designa a meditação budista. Como o *yoga*, o *dhyâna* é essencialmente um exercício respiratório com finalidade extática. O zen se distingue pelo desprezo relativo a formas vulgares. A base da crença zen é a meditação, mas tendo por fim apenas um momento de iluminação chamado *satori*. Nenhum método palpável permite atingir o *satori*, que supõe o desarranjo súbito, a abertura súbita do espírito. Unicamente imprevisíveis bizarrices colocam no caminho e por vezes deslancham o *satori*.

(*Seguem-se duas páginas de citações do tomo II do livro de Suzuki*, Essai sur le bouddhisme zen [Ensaio sobre o zen-budismo], *trad. Sauvageot e Daumal, 1944.*)

[60] *Ff, no alto da página:*
Time is out of joints, 25/1/[1943]

[61] *A, na sequência, duas citações de Nietzsche:*
"[...] uma fórmula de aprovação suprema nascida da abundância, do excedente, um 'sim' sem reserva que se diz a tudo, ao próprio sofrimento, à própria culpa, a todos os problemas, a todas as estranhezas da vida..." (*Ecce homo*, p. 89).

"O novo partido da vida tendo se encarregado da maior de todas as tarefas, a educação de uma humanidade superior, incluindo a aniquilação de todos os degenerescentes e de todos os parasitas, terá tornado novamente possível sobre a terra aquele excesso de vida de que sairá necessariamente um estado dionisíaco. Prometo uma era trágica: a mais bela maneira de aprovar a vida, a tragédia, renascerá quando a humanidade puder se lembrar sem sofrimentos de guerras atrozes mas necessárias que ela terá colocado em seu passado" (*Ecce homo*, p. 92).

[62] *Verso extraído de um poema de Laure, "Le Corbeau"* [O Corvo] (*Cf.* Écrits de Laure, *Pauvert, 1971, p. 154*).

[63] Ninguém afora Z. e M. L. (e olha lá) pode imaginar o que significa esse verso (ou os precedentes):

dados de pássaros de sol

Devo mesmo assim, *sem orgulho*, ligar a meu sentimento estas palavras de Zaratustra (fornecidas em *Ecce homo*): "Descrevo círculos ao meu redor e limites sagrados; meu séquito se faz cada vez mais raro sobre montes cada vez mais altos – construo meus cimos com montanhas cada vez mais sagradas."

Só posso jogar à beira de um abismo tão grande [...]

[64] *A:* [...] que decerto eles seriam se *jogassem*.

Z. comigo está "à altura de jogo", provocou a mim mesmo ao jogo.

L. jogou outrora. Com L., joguei. Não tenho mais repouso, pois ganhei. Só posso continuar jogando, avivar essa chance verdadeiramente louca...

L. jogou e ganhou. L morreu.

"Logo", diz L., "perdi o chão, fosse ele relvoso ou pavimentado, eu flutuava suspensa entre o céu e a terra, entre forro e assoalho. Meus olhos doloridos e revirados apresentavam ao mundo seus lóbulos fibrosos, minhas mãos ganchos de mutilados transportavam uma herança insensata. Eu cavalgava as nuvens com ares de louca descabelada ou de mendiga de amizade. Sentindo-me meio monstro, não reconhecia mais os humanos de que, no entanto, gostava. Enfim, petrifiquei-me lentamente até me tornar um perfeito acessório de cenário."

Uma esperança insensata me move [...]

[65] *A, na sequência:*

A arte é menos que uma adivinhação da chance?

[*Riscado:* Não se deve divinizar] Como uma mulher, a chance [*riscado: quer? sente?*]

[66] *A, na sequência, duas citações de Nietzsche:*

"Estados em que *transfiguramos* as coisas e as preenchemos com nossa própria plenitude, com nossa alegria de viver: o instinto sexual, a embriaguez, os repastos, a primavera, a vitória, a zombaria, o trecho de bravura, a crueldade, o êxtase religioso. Três elementos essenciais: *o instinto sexual, a embriaguez, a crueldade* – todos fazem parte das mais antigas *festas* da humanidade, todos dominam no artista iniciante" (V.P., *éd. W., II, n. 556, p. 371*).

"*Suscitar-nos inimigos*: precisamos deles por causa de nosso ideal! Transformar em deuses os inimigos dignos de nós, e assim nos elevar e nos transformar" (V.P., *éd. W., II, n. 556, p. 566*).

[67] Massy-Palaiseau e Juvisy, 28/04. Banal repetição de junho de 1940: mas é apenas um antegosto. Evidentemente as coisas irão mais longe. Escrevo [...]

[68] Quarta-feira, 10 de maio de 1944. Subi a torre de Samois: uma imensa extensão [...]

[69] Como levar à beira do vazio um ser pleno? um homem risonho? como perder um jogador *ganhador?*

Um zumbido de bombardeiro obseda o céu. Uma manhã, a faxineira ao entrar me dirá: "Eles desembarcaram". Amanhã? mais tarde?... Como é duro para mim pensar que essas palavras significarão decerto uma separação brutal (inevitável, imagino, em alguns dias). Nesse momento começará a plena solidão: sou neste vilarejo um desconhecido, solitário, estrangeiro. Por uma duração indefinida.

Sexta-feira, 12 de maio.

À pura exaltação [...]

[70] *A, à margem:*

No desenvolvimento sobre o pecado: o fato de que o ato sexual deixa no fim o animal triste.

[71] *A:*

[...] limites aparentes, em qualquer sentido que apareçam. Trata-se do ser humano, da sorte de um ser humano, vivendo, rindo, abraçando, morrendo. Se dependemos de uma mulher – ela fascina, e sem ela o universo é vazio.

[72] *Em A, esta passagem precede (impressa em parte, acabou sendo suprimida nas provas do livro; fornecemos abaixo, entre colchetes, o texto das provas):*

Samois, 30-31 de maio.

[Saí da ilha Saint-Louis (onde tinha visto Monnerot) e segui à beira do Sena. Chamaram-me da janela dos Leiris. Sartre estava lá, com quem tinha me desencontrado, que eu queria ver. Subi. Uma abracadabrante discussão se travou sobre o *cogito* (entre Queneau, Sartre, Simone de Beauvoir e eu): a saber, se o *eu* que *pensa* é o mesmo que sofre de um calo no pé. No decurso dessa logomaquia, percebia uma profunda diferença entre Sartre e eu:

O *cogito* para Sartre é o átomo inviolável, intemporal, irredutível fundamento.

Ele só existe para mim em relação: é um nó de comunicações reais, que tem lugar no tempo. O átomo remete à onda: à linguagem, às palavras trocadas, aos livros escritos e lidos.

Se morro, um livro subsiste.

Sartre se detém, num livro, na ausência de solidez atômica. Nossos livros são *submissos* à leitura – às interpretações falhas.

Sartre reconduz um livro à intenção de um autor, ao autor. Se, como me parece, um livro é comunicação, o autor não passa de um elo de unidade de leituras diferentes.

O átomo, aos olhos de Sartre, está condenado na medida em que é de essência incomunicável. Mas é imortal, sendo intemporal.

O que chama a minha atenção:

Se ao morrer nos perdemos nos outros, é vulgar morrer. É ir em direção à insipidez: a morte nos reduz às medidas comuns.

Aquilo que atingi de excedente, que indefinidamente ultrapassava as fronteiras, fazia recuar os limites do possível, é transformado por minha morte em lugar comum: chance expirada e chance morta, que logo será hora de pisotear.

Na verdade, se sobrevivo em algum lugar, não será onde dominarei, e sim onde serei dominado.

Vulgar não é morrer, mas morrer só pela metade.

(Da discussão hegeliana que se seguiu, anotei apenas uma frase:)

"Eu apresentava como um fim do pensamento a adequação do sujeito ao objeto, do eu ao não-eu: eu representava o movimento do pensamento exigindo a morte do sujeito como distinto, o acabamento hegeliano do círculo, o retorno ao ponto de onde o pensamento surgiu."]

Em outros termos: temos de nos submeter à necessidade – dada no mundo dos objetos – opondo-se à liberdade, que funda o sujeito.

A submissão à necessidade física é em certo sentido um resultado inevitável: é, por outro lado, a morte implicada na satisfação hegeliana.

Todavia:

A adequação não implica submissão se a necessidade não é ela própria uma lei do mundo dos objetos.

O objeto pode não ser para si mesmo seu próprio limite.

Representarei o objeto, no momento em que o círculo é fechado, virando de cabeça para baixo como um *iceberg* e fazendo surgir seu fundo de noite.

No plano da economia, essa inversão se opera na teoria do *dispêndio. Se a soma de energia produzida é superior à soma de energia necessária para a produção*, a necessidade se apaga. No plano político começa um combate da liberdade contra ela.

Esse combate supõe o sucesso prévio de uma *necessidade generalizada*, racional, sobre suas formas menos ordenadas – militar, capitalista.

Bebemos, ontem à noite, em dois, duas garrafas de vinho [...]

[73] *A:*

Na volta, sozinho, subi pelos rochedos até a torre de Samois.

[74] *A:*

Noite feérica, semelhante a poucas noites que conheci: a pavorosa noite de Trento de que falei em O *azul do céu* (os velhos eram bonitos, dançavam como deuses, a tempestade majestosa veio à noite de um quarto onde o inferno...: ela dava para o domo e para os palácios da praça shakespeariana). À noite, a pracinha de Vézelay [...]

[75] *A:*

Melun, 3 de junho.
[*Riscado:* Moído. Quinze quilômetros a pé. Entre F. e B., consciência do alcance infinito de uma nova noção do objeto.]
[*A continuação foi cuidadosamente rasurada. Só se distingue mais uma data:* Paris, 4 de junho.]

De Paris a Fontainebleau, 6 de junho.
Informado do desembarque depois do almoço – notícia menos empolgante do que tinha imaginado.
Mal comecei a escrever, o trem para em Maisons-Alfort. Alerta, o sexto ou sétimo de hoje. Irritado, mesmo inquieto.

Passei a noite de ontem bebendo e dançando com muitos amigos. Olga K. se diverte fazendo, em estilo duro, censuras que meus escritos motivam. Prevenido contra ela. Sua dureza, essa extrema tensão parecem necessárias. Todavia, seu jogo me dá uma impressão de reação paradoxal. Alguma coisa é deliberada: *ela precisa* se tensionar, tornar-se agressiva e inteira. Um pretexto, outro... Meu silencioso nojo pelas mesmas coisas é mais infeliz. Choca-me que se evite ver a influência moral lá onde a candura é violada.

O alerta durou cinco minutos. Minha inquietude não era menos pusilânime que a candura ofendida de Olga K. Porém, bombas deixaram marcas nas paragens, na antevéspera.

Tenho febre e dor nas costas.

Samois, 6 de junho, 11 horas da noite.
Encontrei meu quarto. Hino à vida: gato de bigodes de manteiga, de dentes risonhos.

7 de junho
Queria ter rido ontem à noite: dor de dente (parece terminada). Esta manhã ainda [...] ficar sem notícias. Ruim para mim que os acontecimentos coincidam com 15 dias de paralisia. Estou calmo [...]

[76] *A:*

Há 10 dias, ao voltar de Paris, tinha sido ao contrário a surpresa [*riscado:* que uma pedrinha me lembre a pedrinha]. Chego a desejar [...]

[77] *A:*

[...] mim mesmo.

Na adequação hegeliana, o objeto tomado por um ser autônomo. Na interpretação mais simples, o homem equivale à natureza na medida em que a natureza é ela própria igual a ela própria. Nas relações da natureza aparece de fato como que uma igualdade consigo mesma, o homem, ao contrário, supera a si mesmo e supera a natureza. Mas logo se percebe que a natureza superada – e negada – pelo homem é essencialmente a natureza vizinha...

8 de junho.
Onze dias [...]

[78] Comecei ontem, depois da meia-noite, o desenvolvimento que precede. Interrompo-o para sublinhar [...]

[79] *A:*

9 de junho.

Minha verdadeira reclusão – no quarto, mais 10 dias – começa hoje de manhã (anteontem atravessei a floresta, ontem estive em Fontainebleau). Naturalmente, minhas notas não fornecem de minha vida mais que uma imagem deformada.

Ontem, moleques [...]

[80] *A:*

No final da tarde, um instante – longo como uma piscada! – de ruptura da minha solidão. E a aparição de um hediondo fantasma.

10 de junho.
A angústia me obseda [...]

[81] *A:*

Uma carta de S. esta manhã tira minhas dúvidas: tenho de convir [...]

[82] *A:*

[...] além das paredes.
Sou esse nó dado, solicitado a nomear Deus seu desenlace...

12 de junho.
Minha vida é bizarra [...]

[83] *A:*
K., ao meu lado, falando comigo, não foi fácil dissipar esse sentimento: uma desgraça tinha acontecido. Era evidentemente inverossímil: K. estava ali. Mas, naquele momento, a própria vinda de K. tinha um caráter inverossímil...

A angústia em mim [...]

[84] *B, título riscado:* Dirty. *A termina com estas notas:*

O Tempo

Do tempo decorre isto e aquilo
as [*lágrimas?*] = [*padecendo?*] (o tempo) sacerdote dilacerado
pernas abertas – dilacerado ainda, mas gozando do dilaceramento
riso = dirigindo-se à ação
agir *além* das lágrimas, da abertura, do riso.
Aquele que age, dança com o tempo, se ele suprime na ação...
Desespero de K.
O ser é a chance.
Transparência que necessita do sofrimento.
Como Hegel, imagino a história acabada, mesmo se o acabamento, dando-me razão, [*riscado:* consolidasse em mim o encadeamento das ideias, eu só poderia me entristecer (o próprio Kojève...). Acabada a história, a existência não vale a pena: não se pode tirar nada dela que nasça: é uma repetição monótona, ou nada] justificasse uma ideia do mundo que naquele momento eu seria, só poderia ser abatido.

Para endossar essa posição, Kojève.

[85] *B:*
[...] o tempo é história.
Mas o que não era é o desconhecido.
O jogo é o desconhecido. Da nascente à foz.
Reter, na união [...]
Toda essa passagem – desde Muito aleatório *– está escrita no verso de duas receitas médicas datadas de 12 de junho (Paris) e de 17 de junho de 1944 (Bois-le-Roi).*

[86] *B (primeira redação):*
K. diz de si mesma que o estado de trapezista é o único que conviria a ela. Imagino-a, de fato, sob as luzes vivas, quase nua sob lantejoulas douradas e *suspensa* sobre o vazio de um circo: a nitidez frágil e o brilho de um exercício angustiante, em silêncio executado de uma lapada como se procedesse de uma necessidade íntima.

[87] *B:*

Anunciadoras, aliás, de outras tão negras mas verdadeiras: assim os efeitos da guerra que perigam me atingir no ponto mais sensível. Confinar-me em minha solidão sufocante, reduzido, sem nada saber, à espera indefinida.

[*Riscado:* Como eu seria leve, se estivesse *sozinho.*]

[*Riscado:* Como eu seria simples diante dos perigos, se não fosse minha situação (pesadelo tantas vezes delicioso).]

[*Riscado:* Diante de uma casa de campo, relativamente feia, de cor fresca e linhas refinadas, estava sentado um *poodle* marrom...

Instalo-me ao acaso de minhas peregrinações num restaurante de mercado negro. Clientela de garotas bonitas (bonitas, se assim quisermos), mas vulgares, os rapazes mais vulgares ainda. Nem mesmo a verdade da riqueza, mas vivos.

Sentado no balcão, um rapaz elegante conta: "Vi pularem dois" (de um avião abatido).

Comicamente, imagino a aspereza das figuras de El Greco: grandes senhores, e envelhecidos, asperamente decompostos no interior. Não houve, no curso dos tempos, nenhuma possibilidade de descontração, mas a necessidade de dominar. Senão de soçobrar. Agora, sob pálidas luminosidades de guerra, a existência descontraída continua a desabrochar: feita de mentira, de edulcoração, parasita alegre de uma aventura trágica, aliás, ignorada por ela. Existência atravessada por lutos, agonias muitas vezes nauseabundas, triunfando pela fuga.]

Lendo um estudo de Jaspers sobre Descartes.

[*Riscado:* Uma verdade "enquanto fonte de toda a existência", diz Jaspers, opondo-a à verdade de natureza precisa e particular – obrigatória universalmente.

Continuando a leitura de Jaspers,] devo voltar até três ou quatro vezes ao mesmo parágrafo. Meu pensamento [...]

[88] *B:*

[...] paralisa K., [*riscado:* a destrói: eu a *vejo*, ela afasta os obstáculos com um movimento [*ilegível*], um movimento sem esforço, mas a tempestade íntima da neurose a prende – tanto mais penosamente já que o que a doença paralisa é a própria liberdade.]

[*Riscado:* Começando este capítulo do meu livro, concebia seu movimento como a busca perdida, dramática, da decisão (em qualquer domínio onde perceba sua necessidade). Supersticioso, temi que a chance, que tinha me seguido fielmente enquanto escrevia o capítulo precedente, faltasse no momento de tocar o fundo. O contrário ocorreu: minha alegria e minha pouca angústia me fazem (há cinco dias) entrar na fase *decisiva*: vaivém de chances plenas logo colocadas em jogo. Mas a angústia, a partir daí, recomeçou. Como manter um movimento de conquista? Como apertar o jogo? principalmente durante o tempo de *espera* – em que nenhuma ação é possível. O fato de esperar – sem jogar – é, no fundo, insustentável: e a forma essencial de uma colocação em questão sem resposta. Jogar, esperar: jogo, espera, estado suspenso de um dado na beira do copo, espectros do tempo apertando a garganta como uma fumaça espessa.]

Combater a angústia [...]

[89] *B, na sequência, riscado:*

A angústia é o horror do tempo.
Assim como a obrigação, a neurose.

Branco coberto de vapores úmidos
ou azul
deixando nu o horror intocável

céu carregado ou puro
morto e sem começo nem fim
sobre minha cabeça cabeleira de serpente sibilante

brilho dos meus olhos brancos
quando bebi demais
quando de vontade de vomitar caio

víbora
que odeio
de que meus olhos se desviam

céu inocente, luminoso, risível
serpente de cabeça de nó
you are a joke

II

minhas mãos estrangularam o céu
elas riam
e caíam de sono já

nos recessos de luz
ocultava-se minha doença
minhas lágrimas o veneno [de?] minha vergonha

a bicheira das fumaças de hulha
sufocamento à noite numa espera de tempestade
angústia de criança

viscosas de sangue de veneno
minhas mãos febris
contentes de uma boa peça

[Não poderíamos ir mais longe que nós sem esvaziar o horror de que estávamos pesados. Medindo o vazio sobre o qual estávamos suspensos. Depois do gato morto, a náusea faz rir.]

Das redobras da infelicidade [...]

90 *B, na sequência, riscado:*

Estou melhor, muito melhor esta noite. Mas esse barulho? seria uma nova leva? ao longe? o barulho morre – recomeça... Espero um trem. O barulho morre, mas o trem?

O trem finalmente chega.

Chega, mas estou novamente moído de angústia.

91 *B:*

[...] do abismo. Para sempre Deus – não terminei de lançar a humana reflexão nesse grito, nesse apelo de degolado –, sílaba evocadora de um ápice de horror cômico... Respondo (falo ao homem): "despe tua mulher e, se sabes, se podes, penetra-a até esse ponto: contempla, no momento da aurora dos olhos brancos, a negação-aleluia de Deus, o tempo: TUA chance! duração indefinida da perda de ti – nessa quenga perdida, aberta – *que amas!*".

Se fosses um monge [...]

92 *Em B, na sequência, seis folhas não numeradas:*

a)

As verdades matemáticas estão ligadas em nós a seus antecedentes e consequentes, assim como numa determinada espécie de verme, de peixe, sua estrutura. A estrutura torna possível a vida, o acordo com o meio (a reptação): da mesma forma as verdades matemáticas nos permitem um acordo com o universo.

Depois de uma hora de vã espera, a angústia novamente me tomando, a ideia, por reação, veio-me de erguer meu copo. De beber à saúde dos deuses.

Eu não tinha copo. Queria no entanto

b)

Poucos anos atrás, publiquei um texto numa séria revista filosófica. Um filósofo amigo meu fez um comentário lisonjeiro (no fundo mesmo muito lisonjeiro). Mas acrescentou: "dito isso, é completamente maluco".

Hão de me conceder que, no sentido vago em que meu amigo utilizou o termo, minha filosofia (se é que é uma) é efetivamente uma filosofia de maluco. Nada a ver com a seriedade, o método e a maneira meticulosa de operar que caracterizam a filosofia autêntica.

E, no entanto, nada a ver com o misticismo.

Duvido que venha a ter uma vez a oportunidade (o gosto) de fornecer inteiramente minhas razões.

Limito-me hoje a dizer:

"Não se enganem: as concepções que se encontram aqui pertencem a uma ordem de representações coerentes.

"Todavia.

c)

"Nessa mesma coerência, o que me chama a atenção é a necessidade a que me dobrei de permanecer adequado a meu objeto – cuja natureza é escapar da coesão de meu espírito.

"Questão de dialética, dirão vocês!

"A dialética aqui não faz mais que esboçar a questão.

"Pode acontecer, de fato, que um conceito dialético se feche (o tempo hegeliano se acaba).

"Pode ser também que indefinidamente o objeto escape de suas próprias determinações.

"A loucura nesse caso não pode segui-lo! No entanto! Que a filosofia *desatrele* é então um meio de adequação. E só a *colocação em questão* em que ela se resolve responde à *colocação em jogo* que permanece a essência do objeto indeterminado."

"Essa evocação", dizem vocês, "não passa de um ponto de partida para longas análises necessárias."

Esclarecerei agora o sentido de minha loucura: *é o ódio por essas análises!*

Não sou um professor.

d)

Recebi na minha vida uma única carta endereçada – por equívoco – ao "Professor Doktor Georges Bataille": foi por causa de estudos sobre as moedas antigas da Índia...

Lembro também que houve um tempo em que me tratavam sem rir de erudito. O ramo era *filologia românica*.

Esqueci tudo.

Quanto à filosofia, cheguei à idade de 30 anos sem ter seguido um curso. Nem sequer nos bancos do liceu (era a guerra, aprendi o indispensável às pressas num manual com capa de tecido verde).

Mais tarde, Shestov me aconselhou a ler Platão.

De 1933 (acho) a 1939, segui o curso que Alexandre Kojève consagrou à explicação da *Fenomenologia do Espírito* (explicação genial, à altura do livro: quantas vezes Queneau e eu saímos sufocados da salinha – sufocados, pregados).

Na mesma época, através de inumeráveis leituras, eu estava a par do movimento das ciências.

Mas o curso de Kojève me rompeu, moeu, matou dez vezes.

e)

...E o vento levou.

O que está claro aos meus olhos:

Não é mais tempo de se ser filósofo hoje.

É tempo de ser um homem inteiro.

De ser ao mesmo tempo, do jeito que der, o homem do conhecimento, da paixão, da ação.

Não se conceber de modo algum como um monstro de ciência: ao contrário, um homem anulando o conhecimento em si na medida em que o conhecimento [*poderia?*] absorvê-lo. Anulando o conhecimento, esquecendo-o, lixando-se para ele. Do mesmo modo nos outros planos. Sacrificando tudo ao *plus* que é a totalidade.

É esse movimento de sacrifício, de abandono, que merece verdadeiramente o nome de loucura. A totalidade, num homem, nisso semelhante à da multidão, exige não apenas a [*presença?*]

> a ideia do porvir
>
> o ápice
>
> o jogo

f)

O conhecimento, a ação, a alegria... isso tudo não é nada. A totalidade, que não quer apenas de nós a existência, mas a morte, espera também de nós o esquecimento, o desespero, a angústia. Levar o conhecimento, a ação, a alegria ao ápice de suas possibilidades é ainda pouco. Chegados a essa altura, o ápice, escondido até ali, revela-se então muito mais alto. O sono, a ausência misturam no fim suas vozes àquelas de um coro inumerável. Não é indo mais longe na

---

[93] Com o detalhe de que uma chance é a duração do indivíduo em sua perda, o tempo que é o indivíduo é também a morte do indivíduo.

[*Riscado:* Não se chega sozinho a tocar o chão, etc.]

Arranjo para mim mais ou menos, de qualquer jeito, o sentimento de uma espécie humilhante de dispersão. Escrevo um livro [...]

94 *B, na sequência:*

[*Riscado:* O domínio da audácia – da impavidez...

Comparada à audácia armada – penso nas conquistas do Peru, do México –, a audácia da inteligência é irrisória. Exceto por breves escapadas, toda a inteligência aproximadamente desde o início de seu desenvolvimento registra, figura, analisa a depressão – objetiva e inexorável, como um rigoroso sismógrafo. Todo desenvolvimento intelectual função de um desfalecimento?

Em mim mesmo é assim.

Não falo da coragem que tinham (ou não tinham) homens inteligentes. Mas da audácia no exercício da inteligência – comparada à dos "conquistadores" – citarei apenas três exemplos – Nietzsche, Proust e eu mesmo. Parece-me que nesses três homens a depressão desempenha igualmente um papel inicial, decisivo. Suficiente para garantir o desenvolvimento das faculdades, ao mesmo tempo *pessoal*, intolerável e terrivelmente *dominada*. De modo que uma inversão se produz].

Como a tempestade sobre [...]

95 *B, à margem:*

O zen negligencia o Nada, supõe-no dado
não mais evocar o Nada
a ideia de chance deve voltar

96 *B, à margem:*

voltar à ideia de tempo
a chance é como um pivô
a chance como transformação do ápice desejado em desgraça padecida
e depois supressão da transcendência

97 *B, na sequência, riscado:*

Todavia, sob a condição de renunciar a limitar os resultados de antemão, posso pôr o mundo em ação.

Não se trata mais de definir um super-homem *à la* Bórgia. Toda antecipação é contrária ao espírito de jogo. Posso, no entanto, jogar.

A síntese é a liberdade.

98 *B fornece desse primeiro Apêndice o seguinte esboço, rascunho do artigo publicado na revista* Combat, *em 20 de outubro de 1944, sob o título: "Nietzsche é fascista?":*

O centenário do nascimento de Nietzsche – nascido em 25 de outubro de 1844 – poderia ser para nós a ocasião de dizer: um filósofo alemão, precursor do fascismo..., por causa da Alemanha e do fascismo o mundo inteiro trava hoje a mais violenta das guerras! mas podemos ir mais longe do que isso.

Fascista, alemão, Nietzsche permaneceria mesmo assim o que ele é: se, como se acreditou, sua obra é o símbolo de aspirações profundas, as aspirações que ela exprime permaneceriam profundas. Mas Nietzsche é fascista? e, mesmo, é alemão?

Vale a pena colocar a questão. De qualquer jeito, o fascismo é obra de seres humanos, mas não costumamos pensar que ele compromete em sua responsabilidade e em sua perda uma parte essencial do homem. Vemos nele antes uma combinação de interesses: os de uma classe social, de uma nação se isolando e de um bando de aventureiros. Seria diferente se ele fosse a expressão de uma filosofia, sobretudo de uma filosofia dramática, que despertou homens de todo tipo para a vida.

Se queremos elucidar esse problema essencial no sentido da guerra atual, devemos primeiro considerar a posição que o nacional-socialismo adotou.

Ele se limita em geral a apelar para sentimentos simples, para uma concepção de mundo elementar: na medida em que existe uma filosofia nacional-socialista, ela é a do patriotismo militar, que ignora aquilo que não é ele, que despreza aquilo que não pode tornar militarmente forte. O nacional-socialismo se recusa a assumir o interesse humano, ele é a expressão do interesse *alemão*. Seu próprio movimento o designa: destruindo-o, não destruímos nada de universal, não suprimimos uma parte essencial do homem, mas uma parte que se separou por si mesma da totalidade humana.

Ele é [o?] limite deste ponto de vista:

Sabemos depois de quatro anos de ocupação que o nacional-socialismo excede por um lado o quadro alemão. Ele pode apelar, fora do interesse alemão, para o interesse de classe: ele é solidário, fora dos limites do Reich, aos aventureiros e aos patrões.

Por outro lado, Nietzsche é reconhecido pelos nazistas como uma das glórias da Alemanha, sua filosofia não é combatida: citam-se por vezes passagens isoladas, mas seu conjunto nunca é levado em conta pelo nacional-socialismo. Os doutores da igreja nazista são Paul de Lagarde e Chamberlain. Nietzsche não chegou a conhecer Chamberlain, mas se quisermos avaliar a distância de Nietzsche ao hitlerismo, basta atentarmos para o desprezo que lhe inspirava Paul de Lagarde: ele se expressa a seu respeito...

A posição do nacional-socialismo em relação a Nietzsche é equívoca: posição política de apropriação prudente, claramente desonesta. O mundo nazista não pode, em nenhum caso, apropriar-se do que o salvaria da vulgaridade chauvinista.

Mas a posição de Nietzsche é clara.

A Alemanha de seu tempo estava sendo trabalhada por uma tendência pré-hitleriana: o pangermanismo antissemita. *É a única contra a qual ele se ergueu violentamente.*

Além do mais, ele se dizia estranho a *todos* os partidos políticos, recusando de antemão a apropriação de qualquer lado que ela viesse. "Será [que minha *vida* torna verossímil que eu tenha podido me deixar 'cortar as asas' por quem quer que seja?"]

Mas, entre todos, o pangermanismo antissemita era de sua parte o objeto de uma hostilidade agressiva. A violência de seus sentimentos se expressa nesta fórmula: "Não frequentar ninguém que esteja envolvido nessa farsa descarada das raças". O pensamento de Nietzsche é muitas vezes vago ou contraditório (é por isso que os pacifistas e os libertários podem citá-lo – sem mais direito que os fascistas...), mas não varia quanto a isso. É que Nietzsche era o menos patriota dos alemães e o menos alemão dos alemães, para dizer tudo. Ele se dizia polonês, citando a origem eslava de seu sobrenome. Falava da raça alemã com um desprezo enojado. (Tinha estima pelos judeus e um gosto dominante pelas maneiras e pelo espírito francês.)

A verdade é que o domínio de pensamento de Nietzsche se situa para além das preocupações necessárias e comuns que decidem a política. As questões que ele colocou dizem respeito à tragédia, ao riso, ao sofrimento e à alegria no sofrimento, à riqueza e à liberdade de espírito: de modo geral, os estados extremos que o espírito humano atinge.

Ele se desviava de problemas básicos como o dos salários ou da liberdade política. Sua doutrina da vida perigosa, da humanidade lúcida, solta, desdenhosa, é estranha às lutas públicas. Concerne a solitários que conduzem tragicamente seu debate secreto em face do silêncio hostil do universo. A despeito de cenários teatrais, a distância de Hitler a Nietzsche é aquela do estábulo aos cimos dos Alpes. Mas, se é verdade que ele quer a liberdade, o mais simples dos homens não designou como uma meta e um fim longínquo o ar livre dos cumes?

Assim, mesmo a prudente posição dos nazistas supõe comentários mentirosos, hábeis silêncios e falsificações. Mas nada é difícil para o Terceiro Reich. Citaram-se textos antissemitas de um cunhado odiado – precisamente por causa de sua política –, isolaram-se frases utilizadas por Nietzsche de maneira irônica...

[99] *Toda essa passagem (desde A Sra. Elizabeth Förster, nascida Nietzsche, não tinha esquecido) foi retomada do artigo "Nietzsche e os fascistas", publicado no segundo número da revista Acéphale (1937).*

[100] *B, à margem:*
    É preciso dizer, no entanto, que tal facilidade periga acarretar
    fenomenologia hegeliana e existencialista.

A única coisa: S. não tinha fundamentos para me recriminar dizendo-me cristão, voltar ao essencial – nada de Deus – nada que possa por um só instante tranquilizar, mas não quero sê-lo e – admito, revelo minha situação humana, ou seja, minha revolta. O homem é uma mosca atrás de um vidro, e o tempo que ele passa se debatendo contra o vidro é o mais humano, sendo o mais revoltado.

Aqui gostaria de acrescentar isto, meu pensamento, pelo fato mesmo do movimento que descrevo, é o mais desdenhoso que posso imaginar, não tanto para com o leitor, mas para com o próprio pensamento, daí essa aparência de desprezo na expressão – que lhe é realmente essencial.

[101] B:

Reconhecido isso, poderia defender minhas posições e mostrar, ao me defender, que uma fenomenologia é possível, mesmo inevitável, que não rejeita os dados exteriores. Falei [...]

[102] B:

Interrompo-me aqui para fornecer definições de princípio necessárias.

Há, na minha maneira de proceder, um lado de jogo, de desordem insuportável talvez. Um dia, mostrarei, precisamente quando sair do vago, da incoerência, que não podia proceder de outra forma. Devo todavia esclarecer desde agora o sentido que dei a algumas palavras difíceis.

O *Nada* é para mim [...]

[103] B:

[...] teria gostado de dizer imediatamente o que devo ao surrealismo: só que as regras a que me atenho ao escrever me impediram de fazer isso (só podia voltar a isso mais tarde). Qualquer um que esteja mais familiarizado com o espírito do que com a letra [...]

b) *Notas e esboços de A, D, e M:*
[*Em D, estes esboços:*]
De Nietzsche é preciso dizer imediatamente que ele colocava em questão o mundo e a si mesmo.

Mas essa total colocação em questão exige a totalidade do homem que a faz.

Em relação a uma peça do *puzzle* humano, só uma questão pode ser colocada: como ela se conecta à forma do conjunto? Essa figura se reduziria à posição de um enigma? é preciso montá-lo para perceber – e colocar o enigma.

Nietzsche nasceu num mundo *sem homens*, composto de artistas, de professores, de comerciantes, de militares, de camponeses, de operários. Os diferentes tipos de peça se dividem eles próprios em especialidades inumeráveis. Richard Wagner lhe pareceu o único entre todos, mas não era mais, no fundo, que uma "grande orelha". Restava o deserto das amizades perdidas (O. [*ilegível*]), pouco a pouco o(a)s [*ilegível*] de juventude se dissiparam. Falando com ------------------, Nietzsche percebeu desesperado que não estava falando com homens, mas com estreitas questões de história religiosa.

Nietzsche deu à totalidade do homem um valor fascinante.

[*À margem:* Goethe, mas o próprio Goethe teve esse sentimento de que o homem como posição de enigma se dissolve.]

★

Necessidade de resolver primeiro o problema prático

Não basta evidentemente não agir para ser homem inteiro.

Qualquer outra meta definível é assinalável em termos de ação. Tal é, dizemos, a meta, devemos proceder de tal maneira.

O homem inteiro em certo sentido é o homem livre, nele nada mais é subordinado. Mas seria um erro dizer: para alcançar a totalidade, lutaremos pela liberdade. Não há dúvida de que a luta pela liberdade convenha a quem busca a totalidade mais que a maior parte das outras ações, mas a luta pela liberdade não pode ser uma coisa vaga: ela deve ser subordinada às condições concretas da política; travando-a ardentemente podemos muito bem não nos aproximar em nada da totalidade do ser. É, de fato, o exercício positivo da liberdade, não as lutas negativas contra as formas da coação, que dará à minha vida o caráter inteiro. Ora, o exercício da liberdade escapa por sua natureza à atribuição da linguagem. Não podemos *fazer nada* para ser livres. É somente se para ser livres não temos mais *nada a fazer* que podemos sê-lo. A liberdade possuída nos deixa vazios, presas da busca de um inapreensível. Quando podíamos agir [*riscado:* é que] não a tínhamos, apenas lutávamos para tê-la.

Isso equivale a dizer que a plena liberdade destrói.

Mas a plena liberdade tem um objeto – inteiro ou não, o homem é sempre uma existência que visa uma meta a atingir. A liberdade não é ainda aquilo que ela torna possível atingir, e o que ela torna possível atingir é o ponto extremo a que o homem pode ir. Mas aí termina precisamente o domínio da ação, dos métodos, etc. Encontramos, só que ainda mais rigorosa, a mesma dificuldade que os partidários das doutrinas da graça colocaram em relevo. A salvação, diziam esses partidários, não pode ser alcançada pelas obras. Tratando-se de salvação, essa dificuldade permanecia, é verdade, discutível e, por definição, no vago. A coisa é bem diferente tratando-se da existência total.

★

A reminiscência intervém na sequência de um longo desejo e de uma penosa privação. Ela é efetivamente resposta ao desejo, a uma falta. Que mais tenho a dizer? O objeto do desejo, decerto, é a comunicação, ou seja, o além do ser. O conhecimento dos jogos do erotismo o ensina. É na morte, provavelmente, na irradiação se prolongando por um tempo da memória – que sucede à troca real –, que se consuma o desejo. Mas o desejo no mesmo momento permanece irrealizado, já que ele só se realiza através do abandono do desejo. Trata-se, no fundo, de liberdade.

Se não posso situá-lo num projeto, meu ir-além é um puro não-sentido. Se a ação é impossível, dizer não àquilo que é sem poder remeter esse não ao sim de uma ação ulterior é o não-sentido definitivo.

Mas é assim com todo *dispêndio*.

O *dispêndio* tem esse privilégio. Ele constitui uma ausência de meta: um buraco no domínio das metas. Ele não é enunciável em termos de metas. Posso descrevê-lo, descobrir suas leis, marcar sua importância na vida humana. Ele não deixa por isso de estar situado fora das possibilidades de ação. Nada permite apresentá-lo como um bem. A linguagem pertence ao domínio da ação e das metas.

Impossível *falar* do movimento real do dispêndio.

Se me esforço por descrever um movimento de dispêndio, traio de todas as maneiras. A distorção poética é necessária, e esse paradoxo domina: a dor expressa literariamente, entendida poeticamente, é alegria. Se eu tivesse falado de alegria, teria implicado perspectivas tranquilizadoras e contrárias ao dispêndio, pois aquilo que tranquiliza é um limite oposto ao dispêndio, é um *bem*. Se um poema ou uma tragédia são *bens*, é como tesouros literários, ou seja, como traições.

Pode ser que minhas vãs palavras, ao fio da água como os cantos da bela Ofélia, percam-se na demência. Pode ser

Forfol, Ouilly, [*Fumichon?*], Cordebugle, Espérance, As Chagas

★

Texto sobre a tragédia do conhecimento

O mais estranho de uma atitude um tanto louca – em que não se discerne mais o fundamento nem a coerência das afirmações – é provavelmente a insolência que diz: não há nos discordantes sistemas de pensamento que a história dos homens me propõe nada que me assegure, nada que me detenha. Nada que retenha em mim uma risada imensa... ou o grito de um bicho ferido...

Nem filósofo, nem poeta, nem cientista, sobretudo nada de outro – minha vagabundagem, minhas atitudes me orientam para o ápice das possibilidades do homem. Filósofo, poeta e cientista o bastante, todavia, para olhar de longe a filosofia, a poesia, a ciência, que pouco têm a ver com o ápice e, sobretudo, barram o acesso a ele: não se chega à região onde estou sem certo grau de palhaçada. Supondo o enjoo com a filosofia, a poesia, a ciência. Assim também me ergo não menos frequentemente apoiando-me sobre minha fraqueza que sobre minha força – ambas apreciáveis.

No ponto em que estou, é um sentimento de lealdade, de solidariedade, de gentileza que me impele à minha atitude: tratei e devo tratar a filosofia meio nas coxas, tenho o maior desprezo pela filosofia, pela ciência, etc. e, de modo geral, por todas as nuvens locais em que nos perdemos a fim de evitar a escalada exaustiva até o ápice. Coloco em testemunho desse necessário desprezo no fim do meu livro este desenvolvimento: Srs. cérberos filósofos, estou certo de que desprezarão minha bolinha

★

Sobre essas questões, percebo algum sentido, ainda que irônico (mas ele só pode sê-lo, e pelas mais profundas razões, em parte), nesta declaração paradoxal: "confio-me à opinião, na maior parte dos casos bem-formada, de cada um daqueles que me leem". Defino assim meu pensamento como esquartejado. Esquartejado, um corpo pode sê-lo, mas a operação lhe tira o estado de corpo. O mesmo não se dá com o pensamento: a operação sobre ele é mais difícil, pois a ação das forças centrífugas tem pouco poder sobre ele, mas o estado esquartejado, por mais horrível que seja, não é inconciliável com um exercício perseverante do pensamento.

★

[*Notas para o prefácio. – Em A, folhas de abril de 1944:*]
Sobre Nietzsche
(ou a Vontade de chance)
[riscado: ECCE HOMINES]

Prefácio
a questão *O que fazer?*
é dar a chance
    jogar
é primeiro aceitar o que está dado como jogo
as condições de uma luta difícil, lutar do lado onde parece surgir a chance
a mesma coisa que a liberdade

as premissas de uma espécie de equivalente dado à teologia
além e aquém da angústia
além da filosofia

representando decerto sua degradação

esse além *se perde* na integridade da vida. É uma ponte entre o saber particular e o conjunto. Não é mais o saber puro: não queremos nem saber de saber, trata-se de ser.

Plano do prefácio

Escrever um livro sobre Nietzsche, explicar *por quê*. Centenário.

Renunciar dadas as dificuldades pessoais projeto de caderno

dificuldades intensificadas: circunstâncias

parto

Começadas notas sobre N. em abril. Conjunto formado por Conferência e notas a partir dessa conferência

Resenha dessa conferência

Abandono das notas sobre o zen

acrescentar em algum lugar um epílogo sobre o zen

a teopatia e Proust (não me lançar nisso atualmente).

Princípio do trabalho contínuo a partir da conferência que é o *summum* do impasse, do impasse em que N. deixou.

Denunciá-lo, descrevê-lo

nada de fixado, eu não sabia aonde ir, buscava.

além, não aquém da angústia

[*Uma folha inteiramente riscada:*]

algum lugar

        Se o ápice é o mal, não se pode dizer dele que é um mal que visa a um bem.

soberania

   a) senhor

   b) Deus

   c) razão do *Tierreich*

único essencial totalidade e soberania

o limite de Nietzsche: atribuir uma forma à chance – era preciso jogar, acentuar a parte do futuro – exageração do passadismo – impossível prever de antemão as formas de soberania.

Rever o aforismo sobre a média e o extremo

muitos pensamentos desdenhosos têm um sentido em relação à pobreza de 1880

teoria da comunicação: no prefácio ou melhor *num epílogo*.

★

[*Em D:*]

Prefácio

O *o que fazer?* é hegeliano (fim da história ou ápice pelo ápice)

A resposta de Nietzsche

Isso dá conta 1º do impasse que é Nietzsche

2º que só se pode sair dele sob a condição de tê-lo definido como um impasse.

Prefácio

[*À margem:* a oposição em Hegel – identidade: negatividade]

admitir a verdade de Hegel: é a posição mais contrária, mas talvez, por isso mesmo, mais favorável ao movimento de meu próprio pensamento.

Minha crítica a Hegel incide particularmente sobre a margem aleatória: o fato de que a necessidade dos resultados deixa continuamente sua parte à contingência.

A contingência, ou seja, a angústia, o riso, os estados místicos... O que a fenomenologia – equivocada, mas *necessariamente* – deixa de fora.

Os resultados necessários atingidos, duas hipóteses podem ser formuladas:

– ou a contingência é suprimida (hipótese de Kojève) com a supressão da ação necessária

– ou, ao contrário, a necessidade da ação caindo e a contingência se encontrando livre...

A resposta não estaria na oposição do extremo e da média?

Curioso que Kojève reconheça que tenhamos vindo tarde demais. Ele admite, portanto, implicitamente, o princípio da colocação em jogo.

Notar que em Hegel o princípio da colocação em jogo aparece sob a forma de negatividade na ação.

A tradição kierkegaardiana e nietzschiana digerindo o hegelianismo

Encontrar alguma coisa além do prazer. Nietzsche: a potência. Eu encontrei o jogo.

Como o movimento da história nos negligencia, nós, que poderíamos representar...

Contrariamente ao que acreditou Nietzsche (V.P. I, p. 59), Hegel se situa para além do bem e do mal.

Prefácio

O preceito essencial de Nietzsche é a reunião num só da atividade tendendo ao saber e das qualidades geralmente excluídas pelo sábio (homem do conhecimento)

em outras palavras, a supressão da moral é necessária à totalidade *extrema*.

Assim como a união das contradições

O § 477 é ainda muito grosseiro

Dionysos-philosophos

como epígrafe do Tempo talvez § 551

como epígrafe da xícara de chá? § 552

formar sua individualidade não pode ser uma meta consciente e sistemática
Proposições ligadas
como epígrafe da xícara de chá §553, 589
como epígrafe do livro § 629
Houve o homem antigo, depois o cristão, depois a decomposição
o problema do homem inteiro só se coloca nas condições mais trágicas
Prefácio
pouco gosto por dominar, falta de chance
nada engraçado em certas condições
a que deveria levar agora a moderação, o ódio pela hybris, o tato
O que caracteriza N. em seu gosto pelo pensamento é salientar o que foi feliz
– oposição com a análise mecânica de Hegel. Mas a chance não é uma norma.
Prefácio. Gaia ciência, 329
questão dos lazeres e do trabalho
No início do prefácio
Nietzsche é o único possível definido que não foi tentado, que deixa os
homens aquém.
Prefácio
O que N. não percebeu:
A linguagem vive, ela não pode permanecer aristocrática. Aceitar falar
é renunciar à aristocracia. Por conta da natureza da linguagem. A aristo-
cracia não fala.

★

[*Em M:*]
nenhum resultado prévio
Este livro é de cabo a rabo uma busca pela moral feita pela totalidade do
homem, ou seja:
1. Afirmação da ruina, o homem inteiro
uma parede e uma zona de silêncio
2. Afirmação do direito à ruina (direito de nada significar e ao não-saber)
que é outra coisa, diferente do que parece
quanto a isso: linguagem = mentira = ação
3. Isso exclui o valor da ação, mas tampouco significa o valor do homem
inteiro – equilíbrio entre os dois pontos de vista.
4. Moral da revolta ou da superação
a vontade de chance é revolta
a revolta que não é ressentimento é vontade de chance
a superação é impossível sem a chance
alusão a minha leitura de Para além – incoerência do homem inteiro – e
à influência do surrealismo
daí   a) necessidade do mal

b) necessidade de uma superação feliz
contra o mérito – é imoral um ato que não supera o limite
contra o decálogo e o idealismo
contra Deus
contra o ressentimento
contra a opressão
a favor da justiça

★

Não há aos meus olhos nenhum meio de escapar da *morte do espírito* que este livro representa: este livro define um lugar onde se perde o chão. Em certo sentido, a coragem e a obstinação que me foram necessárias desconcertam até a mim mesmo. O próprio Nietzsche nunca aceitou. Suas cartas a respeito de Zaratustra são uma alusão ao abismo de onde saía... (Citar, ao menos no Mem. Ver Halévy.) Desse vazio mental ele não forneceu nem a descrição exterior nem a análise. Ao passo que minha fatalidade quis que *apesar de mim mesmo* eu desenhasse lentamente a erosão e a ruína. Poderia ter evitado? Tudo em mim queria que fosse assim! Introduzo um rigor sem escapatória. Anuncio com firmeza este princípio: o que susteve a existência humana, o que a ordenou, tornou-a possível foi precisamente aquilo que a desvia. Coloco cada um de nós diante deste dilema: viver de subterfúgios, fornecer a si mesmo uma viabilidade com truques e, para não morrer, recusar a vida – ou: livremente deixar se representar uma tragédia ébria e permanecer inertes, silenciosos, como a casa abandonada, tendo há muito tempo deixado de se querer... uma casa, aceitando entregar-se à verdade da RUÍNA.

Nietzsche no final desabou. O que importa que tenha sido por uma causa exterior!?

Eu não desabo, escrevo.

Por muito tempo perguntei-me...

Eis aqui agora minhas razões.

O que digo, que meu livro contém, *não é* aquilo que uma leitura ingênua encontra nele. Meu rigor me faz mentir. Não que deva mudar uma palavra: a mentira não é obra minha, está na natureza da linguagem.

[*À margem:* Estupidez de linguagem. Aquilo que na linguagem figura como fracasso o é em relação às normas inerentes à linguagem.]

Devo agora me conduzir com uma brutalidade de Alexandre, com um furor de espada: querendo desatar meu nó górdio, eu...

1° Ao redor dessa casa inerte, desabando, dessa irremediável ruína, pretendo estabelecer um muro e uma zona de silêncio. Para aquém desse muro é enfim definida uma região absurda aonde ninguém poderá entrar sem rir e *sem ser louco*.

2° A vida é um conto contado por um idiota, cheio de barulho, de furor, e não significando nada.

Assino embaixo e acrescento: só essa frase exprime plenamente o bastante a vida, magnifica-a e a libera. Quem quer que a faça significar sua canção a subordina e não é mais que um escravo.

3º O direito fundamental do homem é o *de não significar nada*. Isso é o contrário do niilismo; é o sentido que mutila e fragmenta. Esse direito de não ter sentido é, no entanto, o mais incompreendido, o mais abertamente tripudiado. À medida que a razão estendeu seu domínio, a parte de *não-sentido*, quero dizer de não-sentido positivo, foi reduzida. O homem-fragmento é atualmente o único cujos direitos são reconhecidos. O direito do homem inteiro é aqui enunciado pela primeira vez.[*]

4º *A razão só pode ser limitada por si própria*. Só um domínio de puro não-sentido escapa dela. Toda significação insensata é evidentemente justificável pela razão. Isso equivale a dizer que o domínio da ação é inteiramente justificável pela razão. A ação não pode tolerar nem a desordem, nem a injustiça, nem o não-sentido. A desordem, o não-sentido ou a injustiça introduzidos na ação o são em prejuízo do homem inteiro e são por isso condenáveis.

5º Todavia, o fundamento de uma moral do homem inteiro não pode ser dado nem no valor do homem inteiro nem no valor da ação. O homem inteiro recusa para si mesmo o valor: ele não pode ter valor a seus próprios olhos na medida em que é inteiro, o valor do inteiro só pode existir no momento em que ele se divide para agir. Decerto – *no fundo* – a ação se refere ao valor do homem inteiro, mas, reciprocamente, para o homem inteiro a ação é o valor prévio, a condição da existência.

6º A moral é um fato. Uma moral deduzida ou didaticamente ensinada é a derrisão da moral. A moral é a não aceitação pelo homem de sua condição dada. Ela está portanto tão fortemente ligada à ação que exprime a recusa quanto ao homem inteiro que recusa: o homem inteiro pode recusar a si próprio e se dividir (para agir) em vez de aceitar sua condição.

7º A moral é revolta. Os códigos dados estabelecem a conformidade.

8º   não denunciar é a medida da recusa
             dessa maneira, a moral é jogo, superação

*

[*Uma frase ilegível*]. E mesmo então ela permanecerá essencialmente obra da exp. individ. feita perigosamente, implicando o risco de perda, de loucura. O jogo com a contingência.

E agora?

---

[*] *Nota de Bataille:* Quero dizer, categoricamente. A pintura e a poesia de nosso tempo afirmam justamente para elas mesmas esse direito de *nada significar*. Convém também afirmar isso de uma maneira geral e categórica.

Dou-me conta claramente.

O projeto que fiz de escrever este livro era uma aposta insensata.

Teria conseguido? verdadeiramente?

É um fracasso em aparência, este livro se parece com os tanques abandonados pelo combustível e pelo combate, semidestruídos no campo.

É imóvel, mudo, vão testemunho de esforços impotentes. De antemão só podia resultar na ruína.

Repetirei a seu respeito o que Macbeth diz da vida: *a tale told by an idiot, full of sound and fury, signifying nothing.*

★

Para o prefácio de *Sobre Nietzsche*

Já disse que o assunto do livro era a busca moral?

Já eliminei a ideia de arte pela arte? (a arte não pode ser um fim sem se definir como outra coisa que não arte). Se a arte é tomada como fim é o estetismo, a recusa de apostar, a renúncia ao real. É por isso que a ideia é tão desprezível, embora não se possa lhe opor nada.

[*À margem:* que todo meu livro é uma *busca* do graal].

Meu esforço é moral. Liberar-se das cadeias da ação, alcançar o ar livre.

Tendo escrito *Sobre Nietzsche*, tendo feito esse esforço violento para me enredar em vez de...

Estou LIVRE, um homem livre, entenda-se.

E livre também para agir, mas que esforço extraordinário para me liberar, não me mexendo e sim dançando, da tolice que cola aos

★

A insatisfação com toda e qualquer meta acessível transformada numa dança – admitamos, a dança do urso!

É permitido, àqueles que se engajaram (enredados, desenredados) em vias onde não se costuma circular, falar delas como daquelas pelas quais se atinge

Memorandum

Fautrier

Brochura política   sob a assinatura do louco de Arras

Tragédia   conferências

                                    artigos

★

[*Em D:*]

[*A margem:* definir as diferentes questões morais visadas

               este livro em que contei meu desapontamento por não ter nada a fazer neste mundo]

O objeto do presente livro é a moral. Mas não se encontra nele uma moral feita, apenas uma moral que se faz, que se busca, coloca-se desde o início diante das piores dificuldades.

Em certo sentido, em relação aos livros de moral, este livro difere tanto quanto a vida real de um tribunal, supondo-se os juízes assassinados, etc.

Assim como a medicina é em primeiro lugar uma patologia

Patologia e vivisseção.

Isso no prolongamento dos escritos de Nietzsche, dado que eles são da mesma ordem que meu livro, e meu livro tem por fim sublinhá-los como tais.

Inconvenientes deste método

Qualquer que seja a coerência...   estou me lixando para saber, *eu*
Comparável a uma batalha travada   *quero* viver
sempre em desordem.

necessidade de situar num plano de filosofia descritiva

parte de dejeto

 caráter limitado da descrição

deixar para mais tarde (?) uma elaboração filosófica situando esses dados como interferências.

★

[*Notas diversas. – Em A, últimas folhas:*]

suprimir o canto da noite?
Ódio daquele que crê em Deus – *Zar.*, p. 94.
A terra: condenação do cristianismo
Afirmação dos prazeres deste mundo

★

Nietzsche dizendo criar e não jogar – eu quero (contra *eu devo*), e não eu jogo

Todavia, ele queria que o criador fosse a criança recém-nascida (*Zar.*, prólogo da [*1ª parte?*]

E 2ª parte "Nas ilhas bem-aventuradas" – p. 94)
além do mais, *é preciso* renegar *Zar.*

★

[*Folha fora de ordem em M:*]
Resumo da doutrina
Primado do porvir
Homem [*ponte?*] e não meta
enfiar suas raízes no mal

o homem total
mas extremo
dúvida profunda
colocação em questão
interrogação sob forma de um "sim", ou seja, de uma chance se jogando
ver fim de *A vontade de potência*
não ter Bíblia
só existe o perecível – nenhuma substância
Nietzsche
MEMORANDUM
Máximas selecionadas e comentadas por
ou
seleta de máximas comentadas por

★

Quem quer que seja que precise de outra coisa além de um bufão não faz parte desta comunidade.

§ II: jogar: colocar-se em jogo, superar o dado na colocação em jogo; o conteúdo: somente o que é propício ao jogo

Talvez também § sobre o filósofo louco

§ III: comunidade? Ou IV e III, mística?

★

Os três aspectos fundamentais
êxtase imanente (Nietzsche Proust zen Pau)
aspectos resumidos
chance
na ideia de tempo   vontade

Isso em benefício do homem inteiro (prefácio)

de uma comunidade rigorosa – procedendo por contestação

nos epílogos, definição da palavra "transcendência", remissões em rodapé do Ápice

★

O Nada não está onde o convocamos.

A evocação voluntária é de uma eficácia precária.

É precisamente porque não a convocamos que nossa vontade não é nadificante, porque não convocamos o Nada, se não o convocamos é por impotência.

A transcendência é a colocação em jogo recebida *de fora*.

Para o grande desenvolvimento dos epílogos:

A transcendência se define em relação ao ser fechado.

O jogo a realizar é: manter o ser fechado, tirar de sua exaltação – de seu fechamento ao extremo – precisamente o contrário, sua abertura infinita.

É a "negação do Nada" consumada num "movimento de majestade".

★

Chamo Nada aquilo que – na região vizinha a mim – é percebido como não sendo mais eu, como cessando de ser eu, e do mesmo modo aquilo que – na região vizinha a um ser semelhante a mim – é percebido como cessando de ser ele.

[*À margem:* o Nada do tempo]

As formas significativas do Nada são, nesse sentido, um excremento, um cadáver. A experiência do Nada que fazemos diante desses objetos remete aliás à experiência do tempo destruindo o ser. Mas, precisamente, não se reduz essa experiência a seus dados abstratos sem enfraquecimento.

O sacrifício foi o modo através do qual pudemos nos propiciar essa experiência em condições escolhidas por nós. Assumíamos no sacrifício o papel do tempo destruindo o ser. Responsabilizávamo-nos pelo crime (no sacrifício cristão, todavia, esquivamo-nos na medida do possível à responsabilidade, não matamos mais senão involuntariamente).

Mas no sacrifício, que representa essencialmente a *evocação voluntária do Nada*, encontramos as condições da transcendência. O sacrifício não apenas nos permite dispor do Nada como também dispõe dele para os fins de uma delimitação da *transcendência*.

A *transcendência* é o além do ser *percebido* através do rasgão do Nada.

O ser assim percebido como nascendo do Nada participa, por um lado, dele, e por outro o repele (o Nada é a repulsão)

Se não há o nítido rasgão do Nada, é a imanência.

Há um Nada imanente.

A imanência não suprime o Nada, mas apenas a transcendência do Nada.

★

[*Em D, maço de folhas marcado:* notas utilizadas]

I Simples evocação.

II Minha resolução do ano passado.

III Minhas dúvidas, meu desfalecimento.

IV O jogo e a angústia opondo-se ao *Thun*.

V Mas como suportar a vida sem nada a fazer? a resposta é: procurar a chance.

VI Curtas considerações sobre a chance, oposta a Deus: como um sol real, cegante, à sua imagem. Grandeza do amor da criatura.

VII Debate do ser em busca da chance, da chance pessoal às riquezas comuns.

VIII Caráter impossível, cômico, deslumbrante... e contradição de cada coisa.

IX A chance concebida como adequação ao objeto.

mais adiante a espera e o tempo

★

A transcendência é a colocação em jogo *recebida de fora*

O Nada não está onde o convocamos

mas a de Proust   mas é precisamente porque não o convocamos

que nossa vontade não é nadificante

Se não houvesse motivo para tentação, ou seja, para resistência, o jogo seria nulo

★

Sr. Nietzsche.

[*À margem:* suprimir o soneto]

minhas meditações do caderno marrom + meu método

chance

liberdade e anseio pelo porvir

Proust e a ausência de comunicação antiga

definição da transcendência

retomar no final o tema

a existência não pode ser ao mesmo tempo autônoma e viável

princípio da autonomia, da perda de si

★

Meu trabalho, corpo a corpo com o mal, o mais esgotante

O desejo pelas mulheres bonitas e maquiadas oposto ao amor como o ser ao Nada

Algumas máximas

Na angústia, padecendo a atração do Nada

Ama a angústia que te deste

A angústia te propõe um enigma

Como uma tempestade sobre uma cidade, tua vontade se eleva sobre um Nada.

Essa vontade supõe a depressão profunda sobre a qual...

★

vontade anuladora e vontade consciente do Nada (identidade profunda).

Possibilidade de ligar, por um lado, uma vontade consciente do Nada; por outro, uma consciência de imanência teopática no plano da contemplação.

a beleza, o brilhante maquiado, quenga, vaca e frívola sob sua forma silenciosa, na risada a figura acabada do Nada

epílogo não tomo o Nada no sentido ausência de ser no sentido forte mas a experiência que um ser em particular faz de sua ausência (fazer notas de rodapé).

★

Realidades.

Nietzsche: um fantoche, [*ilegível*] dos fios é o P. G.

todas as figuras de um vagão, dos calembures eles mostram a língua, as caretas, a ironia, a malignidade (delinquente dos subúrbios), os cabelos castanhos crespos, as sobrancelhas

o empíreo, a tempestade, a altivez [*soberania?*]

o fantasma: cadáver com coroa de rei

Uma bela puta (bem maquiada) elegante, magra – num canto mostra sua bunda. Silenciosa e paga.

Convulsão

O Deus de majestade sou eu.

Minha divindade feita das caretas de vocês.

A estupidez: a madame com o cachorro: – é uma miniatura.

Única saída: agir, negar o Nada

★

Ápice

O essencial do valor é o que coloca em equilíbrio o anseio de ser.

Mas só *falamos* disso *a posteriori*.

Se falamos disso *a posteriori*, só podemos remeter esse valor a algum interesse do ser.

A fala intervindo, a determinação intervindo, o que consideramos como bem deve ter dois aspectos.

O primeiro de ponderação.

O segundo de interesse permanente do ser.

Busca-se a coincidência dos dois.

O que pondera e pode [ilegível] é definido como o bem.

Não saber ponderar é essencialmente o que é o mal.

Não considerar os laços com outrem como de natureza a contrabalançar o interesse que se tem por si mesmo é o mal.

Nesse último caso, a comunicação está em jogo.

Relação entre colocação em jogo e ponderação.

Será a colocação em jogo o valor ou aquilo por que se coloca em jogo?

Mas aquilo por que se coloca em jogo não seria da natureza da colocação em jogo?

Insistir que o jogo das chances exige uma destruição necessária dos indivíduos. Procurar nos textos.

O tempo e a galáxia oposta ao sistema solar.

As duas formas do tempo, preocupação com o porvir e redução da preocupação com o porvir na colocação em jogo.

Nietzsche e a experiência mística.

Cumplicidade no riso.

De uma parte, vontade de mal (confundida com vontade de potência).

Por outra parte transcendência.

Relação entre comunicação e prazer.

O que chamo *ápice* é de qualquer modo um estado, se o considero sem estar nele, isso só pode ter uma relação privada de sentido com o que ele é. Todavia isso é uma reserva no interior dos valores de declínio. Admito os valores de declínio, não me gasto imediatamente sem medida, mas ao subordiná-los concedo sua parte a algo de outro.

Nietzsche fraco, escorregando para a loucura, soçobrando

textos sobre os estados periódicos

A preocupação com a força visando chegar ao estado de dispêndio tem dois aspectos:

1) o meio de adquirir a força, que pode ser o mal.

Um outro aspecto da aspiração moral: a inversão que se beneficia da aspiração ao mal. O horror pelo ápice, ele próprio um ápice.

A pureza da ideia, do dever ser.

★

A superação do Nada (sua *Aufhebung*) supõe a indiferença, a familiaridade com o Nada.

★

Ápice (preâmbulo).

Considerar em algum lugar a relação entre:

a) interferências entre ápice e declínio

b) idealismo moral

ou seja, entre o declínio e a ideia

★

Ápice.
Qualquer prazer no fundo responde à aspiração moral
é uma questão de intensidade
É precisamente a ruína moral das prostitutas que...

★

Introduzir no texto a diferença entre aberto
e fechado

★

Uma tarefa para além do mérito.
"Negar o mérito, mas fazer aquilo que ultrapassa qualquer
elogio e até mesmo qualquer compreensão."

1885-1886, II, p. 384.

Parece-me que em toda moral aparece – em segundo plano – essa necessidade da colocação em jogo, ou seja, da ruína empenhada de cada ser.
É o elemento exaltante de toda moral.

desenvolver o princípio
não ter consideração por nada buscar o que supera toda possibilidade
a partir do ser se elevar acima sem medida

Todavia o caso da sexualidade é propício para pôr em evidência um elemento contrário
mérito
bem do ser

É a superação em relação à comunicação, em relação ao prazer, em relação ao ser, que constitui a essência do ápice, a essência da moral

desenvolvimento no § 2: 1) o ápice base de toda moral
2) a oposição ao ápice nas morais:
relação com o ser.

★

Uma tarefa em particular se impõe a nós
Mostrar a ação rumo ao ápice através das diversas morais de declínio
o devotamento a outrem
à cidade
a uma causa
a Deus
fazer um resumo

★

[*Em D, maço para o* Epílogo:]
Fim do Tempo.

Minhas definições (sobre o tempo, a chance...) tocam os limites dentro dos quais nos movemos.

Fim do Tempo.

Para além do conceito. – Platão situava o conceito fora do tempo, mas Hegel dizia dele "o tempo é seu ser-aí". Se considero no tempo a superação, a exuberância, devo

Epílogo (preâmbulo).

Já não uma moral, mas uma hipermoral.

A moral é, no melhor sentido da palavra, uma coincidência entre o útil ao ser e aquilo que o supera (entre o tabu e uma transgressão do tabu). Se se supõe o útil não se tem por isso o dever ser.

Uma hipermoral é a postulação de um valor independente da utilidade.

Epílogo.

Passagem da transcendência à imanência.

Ela supõe a liberdade sexual, a percepção do Nada do desejo como de um não-perigo

afastar no epílogo a ideia de um Deus imanente

no prefácio um resuminho dialético sobre a oposição da transcendência à imanência

a imanência plena supõe a ausência de ascese, o cinismo sexual e moral

Todos os seres definidos não são mais que um só indefinido. Que se imagine a repetição fastidiosa, ou seja, infinita, das moscas, do primeiro nascimento à última morte, cada uma acrescentando à outra apenas uma perspectiva íntima em tudo semelhante à outra salvo no...

? os seres definidos se opõem à natureza indefinida, mas só se opõem plenamente a ela sob a condição de captar neles a essência do ser indefinido.

Epílogo.

último §: identidade entre o objeto e o sujeito

Imanência não significa Deus

Supressão da transcendência = superação do isolamento individual anulação do Nada

Epílogo

Nenhum meio para determinar precisamente um valor moral e sobretudo nenhum meio para determinar de modo geral

1º nenhum verdadeiro valor sem desejo

2º necessidade de jogar, ou seja, de *ignorar.*

Epílogo.

Se o valor é a colocação em jogo.

É o que resultará de toda a exposição.

Um fim moral poderá *valer* mesmo se admitimos que ele é a expressão do declínio, na medida em que ele não tem por fim o ser, e sim sua colocação em jogo.

Considerar a possibilidade de um epílogo para dizer isso e no mesmo movimento que a exposição – ou na primeira parte?

Evidentemente o equívoco subsistirá, é preciso que um fim moral se dê para um ser.

Dirão que a colocação em jogo é o interesse do ser.

Nada a ver.

O interesse está do lado da conservação.

O jogo é contrário ao interesse, mas sempre toma emprestado a voz do interesse.

Talvez em apêndice, definição dos termos:

interesse	dor	angústia
prazer	ápice	
colocação em jogo	declínio	
valor	comunicação	
bem	desejo	
moral	ser	

Formular no epílogo uma moral geral da colocação em jogo.

O ápice deve ser deixado à sua coroa de tempestade.

No plano do declínio, sustentar o partido da colocação em jogo.

Acumular para gastar.

Citar aqui os textos de N. sobre o dispêndio.

Só a superação desse ponto de vista contará no plano do ápice.

gentileza para comigo mesmo contrariamente à brutalidade do ápice, por um lado, e à exigência do "tu deves", por outro.

Existe uma relação entre "moral dos senhores" e "moral do ápice" por um lado; e por outro entre "moral dos escravos" e "moral do declínio".

Todavia:

a) a oposição de Nietzsche tem a vantagem de não desenvolver a análise até o final, reservando de ambas as partes atitudes humanas;

b) Nietzsche confundiu – ao menos tendeu a confundir – "moral dos senhores" e "moral do homem inteiro"; considerava o "homem inteiro" na medida em que este precisa levar sua totalidade ao extremo; prejulgou as atitudes que conviriam em sua posição, remetendo-as sistematicamente àquelas do senhor, que, como o escravo, não passa de um fragmento do homem, um comando militar;

c) ele justifica em parte essa confusão esboçando – mais em sua vida que em suas máximas (procurar uma nota sobre isso no dossiê prefácio) – a ideia de uma conduta moral fundada na chance.

★

[*D, outro maço:*]
Resta a tratar (Prefácio ou Epílogo):
    Relação entre moral dos senhores e ápice.
    Relação entre hipermoral e dever ser da ideia.
    Não trair seu amigo nos suplícios (nota já feita).
    Comunidade sem meta.
    Diferença entre filósofo e homem inteiro.
    Relações hegelianas (etc.) do conceito e do tempo.
    Solidariedade dos homens entre si (quanto ao mais baixo).
    Deformar não passar ao largo.
    Diferença de rigor entre Jesus e N. (contradições)
    Penetração dos corpos e excreção.
    A experiência é a autoridade.
    Identidade entre o objeto e o sujeito.
    Gentileza consigo mesmo.
    Desprezo pelos filósofos.
Epílogo
    Definições tocantes aos limites dentro dos quais nos movemos.
    Afastar a ideia de um Deus imanente.
    Formular uma moral do dispêndio e do ser aberto.
    Estados místicos.
Prefácio
    caráter prático do *parti pris* do jogo
    todo o movimento da fenomenologia
    desmembramento
    caráter complexo da questão
            o que uma comunidade pode fazer
    ela deve *ser*
    esse fato de ser deve, ele próprio, resultar de uma atividade de fato
    o homem inteiro extremo
    e
    o homem inteiro médio
    situados na relação entre o profano e o sagrado
            portanto o extremo é transcendente
            não – justamente diferença, já que esse extremo é imanente
    profano-sagrado, é apenas a situação clássica
    extremo-médio é outra coisa

[*À margem*: mas: em que o ser amado poderia diferir dessa liberdade vazia? dessa transparência infinita daquilo que não está mais encarregado de ter um sentido?]

Revisão do diário.

A impressão de *déjà vu* e a de imanência se definem uma pela outra, relação entre *déjà vu* e soluço (defeituoso).

Arruinar a transcendência é no fundo contestar o Nada, a contestação começa de certa forma na transcendência. Arruinando a impressão de Nada, a transcendência prepara a imanência próxima.

A imanência não suprime o Nada, mas apenas a transcendência do Nada.

Que espécie de imanência ou de transcendência atingem os amantes que se dilaceram ao se unirem?

O VALOR MORAL É O OBJETO DO DESEJO

Falo a esse respeito de "existência indefinida"

o desejo tem ora por objeto o definido, ora...

oposição Deus, ser amado (transcendentes, definidos)

a Nada, nudez feminina...

em princípio haveria: transcendência: seres definidos

imanência: ser indefinido

Revisão.

Importância em Proust do mal; sob a forma do horror (t. I do *Tempo redescoberto*)

se necessário, acrescentar isso em nota na parte chá

Essencial: a postulação de um *plus* no objeto da imanência

(há igualdade entre *jogo* e *plus,* ora, a imanência é o próprio jogo, o ser que o sofrimento joga sem reserva)

o desejável é decerto essencialmente o *plus*

essencial: a magnificência do universo redescoberta na ausência de infelicidade do ser amado

– o universo parece pobre ao lado do ser amado

– o universo não está em jogo

mas o ser amado é o universo apenas para um só

O ser indefinido das crianças em que entramos, de que hoje saímos. Esse "ser" que cantava outrora a cantiga "Pomme de reinette et pomme d'api", escuto-o hoje cantá-la ainda. É sua continuidade.

A soberania do desejo, da angústia, da volúpia.

Revisão.

O homem nega a natureza vizinha, o dado que ele supera, cuja superação o define, é o dado para ele aquilo de que ele surgiu e em face do que ele vive.

Quanto ao todo, concebê-lo seria reduzi-lo ao dado, não há ponta pela qual poderíamos fazê-lo entrar em linha de conta.

Não sei se é preciso voltar a isso

a liberdade concebida como impotência

em relação à adequação do sujeito ao objeto, o objeto considerado como o produto.

Para o *um*, jogar é correr o risco de perder ou de ganhar, mas para o conjunto é superar o dado

definir o *desejo*

c)

Quarta parte
Epílogo filosófico

I

Terminei este livro. Como aqueles assassinos noviços, ainda inseguros de seu desígnio, só posso, acabrunhado, sentar-me e me perguntar, voltando a mim mesmo gradativamente: – "O que foi que eu fiz?"

– "Quem sou eu?"

Minha vida...

É possível que uma vida, num ponto, isole-se tão profundamente? no entanto, nada há em mim... senão a vida comum. Falar, me parece, é vão: a linguagem me trai. Sinto o que devia ter dito: tanto quanto à vítima moribunda, as palavras faltam a esse assassino lúcido...

Nada de mal-entendido grande demais. Comparo-me ao assassino: a única coisa que tenho de um assassino é o isolamento. Meu livro não é um crime em sentido algum. Ele é malfeito...

Copio com lassidão (será cômico? amargo?) estas frases de Nietzsche: "Os mais altos motivos trágicos permaneceram inutilizados até hoje: os poetas não sabem nada por experiência das centenas de tragédias do homem que se aplica ao conhecimento". – "Sempre pus em meus escritos toda minha vida, toda minha pessoa, ignoro o que podem ser problemas puramente intelectuais." "Vocês só conhecem essas coisas no estado de pensamentos, mas seus pensamentos não são para vocês experiências vividas, eles não são mais que o eco dos pensamentos dos outros, assim como o quarto de vocês treme quando passa um carro de bois. Mas eu, eu estou no carro, eu sou muitas vezes o próprio carro!"

Os homens costumam expressar o pensamento do lado de fora. Decididamente, não posso fazer isso. Minha vida fez de meu pensamento um poço. Poderia dizer: no fundo do poço... Não quero, seria uma fábula. No centro da agitação, o pensamento é o poço sem fundo.

Digo ao primeiro que aparecer: "Segue tua ideia. Ignora-me". Tenho numerosos seguidores cuja tolice é meu ensinamento infinito.

Tomei, ao que me parece, com as leis do pensamento grandes liberdades.

Se fosse um *pensador*, teria elaborado meticulosamente uma construção coerente e original, mas, tomando-me pelo pensamento, estava livre (podia soçobrar da mesma maneira que todos os pensadores juntos e fazer um buraco no lugar de uma casa).

Pode ser, todavia, que minha atitude repouse sobre uma audácia vazia (outros poderiam dizer "um buraco mina a base que é o chão e o substitui pelo vazio do céu: ninguém ainda buscou essa profundeza").

E como tomei o firme partido de *colocar o máximo que podia de chances contra mim*, tentarei, se possível, esquecer o que precede.

Se meu pensamento não fosse o movimento de extravio que acredito, se ele não fosse, como me pareceu, um buraco que se cava, que espécie de casa ele construiria?

Não quero me esquivar: eis aqui o plano da casa.

II

De qualquer jeito, tinha de definir o emprego dos termos. Falei de ser, de Nada, de imanência e de transcendência – num sentido que não está dado. Preciso me explicar, e a explicação que darei deve ser uma construção coerente.

Ative-me – não é uma visão metafísica – a este emprego das expressões "um ser" ou "seres".

Supondo movimentos (comunicações, trocas) que percorrem os elementos dados, chamo *ser (um ser)* um movimento que se fecha em si mesmo, unindo elementos limitados.

A unidade é o atributo essencial de um ser; e é a possibilidade de nomeá-lo – de distingui-lo claramente – que decide.

Pequenos números de elementos podem ser adquiridos ou perdidos sem que por isso o conjunto deixe de ter a unidade definida.

Não sendo um *percurso*, um elemento simples (um elétron) não pode nessa ótica ser visto como *um ser*. Um elétron é desprovido de *ipseidade* (não se pode distinguir *este* elétron *aqui* daquele ali). Do mesmo modo, elementos formados de um número relativamente pequeno de elementos simples (átomos, moléculas) não podem ser considerados como seres, já que não se pode nomear *este* átomo *aqui*, *esta* molécula *aqui*.

Em compensação, uma micela, uma célula, um animal, uma colônia ou uma sociedade animal, uma sociedade humana são seres.

No domínio das plantas, uma determinação dos seres é muitas vezes difícil e não tem interesse.

[*Riscado:* Repito, não defino uma metafísica. Dos seres de que falo ignoro se correspondem a tal definição metafísica do ser: eles não opõem aos fenômenos um caráter fundamental. Um percurso é ele próprio um fenômeno.]

Minha maneira de ver não opõe esses seres ao não-ser. Considero um *ser* ou *seres* e os defino. Mas existe também *ser indefinido* (aquilo que não forma unidade definida evidentemente nem por isso é não-ser).

Hegel atribuía o ser no sentido íntimo a realidades como uma estrela, o sistema solar, que correspondem à minha definição. Mas não tenho quanto a esse ponto a intenção de seguir Hegel nem mesmo de me opor a ele. A ignorância do *que é* uma estrela, um sistema solar (ou uma galáxia) me parece uma ignorância fundamental. O homem ignora da mesma maneira *o que é* uma pedra ou, de modo geral, um pedaço de matéria qualquer.

Só seres próximos de nós – os animais – podem ser reportados – eventualmente – a conceitos metafísicos fundados na experiência íntima. Se a comparação é menos fácil – como no caso das sociedades –, uma noção formada a partir da experiência íntima do homem é embaraçante.

Posso, no entanto, observar isto.

Atribuímos vulgarmente o ser no sentido íntimo aos grandes animais, como os cachorros, as vacas, com os quais temos comunicações de ser a ser que não diferem inteiramente das comunicações de homem a homem. E como atribuímos intimidade às vacas, não podemos recusá-la às formigas. Se a concedemos às formigas, não podemos recusá-la, etc.

Atenho-me à minha definição, mas devo dizer que ela não é o corolário de nenhuma certeza.

[*Riscado:* Querendo sair dessa imprecisão, virei as costas às maneiras de ver que partem da experiência humana do *eu sou* como um fundamento.

Atenho-me a uma noção formal dos seres.

Nem por isso me desfaço da unidade íntima de que tenho a experiência. Essa experiência, devo situá-la no quadro formal de que falo. Mas não fundo mais a noção de *um ser* sobre ela.

No plano metafísico, essa inversão tem estas consequências.

O *eu* não é mais um fundamento, e sim um resultado.

Minhas considerações sobre o ser são limitadas pelas que faço sobre um percurso fechado. Perco a possibilidade de me tomar por mais: percebo a precariedade do ser em mim, não a precariedade clássica fundada na necessidade de morrer, mas uma nova, mais profunda, fundada nas *poucas chances* que tinha de *nascer.*

Posso agora *me* situar bastante bem.

Apreendo-me, enquanto efetuado, como suspenso]

Essas primeiras observações situam minha intenção no avesso daqueles que fundam seu pensamento na experiência do *eu sou* como sobre um dado irredutível.

Não posso evitar o *eu sou*, mas me parece necessário, antes de tirar consequências dele, examinar suas *condições*, em relação com os diversos dados da experiência sobre ele.

O que precede se relaciona de modo geral com o sentido da expressão "um ser", mas introduz ao mesmo tempo as reflexões seguintes em que *eu sou* se decompõe no exame de suas condições.

O *eu* não é um dado imediato, mas, sendo o movimento de que falo, é o resultado de condições complexas.

Esse movimento é a reunião de elementos diversos fundada num *calhar* a partir do qual posso considerá-lo nomeadamente.

Considerando minha "concepção" – o calhar a partir do qual *eu sou* (*eu sou*, isto é, meu ser não apenas é, como também é nomeadamente distinto) –, percebo a *precariedade* do ser em mim. Não aquela precariedade clássica fundada na *necessidade* de morrer, mas uma nova, mais profunda, fundada nas poucas chances que eu tinha de ser (que havia de que meu ser nascesse, e não algum outro).

Sou agora efetuado: a morte não poderia suprimir essa determinação de *mim* que se opõe a todos os outros.

Apreendo-me, enquanto efetuado, como suspenso sobre uma infinidade de possíveis que efetivamente não sou: *lance de dados que anulou a infinidade dos calhares possíveis.* [*Riscado*: Todavia, dessa anulação – que não difere de mim mesmo – não posso suportar o peso *(que sou)*. E, *não* sendo *mais que* um *percurso fechado*, este percurso aqui, aspiro a me jogar em *percursos abertos.* (Aqui, definição do percurso aberto –)]

Sobre esse ponto da *anulação*, penso nunca me perder longe o bastante no sentido de reflexões que me desgarram. Desse eu que sou posso afirmar que ele não tinha praticamente nenhuma chance de ser. O que sou não supõe apenas o encontro de meus pais, mas o do espermatozoide e do óvulo de que nasci. Se outros gametas tivessem se encontrado durante a conjunção de meus pais, a criança que teria nascido não teria sido *eu* e se distinguiria de mim tão claramente quanto um irmão ou uma irmã. Ora, mesmo admitindo uma muito contestável clareza dos fatos, a multiplicidade das combinações possíveis, todas diferentes, nesse jogo, essa combinação particular que sou tinha apenas uma chance de se produzir contra mais de 225 trilhões de chances contrárias.* Devo agora prolongar a reflexão sobre o nascimento de meu pai, de minha mãe, e sobre os de seus pais e suas mães, e assim sem fim...

---

* *Nota de Bataille:* Todo homem, escreve Jean Rostand, tem 225 trilhões de irmãos possíveis (*Les Chromosomes*, p. 121). Evidentemente, esse dado supõe verdadeira a hipótese que vê nas combinações cromossômicas diferentes em cada gameta um fundamento das diferenças entre indivíduos. Mas 1) essa hipótese é difícil de derrubar; 2) mesmo que seja derrubada, em seu conjunto as perspectivas que estabeleço, modificadas, subsistirão suficientemente.

Supondo que não tenha havido consanguinidade, contando a sequência de meus ancestrais apenas mil anos antes de mim, eu não contaria menos de dois bilhões. Essas cifras têm apenas um sentido: por mais que tentemos restringi-las, a menos que abandonemos qualquer filiação de tipo conhecido, elas impelem o espírito à perspectiva de lances de dados inumeráveis.

O que esteve em jogo nesses lances de dados diz respeito à diferença *para mim* que separa o calhar qualquer deste aqui, que sou. *Em si*, essa diferença é insignificante, mas existe um ponto de vista *para mim* que a define como fundamental. Mesmo esse *eu* que *sou* é inicialmente a mesma coisa que esse ponto de vista. Ele se separa por uma descontinuidade marcada de tudo o que não é ele. A *determinação* do eu é a *negação* do que ele não é. A posição do eu define o não-eu como o negativo, como o puro Nada. Esse puro Nada me cerca em todos os sentidos. Ele é o passado de antes do meu nascimento. E como presente ele é o que seria se, como era infinitamente provável, *eu* não tivesse nascido. Mas, sobretudo, como a vida é em seu movimento vislumbre do porvir, ele é o que será quando eu estiver morto. Assim como um sino tocado é necessariamente a emissão de certo som, o *eu* como *calhar* de uma precariedade infinita se define como entrada na sombra daquilo que não é precisamente esse dia que nasce nele.

Esse *eu* precário, evidentemente, não pode ter uma consciência lúcida dos limites que seu nascimento introduz neste mundo. E, da mesma forma, ele não tem consciência lúcida dos movimentos complexos no curso dos quais, do nada que ele definiu, surgem seres reconhecidos como semelhantes. Ao termo de um tempo curto esse *eu* é a uma só vez a *descontinuidade* que o separa do resto do mundo e a *continuidade* que o conecta a ele. A consciência lúcida faz tardiamente a análise dessas experiências; ela só o faz em posse de um conhecimento extraído de várias fontes. A continuidade dos seres é dada decerto na atitude da criança que não deduz a existência dos outros, mas tem dela por comunicação o conhecimento fundamental: ela conhece seu semelhante *rindo*! Essa noção risível, nós a reencontramos de várias maneiras, mas só a reencontramos em sua plenitude se ela nos incomoda, introduzindo a dificuldade, a queda na noite, que faz rir.

Esse *eu* que desde o começo se definiu como descontinuidade marcada e como tal se tomava *a sério* – necessariamente – deve reconhecer mais dia menos dia – depois de sua precariedade infinita – que ele *não é* essa descontinuidade que acreditou e que determinava ao redor o Nada. Decerto ele só pode *existir de fato* a partir das unidades distintas uma da outra e tais que a separação seja perfeita. Posso, no entanto, enunciar esta tese: se o óvulo de que nasci tivesse se unido a qualquer outro espermatozoide (cada emissão para um óvulo conta com centenas de milhões), *eu* não teria sido, todavia um outro teria nascido que não teria sido nem um outro nem eu, mas metade eu, metade um outro. Do mesmo modo, o ovo (a união de dois gametas numa célula) de que surgi poderia ter se segmentado, dando origem a dois gêmeos em vez de uma só criança. Nesse caso, *eu* teria sido *dois*. Todavia, também posso dizer que nem um nem outro dos dois teria sido eu. A diferença entre um gêmeo e outro (do mesmo ovo) é de natureza viscosa: Marc Twain falava de um irmão gêmeo que ninguém conseguia distinguir dele: a tal ponto, dizia ele, que "um de nós tendo se afogado, nunca ninguém soube se tinha sido meu irmão ou eu...". A verdade é que entre *a* (o ovo simples) e *a'a''* (o mesmo ovo segmentado, dando origem a dois gêmeos) existe um *continuum*. Antes da segmentação, só *a* existia: e, do mesmo modo, depois da segmentação não existe mais que *a'* e *a''*. Mas não se pode dizer que *a* tenha morrido ao se desdobrar. Há entre *a*, de uma parte, e *a'a''*, de outra, um *momento de continuidade*. Esse caso não é excepcional: cada vez que há cissiparidade, a célula mãe morre em certo sentido, mas em outro sentido sobrevive nas duas células a que a cissiparidade dá origem: a célula mãe é distinta de cada uma das células filhas; mas o *momento de continuidade* que é o processo de cissiparidade cria uma ponte entre uma e as outras...

É essencial insistir no fato de que, em princípio, a reprodução sexuada introduz ao contrário entre os seres a descontinuidade marcada. Mas esse modo de reprodução ele próprio em última análise é redutível à cissiparidade*: portanto, posso apreender à vontade *entre todos os seres* a cadeia impossível de romper dos *momentos de continuidade*. E não a apreendo dessa maneira em sua concepção abstrata, mas em momentos de subversão cômica. É de propósito que Marc Twain fala disso de maneira risível. E até a ideia de um ser meio eu, meio outro pessoalmente me faz rir.

O riso através do qual apreendo esse *continuum* não está separado da simpatia. Os seres de que rio, que num processo imediato de contágio conheço como semelhantes a mim, são meus próximos (meus amigos). O obstáculo entre eles e eu é negado quando rio. O Nada (a queda do ser) pelo qual meu conhecimento passou é decerto um ponto de partida para o riso, é a depressão sem a qual eu teria ignorado seu momento de eclosão, mas o riso apaga resolutamente esse Nada em que eu ia cair. Ele não mantém o Nada, mas o sopra de maneira que, rindo, o laço que percebo de meu semelhante a mim é o laço da *imanência*. Essa imanência decerto foi perturbada pela queda, e o obstáculo encontrado dando um movimento a anima e ilumina, mas ela não deixa de ser por isso a igualdade da vida consigo mesma. O Nada se dissolve nela e não é mantido entre eu e o objeto como um abismo que

---

* *Nota de Bataille:* O fato de que o processo de cissiparidade das células do *germe* dê lugar em seguimento a uma divisão dos pares cromossômicos ao nascimento de dois elementos diferentes não suprime entre *a, a'* e *a''* o *momento de continuidade* que retira à *diferença ipseal* seu caráter radical, dando caráter, pelo contrário, à *diferença individual*.

define a *transcendência* do objeto. Para encontrar, definir objetos transcendentes, devo dissociar primeiro em mim o riso e o amor: essa dissociação se efetua no conhecimento da morte, na oposição dos corpos e das almas.

Essa noção de *continuum* que substitui a de *eu precário* é ela própria submetida à contestação da morte. Conheço-me primeiro como *eu*, depois como semelhante aos *outros*; mas os outros morrem. Do mesmo modo que eu apreendia o *continuum* da vida diante dos meus próximos, sua mentira me é revelada pelo cadáver de um deles. A morte dos outros me chama de volta a uma precariedade fundamental, me define como insubstituível. E assim como o sentimento do *continuum* assegurava em mim a efusão do riso, sua ruptura me abandona às lágrimas.

Nesse momento se opera a dissociação, o arrancamento íntimo que limita direções divergentes. Na espécie de um morto, um corpo assume então o vazio do Nada, mas não é mais o Nada puro, é o Nada representado por um objeto. Esse objeto transcendente – como a emanação do Nada – de uma parte é horrível, ou seja, odiado. Mas o ódio que o segue não é mais que um corolário do amor, do sentimento de um *continuum*. Essa duplicidade dos sentimentos leva a disjunções múltiplas. O temor garante por um lado a manutenção da atitude do apego. A ausência de temor, pelo contrário, dá livre curso ao desejo de afastamento. O sobrevivente, no temor, padece em si mesmo a alteração profunda do sentimento do *continuum*. Permanece ligado, mas o objeto da ligação não é mais o próximo vivo, é um cadáver repugnante: o amor, nessas condições, separa-se em parte da tranquilidade do riso e se mete numa via nova onde o objeto só pode ser atingido *além* de uma ruptura trágica do *continuum*. O fato de que o cadáver não pode de modo algum corresponder ao riso, mas o interrompe e nessa interrupção deixa crescer um sentimento de medo, impele por outro lado o riso – a comunicação imediata – a uma nova via. Se o cadáver não ri, sendo, pelo contrário, um obstáculo ao riso, o ponto onde se reencontrará o *continuum* do riso deve ser achado em outro lugar, para além do obstáculo encontrado. A renovação do riso inicial implica então duas condições: a primeira, o encontro de um terceiro ou de terceiros vivos, com os quais se reestabelecerá o *continuum*; a segunda, a supressão do temor inspirado pelo morto. A supressão do temor excluindo o amor, essa nova espécie de riso exige o caráter indiferente de seu objeto. Daí essa divisão profunda a partir da morte de objetos amados de que não podemos rir e de objetos risíveis que não amamos. Essa divisão do lado do riso implica aliás, de modo geral, a natureza atenuada do estrago produzido pela morte. Não é do cadáver em princípio que se ri, mas das condutas dos outros que quebram entre eles e nós o *continuum*.

Essencialmente, aquilo que nessa experiência da morte se separa do *continuum* da vida é o corpo. Ele se separa dela inicialmente se a morte tem lugar. Mas a corruptibilidade do corpo, que a morte revela até o fundo, inteiramente e de qualquer maneira que ela se coloque interrompe o *continuum*.

[*Primeira redação:*]

Não hesitamos normalmente em dizer: *se eu tivesse nascido cem anos antes*. Essa maneira comum de falar, opondo-se ao que precede, situa nos antípodas duas noções, *eu precário* (no sentido fundamental da palavra "precariedade") e *eu necessário*, uma aceita de fora, a outra decorrendo imediatamente da experiência vivida.

O eu dado na *experiência vivida* é a entidade independente do tempo e do calhar que serviu de fundamento às ideias de alma, de metempsicose, de imortalidade. É um ser-átomo, indestrutível e não calhado: não é o resultado de um calhar que poderia não ter sido. A experiência vivida (imediata) é estranha a uma noção como a de "eu poderia não ter sido": isso porque ela não chega a separar totalmente a existência do mundo, ou ao menos da vida humana, e aquela de eu. Ela oscila sobre a precariedade *ulterior* do eu dada no desaparecimento dos outros mortos e no temor da própria morte. Essa espécie de precariedade restrita aceita de fora e posta em dúvida é, todavia, integrada em nossa experiência vivida. O mesmo não acontece com a *precariedade fundamental* de que só apreendemos *distintamente* a experiência vivida através de especulações concertadas.

Temos muita dificuldade em perceber o sentido para nós dessa existência precária. Se me apego estreitamente a mim mesmo – opondo-me a um ser originado de outros gametas, ou de uma outra mulher de meu pai –, sinto a diferença abrupta. Se considero as coisas vistas *pelos outros*, elas são negligenciáveis. Ao menos posso imaginar este caso: se um ser surgido de outros gametas tivesse sensivelmente o mesmo corpo, os mesmos gostos, os mesmos dons (é imaginável), nada teria mudado para meus amigos. Posso me dizer: conheço Pierre e Édouard L. (gêmeos univitelinos). Se vejo um deles não sei qual dos dois é. O que significa exatamente isto: supondo que tivesse sido necessário na hora do parto sacrificar um dos dois, coloco-me no lugar do sobrevivente que diz para si mesmo: "Se no lugar de Édouard tivessem sacrificado a mim, Pierre, *eu seria Édouard*, eu me chamaria Pierre...". Marc Twain falava de um irmão gêmeo que ninguém conseguia distinguir dele: "A tal ponto", dizia ele, "que um de nós tendo se afogado, ninguém soube se era meu irmão ou eu!...".

Percebe-se, a esse respeito, que a individualidade clara exige a reprodução sexuada.

Duas sementes diferentes são claramente distintas uma da outra. A diferença de duas estacas tiradas do mesmo galho, pelo contrário, dá lugar a intermediários possíveis. Sejam *a* e *b*, poderíamos ter cortado os galhos de tal maneira que uma das estacas fosse composta da metade superior de *a* e da metade inferior de *b* e que, não sendo nem *a* nem *b*, seria metade *a* e metade *b*. Situando diferentemente os cortes, multiplicam-se as possibilidades. Como, por outro lado, as diferentes plantas oriundas de diversas estacas provenientes do mesmo pé não podem apresentar entre si nenhuma diferença, existe uma tendência a apresentar diversas plantas como um só indivíduo.

As perspectivas dadas na cissiparidade são muito mais desorientadoras. Uma célula *a* reproduzindo-se é substituída por duas células *a'* e *a''*, das quais posso dizer que cada uma é diferente de *a*. Esse *a*, porém, não *morreu*: ele sobrevive na espécie de *a'* + *a''*, mas só sobrevive dividido. Não houve morte no sentido em que costumamos entendê-la, de cessação da vida. A *vida* de *a* continua em *a'* e *a''*, mas não seu *ser*. Na medida em que era *um ser*, *a* não podia ser separado, distinguido de sua *unidade* que não existe mais. Mas, ao passo que entre dois gêmeos, por mais semelhantes que sejam, não posso introduzir a possibilidade de qualquer *deslizamento*, apreendo o *deslizamento* de *a* em *a'* ou de *a* em *a''*, consequentemente de *a'* em *a''*. Se Pierre não diferisse mais de Édouard que *a'* de *a''*, ele poderia dizer para si mesmo: "eu poderia ter sido só Pierre, sem Édouard", mas no mesmo instante se aperceberia de que então ele não seria menos Édouard que Pierre, que ele seria em certo sentido os dois. Reciprocamente, cada ser parido sozinho poderia se dizer: "eu podia ter me cindido em algum ponto, no lugar de Jacques que sou, haveria Pierre e Édouard, gêmeos. Eu seria, mas... até certo ponto...".

Se não fosse a reprodução sexuada, eu poderia conceber um ser que, não sendo eu mais que pela metade, também não seria um outro mais que *pela metade*. Mas em outro sentido poderia me conceber *desdobrado*. Não é certo que a sexualidade transforme as coisas completamente.

As diferenças entre irmãos são redutíveis a diferenças entre gametas. A diferença entre dois gametas pode ser aquela que separa *a'* de *a''*. Se chamo de *a* e *b* os dois gametas, macho e fêmea, de que nasci, posso conceber dois gêmeos, mesmo bivitelinos, procedendo de uma substituição por cissiparidade de *a* por *a'* e *a''*, de *b*, por *b'* e *b''*.[*] Nesse caso, eu mesmo posso dizer a meu respeito: "No lugar de mim que eu sou haveria *x* e *z*, gêmeos. Eu decerto seria, mas *duplo*". Reciprocamente, os gêmeos efetivamente nascidos nessas condições poderiam imaginar um ser que seria pela metade cada um deles, sendo um e outro num só. Há portanto casos reais em que os dados se agitam entre duas possibilidades tais que a diferença entre elas não corresponderia à diferença total definida inicialmente.

---

[*] *Nota de Bataille:* O caso dos gêmeos univitelinos é em suma a realização de uma metade dessas condições.

[*Riscado:* De fato, a reprodução sexuada reduz à exceção essa *continuidade* dos seres. Todavia, apreendo agora]

[*Riscado:* Se volto agora às perspectivas que tento abrir percebo:

1) diferenças irredutíveis entre os diversos seres, fazendo de cada um deles entidades descontínuas de uma precariedade tão grande quanto se possa sonhar;

2) em oposição com esse primeiro aspecto, uma perspectiva de continuidade dos seres;

3) em interferência uma noção híbrida fundando sobre a descontinuidade de fato (salvo exceção) dos seres, por um lado, sobre a continuidade fundamental, por outro, uma ideia de entidade necessária.

Dessas três perspectivas decorre isto.

1) a precariedade dos seres define de fato o que nos constitui de uma maneira fundamental;

2) é verdade, essa precariedade se funda sobre um absurdo, a noção de seres descontínuos. No fundo, o ser, em certo sentido, é contínuo. Mas nos constituímos na renúncia à continuidade, no fato de que admitimos o absurdo da descontinuidade, que caímos no fundo dela.

O que é tocado, aliás, pelo absurdo não é a precariedade, mas a entidade descontínua. O absurdo teria no lugar de diminuir a precariedade]

[*Riscado:* A continuidade dos seres, o fato de que todos os seres no fundo são apenas um é somente o fato fundamental a que nos arrancamos ao nos fecharmos.

Fechando-nos, criamos uma transcendência. (Nada)

mas nos abrimos de fato

formamos um percurso fechado aberto para além do ser próprio que somos

o banho de imanência nos estabelece]

Se volto agora a essas perspectivas – abertas pelo exame dos dados de minha "concepção" –, posso discernir a relação que elas apresentam com os diversos aspectos da experiência do *eu* que vivi.

Elas se opõem em primeiro lugar a esse dado da experiência vivida que é o ser-átomo, irredutível, indivisível... Mas esse dado particular é talvez complexo, e o método que segui permite atingir dados elementares.

Percebendo esse conjunto das condições fortuitas, sem as quais eu não seria, apreendi o que teria podido ser, se a menor dessas condições tivesse faltado, *como inteiramente diferente de mim*. Discernia em mim claramente um elemento de importância decisiva que faz com que eu seja *eu* e não *um outro*. Percebia ao mesmo tempo que essa importância é feita de certa forma de todo o meu peso. Existe uma diferença fundamental entre eu e o outro. Essa diferença é aquela que minha experiência costuma fazer em face dos outros reais, mas eu tinha de estendê-la – e isso era essencial – às possibilidades que não calharam. Via-me assim como uma entidade distinta não somente de todas as outras que foram, são ou serão, mas também daquelas que teriam podido ser a partir da menor variante na sequência dos encadeamentos. Apreendia ao mesmo tempo que era assim que eu devia definir o que chamo de *eu*. Tinha de apoiar com todo o meu peso essa afirmação fundamental de meu ser: *eu é eu*, e nada d'outro, tudo o que, real ou possível, não é *eu* está separado desse *eu* por um abismo incomensurável.

Esse dado vivido implica isto: se sou eu e nada d'outro, os seres tais como eu são entidades descontínuas, tais que seria excluída a possibilidade de um ser que não seria nem bem eu nem bem um outro, mas alguma coisa de híbrido. Ou melhor, se nos elevamos acima dessas profundezas a fim de perceber uma cena mais vasta, das duas uma, *ou os seres são entidades descontínuas, ou o ser é contínuo através dessas entidades aparentemente descontínuas que somos.*

Temos da descontinuidade do *eu* um conhecimento íntimo bastante claro, mas o que é digno de nota é que as considerações feitas sobre ela a partir dos dados exteriores, embora esclareçam sua essência e propiciem a consciência clara e distinta dessa descontinuidade, tendem em contrapartida a introduzir, se não uma dúvida, ao menos uma perturbação no fundo. É que podemos apreender nitidamente a descontinuidade do *eu*, sem ambiguidade, no instante mesmo em que as considerações exteriores ressaltam sua importância. Mas se fixamos a atenção nela, fazemos uma experiência nova: o sentido claro que ela tinha se dissipa, o sentimento que se insinua sorrateiramente em nós é a partir de então, pelo contrário, o da continuidade – "No final não importa, pensamos, que esse fluxo do ser cujo conjunto não depende das séries de acontecimentos fortuitos, efetuando-se, caia numa ou noutra dessas angústias fechadas sobre si mesmas que dizem *eu* e não têm mais a força de sair da angústia e do eu". Ainda que admita de uma diferença de gametas que ela basta para introduzir um outro e não eu, não posso dar nenhum sentido a essa diferença. Se esse *x* tivesse existido, não haveria esse *eu* real em relação ao qual defino agora esse *x* como um outro. Em certo sentido, *x* e eu dão no mesmo.

Posso à vontade introduzir essa consideração e esse sentimento (na verdade não posso evitá-lo), ela não suprime o fato de que a existência do *eu* permanece apertada nessas condições estreitas, mas lança sobre essa dependência uma espécie de suspeita: essa dependência é não-sentido arrastado como uma bola de ferro presa ao pé. Levando adiante como fiz o exame de minhas condições, se percebo nela uma falha abrindo uma perspectiva de continuidade, não posso deixar de perceber em minha consciência um correspondente vivido desse dado: sou feito da mesma madeira que todos os outros. São diferenças de caráter que me separam: sou mais colérico, mais sensual ou este outro é avaro, etc., mas, no fundo, todos os seres são apenas um.

[*Encontram-se ainda os seguintes esboços:*]

Desse extremo exame de minhas condições de existência, extraio resultados que parecem se opor.

Antes de tudo, apreendo o *eu* na medida em que ele é *um ser* como [*riscado:* uma entidade que uma descontinuidade marcada separa das outras] um ser que poderia não ter sido. Percebi minha presença no mundo como tendo dependido de uma infinidade de acontecimentos fortuitos, tais que uma ínfima mudança nessa série infinita teria bastado para que a multidão dos homens não comportasse nenhum que fosse *eu*.

Apeguei-me dessa maneira a essa inevitável definição do ser que sou: tal que seu ser si mesmo e não um outro é de uma importância qualquer (inegável) e representa uma diferença em relação a outras possibilidades.

É óbvio que, se meu pai e minha mãe, como na canção, "nunca tivessem se visto", faltaria a este mundo essa particularidade que eu sou. Mas a questão se coloca então de saber se este mundo que não existe – ao qual eu faltaria – apresentaria, se existisse, com este – onde eu existo – uma diferença irredutível ou simplesmente uma diferença de grau: uma diferença análoga àquelas que separam um pouco mais, um pouco menos quente, um pouco mais, um pouco menos pesado, ou àquelas que apresentam entre si fenômenos separados por uma limiar, como a água e o gelo.

Em primeiro lugar, o que se impôs a mim era uma diferença marcada. Outras perspectivas apareceram somente após um desvio. Devo reconhecer, além do mais, que se a diferença de graus tivesse sido a primeira a me aparecer, teria ficado desapontado, imagino, e decerto teria abandonado.

*

1º Percebi inicialmente um conjunto de condições fortuitas sem as quais eu não teria sido. O que poderia ter sido se a menor dessas condições tivesse faltado teria sido totalmente diferente de mim.

Nessa primeira perspectiva, apreendi sob o modo da experiência vivida uma importância decisiva quanto a mim de ser eu e não um outro. Mas essa importância estava ligada a uma noção (que, em princípio, os dados da reprodução sexual não perturbam de forma alguma) segundo a qual não poderia haver senão eu ou um outro, estando excluída a possibilidade de um ser que não seria nem bem eu nem bem um outro, mas alguma coisa de intermediário. Em outros termos, minha maneira de ser eu está ligada à ideia de descontinuidade fundamental dos seres separados.

A descontinuidade existe de fato.

*

Um ser é um percurso fechado.

Isso coloca nesta direção.

Cada ser está suspenso sobre a possibilidade infinita que ele tinha de não ser.

Ele percebe um conjunto de possibilidades que não calharam como possibilidades de existências diferentes da dele.

Ele se baseia no fato de que mesmo um gêmeo é totalmente outro em relação a seu irmão, entre um e outro há o abismo que separa o ser do Nada.

Segunda perspectiva: olhando as coisas de mais perto, essa descontinuidade é aparente: há um deslizamento possível de um ser a outro.

De fato, existem simultaneamente e remetendo uma à outra essas duas perspectivas, uma descontínua e outra contínua.

Na perspectiva descontínua, o Nada cerca o ser, e o ser descobre o resto do que lhe parece ser como transcendente, é a concepção trágica do ser.

Na perspectiva contínua há imanência, a imanência pura escorrega não para o Nada, mas para o menos ser (aquilo a que chamei o Nada do dentro não é outra coisa senão um menos ser).

★

Supondo que a exigência essencial e universal tende à colocação em jogo de tudo o que é, essa colocação em jogo não pode se fazer de todo.

Supondo que entre ser e colocação em jogo não haja diferença, o todo não poderia ser, já que ele não pode se colocar em jogo.

O ser posto em jogo só se efetuaria dividindo-se, ou, antes, só haveria ser na própria divisão.

Na medida em que a continuidade do ser reaparece, o Nada se estabeleceria.

Mas, reciprocamente, o ser separado se aniquila.

A colocação em jogo total se produziria.

O pessimismo é a vertigem da colocação em jogo. Ele não conta, já que a colocação em jogo ocorre apesar dele, já que nos jogamos voluntariamente no pior, no impossível. O que de modo algum justifica o otimismo. Com efeito, vamos rumo ao impossível.

Mas o que fiz ao escrever isto além de definir o *desejo*

★

A própria descontinuidade é precária, embora seja a condição do ser.

Ela é precária em primeiro lugar na medida em que a continuidade permanece como um fundo dos seres.

Mas sua precariedade se efetua quando se estabelece uma esfera de imanência ao redor do núcleo central

Dito isso, o epílogo chega ao fim. Como o resto do livro, ele é a obra da amizade

★

[*Seguem-se estas notas e esquemas:*]

NOTAS DA EDIÇÃO FRANCESA DAS OBRAS COMPLETAS DE GEORGES BATAILLE

A ALMA

define na exclusão cômica a oposição do *corpo, animalidade sensual* naturalmente há corpos belos, etc.

o processo é lento, múltiplo, coloca em causa não apenas a festa, toda a sociedade da festa: a guerra, a formação das classes sociais e sua luta, o trabalho

a síntese é a ALMA HUMILDE (ou a consciência infeliz) que postula seu contrário: Deus transcendente, que culmina na imanência da Alma aceitando a humildade
        e de Deus

essa imanência define o ESPÍRITO no sentido de espiritual por oposição a material

o ESPÍRITO só é completamente definido no final desse processo coloca seu limite: a matéria, as coisas

que compreende os corpos, mas somente como negação vazia, como ausência de espírito

o ESPÍRITO tomando a matéria por objeto é o pensamento crítico

*

O PENSAMENTO CRÍTICO

é colocado em jogo pela

universal como particularidade ultrapassando o *continuum*
continuum dos corpos mantendo a particularidade que a alma humilde negará

Deus introduz o Nada na alma

há inversão
é pela introdução do Nada na alma que nasce o espírito

universal
puro

[*Riscado:*]

do fato

POESIA (holocausto da linguagem reencontrando todos os elementos não vazios do Nada no crisol da festa antes de sua segregação)
O pensamento [*riscado:* crítico] tendo a matéria por objeto não culmina na adequação
esbarra naquilo que no mundo lhe é irredutível
não há mais transcendência espiritual possível, mas a defasagem da realidade e das palavras se exprime enfim concretamente por uma defasagem voluntária das palavras

[oriunda? imanência?] do Nada do irracional se coloca a poesia que faz ressair o dejeto de todas as operações precedentes
que recolhe em particular o aporte do cômico
mas a poesia é um puro Nada
o eu do pensamento crítico

*

alma   inversão   alma humilde   →   espírito
corpo   das relações   Deus   coisas
                                                 pensamento crítico

espírito casto
obscœna

casamento   união sexual reprovada
                castidade   →   moral
fornicação   divinização da virgindade   realidade sexual
                                                    moral

*

continuum (mais do sorriso que do riso)
cadáver de um próximo = Nada-objeto
transcendência das lágrimas = sagrado, *continuum* dos terceiros
o sagrado é algo de separado, garantindo o *continuum* dos terceiros, é a ruptura do *continuum* tornada a condição de um novo *continuum*
A partir daí se estabelece o *continuum* por negação do *continuum*, uma espécie de *continuum* posto em jogo, continuamente negado, só se encontrando num movimento de negação voluntária, *continuum* sísmico, convulsivo, pasmado, *continuum* das lágrimas. É uma completa ausência de repouso, um estado de transe elementar. É o *continuum* da festa com suas duas direções segundo se inclua ou exclua
tragédia
comédia
o objeto do *continuum* negando ativamente
esse *continuum* em transes é em realidade um processo de separação e classificação

angústia
O Nada coloca o ipse em questão

*

ipse descontínuo
Nada do não-eu – objeto não colocado
continuum dos próximos: riso ou antes sorriso inocente

continuum calmo
cadáver, objeto = Nada
continuum das lágrimas

o cadáver coloca o *continuum* em
questão, mas o *continuum* subsiste enquanto tal – a diferença
é que ele está em questão

o crisol da festa

continuum em transes, colocado em questão (é a festa)
ele procede a uma negação ativa que é ao mesmo tempo um processo
de segregação
o corpo é definido como o domínio do Nada
dado como pasto ao Nada, como tal separado do ser

bifurcação

trágico   incluso   cômico   excluso
posição do trágico acima   posição do cômico abaixo
do corpo   do corpo

interferência: o sagrado *gauche*

beleza   feiura
pureza   excreção, sensualidade
divindade   animalidade
imortalidade   corruptibilidade

A ALMA   O CORPO

*

ipse

Nada, angústia

continuum (riso [*inocente?*]) dos próximos

continuum

cadáver de um próximo

separação das lágrimas

transcendência das lágrimas positivas

da beleza e da coragem

negação da morte

a negação da morte tem um dejeto

Alma: Beleza negadora da morte

Corpo: cadáver do inimigo, da vítima do sacrifício, excreção, animalidade, corruptibilidade

a) sagrado, divindade, deuses do Olimpo

b) alma do escravo infeliz

animalidade

alma humilde

alma humilde

Deus transcendente

iman. da bela alma e de Deus

pensamento crítico

poesia

ser amado

mentira

b) dejeto risível

meio–termo de um *continuum*

qualquer entre os terceiros

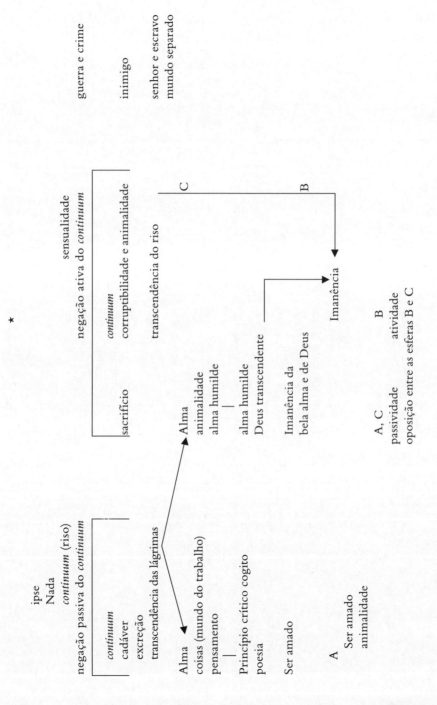

continuum

morte

continuum em crescimento

morte

suj.
obj.

cont.
morte

cont. neg. eu se abstendo
objeto destruído
positivamente

cont. neg.

cont. neg. perda voluntária

objeto destruído

posição do objeto perdido,
ele se torna positivo

c) cont. neg. de si

e) sujeito se abstendo postulando
a negação se definindo
por sua negação

g) sujeito
tendo
consumido

eu detido diante
do objeto destruído
tabu do objeto dest.

diante desse objeto o *eu* do *continuum*
que perdeu o *continuum* puro se
comporta como

d) objeto destruído
positivamente

f) objeto como sagrado
mas carregando nele

eu consumindo o objeto
destruído
transgressão

sujeito

a) cont.

objeto

b) morte

o sujeito tendo consumido é uma alma imortal

*

cont.

morte

pequena morte

cont. neg.

objeto positivamente destruído

objeto interdito

inimigo morto

ruptura positiva do cont. | cont. neg.

sujeito se abstendo

sujeito

objeto sagrado ambíguo – 2 direções a partir daí

objeto sagrado puro

sujeito consumindo o sagrado puro

sujeito consumindo o sagrado impuro (regressão) a partir daí

sujeito [ilegível]

é uma mentira, mas a mentira não é mais que uma transposição da dupla mentira do ipse e do *continuum*
no sacrifício os seres fazem da própria ruptura do *continuum* uma espécie de reunião
o resultado não deixa de ser a posição da alma
que do *continuum* à imortalidade
do ipse   à ipseidade
a alma é o *continuum* do ipse no tempo

imanência | conhecimento *ipse* | afetividade *continuum* | | ódio Nada

A *ipse* Nada *continuum*
B *continuum* morte

                 continuum pequena morte   *continuum* morte

(nesse nível o sagrado é duplo)

continuum em transes destruidor de si destruição positiva sagrado, alma imortal   cont. destruidor de si tabus (regras, incesto)   (o riso explode nesse nível e define o puro, o belo, por exclusão)   *continuum* destruidor inimigo morto

                     casamento obscæna

C puro *alma* a impuro corpo b

alma humilde c (a inversão é aqui a síntese) Deus d união da alma pura e de Deus, Espírito e coisas f   ato sexual puro (casamento)   bela *alma* feio corpo   alma excluindo a corruptibilidade rindo

der rubada

alma casta mãe caridade miséria humana

alma rindo de si mesma (da alma e não do *eu*)
Deus, como objeto cômico união da alma rindo de si mesma e de Deus como objeto cômico = espírito liberado coisas, como objeto cômico

(o homem coisa, sua miséria)

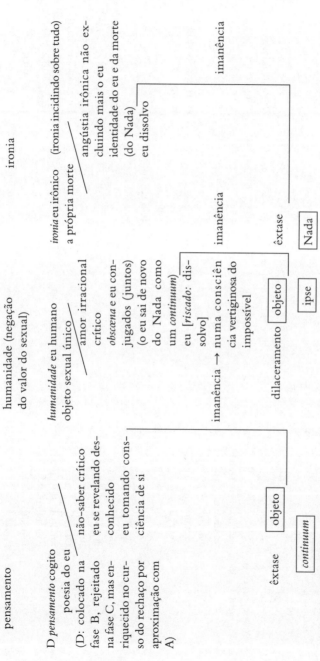

a poesia destruindo a linguagem, o universal em nós,
revela o *eu* como uma negação do pensamento

casamento   castidade
obscenidade-prostituição

*

continuum
morte

FESTA

alma

continuum
pequena morte

cont. real ainda .... destruição de si,
negador de si .... asco
destruição positiva .... tabus
divindade pura .... observação do tabu
divindade impura .... orgia, transgressão

*

A calhar do ipse

sujeito
objeto
sua queda no Nada
angústia

o sujeito se reencontra no objeto
o [*ipse?*] reconhece rindo

B o *continuum*

o cadáver transcendente

riso imanente
transcendência das lágrimas

bifurcação

transcendência do riso

mais adiante o corpo como animalidade

C transcendência pura
a alma incorruptível
o sagrado, a beleza

equivalência com o senhor

D a alma humilde
E o pensamento crítico

1) o corpo
   sua animalidade
   excreção
   sexualidade

2) as coisas
   a matéria

Deus
(não-saber)
a poesia como região de decomposição prismática
queda no ser amado como
[*animal? universal?*]
Deus
alma humilde
animalidade
alma pura
cadáver
continuum
Nada
ipse

a alma [*ilegível*] ao corpo

o pensamento

imanência

imanência

MENTIRA

★

A   part.   ipse   ipse
              Nada   Nada

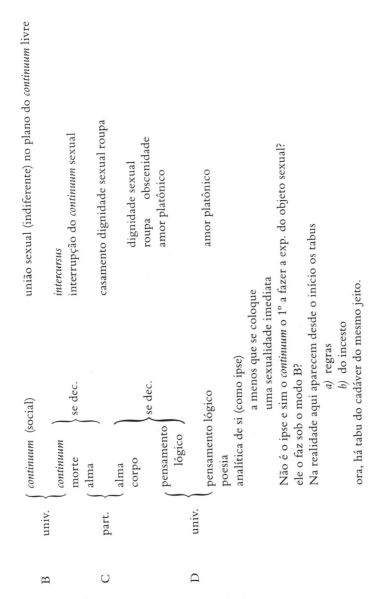

Transcendente	Nada	Transcendente	Transcendido	1° termo	2° termo
Senhor	Morte	Sagrado	Escravo	Escravo	Coisas
		Inversão			
Escravo	coisas	Deus	Senhor	Burguês	Coisas
				Inversão	
Escravo	irracional	Razão N.	Deus Senhor	Burguês	Natureza [*racional?*]
H. inteiro extr.	razão	si mesmo	Deus Senhor Razão N.	H. inteiro	Desconhecida (além da natureza)
H. inteiro médio	irracional	si mesmo	Deus Senhor	H. inteiro	Natureza rac.

A Eu descontínuo Diferença ipseal

B Eu contínuo Diferença individual

C	Alma	Diferença ipse-individual
C'	Corpo	*id.*
D	Cogito	Diferença histórica $\left\{\begin{array}{l}\text{a diferença histórica aqui é a modalidade}\\\text{da diferença, e não a aparição de sua essência}\end{array}\right.$
E	Consciência de si	Cadeia diferencial $\left\{\begin{array}{l}\text{É em E que se exaspera o amor, e ele}\\\text{se exaspera com sua própria dissolução.}\end{array}\right.$

Coleção FILÔ

A filosofia nasce de um gesto. Um gesto, em primeiro lugar, de afastamento em relação a uma certa figura do saber, a que os gregos denominavam *sophia*. Ela nasce, a cada vez, da recusa de um saber caracterizado por uma espécie de acesso privilegiado a uma verdade revelada, imediata, íntima, mas de todo modo destinada a alguns poucos. Contra este tipo de apropriação e de privatização do saber e da verdade, opõe-se a *philia*: amizade, mas também, por extensão, amor, paixão, desejo. Em uma palavra: Filô.

Pois o filósofo é, antes de tudo, um amante do saber e não propriamente um sábio. À sua espreita, o risco sempre iminente é justamente o de se esquecer daquele gesto. Quantas vezes essa *philia* se diluiu no tecnicismo de uma disciplina meramente acadêmica, e até certo ponto inofensiva? Por isso, aquele gesto precisa ser refeito a cada vez que o pensamento se lança numa nova aventura, a cada novo lance de dados. Na verdade, cada filosofia precisa constantemente renovar, à sua maneira, o gesto de distanciamento de si chamado *philia*. A coleção FILÔ aposta nesta filosofia inquieta, que interroga o presente e suas certezas; que sabe que as fronteiras da filosofia são muitas vezes permeáveis, quando não incertas.

A coleção FILÔ pretende recuperar esse desejo de filosofar no que ele tem de mais radical, através da publicação não apenas de clássicos da filosofia antiga, moderna e contemporânea, mas também de sua marginália; de textos do cânone filosófico ocidental, mas também daqueles textos fronteiriços, que interrogam e problematizam a ideia de uma história linear e unitária da razão. Além destes títulos, a coleção aposta também na publicação de autores e textos que se arriscam a pensar os desafios da atualidade. Isso porque é preciso manter a verve que anima o esforço de pensar filosoficamente o presente e seus desafios. Afinal, a filosofia sempre pensa o presente. Mesmo quando se trata de pensar um presente que, apenas para nós, já é passado.

Série FILÔ/Bataille

O pensamento não respeita fronteiras disciplinares. Georges Bataille é um dos autores que habitam essa espécie de lugar sem-lugar. Sua obra atravessa soberanamente as fronteiras entre filosofia, literatura, antropologia social, marxismo, história, crítica de arte, economia. Aqui, a extrema liberdade de pensamento responde à liberdade de movimento do próprio mundo.

Sua vasta obra nos oferece ferramentas capitais para a compreensão de nosso tempo. Para Bataille, o excesso, ou o dispêndio improdutivo, é primeiro em relação aos modos de produção e de circulação dos bens. O luxo, os jogos, os espetáculos, os cultos, a atividade sexual desviada de sua finalidade natural, as artes, a poesia são diferentes manifestações desse excesso, dessa soberania do inútil.[*] Não por acaso, Bataille fornece elementos fundamentais para a compreensão de uma categoria maior do pensamento do século XX, o conceito de gozo, realização daquele princípio da perda, ou dispêndio incondicional. Se é verdade que *A noção de dispêndio* (retomado em *A parte maldita*) é o primeiro texto em que Bataille ensaia o que podemos chamar de uma "arqueologia do gozo", é, com efeito, em *O erotismo* que esse projeto encontra seu auge. As principais linhas de força literárias, antropológicas e filosóficas traçadas em suas obras anteriores se cruzam nesse texto de referência. Não por acaso, Foucault afirma que Bataille é "um dos escritores mais importantes de seu século". E também do nosso.

---

[*] Cf. TEIXEIRA, Antônio. *A soberania do inútil*. São Paulo: Annablume, 2007.

Este livro foi composto com tipografia Bembo e impresso
em papel Off-White 80 g/m² na Paulinelli.